Angela Davis:
Mein Herz wollte Freiheit
Eine Autobiographie

Deutsch von Walter Hasenclever

Deutscher
Taschenbuch
Verlag

dtv

Ungekürzte Ausgabe
Juni 1977
Deutscher Taschenbuch Verlag GmbH & Co. KG,
München
Lizenzausgabe mit freundlicher Genehmigung des
Carl Hanser Verlags, München · ISBN 3-446-12019-X
Titel der amerikanischen Originalausgabe:
›Angela Davis, An Autobiography‹
Umschlaggestaltung: Celestino Piatti
Umschlagbild: Philippe Halsman
Gesamtherstellung: C. H. Beck'sche Buchdruckerei,
Nördlingen
Printed in Germany · ISBN 3-423-01274-9

Inhalt

Für meine Familie, meine Stärke,
Für meine Genossen, mein Licht.
Für die Schwestern und Brüder, deren Kampfgeist mich befreit hat.
Für die, deren Menschlichkeit zu köstlich ist, um durch Mauern, Gitter und Totenhäuser vernichtet zu werden.
Und besonders für die, die kämpfen werden, bis Rassismus und Klassenunrecht auf ewig aus unserer Geschichte getilgt sind.

Vorwort

Ich hatte Bedenken, dieses Buch zu schreiben. In meinem Alter eine Autobiographie zu schreiben, kam mir vermessen vor. Zudem glaubte ich, wenn ich über mein Leben, meine Handlungen, meine Gedanken schreibe, und über das, was mir zugestoßen ist, dann müßte ich einen Gegensatz konstruieren, so tun, als sei ich anders als andere Frauen – andere Schwarze Frauen – und müßte mich dazu erklären. Ich meinte, daß solch ein Buch letzten Endes die wesentlichste Tatsache verwischen könnte: daß die Kräfte, die mein Leben zu dem gemacht haben, was es ist, genau dieselben Kräfte sind, die das Leben von Millionen meiner Rasse gestaltet – oder verunstaltet – haben. Darüber hinaus bin ich überzeugt, daß meine Reaktion auf diese Kräfte in keiner Weise ungewöhnlich ist; daß mein politisches Engagement, zuletzt als Mitglied der kommunistischen Partei, der logische Schritt war, um unsere bedrängte Menschheit zu verteidigen.

Das eine außergewöhnliche Ereignis meines Lebens hatte mit mir als Einzelperson nichts zu tun – durch einen kleinen Schlenker der Geschichte hätte eine andere Schwester, oder ein Bruder, ebensogut zu dem politischen Gefangenen werden können, den Millionen Menschen in der ganzen Welt vor Verfolgung und Tod errettet haben. Ich hatte Bedenken, dieses Buch zu schreiben, weil die Konzentration auf meine Person von der Bewegung ablenken könnte, die überhaupt erst meinen Fall vor die Menschen brachte. Ich hatte auch nicht den Wunsch, mein Leben als persönliches Abenteuer darzustellen – als gäbe es getrennt und unabhängig von der politischen Person noch eine »wirkliche« Person. Dazu würde sich mein Leben sowieso nicht eignen, aber selbst wenn es das täte, wäre ein solches Buch eine Fälschung, denn es könnte meinem überwältigenden Gefühl nicht Ausdruck geben, zu einer Gemeinschaft von Menschen zu gehören – einer Gemeinschaft des Kampfes gegen Armut und Rassenwahn.

Wenn ich mich entschloß, das Buch dennoch zu schreiben, dann nur deshalb, weil ich es als eine *politische* Autobiographie zu sehen begann, die jene Menschen, Ereignisse und Kräfte in meinem Leben ins Licht rückte, die mich in mein gegenwärtiges Engagement getrieben haben. Ein solches Buch könnte einem sehr wichtigen und praktischen Zweck dienen. Es war immerhin denkbar, daß nach seiner Lektüre mehr Menschen verstehen würden, warum so viele von uns keine andere Wahl haben, als unser Leben – unsere Leiber, unser Wissen, unseren Willen – der Sache der unterdrückten Völker zu opfern. In dieser Zeit, in der die Hüllen, die bisher die Korruption und den Rassenhaß der höchsten Staatsstellen bemäntelt haben, rasch abfallen, in der der Bankrott des globalen kapitalistischen Systems zutage tritt, schien es möglich, daß mehr Menschen – Schwarz, Braun, Rot, Gelb und Weiß – sich gedrängt fühlen, unserer wachsenden Kampfgemeinschaft beizutreten. Nur wenn das geschieht, werde ich glauben, daß sich dieses Unternehmen gelohnt hat.

Teil 1: Netze

Das Netz wird zerrissen werden
vom Horn eines springenden Kalbes

9. August 1970

Ich glaube, daß ich ihr gedankt habe, aber ich bin nicht sicher. Vielleicht sah ich nur zu, wie sie in die Einkaufstasche langte, und nahm die Perücke, die sie mir hinhielt, schweigend entgegen. Sie lag wie ein kleines verängstigtes Tier in meiner Hand. Ich war allein mit Helen, auf der Flucht vor der Polizei und in Trauer um einen, den ich geliebt hatte. Zwei Tage zuvor hatte ich in ihrem Haus, das auf einem Hügel im Echo Park von Los Angeles steht, von der Revolte im Gerichtsgebäude von Marin County erfahren, und vom Tod meines Freundes Jonathan Jackson. Bis vor zwei Tagen hatte ich von Ruchell Magee, James McClain und William Christmas – den drei Strafgefangenen in San Quentin, die zusammen mit Jonathan an der Revolte teilgenommen hatten, – noch nie etwas gehört. Jetzt waren Jonathan, McClain und William Christmas tot. Aber an jenem Abend schien es mir, als hätte ich sie seit langem gekannt.

Ich ging ins Badezimmer, stand vor dem Spiegel und versuchte, meine Haare unter das enge Gummiband zu stecken. Wie gebrochene Flügel taumelten die Hände um meinen Kopf; meine Gedanken hatten mit ihren Bewegungen nichts zu tun. Als ich schließlich in den Spiegel blickte, ob noch Haare unter der Perücke hervorguckten, sah ich ein Gesicht, das so sehr von Qual, Spannung und Ungewißheit erfüllt war, daß ich es nicht als das meine erkannte. Mit den falschen schwarzen Locken, die über eine gefurchte Stirn in rotgeschwollene Augen fielen, sah ich absurd aus, grotesk. Ich riß mir die Perücke vom Kopf, warf sie auf den Boden und schlug mit der Faust auf das Waschbecken. Es blieb kalt, weiß und unerschüttert. Ich zwang die Perücke wieder über den Kopf. Ich mußte normal aussehen. Ich durfte den Argwohn des Tankwarts nicht erregen, bei dem wir unseren Wagen volltanken wollten. Ich wollte nicht die Aufmerksamkeit eines Menschen auf mich lenken, der vielleicht neben uns auffuhr, wenn wir an einer Straßenkreuzung auf grünes Licht warteten. Ich mußte so unauffällig aussehen wie irgendwer in Los Angeles.

Ich sagte Helen, daß wir gleich bei Einbruch der Dunkelheit aufbrechen wollten. Aber die Nacht wollte den Tag nicht abschütteln, der sich an ihren Rändern festklammerte. Wir warteten. Stumm. Hinter zugezogenen Vorhängen versteckt, lauschten wir auf die Straßengeräusche, die durch das einen Spalt geöffnete Balkonfenster zu uns drangen. Jedesmal wenn ein Auto seine Fahrt verlangsamte oder stoppte, jedesmal wenn draußen auf dem Pflaster Schritte ertönten, hielt ich den Atem an – fragte mich, ob wir vielleicht zu lange gezögert hatten.

Helen war nicht sehr gesprächig. Es war auch besser so. Ich war froh, daß sie in diesen letzten Tagen bei mir ausgeharrt hatte. Sie war ruhig und versuchte nicht, die schwierige Lage mit einem Haufen von sinnlosem Geschwätz zuzudecken.

Ich weiß nicht, wie lange wir in dem spärlich beleuchteten Zimmer gesessen hatten, als Helen das Schweigen brach und sagte, daß es draußen wahrscheinlich nicht mehr dunkler werden würde. Es sei an der Zeit zu gehen. Zum erstenmal, seit wir festgestellt hatten, daß die Polizei hinter mir her war, trat ich ins Freie. Es war viel dunkler, als ich gedacht hatte, aber ich fühlte mich trotz der Dunkelheit ungeschützt und wehrlos.

Draußen im Freien spürte ich inmitten von Kummer und Zorn auch Angst. Schlicht und einfach Angst, so überwältigend und so erschütternd, daß ich sie nur mit dem abgründigen Gefühl vergleichen konnte, das mich als Kind befallen hatte, wenn ich im Dunkeln alleingelassen worden war. Dann war mir etwas Unbeschreibliches, Ungeheuerliches im Rücken gestanden, das mich zwar nicht berührte, aber doch immer bereit war, sich auf mich zu stürzen. Wenn mich meine Mutter oder mein Vater fragten, was mir denn solche Angst machte, dann klangen die Worte, mit denen ich dieses Ding beschreiben wollte, lächerlich und dumm. Jetzt konnte ich bei jedem Schritt etwas fühlen, das da war und das ich leicht beschreiben konnte. Bilder von Überfällen fuhren mir durch den Kopf, aber sie waren nicht abstrakt – es waren deutliche Vorstellungen von Maschinengewehren, die aus dem Dunkel hervorbrachen, Helen und mich umzingelten, das Feuer eröffneten ...

Jonathans Leiche hatte vor dem Amtsgebäude von Marin County auf dem heißen Asphalt des Parkplatzes gelegen. Ich sah auf dem Fernsehschirm, wie sie ihn an einem Seil, das sie ihm um den Leib gebunden hatten, aus dem Polizeiwagen zogen ...

Mit seinen siebzehn Jahren hatte Jon mehr Brutalität erlebt als die meisten Menschen zeit ihres Lebens. Seit seinem achten Lebensjahr war er durch Gefängnisgitter und feindliche Wachmannschaften von seinem älteren Bruder George getrennt gewesen. Und ich hatte ihn einmal blöd gefragt, warum er so selten lächelte.

Der Weg vom Echo Park zum Negerviertel in der Gegend von West Adams war mir sehr wohl bekannt. Ich war ihn oft gefahren. Aber an diesem Abend kam er mir fremd vor, denn überall lauerten die unbekannten Gefahren, die dem Flüchtling drohten. Und davor gab es kein Entrinnen – mein Leben war jetzt das eines Flüchtlings, und Flüchtlinge sind stündlich von Verfolgungsangst umschlossen. Jede fremde Person, die ich sah, konnte ein verkleideter Agent sein, dessen Bluthunde im Gebüsch auf den Befehl ihres Herrn warteten. Als Flüchtling leben bedeutet, der Hysterie Widerstand leisten, zwischen Schöpfungen einer furchtgeladenen Phantasie und den echten Anzeichen für die Nähe des Feindes unterscheiden. Ich mußte lernen, mich ihm zu entziehen, ihn zu überlisten. Das würde schwer sein, aber nicht unmöglich.

Tausende meiner Vorfahren hatten wie ich auf den Einbruch der Nacht gewartet, um ihre Spuren zu verwischen, hatten sich auf die Hilfe eines treuen Freundes verlassen und hatten, wie ich, schon die Zähne der Hunde an ihren Hacken gespürt.

Es war einfach. Ich mußte ihrer würdig sein.

Die Umstände, die zu meiner Verfolgung geführt hatten, waren vielleicht ein bißchen komplizierter, aber gar nicht so sehr verschieden. Vor zwei Jahren hatte das SNCC (Student Non-Violent Coordinating Committee = Studentenausschuß für gewaltlose Koordination) eine Cocktail-Party veranstaltet, um Geld zu sammeln. Nach der Party hatte die Polizei in der Bronson Street eine Razzia auf die Wohnung von Franklin und Kendra Alexander veranstaltet, die Mitglieder der Kommunistischen Partei und zwei meiner engsten Freunde waren. Ein paar Anhänger des Ausschusses hatten sich dort versammelt. Geld und Waffen wurden konfisziert, und alle Anwesenden wurden unter dem Verdacht des bewaffneten Raubüberfalls verhaftet. Sobald die Polizei entdeckt hatte, daß eine der Waffen – eine 380 Automatik – auf meinen Namen registriert war, wurde ich zum Verhör vorgeladen. Die Beschuldigungen ließen sich vor Gericht jedoch nicht aufrechterhalten, und nach einigen Nächten im

Gefängnis wurden die Schwestern und Brüder freigelassen und die Waffen ihren Eigentümern zurückgegeben.

Dieselbe .380 Automatik, die mir die Polizei von Los Angeles so widerstrebend zurückgegeben hatte, befand sich nun im Besitz der Bezirksregierung von Marin County, da sie bei der Revolte im Gerichtssaal benutzt worden war. Der Richter, der die Verhandlung gegen James McClain geführt hatte, war getötet und der Staatsanwalt, der die Anklage vertreten hatte, verwundet worden. Noch bevor mir Franklin erzählte, daß die Polizei um mein Haus schlich, wußte ich, daß sie hinter mir her sein würde. In den letzten Monaten hatte ich praktisch meine ganze Zeit darauf verwendet, eine Massenkundgebung für die Befreiung der Soledad-Brüder – Jonathans Bruder George, John Cluchette und Fleeta Drumgo – vorzubereiten, die unter falschem Mordverdacht im Soledad-Gefängnis saßen und auf ihren Prozeß warteten. Ich war gerade vom kalifornischen Gouverneur Ronald Reagan und dem Verwaltungsrat der Universität aus meinem Lehramt an der Universität von Kalifornien gefeuert worden, weil ich ein Mitglied der Kommunistischen Partei war. Natürlich würde man den Umstand, daß meine Waffe in Marin County gebraucht worden war, zu einem neuen Schlag gegen mich ausnutzen. Das war mir klar.

Am 9. August umschwärmten Agenten (Polizei von Los Angeles oder FBI?) wie zornige Wespen Kendra, Franklin und meine Zimmergenossin Tamu. Andere Mitglieder des Che-Lumumba-Clubs – unseres Parteikollektivs – und des Verteidigungsausschusses für die Soledad-Brüder hatten Franklin erzählt, daß auch sie unter Beobachtung stünden. Als Franklin am gleichen Tag Helen und Tim in ihrer Wohnung im Echo Park besuchen wollte, hatte er mehrere Stunden gebraucht, um die ihn verfolgenden Polizisten abzuschütteln – mehrere Stunden des Irreführens und Versteckens, des Autowechsels in leeren Seitengassen, des Eintretens durch Vordertüren in Häuser, die man durch die Hintertür wieder verließ. Er hatte Angst, sich noch einmal auf die Straße zu wagen, um sich mit mir in Verbindung zu setzen. Es könnte diesmal schiefgehen.

Wenn eine Großfahndung eingeleitet würde, dann wäre auch die Wohnung von Helen und Tim nicht mehr sicher. Ich kannte sie schon seit einer Reihe von Jahren, und obwohl sie keiner Organisation der Bewegung als Mitglieder angehörten, hatten sie sich durch radikale politische Aktivität hervorgetan. Früher oder später würden ihre Namen im Notizbuch eines Polizisten auftauchen. Wir mußten einen schnellen getarnten Umzug durchführen.

Die Adresse, die man mir und Helen gegeben hatte, befand sich in einer ruhigen gepflegten Straße von West Adams. Das Haus war ein älteres Zweifamilienhaus, umgeben von hübsch angelegten Hecken und blühenden Blumen. Nachdem ich mich verlegen von Helen verabschiedet hatte, stieg ich aus dem Auto und drückte ängstlich auf die Türklingel. Wenn wir nun die Hausnummer falsch verstanden hatten und dies nicht das richtige Haus war? Während ich unruhig wartete, daß sich die Tür öffnete, überlegte ich mir, was für Leute das wohl wären, wie sie aussehen und wie sie auf mich reagieren würden. Ich wußte nichts weiter als daß Frau Hattie und ihr Mann John Schwarze waren, die mit der Bewegung sympathisierten. Sie stellten keine Fragen, als ich ankam, und verzichteten auf die üblichen Formalitäten. Sie ließen mich einfach ein, nahmen mich auf – vorbehaltlos und mit einer Zuneigung und Ergebenheit, wie sie sonst nur der eigenen Familie vorbehalten ist. Sie ließen es zu, daß ihr Leben durch meine Gegenwart gestört wurde. Zu meinem Schutz stellten sie ihre Lebensgewohnheiten so um, daß zu jeder Zeit einer von ihnen im Hause war. Ihren Freunden gegenüber, die sie regelmäßig besuchten, gebrauchten sie Ausflüchte, so daß niemand von meiner Anwesenheit in ihrem Haus erfuhr.

Nach ein paar Tagen begann ich mich so geborgen und behaglich zu fühlen, wie es unter solchen Umständen möglich war. Es schien, als könnte ich wieder lernen, meine Augen in der Nacht einige Stunden zu schließen, ohne die Geschehnisse von Marin County in einem fürchterlichen Alptraum vor mir zu sehen. Ich fing sogar schon an, mich an das alte eiserne Bett zu gewöhnen, das im Speisezimmer aus der Wand geklappt wurde. Und ich konnte mich fast auf die Anekdoten konzentrieren, die mir Hattie von ihrer Laufbahn als Unterhaltungskünstlerin erzählte, wie sie sich mühsam trotz aller Diskriminierungen ihren Weg gebahnt hatte, um sich als die Tänzerin durchzusetzen, die sie sein wollte.

Ich war bereit, mich dort auf ewig zu verkriechen, das heißt, bis wieder bessere Zeiten kämen. Aber die Fahndung nach mir hatte sich verstärkt (der konservative Nachrichtensprecher George Putnam hatte in seinem Fernsehprogramm von Los Angeles erklärt, daß sie sogar bis nach Kanada reichte). Unzweifelhaft war es das beste, eine Zeitlang aus Kalifornien zu verschwinden.

Was ich tat, war mir absolut zuwider: die nächtlichen Umzüge, das Verschleiern der Augen, die ganze Atmosphäre von Dunkel und Heimlichkeit. Obwohl ich wahrhaftig schon lange überzeugt war, daß eines Tages viele von uns würden untertauchen müssen, haßte ich diese lichtscheue Nacht-und-Nebel-Existenz nicht weniger, nachdem sich meine Befürchtungen bewahrheitet hatten.

Ein Freund, David Poindexter, lebte in Chicago. Ich hatte ihn lange nicht gesehen, war aber sicher, daß er alles stehen- und liegenlassen würde, um mir zu helfen. Ich war darauf gefaßt, die Reise allein zu machen, und hatte nicht erwartet, daß Hattie unter allen Umständen bei mir bleiben wollte, bis ich David gefunden hatte. Ich fragte mich, wo sie ihre Kraft hernahm. Es war, als müsse sie so handeln, ungeachtet der Gefahr, der sie ihr eigenes Leben aussetzte.

Nachdem alles bereit war, fuhren wir die ganze Nacht hindurch nach Las Vegas. Meine Freunde hatten einen älteren Schwarzen Mann – dem ich in jener Nacht zum erstenmal begegnete – gebeten, uns auf diesem Teil der Reise zu begleiten.

Schön herausgeputzt sah Hattie ganz wie die Tänzerin aus, die sie in jüngeren Jahren gewesen war. Mit der Anmut und Würde einer Josephine Baker lenkte sie, wo immer sie ging, die Blicke auf sich. Auf dem Flughafen von Las Vegas mischte ich mich zum erstenmal, seit ich untergetaucht war, wieder unter Menschen; und jedesmal, wenn uns ein weißer Mann eingehender musterte, als ich es für angezeigt hielt, wurde er von meinem hämmernden Herzen als Polizeiagent identifiziert.

Es war allgemein bekannt, daß der O'Hare-Flughafen in Chicago ein Zentrum der Intrige war und unter strenger Kontrolle der CIA-FBI stand. Wir schlängelten uns durch die Menschenmassen und suchten verzweifelt nach David, der uns am Flugsteig nicht erwartet hatte. Ich murmelte Verwünschungen gegen ihn, obwohl ich wußte, daß er wahrscheinlich nicht schuld war. Es stellte sich heraus, daß die Nachricht, die man ihm geschickt hatte, zu verschlüsselt gewesen war und er geglaubt hatte, ich würde unmittelbar zu seiner Wohnung kommen. Wir nahmen uns schließlich ein Taxi.

Hattie verabschiedete sich von mir, nachdem sie mich sicher in Davids Wohnung abgeliefert hatte, die die ruhigen Gewässer des Lake Michigan überblickte. Obwohl ich froh war, ihn zu sehen, hatte ich mich so mit Hattie angefreundet, daß mir der Abschied weh tat. Als wir uns umarmten, konnte ich kein Dankeschön hervorbringen – diese Worte waren viel zu klein für jemand, der das eigene Leben riskiert hatte, um das meine zu retten.

David war gerade dabei, seine Wohnung neu einzurichten, und fast alles war in fürchterlicher Unordnung. Tapeten halb an die Wand gekleistert, Möbel in der Mitte des Wohnzimmers aufeinander gestapelt, Bilder, kleine Skulpturen und andere Gegenstände, wie sie gerade kamen, über die Couch verstreut.

Ich hatte vergessen, wie gern David redete. Ob er ein politisches Problem besprach oder einem sagte, daß man einen Fleck auf der Bluse hatte, seine Rede floß ununterbrochen. In den ersten fünf Minuten warf er mir so viele Dinge an den Kopf, daß ich ihn bitten mußte, etwas zu bremsen und einiges zu wiederholen.

Nachdem ich mein Gepäck abgestellt und mir das Gesicht mit kaltem Wasser gewaschen hatte, gingen wir in sein Arbeitszimmer und setzten uns auf den dicken blauen Teppich inmitten der über das ganze Zimmer verstreuten Bücher. Er könne die Reise nach dem Westen, die für den nächsten Tag angesetzt war, nicht absagen, behauptete er, aber er würde sie abkürzen, um in wenigen Tagen wieder zurück zu sein.

Die Aussicht, die nächsten Tage allein zu verbringen, war verlockend. Ich konnte die Zeit gebrauchen, um mich zu orientieren, über die kommenden Wochen nachzudenken und mich zusammenzureißen. Die Einsamkeit würde mir guttun.

Später machte mich David mit Robert Lohman bekannt, der im selben Gebäude wohnte. Als er mir vorgestellt wurde, war Robert Lohman Davids »sehr guter Freund«, einer, dem man vertrauen konnte, der mir in den nächsten Tagen jederzeit zur Verfügung stehen würde, wenn ich jemand brauchte, der sich um mich kümmerte, dafür sorgte, daß Lebensmittel im Kühlschrank waren, und mir Gesellschaft leistete, wenn ich es wünschte.

Es war Nachmittag, als ich Robert kennenlernte. Gegen Abend waren er und David sich fürchterlich über das Auto, das ihnen gemeinsam gehörte, in die Haare geraten. (Nehmen wir mal an, David würde erwischt, wenn er mich in einem Auto fuhr, das auf Roberts Namen zugelassen war ...) Als der verbale Schlagabtausch vorbei war, lag ihre Freundschaft in Trümmern, und Robert war in unseren Augen ein potentieller Verräter. Das zwang uns, alle unsere Pläne neu zu überdenken.

David und ich fuhren in einem anderen Auto durch den heftigen Nachtregen zu dem Haus, in dem er und seine Frau vor deren Tod gewohnt hatten. Als ich mich zu entschuldigen suchte, daß ich einen Keil in sein Leben getrieben, seine Freundschaften ruiniert und ihn letzten Endes gezwungen hatte, seine wichtige Reise nach dem Westen aufzugeben, wollte er mich nicht anhören. Alle diese Dinge seien jetzt bedeutungslos, sagte er.

Bevor David einschlief (ich saß die ganze Nacht wach), beschlossen wir, am nächsten Tag die Stadt zu verlassen.

Meine Vermummung hatte für den ersten Teil der Reise ausgereicht. Aber für eine Lage, die sich immer mehr zuspitzen mußte, war sie nicht gut genug. Die gelockte Perücke, die meiner Afro-Frisur zu ähnlich war, veränderte das Aussehen meines Gesichts nicht genügend. Bevor wir Chicago verließen, gab mir eine junge Schwarze Frau, der ich mich als Davids von Gefahr bedrohte Kusine vorstellte, eine andere Perücke, die straff und steif war, mit langen Ponies und kunstvollen Spucklocken. Sie zupfte mir die halben Augenbrauen aus, klebte falsche Wimpern an meine Lider, bedeckte mein Gesicht mit allerhand Cremen und Pudern und brachte einen kleinen schwarzen Fleck direkt über meinem Mundwinkel an. Ich fühlte mich unbehaglich und zu bunt zurechtgemacht, aber ich bezweifelte, daß meine eigene Mutter mich erkannt hätte.

Wir hatten uns entschlossen, nach Miami zu reisen. Da die Flughäfen am strengsten bewacht waren, planten wir eine Reise auf dem Boden – mit dem Auto nach New York und von dort mit dem Zug nach Miami. Nachdem wir das Auto gemietet und David seine Sachen gepackt hatte, begaben wir uns auf diese wilde Odyssee, deren Einzelheiten wir unterwegs improvisieren mußten.

In einem Motel außerhalb von Detroit stellte ich das Fernsehen an, um mir die Nachrichten anzusehen. »Heute wurde Angela Davis, die unter dem Verdacht des Mordes, der Entführung und der Verschwörung in Verbindung mit der Schießerei vor dem Gerichtsgebäude von Marin County gesucht wird, beim Verlassen ihres Elternhauses in Birmingham, Alabama, beobachtet. Es ist bekannt, daß sie an einer Versammlung der Ortsgruppe der Schwarzen-Panther-Partei teilgenommen hat. Als Beamte von Birmingham sie verhaften wollten, gelang es ihr, in ihrem blauen Rambler, Baujahr 1959, zu entkommen ...«

Meinten sie meine Schwester? Aber die müßte doch in Kuba sein. Und als ich meinen Wagen zum letztenmal gesehen hatte, stand er vor Kendras und Franklins Wohnung in der 50th Street von Los Angeles geparkt.

Ich hatte Angst um meine Eltern. Die FBI und die Ortspolizei müssen wie die Bussarde um das Haus gekreist sein. Da ich wußte, daß die Telefonleitungen angezapft wurden, hatte ich nicht gewagt, sie anzurufen. Ich konnte nur hoffen, daß Franklin ihnen irgendwie mitgeteilt hatte, daß ich in Sicherheit war.

In Detroit tauchten wir in der Menge unter, als wir einen Optiker suchten, der mir schnellstens eine Brille anfertigen konnte. Seit der Nachricht von der Revolte war ich nicht mehr zu Hause gewesen und hatte kein Gepäck. Ich mußte mir Kleider kaufen, um aus den Sachen herauszukommen, die ich in den letzten paar Tagen getragen hatte.

Von Detroit fuhren wir nach New York, wo wir in einen Zug stiegen, der fast zwei Tage bis nach Miami brauchte. Dort verbarrikadierte ich mich unter der blendend hellen Sonne des Spätsommers in einer unmöblierten Wohnung, die David mietete, und wartete auf bessere Zeiten. Ich fühlte mich fast genauso als Gefangene, als wenn ich im Gefängnis eingesperrt gewesen wäre, und war oft auf David neidisch, weil er gehen konnte, wohin er wollte – einmal ist er sogar nach Chicago zurückgefahren. Ich blieb in der Wohnung, las und sah mir die Nachrichten im Fernsehen an: die drakonische Unterdrückung der Palästinenser durch König Hussein von Jordanien; den ersten der großen Gefängnisaufstände in den »Tombs« von New York.

George erschien niemals in den Nachrichten. George, John, Fleeta, Ruchell, San Quentin …

Gegen Ende September gab es Anzeichen einer heißen und tödlichen Verfolgungsjagd. Davids Mutter, die in der Nähe von Miami wohnte, erzählte ihm, daß zwei Männer in ihr Haus gekommen seien und sich nach seinem Verbleib erkundigt hätten. Die alten Ängste meldeten sich wieder, und ich bagann ernstlich zu bezweifeln, ob ich der Polizei entrinnen könnte, ohne das Land gänzlich zu verlassen. Aber immer wenn ich mir überlegte, außer Landes zu gehen, war mir der Gedanke, auf unbestimmte Zeit in einem anderen Land zu leben, noch grauenhafter als die Vorstellung, im Gefängnis eingesperrt zu sein. Im Gefängnis war ich wenigstens näher bei meinem Volk, näher bei der Bewegung.

Nein. Ich wollte das Land nicht verlassen, aber vielleicht konnte ich der FBI vorspiegeln, daß ich ins Ausland entkommen war. Als letztes setzte ich in der kahlen Wohnung in Miami eine Erklärung auf, die jemand übergeben werden sollte, der sie der Presse zuspielen konnte. Ich schrieb über Jonathans jugendlichen, ja romantischen Beschluß, die Ungerechtigkeit des Strafvollzugs bloßzustellen, und über den fürchterlichen Verlust, den wir erlitten hatten, als er am 7. August in Marin County getötet wurde. Ich beteuerte meine Unschuld und versprach – wodurch ich andeutete, daß ich bereits außer Landes war –, daß ich zurückkommen würde, wenn die Hysterie im politischen Klima Kaliforniens nachgelassen hätte, um mich vor Gericht von aller Schuld zu reinigen. In der Zwischenzeit, schrieb ich, ginge der Kampf weiter.

13. Oktober 1970

Wir waren wieder in New York. Ich war nun schon seit zwei Monaten untergetaucht. Mit dem sattsam bekannten Druck in meiner Magengrube und dem nunmehr gewohnten Kloß im Hals wachte ich auf, zog mich an und mühte mich mit meiner Maske ab. In weiteren öden zwanzig Minuten versuchte ich, meinem Augen-Make-up ein annehmbares Aussehen zu geben. Noch etwas ungeduldiges Zupfen an der Perücke und der Versuch, die Unbehaglichkeit des eng schließenden Gummibandes zu mildern. Ich suchte zu vergessen, daß heute, vielleicht morgen, vielleicht jeder in einer langen Kette von künftigen Tagen der Tag meiner Verhaftung sein konnte.

Als David Poindexter und ich an jenem späten Oktobermorgen die Howard Johnson Motor Lodge verließen, war die Lage bereits verzweifelt. Unser Geld ging schnell zur Neige, und alle, die wir kannten, wurden beschattet. Als wir in Manhattan in der Nähe des Hotels umherwanderten, erwogen wir unseren nächsten Schritt. Auf der Eighth Avenue, inmitten der vielen New Yorker, die sich um das, was um sie herum geschah, überhaupt nicht kümmerten, fühlte ich mich wohler als im Motel. Wir beschlossen, den Nachmittag im Kino zu verbringen, weil wir hofften, dadurch unsere Nerven zu beruhigen. Bis auf den heutigen Tag kann ich mich nicht erinnern, welchen Film wir sahen. Ich war unentrinnbar damit beschäftigt, wie ich der Polizei entgehen konnte, und fragte mich, wie lange ich noch imstande wäre, die Vereinsamung zu ertragen – wenngleich ich wußte, daß es Selbstmord wäre, mit jemand Kontakt aufzunehmen.

Der Film war kurz vor sechs zu Ende. David und ich sprachen sehr wenig, als wir zu unserem Motel zurückkehrten. Wir gingen an den verkommenen Läden der Eighth Avenue vorbei, überquerten die Straße zum Motel, als ich plötzlich rings um mich her Zivilpolizei zu sehen glaubte. Gewiß war das nichts anderes als ein Anfall von Verfolgungswahn, dem ich immer wieder erlag. Als wir jedoch durch die Glastür des Motels gingen, fühlte ich plötzlich den Drang, mich umzudrehen und in die anonyme Menge zurückzurennen, aus der ich gerade kam. Wenn jedoch mein Instinkt recht hatte, und alle diese gesichtslosen weißen Männer tatsächlich Polizisten waren, dann würde die kleinste hastige Bewegung ihnen den gewünschten Anlaß geben, uns auf der Stelle niederzuschießen. Ich erinnerte mich, wie sie li'l Bobby Hutton ermordet hatten: wie sie ihn in den Rücken schossen, nachdem sie ihm befohlen hatten, davonzulaufen. Wenn andererseits mein Instinkt mich trog, dann würde ich durch mein Rennen nur Argwohn erregen. Ich hatte keine andere Wahl als weiterzugehen.

In der Hotelhalle schien jeder der korrekt aussehenden weißen Männer, die herumstanden, meine Ängste zu bestätigen. Ich hätte schwören können, daß alle diese Männer Agenten waren, die in einer vorher vereinbarten Gruppierung aufgestellt worden waren und sich zum Angriff rüsteten. Aber nichts geschah. So wie auch im Motel von Detroit nichts geschehen war, als ich ebenfalls hätte schwören mögen, daß die Verhaftung unmittelbar bevorstand. Wie nichts bei zahllosen anderen Malen geschehen war, als meine unnatürlich hohe Spannung ganz alltägliche Ereignisse in Szenen der drohenden Verhaftung verwandelt hatte.

Was David wohl dachte? Es schien so lange her, seit wir miteinander gesprochen hatten. Er konnte in schwierigen Lagen seine Nervosität verbergen, und außerdem sprachen wir selten von den Momenten, in denen wir beide geargwöhnt haben mußten, daß die Polizei uns schon beim Wickel hatte. Als wir am Empfangstisch vorbeigingen, stieß ich einen Seufzer der Erleichterung aus. Nichts hatte sich ereignet. Dies war wahrscheinlich ein ganz normaler Tag im Dasein dieses typischen New Yorker Motels.

Ich wollte mich schon beruhigen, als ein stämmiger, rotgesichtiger Mann mit einem Haarschnitt, der der übliche Schnitt eines Polizisten sein konnte, mit uns in den Fahrstuhl trat. Meine Furcht flackerte wieder auf. Abermals hielt ich mein rituelles Selbstgespräch: Er war wahrscheinlich ein leitender Angestellter – wenn man verfolgt wurde, sahen schließlich alle weißen Männer mit kurzem Haar und korrektem Anzug wie Polizisten aus. Und wenn sie uns wirklich gestellt hatten, wäre es dann nicht logischer gewesen, uns unten zu verhaften?

Seitdem ich mich versteckt hielt, hatte ich mir angewöhnt,

mehrere Meter hinter David zurückzubleiben, damit er vor mir das Zimmer in Augenschein nehmen konnte. Als er den Schlüssel im Schloß umdrehte, was ungewöhnlich schwierig zu sein schien, öffnete jemand auf der anderen Seite des Ganges eine Tür. Ein Mann von schmächtiger Gestalt blickte heraus, und obwohl er nicht aussah wie ein Polizist, warf mich seine plötzliche Erscheinung wieder zurück in meine angstbeladenen Phantasien. Natürlich konnte dieser kleine blasse Mann auch einfach ein Motelgast sein, der zum Abendessen ging. Aber etwas sagte mir, daß das Szenario der Verhaftung begonnen hatte und daß dieser Mann in der Besetzung die Hauptrolle spielte. Ich glaubte, jemanden hinter mir zu spüren. Den Mann im Fahrstuhl. Jetzt war die letzte Spur von Ungewißheit dahin. Es war soweit.

Just in dem Augenblick, in dem die ganze Panik in meinem Innern hätte losbrechen sollen, fühlte ich mich ruhiger und gefaßter als seit langem. Ich hob den Kopf höher und schritt zuversichtlich auf mein Zimmer zu. Als ich an der offenen Tür vorbeiging, die meinem Zimmer gegenüberlag, streckte der schmächtige Mann die Hand aus und packte mich am Arm. Er sagte nichts. Andere Beamte kamen hinter ihm zum Vorschein und noch andere drängten sich aus einem Zimmer auf der anderen Seite des Ganges. »Angela Davis?« – »Sind Sie Angela Davis?« Die Fragen kamen von allen Seiten. Ich starrte sie wütend an.

Während der zehn oder zwölf Sekunden, die zwischen dem Fahrstuhl und diesem Ort der Konfrontation vergingen, fuhren mir allerlei Gedanken durch den Kopf. Ich erinnerte mich an das Fernseh-Programm, das ich mir in Miami angesehen hatte: *Die FBI* – ein typisches dummes Fernseh-Melodrama von Kommissaren, die Flüchtlinge verfolgten, bis beim endgültigen blutigen Zusammenstoß die Verfolgten mit Kugeln im Kopf liegenblieben und die FBI-Kommissare als Helden gezeigt wurden. Als ich aufstand, um das Programm abzustellen, erschien eine Fotografie von mir auf dem Bildschirm, als sei ich an dieser epischen FBI-Verfolgung beteiligt gewesen. »Angela Davis«, sagte eine tiefe Stimme, »gehört zu den zehn Verbrechern, auf deren Ergreifung die FBI den größten Wert legt. Sie wird gesucht wegen Mord, Entführung und Verschwörung. Sie ist wahrscheinlich bewaffnet. Wer sie sichtet, sollte sich nicht mit ihr einlassen, sondern sich umgehend mit der Ortsstelle der FBI in Verbindung setzen.« Mit anderen Worten, laßt der »wahrscheinlich bewaffneten« FBI die Ehre, sie niederzuschießen.

David und ich waren unbewaffnet. Wenn sie jetzt ihre Waffen zogen, dann war es aus mit uns. Als der schmächtige Mann nach mir langte, sah ich auch die Pistolen zum Vorschein kommen. Ich hörte schon im Geiste das ohrenbetäubende Knallen von Schüssen und sah unsere Leichen auf dem Gang des Howard-Johnson-Motels in ihrem Blut liegen.

Sie schoben David in ein Zimmer auf der rechten Seite des Ganges und schubsten mich in eines auf der linken Seite. Dort rissen sie mir die Perücke vom Kopf, fesselten mir die Hände auf dem Rücken und nahmen auf der Stelle Fingerabdrücke von mir. Währenddessen warfen sie mir die ganze Zeit dieselbe Frage an den Kopf: »Sind Sie Angela Davis?« – »Angela Davis?« – »Angela Davis?« Ich sagte nichts. Offenbar hatten sie schon oft ähnliche Szenen durchgespielt. Sie hatten diesen Augenblick mit der falschen Verhaftung von Dutzenden, ja vielleicht Hunderten von großen Schwarzen Frauen mit heller Haut und Afro-Frisur geprobt. Nur die Fingerabdrücke konnten ihnen verraten, ob sie diesmal die Richtige gefangen hatten. Die Abdrücke wurden verglichen. Die Panik auf dem Gesicht des Chefs wich dem Ausdruck der Erleichterung. Seine Unterlinge plünderten meine Handtasche wie die Banditen. Als ich dort stand, entschlossen, meine Würde zu wahren, wurden umfangreiche Vorbereitungen getroffen, um mich fortzuschaffen. Ich hörte, wie sie andere Kommissare alarmierten, die an verschiedenen Stellen innerhalb und außerhalb des Motels aufgestellt sein mußten. Alle diese »Vorsichtsmaßregeln«, alle diese Dutzende von Beamten paßten vollkommen zu dem Bild, das sie sich von mir als einer »der zehn gefährlichsten Verbrecher« des Landes zurechtgezimmert hatten: der Große Böse Schwarze Kommunistische Feind.

Etwa zehn Beamte schoben mich durch die Menge, die sich schon unten in der Halle und auf dem Bürgersteig angesammelt hatte. Eine lange Kolonne von unbeschrifteten Autos wartete. Als wir die Straßen entlangrasten, erhaschte ich einen Blick auf eine zweite Kolonne, die David zu einem unbekannten Bestimmungsort brachte.

Meine Hände waren so eng auf meinem Rücken zusammengeschlossen, daß die Blutzufuhr gestockt hätte, wenn ich meinen Körper nicht auf dem vordersten Rand des Rücksitzes balanciert hätte. Der Kommissar auf dem Vordersitz drehte sich um und sagte lächelnd: »Miß Davis, wollen Sie eine Zigarette?«

Ich sprach zum erstenmal seit meiner Verhaftung: »Nicht von Ihnen.«

Im Hauptquartier der FBI, wo die Autokolonne zum Halten kam, trat mir eine Wasserstoffblondine entgegen, die eher wie die Kellnerin in einer Kneipe für Lastwagenfahrer aussah als wie die Polizeibeamtin, die sie war. Sie durchsuchte mich in einem kleinen Raum, der wie das Sprechzimmer eines Frauenarztes aussah, obwohl in meinem kurzen gestrickten Rock und der dünnen Baumwollbluse keine Waffen irgendwelcher Art versteckt sein konnten.

Später in einem Zimmer mit Leuchtstofflampen, die grellrote Kunststoffsofas bestrahlten, kamen einige Beamte geschritten, die ganze Aktenstöße in den Händen trugen. Sie setzten sich mir unmittelbar gegenüber und breiteten zuversichtlich ihre Papiere aus, um ein langes, eingehendes Verhör mit mir anzustellen. Bevor sie die erste Frage formulieren konnten, sagte ich ihnen, ich hätte der FBI nichts mitzuteilen.

Ich wußte, daß sie mich nicht lange festhalten konnten, ohne mir zu erlauben, daß ich mich mit einem Anwalt in Verbindung setzte. Aber immer, wenn ich verlangte zu telefonieren, überhörten sie es. Schließlich sagten sie, daß ein Anwalt namens Gerald Lefcourt am Telefon sei und ich mit ihm sprechen dürfte. Ich kannte Lefcourt nicht persönlich, aber sein Name war mir bekannt, weil er die elf Mitglieder der Schwarzen-Panther-Partei verteidigt hatte, die in New York vor Gericht gestanden hatten.

In einem riesigen Saal stand auf einem der unzähligen Schreibtische ein Telefon, dessen Hörer abgenommen war. Aber Lefcourt war nicht am anderen Ende der Leitung, nur Schweigen. Als ich mich im Zimmer umsah, bemerkte ich, daß auf einigen Tischen nur wenige Meter von dem Platz, auf dem ich saß, meine Habseligkeiten ausgebreitet waren. Davids Sachen waren über eine andere Reihe von Tischen verstreut. Polizisten waren über unsere Sachen gebeugt und untersuchten sie eingehend.

Die Beamten, die mir für die Durchsuchung, die Fotoaufnahmen und die Fingerabdrücke die Handschellen abgenommen hatten, legten sie mir von neuem an. Es kam mir komisch vor, daß diesmal meine Hände vorn zusammengeschlossen wurden.

Als ich im Fahrstuhl abwärts fuhr, war ich mit meinen Gedanken in weiter Ferne. Ich überlegte mir, wie ich einen Genossen oder Freund erreichen könnte. Als die Türen aufglitten, wurde ich durch grelle Lichtblitze aus meinen Gedanken gerissen. Deshalb hatte man mir also die Hände vorn zusammengeschlossen. Soweit ich sehen konnte, standen Reporter und Fotografen dicht gedrängt in der Halle.

Ich versuchte mit aller Macht, meine Überraschung nicht merken zu lassen, hob meinen Kopf, richtete mich auf und legte zwischen zwei Beamten den langen Weg durch die Lichtblitze und die abgehackten Fragen bis zur Autokolonne zurück, die draußen wartete.

Als das Jaulen der Sirenen nachließ und die Kolonne die Fahrt verlangsamte, merkte ich, daß ich mich irgendwo in Greenwich Village befand. Während das Auto in die dunkle Einfahrt bog, begann sich ein Tor aus gewelltem Aluminium zu heben, und zum zweitenmal sprangen Scharen von Fotografen mit Blitzlichtern aus den Schatten. Die rote Backsteinmauer, die das hohe, altmodische Gebäude umgab, kam mir sehr bekannt vor, aber es dauerte einige Sekunden, bevor ich sie in meiner Erinnerung orten konnte. Natürlich: es war das geheimnisvolle Haus, das ich oft gesehen hatte, als ich noch in die Irwin-Schule ging. Sie lag nicht weit von hier. Es war die New Yorker Haftanstalt für Frauen, an der Ecke von Greenwich und Sixth Avenue, der Hauptkreuzung des Village.

Während das Auto in den Eingang für Gefangene rollte, drängte sich mir ein ganzer Schwarm von Erinnerungen auf. Wenn ich nach der Schule zur Untergrundbahn ging, blickte ich fast jeden Tag zu diesem Gebäude auf und versuchte, nicht auf die fürchterlichen Laute zu hören, die aus den Fenstern tönten. Sie stammten von den Frauen, die hinter Gittern eingesperrt waren und auf die Vorübergehenden auf der Straße hinunterblickten, um ihnen unverständliche Wörter zuzuschreien.

Im Alter von fünfzehn Jahren glaubte ich einige der Märchen, die um die Gefangenen gesponnen wurden. Ich sah sie nicht ganz als die Verbrecher, als die sie die Gesellschaft darstellte, aber sie schienen Fremde in der Welt, die ich bewohnte. Ich wußte nie, wie ich mich verhalten sollte, wenn ich Umrisse von Frauenköpfen hinter den fast undurchsichtigen Gefängnisfenstern erblickte. Ich konnte nie verstehen, was sie sagten – ob sie um Hilfe schrien, ob sie jemand Bestimmten riefen oder ob sie einfach mit jemand sprechen wollten, der »frei« war. Jetzt war mein Kopf voll von den Schemen jener gesichtslosen Frauen, denen ich nicht geantwortet hatte. Würde ich den Leuten zuschreien, die auf der Straße vorbeigingen, nur damit sie so taten, als hörten sie mich nicht, wie ich einst so getan hatte, als hörte ich diese Frauen nicht?

Das Innere dieser Haftanstalt stand in krassem Gegensatz zu dem Gebäude, aus dem ich gerade kam. Das Hauptquartier der

FBI war modern, antiseptisch sauber, und seine Wandflächen aus Kunststoff waren von Leuchtstäben erhellt. Die Haftanstalt für Frauen war alt, muffig, trostlos und schlecht beleuchtet. Der Fußboden des Empfangsraumes war aus ungestrichenem Zement, und der Schmutz von den Schuhen Tausender von Gefangenen, Polizisten und Wärterinnen hatte sich in seine Oberfläche eingefressen. In dem Raum befand sich ein einziger Schreibtisch, auf dem allem Anschein nach die gesamte Schreibarbeit erledigt wurde, und Reihen langer Bänke, die so aussahen, als seien sie früher das Gestühl einer Kirche mit Ladenfassade gewesen.

Ich wurde aufgefordert, auf der vordersten Bank rechts Platz zu nehmen. Ein paar andere Frauen wurden unsystematisch über alle Bänke verteilt. Einige waren gerade erst registriert worden, wie ich erfuhr, andere kamen vom Gericht zurück. Man brachte uns etwas zu essen, aber ich hatte keinen Appetit auf die verschrumpelten heißen Würstchen und die kalten Kartoffeln.

Plötzlich hörte man vor dem Tor lautes Rumpeln. Dutzende von Frauen gingen auf den Eingang zu und warteten, bis sich das eiserne Tor öffnete. Ich fragte mich, wodurch eine solche Massenverhaftung verursacht worden sein könnte, aber eine der Schwestern erklärte mir, das seien die Frauen, die mit dem letzten Bus aus dem Gerichtsgebäude zurückkehrten.

Alle Frauen, die ich sehen konnte, waren entweder Schwarze oder Puertorikanerinnen. Weiße Gefangene waren nicht in der Gruppe. Eine der puertorikanischen Schwestern rief aus: »Bist du spanisch?« Zuerst glaubte ich nicht, daß sie mich meinen könnte, aber dann fiel mir ein, daß mein Haar wahrscheinlich glatt war und eng am Kopf anlag, nachdem mir die Polizisten die Perücke abgerissen hatten. Ich sagte mit möglichst herzlicher Stimme »nein« und wollte damit zu verstehen geben, daß es wirklich nicht wichtig sei: dieselben Häscher hielten denselben Hammer über unserem Kopf. Während die Frauen, die vom Gericht kamen, immer noch vor dem eisernen Tor warteten, wurde ich aus dem Saal geführt. Ich dachte, ich sei auf dem Weg zu den Zellen, fand mich aber statt dessen in einem großen fensterlosen Raum, in dem eine trübe Glühbirne kaum die Mitte der Decke erhellte. Es gab dort den gleichen dreckigen Zementfußboden, öde gelbe Kachelwände und zwei sehr alte Bürotische.

Eine stämmige Aufseherin führte dort das Wort. Als ich unter den an die Wand geklebten Zetteln mein Bild und meinen Steckbrief auf einem Suchplakat der FBI entdeckte, riß sie es runter. Meine Augen wanderten zum nächsten Plakat. Zu meiner Überraschung trug es das Bild und den Steckbrief einer Frau, die ich auf der höheren Schule gekannt hatte. Kathy Boudin war mit mir in der elften und zwölften Klasse der Irwin-Schule gewesen. Jetzt wurde sie von der FBI gesucht.

Als die Beamten abgelöst wurden, wartete ich noch immer in diesem schäbigen Zimmer. Eine neue Beamtin wurde zu meiner Bewachung geschickt. Sie war schwarz, sie war jung – jünger als ich – sie trug eine Afro-Frisur, und als sie näher kam, zeigte sie weder die Feindseligkeit noch die Arroganz, die ich erfahrungsgemäß mit Gefängniswärterinnen in Verbindung brachte.

Es war ein entwaffnendes Erlebnis. Dennoch war es nicht ihre Hautfarbe, die mich irre machte – ich war schon früher Schwarzen Aufseherinnen begegnet – in den Gefängnissen von San Diego und Los Angeles –, sondern ihr Benehmen: unaggressiv und offenbar sympathisierend.

Zuerst schwieg sie sich aus. Aber nach einigen Minuten sagte sie mir mit ruhiger Stimme: »Eine große Anzahl von unseren Wärterinnen – den Schwarzen Wärterinnen – haben um Sie gebangt. Wir hatten die ganze Zeit gehofft, Sie würden einen Platz finden, wo Sie in Sicherheit wären.«

Ich hätte gern mit ihr gesprochen, fand es aber klüger, mich vor einem freimütigen Gespräch zu hüten. Sie konnte ja auch den Auftrag haben, sich teilnehmend zu stellen. Wenn es so schien, als sei ich durch ihre Teilnahme getäuscht, wenn es so schien, als machte ich sie zu meiner Vertrauten, dann würde es ihre Glaubwürdigkeit erhöhen, falls sie den Inhalt unserer Gespräche verfälschen sollte. Für mich wäre es sicherer, wenn ich den Abstand, die Förmlichkeit, wahrte.

Ich versuchte, von ihr etwas über meine Lage zu erfahren und fragte sie, warum ich so lange warten müsse. Sie wisse nicht über alle Einzelheiten Bescheid, sagte sie, aber sie glaube, man sei am Überlegen, wie man mich von der Masse der Gefangenen absondern könne. Es gebe eigentlich keine Isolierungsmöglichkeiten, und das sei das Problem. Sie hätte den Verdacht, daß man mich in 4b stecken würde, die Gefängnisabteilung für Frauen mit psychischen Schwierigkeiten.

Ich sah sie ungläubig an. Wenn sie mich in einen Komplex mit Geisteskranken einsperrten, dann könnten sie als nächstes mich auch für geisteskrank erklären. Vielleicht würden sie sogar behaupten, daß der Kommunismus eine psychische Erkrankung sei – ähnlich wie der Masochismus, Exhibitionismus oder Sadismus.

Überrascht von meiner Reaktion versuchte sie mich zu trösten. Sie sagte, ich wäre dort wahrscheinlich glücklicher – manchmal bäten die Frauen darum, in den »geistigen Block« verlegt zu werden, weil sie den Lärm im Hauptblock nicht aushalten könnten. Aber für mich war Gefängnis Gefängnis – es gab da keine Skala von besser oder schlimmer. Und nichts konnte mich von dem Gedanken abbringen, daß man mich isolieren wollte, weil man die Wirkung fürchtete, die allein schon die Gegenwart einer politischen Gefangenen auf die anderen Frauen haben könnte.

Ich erinnerte die Wärterin daran, daß ich noch nicht die zwei Telefongespräche geführt hätte, die mir zustanden. Ich brauchte einen Anwalt, und ich wußte, daß ich das Recht hatte, mit einem in Verbindung zu treten.

»Ein Anwalt namens John Abt hat versucht, Sie hier zu besuchen«, sagte sie. »Aber die Besuchstunden für Anwälte enden um fünf Uhr. Es tut mir leid, aber ich kann nichts machen.«

»Wenn ich ihn schon nicht sehen kann, dann sollte es wenigstens gestattet sein, daß ich ihn anrufe.«

»Die Leute hier«, erwiderte sie, »sind sich noch nicht einig, wie sie mit Ihnen verfahren sollen. Sie sagen, Sie sind die Gefangene der Bundesbehörde und gehören in die Zuständigkeit der Bundesbeamten. Wir haben hier immer Bundesgefangene. Daher wären die Bundesbeamten für Ihre Telefongespräche zuständig gewesen. Das hat jedenfalls die Frau Captain gesagt.«

»Seit fünf Stunden«, beharrte ich, »versuche ich zu telefonieren, und alle, die ich frage, halten mich zum Narren.«

»Wissen Sie, eigentlich darf hier kein Gefangener das Telefon benutzen. Sie müssen Ihre Nummer und Ihren Auftrag auf ein Formular schreiben, und ein Spezialbeamter macht den Anruf.«

Ich wollte schon protestieren, mußte aber bald einsehen, daß mir alles Reden an diesem Abend nicht den Zutritt zu einem Telefon verschaffen würde. Das einzige, was sie rausrückten, war eine Karte, die John Abt am Eingang für mich abgegeben hatte.

Die Frauenschar, die gerade vom Gericht zurückkam, war inzwischen anscheinend »abgefertigt«, und ich konnte in den Aufnahmesaal zurückkehren, um meine eigene »Abfertigung« abzuwarten. Als ich den Saal betrat, sah ich eine Gestalt auf einer fahrbaren Krankenbahre liegen, die fast völlig mit einem Laken bedeckt war. Ich wußte nicht, ob sie lebendig war oder tot. Sie war einfach da, ohne Betreuer, in der abgelegensten Ecke des Saales. Als ich sie, soweit es mir aus der Entfernung möglich war, genauer betrachtete, bemerkte ich in der Mitte eine Wölbung, die sich zu bewegen schien. Es war eine schwangere Gefangene, die kurz vor der Entbindung stand – sehr kurz davor. Wollte denn niemand etwas *tun?* Sollte sie ihr Baby hier kriegen, in diesem verwahrlosten Loch? Selbst wenn man sie zu einer halbwegs anständigen Klinik brachte, was sollte dann aus dem Kind werden, wenn es geboren war? Würde es in ein Waisenhaus gegeben, während sie ihre Zeit absaß? Ich fühlte mich zornig, aber auch hilflos, als diese Schwester von mir immer mehr in die Wehen kam. Kurz darauf öffneten sich die eisernen Tore, und die Träger eines Polizeikrankenwagens schafften sie fort. Ich sah ihnen zu, wie sie die Bahre in die Nacht hinaustrugen.

Endlich war ich an der Reihe. Der Abdruck meines Zeigefingers wurde auf eine orangefarbene Karte gestempelt, die, wie man mir mitteilte, der Anstaltsausweis war, den jeder Häftling jederzeit mit sich führen mußte. Dann kam eine weitere Leibesvisitation. Ich erhob scharfen Protest gegen diese zweite Untersuchung – die FBI hätte bereits eine bei mir durchgeführt. Die Wärterin, die mit der Untersuchung beauftragt war, äußerte sich nur ungenau über das Verfahren. Während ich mich im Duschraum entkleidete, tat sie taktvollerweise so, als suche sie etwas. Sie gab mir einen Morgenrock wie im Krankenhaus und forderte mich auf, auf einer Bank vor einer geschlossenen Tür Platz zu nehmen. Von den Frauen, die dort bereits warteten, erfuhr ich, daß wir auch innerlich untersucht würden. Immer wenn Häftlinge das Gefängnis verließen, um vor Gericht zu gehen, und wenn sie zurückkehrten, mußten sie sich einer vaginalen und rektalen Untersuchung unterziehen.

Es war ein Uhr nachts, als ich endlich formell ins Gefängnis aufgenommen wurde. Im Aufnahmesaal waren nur noch drei Frauen übrig. Eine starrte mich lange an und fragte mich schließlich, ob ich nicht Angela Davis sei. Als ich nickte und lächelte, sagte sie, daß sie auf dem Rückweg draußen vom Gericht Menschenmengen gesehen hätte, die für mich demonstrierten. Menschen aller Art – jung, alt, Schwarz, weiß.

»Was? Wo?« Der Gedanke, daß Menschen der Bewegung mir nahe waren, erregte mich ungeheuer.

Die Schwester sagte, wir sollten einen Augenblick still sein. Wenn wir genau hinhörten, könnten wir vielleicht die Sprechchöre hören. Und tatsächlich: gedämpfte Rhythmen drangen durch diese massiven Mauern. Unmittelbar vor dem Gebäude, sagte die Schwester, skandierten sie »Freiheit für Angela Davis«. Die Schwester, die mir die Szene beschrieb, war eingesperrt, weil sie Heroin in ihrem Besitz gehabt hatte. (Wenn sie rauskäme, sagte sie, würde sie schnurstracks zu ihrem Dealer gehen.) Mit triumphierender Miene versicherte sie mir, daß ich siegen würde. Sie sagte das, obwohl sie wußte, daß ich mich, am Gefängnisdurchschnitt gemessen, einer sehr schweren Anklage gegenübersah.

Das gesamte Gefängnis war schon finster, als ich endlich meine Zelle in 4b betrat. Sie war nicht mehr als anderthalb Meter breit. Die einzigen Einrichtungsgegenstände waren eine eiserne Bettstelle, die mit Bolzen im Fußboden befestigt war, und am Fuß des Bettes ein Klosett ohne Brille. Einige Minuten nachdem man mich eingesperrt hatte, kam die Wärterin, die die Abteilung beaufsichtigte – auch wieder eine junge Schwarze Frau –, an die eiserne Tür. Sie flüsterte durchs Gitter, daß sie mir ein Stück Schokolade unter die Tür schiebe. Ihre Stimme klang zwar durchaus ehrlich, aber ich konnte nichts riskieren. Ich wollte nicht hysterisch sein, aber Mißtrauen war besser als mangelnde Vorsicht. Ich kannte den »Selbstmord« in den kalifornischen Gefängnissen. Es konnte ja sein, daß die Schokolade vergiftet war.

In der ersten Nacht im Gefängnis hatte ich nicht den Wunsch zu schlafen. Ich dachte an George und seine Brüder in San Quentin. Ich dachte über Jonathan nach. Ich dachte über Mutter und Vater nach und hoffte, daß sie diese Schreckenszeit gut überstehen würden. Und dann dachte ich über die Demonstration da draußen nach, über die vielen Menschen, die alles stehen- und liegengelassen hatten, um für meine Freiheit zu kämpfen.

Ich war gerade erst gefangengenommen worden; ein Prozeß erwartete mich in Kalifornien wegen des Tatverdachts von Mord, Entführung und Verschwörung. Wenn ich auch nur in einem dieser Punkte für schuldig befunden wurde, konnte das den Tod in der Gaskammer bedeuten. Man sollte glauben, daß das eine furchtbare Belastung war. Aber in jenem Augenblick fühlte ich mich besser als seit langem. Ein schwerer Kampf stand mir bevor, aber man konnte den Sieg schon ahnen. In der dumpfen Stille der Haftanstalt vernahm ich, wenn ich mich stark konzentrierte, den Widerhall der Parolen, die draußen angestimmt wurden: »Freiheit für Angela Davis.« – »Freiheit für alle politischen Gefangenen.«

Das Knirschen des Schlüssels im Schloß der Zellentür schreckte mich hoch. Eine Wärterin öffnete die Tür für eine rundliche junge Schwarze Frau in einer verschossenen blauen Häftlingskluft, die ein großes Tablett in den Händen trug.

Lächelnd sagte sie mit sehr leiser Stimme: »Hier ist dein Frühstück. Willst du Kaffee?«

Ihre Sanftheit war tröstlich und ließ mich glauben, daß ich wieder unter Menschen war. Ich setzte mich im Bett auf, dankte ihr und sagte, daß ich sehr gern eine Tasse Kaffee trinken würde.

Als ich mich umsah, merkte ich, daß es keinen Platz gab, wo man das Essen hinstellen konnte – das Bett und das Klosett waren die einzigen Möbelstücke in dieser winzigen Zelle. Aber die Schwester, die das wahrscheinlich schon viele Male durchexerziert hatte, hatte sich bereits hingehockt und das Essen auf den Fußboden gestellt: eine kleine Schachtel Cornflakes, einen Papierbecher mit wäßriger Milch, zwei Scheiben trockenes Weißbrot und einen Papierbecher, in den sie den Kaffee einzugießen begann.

»Gibt es keinen schwarzen Kaffee?« fragte ich sie, teils weil ich Kaffee mit Milch nicht mochte und teils weil ich einen Vorwand suchte, um mit ihr ein paar Worte zu wechseln.

»Wenn wir den Kaffee kriegen, ist er schon so wie dieser«, antwortete sie, »aber ich will versuchen, dir morgen schwarzen Kaffee zu besorgen.«

Die Wärterin sagte mir, ich solle mich fürs Gericht fertigmachen. Dann, nachdem die junge Frau die Zelle verlassen hatte, knallte sie die Tür zu. Während sie die nächste Zelle aufschloß, flüsterte die Schwester durch die Tür: »Mach dir gar keine Sorgen. Wir sind alle auf deiner Seite«, und verschwand auf dem Korridor.

Ich sah auf mein Frühstück nieder und bemerkte, daß eine Küchenschabe bereits damit beschäftigt war. Ich ließ es unberührt auf dem Fußboden stehen.

Nachdem ich mich der schwierigen Prozedur unterzogen hatte, mich fürs Gericht anzukleiden, brachte mich eine Aufseherin nach unten. Eine Schar weißer Männer hastete im Empfangssaal durcheinander. Als sie mich sahen, stießen sie auf mich zu wie die Geier und schlossen mir Handschellen um die Handgelenke, die mir vom gestrigen Tag noch weh taten. Draußen standen dichtgedrängt blitzende, hellbraune Autos auf dem Kopfsteinplaster des Hofes. Es war noch dunkel, als die Kolonne den Bundesgerichtshof erreichte. Ein Blick auf die in Balkenschrift gedruckte Schlagzeile der Morgenzeitung, die unter dem Arm eines Mannes hervorlugte, benahm mir den Atem: ANGE-

LA DAVIS IN NEW YORK VERHAFTET. Plötzlich wurde mir klar, daß die Riesenmenge von Zeitungsleuten, die die FBI am gestrigen Abend zusammengetrommelt hatte, wahrscheinlich ähnliche Schlagzeilenartikel im ganzen Land verbreitet hatten. Das Bewußtsein, daß mein Name nun Millionen von Menschen bekannt war, überwältigte mich. Und doch wußte ich, daß dieser ganze Öffentlichkeitsrummel nicht mir als Individuum galt. Indem man mich als Beispiel benutzte, wollte man die Schwarze Freiheitsbewegung, die Linke im allgemeinen und selbstverständlich auch die Kommunistische Partei in Mißkredit bringen. Ich war nur der Anlaß für ihre Manipulationen.

Die Wartezelle, in der ich die nächsten paar Stunden verbrachte, war sauberer als die Gefängniszelle, aus der ich kam, und sah aus wie ein großes unvollendetes Badezimmer. Sie hatte schimmernd weiße Kachelwände und einen Linoleumfußboden in heller Farbe. Ein Klosett ohne Brille stand in einer der Ecken. Lange Metallbänke zogen sich an den drei Wänden hin.

Ein Zivilbeamter der FBI trat in die Zelle.

»Ich habe nichts zu sagen«, erklärte ich ihm, »bevor ich nicht mit meinem Anwalt gesprochen habe.«

»Der Anwalt Ihres Vaters wartet draußen«, sagte er.

Der Anwalt meines Vaters? Vielleicht war es ein Freund, der sich als »Anwalt meines Vaters« ausgab, um überhaupt mit mir sprechen zu dürfen.

In einem großen Saal, der mit Reihen von Tischen gefüllt war, wurde ich von John Abt erwartet. Ich hatte ihn zwar nie gesehen, kannte aber die Prozesse, in denen er Mitglieder unserer Partei erfolgreich verteidigt hatte. Ich fühlte mich ungeheuer erleichtert und setzte mich, um mit ihm zu sprechen.

»Ich habe gestern stundenlang vor dem Gefängnis gewartet, aber man wollte mich nicht reinlassen«, sagte John. »Ich mußte Ihren Vater bitten, hier anzurufen, bevor man mich heute morgen zu Ihnen gelassen hat.«

Dann erklärte er mir, daß ich vor dem Bundesgericht unter Anklage gestellt würde – weil ich über die Staatsgrenze von Kalifornien geflohen sei, um mich der Strafverfolgung zu entziehen. Aber er kam nicht weit in der Erläuterung des bevorstehenden Prozesses, denn eine Gruppe von Menschen drängte sich durch eine Tür am anderen Ende des Saales. Ohne meine Brille, die mir die FBI noch nicht zurückgegeben hatte, sah ich die Gesichter nur verschwommen. Als ich eine junge Schwarze Frau bemerkte, die mit den Aufsichtsbeamten eine hitzige Auseinandersetzung hatte, kniff ich die Augen zusammen, um sie deutlicher zu sehen.

»Das ist Margaret!« schrie ich.

Margaret Burnham war eine sehr alte Freundin von mir. Als ich noch ganz klein war, hatte ihre Familie in derselben Siedlung gelebt wie meine. Als die Burnhams nach New York zogen, besuchten wir sie vier Jahre lang jeden Sommer, und wir besuchten uns danach abwechselnd – manchmal kamen sie nach Birmingham und manchmal wir nach New York. Unsere Familien waren so eng befreundet, daß ich Margaret, ihre Schwestern Claudia und Linda und ihren Bruder Charles fast zu unserer Familie zählte. Ich hatte sie seit Jahren nicht gesehen. Sie war in Mississippi gewesen, hatte geheiratet und ein Kind bekommen. Ich wußte, daß sie erst vor kurzem ihr juristisches Studium beendet hatte, und nahm an, daß sie nun in New York praktizierte.

»Margaret«, rief ich so laut ich konnte, »komm her zu uns.« Offenbar genügte das, um ihren Streit mit dem Aufsichtsbeamten zu beenden, denn er hinderte sie nicht, an den Tisch zu kommen, wo John und ich saßen. Es war so schön, sie zu umarmen.

»Margaret«, sagte ich zu ihr, »ich bin so froh, daß du gekommen bist. Du weißt gar nicht, wie ich mich freue, dich zu sehen.« Als wir anfingen, uns über persönliche Dinge zu unterhalten, hätte ich fast vergessen, daß wir auch Geschäftliches zu besprechen hatten.

»Kannst du in meinem Prozeß mitarbeiten?« fragte ich sie schließlich und hoffte verzweifelt, daß sie ja sagen würde.

»Das weißt du doch, Angela«, erwiderte sie, »wenn du's für richtig hältst.«

Es war, als sei die halbe Schlacht schon gewonnen.

John Abt fuhr fort, die Lage vom gesetzlichen Standpunkt aus zu erläutern.

Letzten August war ich in Marin County des Mordes, der Entführung und Verschwörung zum Mord und zur Gefangenenbefreiung bezichtigt worden. Auf Grund der beschworenen Aussage eines FBI-Agenten, daß ich von »zuverlässigen Zeugen« in Birmingham gesehen worden war, hatte ein Bundesrichter einen Haftbefehl gegen mich erlassen, auf dem ich »der Flucht über die Staatsgrenze, um der Strafverfolgung zu entgehen«, beschuldigt wurde.

Es war möglich, sagte John, daß ich nach Kalifornien »überführt« würde, was bedeutete, daß ich ohne Prozeßverhandlung einfach vom Bundesgericht in New York zum Bundesgericht in Kalifornien geschickt würde. Es sei jedoch wahrscheinlicher, daß ich dem Staat New York zur Auslieferung nach Kalifornien »überstellt« würde, und das würde uns in den Stand setzen, gegen Kalifornien vor einem New Yorker Gericht Einspruch zu erheben.

Als wir zum Ende dieser Besprechung gelangten, trat David, von Wächtern umringt, in den Raum. Seit unserer Verhaftung hatte ich ihn nicht gesehen. Er sah aus, als hätte auch er nicht geschlafen.

Mit kühler, knapper Stimme rief er zu mir herüber: »Denke daran, was immer auch kommen mag, wir werden in dieser Sache Sieger bleiben.«

»Keine Unterhaltung zwischen den Gefangenen«, ertönte eine Stimme. Wahrscheinlich kam sie von einem der Aufsichtsbeamten, die herumstanden.

»Okay, David«, sagte ich, ohne auf den Befehl zu achten. »Sieh nur zu, daß du selbst stark bleibst.«

Ich hatte noch nie einen so kleinen Gerichtssaal gesehen. Mit seinen verunzierten Wänden aus blondem Holz hatte er die schäbig gewordene Eleganz einer alten Villa. Es war darin lediglich Platz für den Richterstuhl und eine einzige Reihe von Stühlen an der hinteren Wand. Der Raum war so klein, daß er die Höhe des Richterpodiums übertrieb. Der Richter selbst war klein wie sein Zimmer. Er trug eine altmodische Brille mit Plastikrahmen, und sein weißes Haar war spärlich über den Schädel verteilt. Ich dachte an den Wächter O.G. Miller in Soledad, der auf seinem Wachtturm stand und im Januar den Karabiner auf die drei Brüder auf dem Hof richtete und sie tötete.

Es gab keine Zuschauer. Die einzigen nichtamtlichen Leute waren Zeitungsreporter – und nicht sehr viele. Als ich eintrat, hob eine Schwester, die der Tür am nächsten saß, ein gebundenes Exemplar von Georges ›Soledad Bruder‹ in die Luft. So sah ich zum erstenmal das Buch, das ich im Manuskript gelesen hatte.

Die Anklageerhebung nach den von den Bundesbehörden erhobenen Beschuldigungen war kurz und sachlich. Der Staatsanwalt brauchte nichts weiter zu tun als für das Protokoll zu beweisen, daß ich die im Haftbefehl genannte Angela Davis war. Die Kautionssumme war ein Witz. Wer konnte auch nur daran denken, 250000 Dollar aufzutreiben, um mich aus dem Gefängnis zu befreien?

Es war noch früh – später Morgen oder früher Nachmittag –, als ich in meine Wartezelle zurückkehrte. Beim letztenmal war der beherrschende Gedanke in dieser Zelle gewesen, einen Anwalt zu finden. Jetzt, da ich zwei großartige Anwälte hatte, denen ich vertraute und die ich liebte, konnte ich die Gedanken an meine Gefangenschaft nicht mehr von mir weisen. Ich war allein mit diesen schimmernden Kachelwänden und den grauen Stahlgittern. Wände und Gitter, sonst nichts. Ich wünschte, ich hätte ein Buch oder, wenn schon nichts zu lesen, dann wenigstens einen Bleistift und ein Blatt Papier.

Ich kämpfte gegen die Versuchung, meine mißliche Lage zu individualisieren. Ich wanderte von einem Ende der Zelle zum anderen, von einer Bank an der einen Wand zu einer Bank an der anderen Wand und hielt mir immer wieder vor, daß ich nicht das Recht hatte, mich über ein paar Stunden, die ich allein in einer Wartezelle verbrachte, aufzuregen. Hatte denn ein Bruder – sein Name war Charles Jordon – nicht nur Stunden, sondern Tage und Wochen nackt in einer pechfinsteren Zelle in Soledad zugebracht, die nicht einmal groß genug war, daß er sich auf dem Zementfußboden ausstrecken konnte, und die nach Urin und menschlichen Exkrementen stank, weil die einzige vorhandene Toilette ein Loch im Boden war, das man im Dunkeln kaum erkennen konnte?

Ich dachte an die Szene, die George im Manuskript seines Buches beschrieben hatte – an den Bruder, der sich einen Nachthimmel an die Decke seiner Zelle gemalt hatte, weil er seit Jahren Mond und Sterne nicht mehr gesehen hatte. (Als es entdeckt wurde, haben die Wärter es grau übertüncht.) Dann dachte ich an Ericka Huggins, die im Staatsgefängnis für Frauen in Niantic, Connecticut, einsaß. Ericka, Bobby, die Soledad-Brüder, die Soledad-Sieben, die Aufständischen in den »Tombs« von New York und all die unzähligen anderen, deren Identität hinter so viel Beton und Stahl, so vielen Riegeln und Ketten verborgen war. Wie durfte ich mir auch nur den leisesten Anflug von Selbstmitleid gestatten? Und doch ging ich jetzt schneller durch die Zelle. Ich ging mit der Entschlossenheit eines Menschen, der einem sehr wichtigen Ziel entgegengeht. Gleichzeitig versuchte ich, meine Erregung vor den Wärtern zu verheimlichen.

Als schließlich jemand die Tür öffnete, war es später Abend. Margaret und John warteten, um mich bei der gerichtlichen

Vorführung in denselben Gerichtssaal zu begleiten, in dem ich schon am Morgen gewesen war. Außer uns gab es keine »Zivilisten« im Zimmer, nicht einmal die Reporter der Morgensitzung. Ich überlegte mir, wozu diese geheime Vorführung dienen sollte.

Der ältliche Richter verkündete, daß er die Kaution streiche und mich gegen meine Zusicherung, vor Gericht zu erscheinen, wenn ich geladen würde, freilasse. Ich traute meinen Ohren nicht. Aber schon nahten sich die Beamten der Bundespolizei, um mir die Handschellen abzunehmen. Der Richter sagte noch etwas anderes, was ich kaum hörte, worauf plötzlich einige New Yorker Polizisten auf mich zukamen, um die bundeseigenen Handschellen durch staatliche Handschellen zu ersetzen.

Während nun New Yorker Handschellen meine Handgelenke banden, trat ich die Fahrt zu einem muffigen Polizeirevier an, wo ich offiziell als Gefangene des Staates New York registriert wurde. Formulare, Fingerabdrücke, Fotoaufnahmen – dieselbe Routine. Die New Yorker Polizei schien so wirr zu sein wie ihr Revier. Zwischen dem ganzen Papierkram, der planlos über Tische und Pulte verstreut lag, liefen sie herum wie Anfänger. Ihre Unfähigkeit beruhigte mich. Es muß zehn Uhr abends gewesen sein, als einer erklärte, jetzt werde noch eine Vorführung vor Gericht stattfinden. (Wußten Margaret und John von dieser dritten Gerichtsverhandlung?)

Der Gerichtssaal im New Yorker Bezirksgefängnis war der größte, den ich bisher gesehen hatte. Seine hohe Decke und die unendlichen Bankreihen gaben ihm das Aussehen einer Kirche früherer Zeiten. Die meisten Gerichtssäle haben keine Fenster, aber dieser schien von der Außenwelt besonders streng abgeschirmt. Er war so spärlich beleuchtet und so spärlich besetzt – außer ein paar Polizisten saß kaum jemand auf den Bänken –, daß ich den Eindruck hatte, die nächsten Ereignisse sollten vor der Öffentlichkeit verborgen bleiben. Weder Margaret noch John waren zugegen. Als man mir sagte, ich solle vor einem New Yorker Gericht unter Anklage gestellt werden, erwiderte ich, daß ich meinen Platz nicht verlassen würde, bis man meine Anwälte benachrichtigt hätte. Ich sei bereit, die ganze Nacht zu warten.

Als John schließlich ankam, sagte er, die Polizei habe ihn zum falschen Gerichtssaal gewiesen. Er sei in ganz New York herumgerannt, um mich zu finden. Nach dem stundenlangen Warten dauerte die eigentliche Verhandlung ganze zwei Minuten.

Wieder im Gefängnis, war ich körperlich und seelisch so

erschöpft, daß ich nur noch schlafen wollte. Selbst das harte Zellenbett in der »geistigen« Station schien mir behaglich. Aber kaum hatte ich die Augen geschlossen, als ich von durchdringenden Schreien in einer slawisch klingenden Sprache aus meiner Erschöpfung hochgeschreckt wurde. Sie kamen aus einer Zelle am anderen Ende des Ganges. Man hörte Schritte im Dunkeln, die sich der Zelle näherten. Stimmen versuchten, die Frau auf Englisch zu beruhigen. Sie konnten sie aber in ihrer Panik nicht beschwichtigen. Ich hörte ihr die ganze Nacht zu – bis sie am Morgen fortgeschafft wurde.

Das gleiche ungenießbare Frühstück – Cornflakes, Pulvermilch und altes Weißbrot – wurde mir am nächsten Morgen auf den ungefegten Fußboden gestellt. Wie versprochen, hatte Shirley, die mir am gestrigen Morgen das Frühstück gebracht hatte, eine Tasse schwarzen Kaffee für mich aufgetrieben. In ihrer Begleitung war diesmal eine große, schlanke Puertorikanerin mit sehr kurzem Haar im Afro-Look. Sie stellte sich als »einfach Tex« vor und sagte dann noch, die Schwestern im Gang, die gehört hätten, daß ich in 4b sei, wären überzeugt, daß ich siegen würde, und wollten, daß ich's wüßte.

Nachdem Shirley und Tex gegangen waren, rief ich durch das Gitter der Wärterin zu, sie möge mir doch meine Zigaretten bringen – man hatte sie einbehalten, als ich vergangene Nacht vom Gericht zurückkam.

»Sie können jetzt keine Zigarette haben«, rief sie vom Tagesraum herüber. »Sie müssen bis zur Zigarettenpause warten, genau wie die anderen Insassen.« Sie sprach in einem Ton, als sei es vorschriftswidrig, nicht zu wissen, daß das Rauchen nur in der »Zigarettenpause« stattfand. Als die nach einer halben Stunde vorbeikam, gab sie mir eine einzige Zigarette und bestand darauf, sie mir selbst durch das Türgitter anzuzünden. »Tut mir leid, das sind die Vorschriften. Wir müssen uns nach den Vorschriften richten.«

Der Gang war an jenem Morgen still. Als ich meine Zigarette aufgeraucht hatte, rief ich noch einmal die Wärterin.

»Ich möchte mich jetzt duschen und anziehen.«

Sie kam wieder zu meiner Zelle. »Ich kann Sie jetzt nicht rauslassen.«

»Ich möchte mir die Zähne putzen, mich duschen und etwas anderes anziehen als diesen Morgenrock.«

»Ich kann Sie nicht rauslassen. Hat Ihnen niemand die Regeln von 4b erklärt? Die ›Mädchen‹ dürfen nur aus ihren Zellen, wenn *zwei* diensthabende Beamte dabei sind.« (Alle Gefangenen – ob sechzehn oder sechzig – wurden als »Mädchen« bezeichnet.)

Nichts, erkannte ich später, absolut nichts war innerhalb der Zellen gestattet – nicht nur waren Zigaretten und Streichhölzer verboten, sondern auch Bücher, Schreibmaterial, Zahnbürsten, Seife, Waschlappen, Kleider und Schuhe. Bevor eine Gefangene in ihre Zelle eingesperrt wurde, wurde sie untersucht, ob sie auch ihre Unterwäsche ausgezogen hatte und nichts anderes trug als das dünne hellgrüne Nachthemd, das man ihr gab. Ein Buch oder eine Zeitschrift? Wie konnte man sich damit etwas antun? Und Klosettpapier? Wir durften nicht einmal Klosettpapier in der Zelle haben. Wie unselbständige Kinder mußten wir immer, wenn wir das Klosett benutzen wollten, die Wärterin bitten, uns Papier zu bringen.

Kurz vor dem Mittagessen kam die zweite Wärterin, worauf die Türen der Zellen geöffnet wurden. Ein seltsames Sammelsurium von Frauen ergoß sich aus den Zellen: eine sehr junge Negerin, klein und untersetzt, deren Afro-Frisur auf einer Seite dünn wurde. Irgend etwas schien in ihrem Innern zu brodeln. Eine andere Negerin mit glattem Haar und einem außerordenlich gelassenen Gesichtsausdruck. Sie war mit ihren Gedanken weit weg vom Gefängnis. Eine weiße Frau mit rot gefärbtem Haar, die jetzt jung und gleich danach alt aussah und gehetzt im Tagesraum umherlief, wobei sie unverständliches Zeug vor sich hin brabbelte. Und eine junge weiße Frau, klein, schmächtig, mit kurzem blondem Haar, die am Rande der Panik schien, aber nicht wußte, wie sie's von sich geben konnte.

Die Frauen merkten nicht mal, daß eine neue Gefangene zu ihnen gestoßen war. Mit Ausnahme der Frau, die immer noch umherlief, fanden sie im Tagesraum alle einen Platz am Tisch. Sie saßen voneinander entfernt, als hätten sie miteinander vereinbart, den Bereich der anderen zu respektieren. Als sie sich gesetzt hatten, waren sie nur noch mit sich beschäftigt; die leeren Blicke sagten mir, daß es vergeblich sein würde, mich einer von ihnen zu nähern, und wenn mir noch so sehr nach Sprechen zumute war.

Später erfuhr ich, daß diese Frauen jeden Tag Thorazine mit ihren Mahlzeiten bekamen; dieses Beruhigungsmittel machte sie verschlossen und sonderte sie von ihrer Umgebung ab, selbst wenn sie geistig völlig normal waren. Nachdem ich sie einige Stunden beobachtet hatte, wie sie stumm ins Leere blickten, war es mir, als sei ich in einen Alptraum geraten.

Selbst dort im Tagesraum, wo die Augen der Wärterinnen ständig unseren kleinsten Bewegungen folgten, durften wir keine Zigarettenpackung und keine Streichhölzer in die Hand nehmen. Wenn man eine Zigarette wollte, ging man zur Beamtin am Pult; dann gab sie einem aus der eigenen Packung eine Zigarette und zündete sie selber an. Wenn man, wie ich zur damaligen Zeit, Kettenraucher war, und besonders wenn man seine Geister noch beisammen hatte und nüchtern denken konnte, war diese Zeremonie an sich schon zum Verrücktwerden.

Vom ersten Tag an hatte ich laut dagegen protestiert, daß ich in der Abteilung 4b eingesperrt wurde. Ich gehörte dort nicht hin – oder hatte man mich wirklich als Geisteskranke eingestuft? Die Wärterin sagte, ich sei nicht in 4b, weil ich psychisch gestört sei, sondern um meiner eigenen Sicherheit willen, und weil man verhindern wollte, daß ich das Leben im Gefängnis störte. Das überzeugte mich nicht.

Ich begann so viele Forderungen zu stellen, wie ich mir nur ausdenken konnte. Ich wußte, daß es irgendeine Bibliothek im Gebäude geben mußte, und verlangte daher, sie zu besuchen, denn ich war sicher, bald auch für das Thorazine reif zu sein, wenn ich nur die Stapel von ›Reader's Digest‹ las, die hier herumlagen. Darauf wurde mir die Antwort übermittelt, daß ich Bücher aus der Bibliothek bestellen könnte, die mir dann gebracht würden. Das gleiche galt für den Gefängnisladen – ich könnte bestellen, was ich brauchte, und es würde mir geliefert. Ich hatte weder die Bibliothek noch den Laden gesehen, aber als fast nichts geliefert wurde, was auf meinen Listen stand, wurde mir klar, daß ich beide Gefängniseinrichtungen bei weitem überschätzt hatte. Selbst Dinge wie ein Kugelschreiber oder ein Kräuselkamm waren im Laden nicht zu haben und galten daher als »Konterbande«.

Der Tag schleppte sich hin, und ich begann zu fragen, ob man mir den Verkehr mit meinen Anwälten versagen wollte. Margaret oder John – einer von beiden hätte mich inzwischen bestimmt besuchen müssen. Als ich mich erkundigte, ob mich meine Anwälte nicht besuchen dürften, erklärte die Wärterin, sie hätte die Anweisung, daß ich zwar den Besuch meiner Anwälte empfangen dürfe, aber ich dürfe keinen Schritt tun ohne »Eskorte«. (Die Gefängnisbeschönigung für Wache.) Normalerweise braucht ein Häftling nichts als einen Paß. Schließlich kam der Anruf, daß meine Anwälte eingetroffen waren. Auf dem Weg zu ihnen hatte ich zum erstenmal Gelegenheit, zu einer normalen Stunde, in der die Häftlinge nicht eingesperrt waren oder schliefen, durch einen Teil der Haftanstalt zu gehen.

Frauen, die auf einen Prozeß warteten, hatten stets die Erlaubnis, ihre eigenen Kleider zu tragen. Die Frauen in 4b jedoch, die »Geistesgestörten«, trugen die Uniform verurteilter Gefangener, so daß ich zu meinem ersten Besuch im Erdgeschoß in dem kotfarbenen, ungesäumten Baumwollkleid gehen mußte, das um mindestens zwei Größen zu weit war und bis fünfzehn Zentimeter oberhalb der Knöchel reichte. Ich hatte mir an jenem Morgen das Haar gewaschen und zum erstenmal nach fast zwei Monaten wieder meine Afro-Frisur gemacht – aber da wir keine Kräuselkämme benutzen durften, war mein Haar in hoffnungsloser Unordnung. Dennoch war meine Erregung über diesen Ausflug zum Hauptgeschoß so groß, daß ich darüber die Sorge über mein Aussehen völlig vergaß.

Als das Eisentor geöffnet wurde, drangen mir Töne ans Ohr, die für alle Haftanstalten typisch sind – die Schreie, das metallische Klirren, das Klappern der Schlüssel. Einige Frauen bemerkten mich und lächelten freundlich oder hoben die Fäuste zum Zeichen der Solidarität. Der Fahrstuhl hielt im dritten Stock, wo sich der Laden befand. Die Frauen, die auf den Fahrstuhl warteten, erkannten mich und sagten mir herzlich und schwesterlich – wobei die Worte oft von Fäusten bekräftigt wurden –, daß sie auf meiner Seite stünden. Das waren die »gefährlichen Frauen«, die mich überfallen könnten, weil sie die »Kommunisten« nicht mochten – wenn man mich nicht in 4b versteckt hätte. Dieser und spätere Gänge zum Hauptgeschoß bewiesen mir, was ich bereits wußte: Wenn die Verwaltung behauptete, daß die Gefängnisinsassen mir Gewalt antun könnten, so war das Unsinn.

Im Erdgeschoß wurde ich in eine Kabine gewiesen, die in den nächsten Wochen mein regelrechtes Stammquartier wurde. Als erstes besprach ich mit Margaret und John das Problem, wie man mich aus 4b zum Hauptstamm der Haftanstalt umsiedeln könnte. Während wir sprachen, bemerkten wir, daß die Wache, die außerhalb der Kabine an einem Tisch saß, sich alle Mühe gab, unserer Unterhaltung zuzuhören.

Obwohl ich mit der Routine in 4b jetzt vertraut war, wurde in den folgenden Tagen das Leben hinter Gittern nicht weniger grauenhaft. Nicht nur drängte ich stärker, selbst von dort loszukommen, sondern meine Überzeugung wuchs, daß man die ganze erhöhte Sicherheitseinrichtung abschaffen mußte, die sich als therapeutischer Zellenblock tarnte. Aus welchen Gründen auch immer Frauen in 4b untergebracht wurden – jedenfalls wurde ihnen dort furchtbarer Schaden zugefügt. Keins der Probleme, die sie anfänglich hatten, wurde gelöst, sondern vielmehr systematisch verschlimmert. Selbst in der kurzen Zeit, die ich dort zubrachte, konnte ich erkennen, wie ihr Wille verschlissen wurde. In der Zelle neben mir wohnte eine weiße Frau zwischen 30 und 45 Jahren, die den Kontakt mit der Wirklichkeit vollkommen verloren hatte. Jede Nacht bevor sie einschlief, bebte der ganze Block von ihrem Geschrei. Manchmal dauerten ihre Tobsuchtsanfälle bis lange nach Mitternacht. Ihre gemeine Sprache, die wüsten Bilder, die mit den übelsten rassistischen Schimpfwörtern gespickt waren, machten mich so wütend, daß ich sehr an mich halten mußte, um nicht durch den Beton und Stahl, die ihre Zelle von meiner trennten, durchzubrechen. Ich war überzeugt, daß man sie absichtlich dort untergebracht hatte; das gehörte zur Strategie meiner Schergen, um mich psychisch fertigzumachen.

Als ich am nächsten Morgen die jämmerliche Figur sah, wurde mir klar, daß ihre Krankheit schon zu weit fortgeschritten war – eine Phase der Schizophrenie –, als daß sie noch Argumenten zugänglich sein konnte. Ihre Krankheit war das bequeme Vehikel für den Ausbruch ihres Rassismus geworden, der in ihrem Unterbewußtsein fett geworden war wie Maden. Jede Nacht und jeden Morgen vor dem Frühstück zelebrierte sie ein ausgedehntes Ritual in Form einer leidenschaftlichen Auseinandersetzung mit einer unsichtbaren Figur in ihrer Zelle. In den meisten Fällen war diese Figur ein Schwarzer Mann, der sie mit einer Art sexueller Perversität attackierte, die allen Begriffen gespottet hätte, wäre ihre Bildersprache nicht so lebendig gewesen. Sie vertrieb diese Figur aus ihrer Zelle mit einer Reihe von halb gesungenen Beschwörungen. Wenn ihr eingebildeter Angreifer eine andere Stellung einnahm, wechselten auch ihre Beschwörungsformeln.

Eines Tages brach Barbara, die junge Schwarze Frau aus der unmittelbar gegenüberliegenden Zelle, im Tagesraum ihr gewohntes Schweigen, um mir zu sagen, daß sie ihre tägliche Dosis Thorazine verweigert habe. Es war sehr einfach: sie hatte es satt, sich die ganze Zeit stumpfsinnig zu fühlen wie eine Pflanze. Sie wollte sich dem Thorazine widersetzen und fort von 4b. Sie wußte, daß auch ich fortwollte, und falls wir beide versetzt würden, sagte sie, dann würde sie beim Hauptstamm gern meine »Zellengenossin« sein.

In der Zelle neben Barbara war eine sehr junge weiße Frau, die anscheinend größere Mengen von Thorazine bekam als die anderen. Eines Tages, als sie einigermaßen bei Bewußtsein war, fragte sie mich, ob ich nicht bei ihrem Fall helfen könne. (Sie kam gerade vom Gericht zurück und hatte keine Drogen bekommen, damit sie vor dem Richter einigermaßen normal erschien.) Als ich sie fragte, worauf die Anklage lautete, strömten ihr die Tränen übers Gesicht, und sie sagte wiederholt: »So etwas könnte ich niemals tun. Ich könnte nicht mein eigenes Baby umbringen.«

Sie wußte nicht, wo sie war und hatte überhaupt keinen Begriff vom Rechtssystem. Wer ihre Freunde waren, sollte ich ihr sagen, und wer die Menschen waren, die sie aus dem Weg räumen wollten. Sie hatte Angst gehabt, mit ihrem Anwalt zu sprechen, weil sie fürchtete, er würde alles dem Richter weitersagen. Jetzt war sie völlig verzweifelt, weil ein Arzt, der ihr Verschwiegenheit geschworen hatte, als Zeuge alles preisgegeben hatte, was sie ihm erzählt hatte. Jetzt wollte sie nichts als ein bißchen Thorazine. Sie wollte weg, vergessen, high werden.

Vielleicht der tragischste Fall war Sandra – ein Teenager, der wegen Brandstiftung angeklagt war. Sie war eine der Frauen, die am Abend meiner Verhaftung im Empfangsraum gesessen hatte. Es war mir aufgefallen, daß ihr Haar büschelweise ausfiel, und ich hatte deshalb angenommen, daß sie an Kopfgrind litt. An meinem ersten Tag in 4b kam sie zu den Mahlzeiten aus der Zelle. Am zweiten Tag ließ sie den Schlüssel, der ihre Zellentür zu den Mahlzeiten aufschloß, unbeachtet. Sie riß sich stumm und systematisch die Haare mit den Wurzeln aus. Von jenem Tag an saß sie immer, wenn ich sie sah, still auf ihrem Bett und riß sich ganze Hände voll Haare aus. Als ich von dort wegkam, war sie so dünn wie ein Hühnerbein, und von ihrer Frisur waren nur noch ein paar Büschel auf einer Seite ihres jammervollen haarlosen Kopfes übrig.

Von allen Wärterinnen, die in 4b Dienst machten – und sie wechselten fast jeden Tag –, kümmerte sich keine um diese junge Frau, keine außer einer lieben, mütterlichen Schwarzen Frau, die in ihrer Aufseheruniform ganz wesensfremd aussah. Die wenigen Male, die sie Dienst hatte, holte sie durch sanftes Überreden das arme Mädchen aus ihrer Depression, entlockte ihrer gefolterten Seele einige Worte, brachte sie aus ihrer Zelle in den Tagesraum und kriegte sie dazu, ein bißchen zu essen. Aber diese Wärterin war nur selten da, und sie war nur ein Mensch gegen ein ganzes System, das in keiner Weise die Sorge für eine Gefangene förderte, auch wenn diese langsam und hoffnungslos in ihrer Verzweiflung versank.

Die Woche, die ich in 4b verbrachte, war viel schlimmer als meine schlimmsten Vorstellungen von der Einzelhaft. Es war eine Qual, von diesen Frauen umgeben zu sein, die so dringend sachkundige Hilfe brauchten. Es war um so quälender, weil jedesmal, wenn ich einer von ihnen aus ihrem Elend helfen wollte, eine Mauer zwischen uns stand, die viel undurchdringlicher war als die Mauern unserer Zellen. Ich wurde selbst das Opfer von Depressionen, wenn ihr »Arzt« kam, um sie zu untersuchen – er verschrieb dann lediglich größere Mengen von Thorazine, Chloralhydrat oder andere Beruhigungsmittel.

Selbst wenn man Gefangenen mit schweren psychischen Störungen mehr Aufmerksamkeit schenkte, so würde sich die Methode von dem, was ich in 4b mitangesehen habe, wahrscheinlich nicht wesentlich unterscheiden. Di, Psychologie, wie sie zumeist praktiziert wird, kann nicht heilen. Oft gelangt sie gar nicht erst an die Wurzel der Störung, weil sie den gesellschaftlichen Ursprung nicht erkennt, der vielen Formen der Geisteskrankheit zugrundeliegt.

Wie konnte bei der Frau neben mir eine Heilung auch nur versucht werden, wenn der behandelnde Psychologe nicht erkannte, daß der Rassismus, wie die Pest vergangener Zeiten, jedes Gelenk, jeden Muskel, jedes Gewebe im gesellschaftlichen Leben unseres Landes verseucht? Diese Frau verrottete in der Schlangengrube des Rassismus und geißelte sich täglich mit ihren obszönen und bildhaften Phantasien. Um ihre Krankheit zu begreifen, müßte man mit der Krankheit der Gesellschaft beginnen, denn es war die Gesellschaft, die ihr den Haß auf die Schwarze Bevölkerung so fehlerlos beigebracht hatte.

Gefangen in dieser Einöde, die von den Kranken, den mit Drogen Betäubten und ihren teilnahmslosen Wärterinnen bewohnt war, konzentrierte ich mein Dasein auf die täglichen Besuche von Margaret. Sie waren Oasen, erfrischende Rückkehr in die Menschlichkeit. Unsere Gespräche – über die kleine Welt unserer Kindheit, unserer Familien und die größere Welt der globalen Politik, die Bewegung, den Fall – waren in dieser Zeit meine besten moralischen Stützen. Sie brachte mir Nachrichten von meinen Eltern und versicherte meiner Mutter immer wieder, daß ich gesund sei und guten Mutes. Margaret war meine einzige

Verbindung zu meinen Genossen, meinen Freunden, und sie bewahrte mich davor, vom Wahnsinn dieses Verlieses gänzlich verschlungen zu werden.

Sie war sehr stark geworden. Neben ihrer ganztägigen Arbeit beim Juristischen Verteidigungsfonds für die Nationale Vereinigung zur Förderung Farbiger Menschen (NAACP) und ihrer totalen Hingabe an ihren sechsjährigen Sohn widmete sie meinem Fall ihre volle Kraft. Und da sie wußte, wie sehr ich mich auf ihre Besuche freute, ließ sie kaum einen Tag aus.

Sie übernahm meinen Fall mit einem Kampfeswillen, den sie sich die ganzen zwanzig Monate hindurch erhielt. Am ersten Morgen war sie im Bundesgericht erst zu mir gelangt, nachdem sie sich durch eine Mauer von Polizisten durchgekämpft hatte. Als sie mich im Gefängnis besuchte, sagten ihr die Schergen, sie sehe nicht aus wie eine Anwältin: sie sehe zu jung aus, um in New York als Anwalt zugelassen zu sein. Zudem sei sie Schwarz und, um dieses Bündel schlimmer Eigenschaften zu vervollständigen, eine Frau. Nachdem sie ihr Recht, mich zu besuchen, durchgesetzt hatte, begann sie eine endlose Schlacht mit der Gefängnisverwaltung um meine Rechte.

Das erste Scharmützel hatte zum Ziel, mich aus 4b rauszubekommen. Margaret stellte Antrag über Antrag an die Verwaltung, mich in einer normaleren Abteilung der Haftanstalt unterzubringen. Sie ging in der Hierarchie aufwärts von Stelle zu Stelle, vom Lieutenant zum Captain, zur stellvertretenden Direktorin und schließlich zur Anstaltsdirektion selbst. Aber Margaret versicherte, daß man mit dieser Kerkermeisterin kein vernünftiges Wort wechseln konnte. (Meine eigenen Begegnungen mit dieser Frau bestätigten alles, was ich von Anwälten und Häftlingen über sie gehört hatte. Das war wahrscheinlich der Grund, weshalb man sie für diese Stellung auserwählt hatte – sie hatte sich der Spitze im New Yorker Dezernat für »Besserungs«-Anstalten als willfähriges Werkzeug empfohlen.)

Nirgends in der Hierarchie konnte man einen Grund angeben, weswegen ich in 4b eingesperrt war, abgesehen von der lächerlichen Behauptung, daß mich die anderen Frauen mißhandeln könnten, wenn ich nicht in einer streng bewachten Abteilung untergebracht würde. Wenn ich jedoch von meinem Zellenblock zum Hauptgeschoß ging, um mit meinen Rechtsanwälten zu sprechen, hatte sich zur Genüge erwiesen, wieviel Zuneigung mir die große Mehrheit der Frauen entgegenbrachte.

Etwas mehr als eine Woche war vergangen, als die Direktorin

Margaret mitteilte, daß ich in den Hauptteil der Haftanstalt umgesiedelt werden sollte. Ich war aufs äußerste erregt, wollte aber die Wärterin nicht merken lassen, daß dieser Umzug für mich mehr sei, als mir zustand und als ich von Anfang an erwartet hatte. Kurz vor dem Abendesssen kam eine junge, hagere puertorikanische Wärterin, um mich aus 4b abzuholen. Ich sammelte meine Habseligkeiten – Gefängniskleidung und -unterwäsche und die Zeitschriften, die ich mir hatte bringen lassen –, verabschiedete mich von den Frauen (obwohl die meisten durch die Drogen unrettbar abgestumpft waren) und folgte der Wärterin durch die Eisentür. Ich rief den Frauen im Speisesaal gegenüber vom Fahrstuhl zu, sie sollten Shirley und Tex, die mir in 4b das Frühstück gebracht hatten, in meinem Namen auf Wiedersehen sagen. Als diese hörten, daß ich fortging, kamen sie beide rausgelaufen und sagten, ich solle doch versuchen, ab und zu mal zu ihnen zu kommen.

Das Bett, das mir im Schlafsaal des zehnten Stockwerks, in dem mindestens hundert Frauen schliefen, zugeteilt war, befand sich ganz vorn, nur wenige Meter vom Beamtentisch entfernt. Nach einem reizlosen Abendessen im benachbarten Speise- und Aufenthaltsraum kam ich mit einer Anzahl von Frauen ins Gespräch. Viele dieser Frauen hatten eine Krankheit hinter sich und waren diesem Block zugeteilt, um in der Nähe der gegenüberliegenden Klinik zu sein, falls sich Komplikationen ergäben. Einige hatten erst kürzlich entbunden. Andere waren ältliche Frauen, die die normale Gefängnisroutine vielleicht nicht überlebt hätten.

Eine Frau kam mir bekannt vor. Bald wurde mir klar, daß es die schwangere Frau war, die ich in der Nacht meiner Verhaftung gesehen hatte. Als ich sie fragte, wie es ihrem Baby ginge, war sie erstaunt, daß ich davon wußte. Nachdem ich's erklärt hatte, erzählte sie mir, ihre Schmerzen seien so groß gewesen, daß sie an dieses Geschehen keine Erinnerung mehr habe. Wir führten ein lebhaftes Gespräch über die Haftanstalt, ihren Fall, ihre persönlichen Probleme. Schließlich faßte sie sich ein Herz und bat mich zu erklären, was Kommunismus sei. Einige andere Frauen fingen an zuzuhören. Wir waren im hinteren Teil des Saales; dort gab es keine Wärterinnen, aber natürlich würden sie erfahren, daß wir politische Gespräche führten. Die meisten Frauen schienen aufrichtig interessiert, und ich ergriff die Gelegenheit, ihnen zu sagen, daß fast alles, was sie vom Kommunismus gehört hätten, ein sorgfältig gesponnenes Lügennetz sei.

Während ich in dem kleinen Spind neben meinem Bett meine Sachen einordnete, kam eine junge weiße Frau auf mich zu und flüsterte mir fast unhörbar zu: »Ich bin auch eine politische Gefangene.« Sie erklärte, daß ein Freund ihres Mannes in Oakland verhaftet worden sei, weil er Sprengstoff in seinem Besitz hatte. Ihr Mann und sie seien offenbar von der Polizei in diese Angelegenheit hineingezogen und später in New York verhaftet worden. Über ihre Auslieferung werde noch verhandelt. Sie sei hier von einem Baby entbunden worden und warte in fast völliger Unkenntnis, wie sich der Prozeß gegen sie entwickle. (Später erfuhr ich, daß die Wärterinnen ihr den Namen »Weatherman« angehängt hätten, obwohl sie mit dieser Organisation offenbar nichts zu tun hatte.)

An jenem Abend kam ich zum erstenmal mit einem wohlbekannten Phänomen in Berührung, das in jedem Gefängnis existiert – dem Hintertreppengerücht. Mehrere Frauen hatten angeblich »über die Hintertreppe« gehört, daß ich aus Sicherheitsgründen von 4b zum zehnten Stock versetzt worden sei. Die Verwaltung fürchte, sagten sie mir, daß ich mit Hilfe von Freunden außerhalb der Anstalt versuchen könnte, vom vierten Stock zu entfliehen. Angeblich war das schon gelegentlich passiert. Es gab sogar Gerüchte, man sei bereits einem Komplott zu meiner Rettung auf der Spur. Ich weiß nicht, ob das Hirngespinste der Gefangenen oder der Gefängnisverwaltung waren; immerhin wollte ich die Möglichkeit nicht ausschließen, daß die Verwaltung sich aus Furcht gezwungen sah, mich in den zehnten Stock zu versetzen. Das war zwar komisch, aber auch beängstigend, denn wenn sie schon aus so unvernünftigem Anlaß gehandelt hatten, war nicht vorauszusagen, was ihnen sonst noch einfallen würde.

Und tatsächlich: schon am nächsten Tag sagte man mir, daß ich in einen anderen Teil der Anstalt umziehen müsse. Ich protestierte, daß man mit mir hin und her spiele wie mit einem Pingpongball, aber insgeheim hatte ich gegen diesen Wechsel nichts einzuwenden, weil ich glaubte, ich würde jetzt zum Hauptstamm versetzt. Es war mir zuwider, daß man im Schlafsaal nie allein sein konnte. Wenn ich lesen oder schreiben wollte, war ein Klosettverschlag der einzige Zufluchtsort. Im Zellenblock würde die Zelle wenigstens eine Spur von Eigenleben gestattten. Ich hatte keine Ahnung, daß mein Wunsch nach einer gewissen Zurückgezogenheit im Übermaß erfüllt werden würde. Der Hauptstamm, auf den ich mich gedanklich vorbereitet hatte, stellte sich als eilig improvisiertes Isolationszimmer heraus, das von allen Gängen des sechsten Stockwerks abgeriegelt war.

Wütend verlangte ich zu wissen, was hier gespielt würde, aber die Wärterin, die mich stumm davongeführt hatte, gab natürlich keine Erklärung ab. Schließlich, sagte sie, befolge sie nur die Anweisung ihrer Vorgesetzten. Es war nicht schwer, eine sehr einleuchtende Verbindung zwischen meiner harmlosen Unterhaltung mit den Schwestern über den Kommunismus und dieser unvermittelten und unerklärlichen Verlegung in die Einzelhaft herzustellen.

In zornigem Unglauben sah ich mich in der Zelle um. Es schien mir besonders unlogisch, daß man mich erst vom psychiatrischen Zellenblock in den Schlafsaal verlegt hatte, um mich nun völlig zu isolieren. Aber während mir noch die Gedanken durch den Kopf schwirrten, sah ich schon ein, wie vergeblich es war, die abnorme Logik der Kerkermeister zu begreifen.

Ich erfuhr später, daß dieser Raum gewöhnlich vom Arzt benutzt wurde; vermutlich für medizinische Untersuchungen. Die Isoliereinheiten, die früher existiert hatten, waren vor Jahren abgerissen worden, weil man die krassesten Beispiele der Unmenschlichkeit den Blicken entziehen wollte. Es bedarf wohl keiner Erwähnung, daß das nicht gelungen war; die Unmenschlichkeit strömte einem aus allen Rissen und Spalten des Hauses entgegen.

Wenn die Arbeitsschichten wechselten – erst zur Mitternacht und dann am frühen Morgen –, wurde auffälligerweise auch die Wache vor meiner Tür abgelöst. Ich begann zu begreifen, daß man Leute eingesetzt hatte, um mich vierundzwanzig Stunden am Tag zu bewachen. Man hatte mich nicht nur isoliert, sondern auch den strengsten Sicherheitsvorkehrungen unterworfen.

Später am Abend sah ich aus dem Fenster den »freien« Menschen zu, die die Greenwich Avenue entlanggingen. Ich lauschte den Nachtgeräuschen des Village und ging im Raum auf und nieder. Als ich mich schließlich zu Bett legte, hielt ich die Augen offen: Ich wollte nicht mitten in der Nacht überrumpelt werden.

Am nächsten Morgen fiel mir auf, daß sich keine Dusche in meiner Zelle befand. Ich begann mich ganz ernsthaft zu fragen, ob man eigens für mich sanitäre Anlagen einbauen würde. Ich sagte der Wärterin vor der Tür, daß ich bereit sei, meine tägliche Dusche zu nehmen, erhielt aber die Antwort, daß ich warten müsse. Es dauerte über eine Stunde, bis ich unter die Dusche konnte, weil alle Frauen aus dem Gang entfernt und in ihre Zellen gesperrt werden mußten, bevor ich die meine verlassen durfte. Die Wärterin schloß meine Tür auf und geleitete mich durch eine Eisentür in einen langen Gang mit Zellen.

Dies war das erstemal, daß ich mir einen Gang im Hauptblock genauer betrachten konnte. Wenn die Gefangenen nicht eingesperrt waren, dann verbrachten sie, wie ich später entdeckte, den größten Teil der Zeit in Gängen wie diesem und saßen dabei auf dem kalten schmutzigen Zementfußboden. Offenbar hatten die Zellen keine Papierkörbe, weil Papier und Abfall über den ganzen langen Gang verstreut lagen – als hätte man sie achtlos durch die Gitter geworfen.

Die Dusche war auch nicht hygienischer – eine tote Maus lag zusammengekrümmt unter der Bank, als wolle sie sich nicht gar so mausig machen. Als ich den Duschraum verließ, fühlte ich mich nicht sauberer als vorher, hatte mir aber die kleine Genugtuung verschafft, daß mein Verlangen nach der Dusche meine Schergen gezwungen hatte, ein bißchen nachzugeben.

Als Margaret und John eintrafen, gab ich ihnen eine eingehende Beschreibung der letzten Offensive seitens der Gefängnisverwaltung. Wir begannen, Pläne für eine Gegenoffensive zu entwerfen. Unsere Antwort mußte sowohl politisch als auch rechtlich begründet sein. Ein Prozeß müßte vor dem Bundesgericht angestrengt werden, mit der Begründung, daß ich das Opfer einer unangemessenen Diskriminierung sei. Die politische Kampagne hätte dann offenzulegen, welche Art von Präzedenzfall die Gefängnisverwaltung und die Regierung für die Behandlung politischer Häftlinge schaffen wollten.

Zu dieser Zeit muß die Strafvollzugsbehörde es für ungeheuer wichtig gehalten haben, Methoden zu entwickeln, die geeignet waren, Widerstand und Radikalismus unter strengem Verschluß zu halten und dadurch deren weitere Verbreitung zu verhindern. Im September, vor einem Monat, hatte sich in den »Tombs« von New York ein massiver kollektiver Protest entladen. Anscheinend suchten alle Gefängnisse in New York nach neuen Mitteln, um solche Ausbrüche künftig zu verhindern. Wenn wir uns meiner Trennung von den anderen Frauen nicht widersetzten, dann wurde diese Behandlung in Zukunft jedem zuteil, der als politisch gefährlich galt.

Ich entschloß mich, die Situation zu dramatisieren, indem ich meinen Hungerstreik erklärte, solange ich in Isolierhaft gehalten würde – ich wollte die Sache innerhalb der Mauern durchfechten, während draußen die Dinge ins Rollen kamen. Es war nicht schwer, einen Hungerstreik durchzuführen. Hätte das Essen einigermaßen genießbar ausgesehen, dann wäre es schwierig gewesen, aber die ekelerregenden Gerichte, die man mir vorsetzte, erleichterten mir tatsächlich den Streik. Nach einem Blick auf die Speisen war mir mehr zum Kotzen als zum Essen zumute.

Unter den vielen Wärterinnen, die mir zur Bewachung zugeteilt wurden, gab es einige, die unverkennbar auf meiner Seite standen. Ich erfuhr von ihnen, daß die Direktorin ihnen befohlen hatte, jeden Austausch von Worten zwischen mir und den anderen Frauen zu unterbinden – selbst ein Gruß war nicht erlaubt. Die freundlichen Wärterinnen mißachteten diesen Befehl, obwohl sie wegen Ungehorsams belangt werden konnten, wenn ihre Vorgesetzten das Einverständnis entdeckten, das zwischen uns herrschte.

Von einer dieser Wärterinnen erfuhr ich außerdem, daß sie bei Antritt ihres Dienstes ein Protokollbuch übernehmen mußten, das den Titel trug: ›Die täglichen Aktivitäten der Angela Davis‹. Mit dem Glockenschlag einer jeden Stunde mußten sie einen Eintrag machen, durch den sie meine Tätigkeit der vergangenen Stunde beschrieben – ob ich gelesen (und wenn, was) oder geschrieben oder Gymnastik getrieben hatte –, darin erschöpften sich auch schon die Aktivitäten, die man auf so kleinem Raum vornehmen konnte.

Andere erzählten mir, sie hätten den Auftrag, bei jeder Wachablösung meine Zelle gründlich zu durchsuchen. Die netteren ließen die Durchsuchung ausfallen. Wer jedoch den Dienst ernst nahm, kündete den Antritt seines Postens dadurch an, daß er die Zelle betrat, die nackten Wände ringsum spähend betrachtete, als ob sich dort eine Waffe verbergen könnte, und schließlich die Schubladen im Nachttisch durchstöberte. Dabei blieb ein Auge stets auf meine Bewegungen gerichtet.

Leider darf ich die sympathisierenden Wärterinnen weder beschreiben noch beim Namen nennen. Das könnte den Verlust ihrer Stellung bedeuten. Sie waren eine interessante Zusammenstellung Schwarzer Frauen, junger und alter, deren politische Ansichten von »liberal« bis zur unverblümten Anhängerschaft beim militantesten Flügel der Schwarzen Befreiungsbewegung reichten.

Sie alle behaupteten, daß die Not sie gezwungen habe, sich um dieses Amt zu bewerben. Anscheinend war es die höchstbezahlte Stellung in New York, die kein Studium voraussetzte. In gewisser Weise waren die Wärterinnen selbst Gefangene, und einige von ihnen waren sich deutlich bewußt, daß sie auf trügerischen Wassern wandelten. Wie ihre Vorgänger, die Schwarzen Aufseher, bewachten sie ihre Schwestern um den Preis einiger Krumen Brot. Und wie die Aufseher mußten auch sie entdecken, daß der Lohn ihrer Arbeit zum Teil die eigene Unterdrückung war. Überstunden waren zum Beispiel obligatorisch. Und wegen der militärischen Disziplin, der sie sich unterwerfen mußten, wurde es als Ungehorsam geahndet, wenn sie keine Überstunden machten. Sechzehn Arbeitsstunden an mehreren Tagen der Woche waren nichts Außergewöhnliches für die jungen Wärterinnen, die noch kein Dienstalter aufzuweisen hatten, oder für jene älteren, die bei den oberen Rängen der Gefängnishierarchie nicht gut angeschrieben waren.

Aber wenn auch ihre mißliche Lage genügend Grund zum Protest bot, so war doch die gute Rolle, die sie innerhalb der Haftanstalt spielen konnten, begrenzt – sie konnten bestimmt nicht den Strafvollzug revolutionieren. Dennoch gab es in diesem Bereich eine Reihe wichtiger Dinge, die sie tun konnten. Zum Beispiel übermittelten sie Botschaften von Häftlingen nach draußen, wenn es nicht möglich war, sie auf dem normalen Dienstweg zu schicken. Sie brachten Artikel der »Konterbande«, wie zum Beispiel Kräuselkämme. Sie brachten den Gefangenen zu lesen – besonders politische Literatur, die aus der Bibliothek verbannt war. Wenn Frauen, die mehr über die Schwarzen oder puertorikanischen Freiheitsbewegungen erfahren wollten, ernste Studiengruppen bildeten, dann dienten die Wärterinnen zuweilen als Schild zwischen ihnen und der Verwaltung.

So etwas war natürlich riskant. Diese Wärterinnen wiesen immer wieder darauf hin, daß zwei ihrer Kolleginnen auf der Stelle entlassen worden waren, als man ihre Verbindung mit der Schwarzen-Panther-Partei entdeckt hatte. Zwar seien sie bereit, ihre Stellung aufs Spiel zu setzen, aber sie glaubten den Gefangenen mehr zu nützen, wenn sie innerhalb des Gefängnissystems das ihnen Mögliche taten, als wenn sie sinnlos zu Märtyrern wurden. Dennoch sagten einige von ihnen, sie würden ihre Uniform ausziehen und sich dem Heer der Gefangenen anschließen, wenn es wirklich zur Krise käme.

Natürlich konnte man nur schwer beurteilen, wie ernsthaft und tief sie wirklich engagiert waren, aber trotzdem freute es mich immer, wenn eine von ihnen die Wache übernahm. Dann konnte ich mit einigen Schwestern in diesem Stockwerk reden. Eines Nachmittags marschierten die Schwestern aus den beiden meiner Zelle benachbarten Korridoren an meiner Zelle vorbei und skandierten: »Freiheit für Angela. Freiheit für unsere Schwester.«

Gerüchtweise erfuhr ich, daß im ganzen Gefängnis Frauen in den Hungerstreik getreten waren, um sich mit meinem zu solidarisieren. Ich war besonders gerührt zu hören, daß Shirley den Hungerstreik im vierten Stock organisierte. Da sie in der Küche arbeitete, muß ihr das ungewöhnlich schwergefallen sein. Was mich anbetrifft, so hatte ich dreimal am Tag zur Essenszeit ein Glas Saft, viel Wasser und körperliche Übung. Das und die ›New York Times‹, die jetzt täglich eintraf, die ein oder zwei Bücher, die ich besaß, und die Besuche von Margaret und John genügten, um mich in Schwung zu halten.

Während ich in Einzelhaft war, erhielt ich endlich regelmäßigen Abendbesuch von mehreren Freunden. Eine Wärterin stand dann immer gerade nahe genug, um meine Seite der Unterhaltung mitanzuhören. (Ich nehme an, daß sie das zusammengefaßt in einem Protokoll wiedergab.) Ich war mit den Besuchsvorschriften in Haftanstalten einigermaßen vertraut, denn ich hatte oft Freunde und Genossen im Gefängnis besucht. Aber dieses Besuchszimmer war bei weitem das schlechteste, das mir begegnet war. Es ist nicht ungewöhnlich, daß man mit dem Besucher durch eine Glasscheibe sprechen muß, aber die Scheiben in diesem Gefängnis waren weniger als 30 Zentimeter im Quadrat, und der rostfarbene Dreck, der sie bedeckte, machte es unmöglich, die Person des Besuchers deutlich zu sehen. Die Häftlinge mußten während der zwanzig Minuten dauernden Besuche stehen und in ein Telefon hineinbrüllen, das unweigerlich immer dann aussetzte, wenn der wichtigste Teil der Unterhaltung im Gange war.

Als ich noch in Einzelhaft war, empfing ich eines Abends den Besuch von Kendra Alexander, die zusammen mit ihrem Mann als Zeugin im Prozeß gegen David Poindexter vor dem großen Schwurgericht in New York geladen war. Sie erzählte mir, daß die Protestdemonstration gegen meine Einzelhaft gleich beginnen würde. Man wußte mehr oder weniger, wo meine Zelle lag – ich hatte die Teile der Greenwich Avenue, die ich von meinem Fenster sehen konnte, sehr genau angegeben. Die Demonstration sollte an der Ecke Greenwich Avenue und West Tenth Street ihren Anfang nehmen.

Ich rannte nach oben. Die Wärterin, die mich bewachte, gehörte zu den freundlicheren und schloß die Ohren, während ich die

Nachricht verbreitete. In fünf oder sechs Stockwerken konnten die Frauen, deren Zellenfenster auf die Greenwich Avenue blickten, die Demonstration sehen und hören.

Es war eine begeisterte Menge. Ihre Rufe »Freiheit für Angela! Freiheit für alle unsere Schwestern!« tönten durch die Nacht. Als ich von meinem Zellenfenster hinuntersah, wurde ich von ihren Ansprachen so sehr in den Bann gezogen, daß ich zuweilen das Gefühl verlor, gefangen zu sein. Ich glaubte mich dort unten auf der Straße, bei ihnen. Meine Gedanken kehrten zu früheren Demonstrationen zurück – »Freiheit für die Soledad-Brüder«, »Freiheit für Bobby und Ericka«, »Freiheit für Huey«, »Schluß mit dem Krieg in Vietnam«, »Schluß jetzt mit den Polizeimorden in unserem Viertel. . .«.

Jose Stevens, ein Kommunistenführer in Harlem, hatte seine Rede beendet. Franklin richtete seine leidenschaftlichen Worte an alle Frauen, die in der Haftanstalt eingesperrt waren. Dann ergriff meine Schwester Fania das Megaphon. Der Klang ihrer Stimme brachte mich mit einem Schock in die Wirklichkeit meiner Lage zurück, denn ich hatte einen Augenblick vergessen, daß ich im Mittelpunkt der Demonstration stand. Ich war so sehr in diese Versammlung einbezogen, daß ich tatsächlich meinte, dort unten auf der Straße bei ihnen zu sein. Als ich mir die Undurchdringlichkeit dieser Festung vor Augen hielt, und all die Dinge, die mich von meinen kaum hundert Meter entfernten Genossen trennten, als ich über meine Einzelhaft nachdachte – dieses Gefängnis im Gefängnis, das mich von meinen Schwestern in der Haft absonderte –, fühlte ich die Schwere der Gefangenschaft in diesem Augenblick vielleicht mehr als je zuvor.

Das Gefühl meiner Ohnmacht überwältigte mich. Aber bevor mich meine Gedanken weiter zum Selbstmitleid verführten, gebot ich ihnen Einhalt, denn ich hielt mir vor Augen, daß genau das durch die Einzelhaft bezweckt werden sollte. Über ein Opfer in solchem Zustand konnten die Schergen Macht gewinnen. Von ihnen wollte ich mich nicht unterkriegen lassen. Ich verwandelte mein Gefühl der Ohnmacht in rasende Energie für den Kampf.

Vor dem Hintergrund der Sprechchöre, die von der Demonstration auf der Straße heraufschallten, machte ich mir Vorwürfe, daß ich dem Selbstmitleid nachgegeben hatte. Wie war es denn George, John und Fleeta und meinem Mitangeklagten Ruchell Magee ergangen, die viel Schlimmeres durchgemacht hatten, als ich je auf mich nehmen könnte? Und mit Charles Jordan und seinem Erlebnis in der mittelalterlichen Nacktzelle im Soledad-

Gefängnis? Wie war es denen ergangen, die ihr Leben gegeben hatten – Jonathan, McClain und Christmas?

Das Erlebnis der Demonstration hatte mir so viel Auftrieb gegeben, daß ich mich von meinem Fasten nicht entkräftet fühlte. Ich machte besonders schwere Freiübungen, um meinen Energiespiegel so weit zu senken, daß ich verhältnismäßig ruhig im Bett liegen konnte. Daß ich die ganze Nacht schlafen konnte, stand außer Frage. An diesem Abend mußte ich besonders wachsam sein. Im Gefängnis war alles ruhig, aber ich war sicher, daß die Demonstration die Schergen aufgerüttelt hatte und ich mich bereit halten mußte, falls sie vorhatten, in der Nacht zuzuschlagen.

Am zehnten Tag des Hungerstreiks, als ich mir schon eingeredet hatte, ich könne unbegrenzt ohne Essen aushalten, erließ das Bundesgericht an die Gefängnisverwaltung die Verfügung, daß man mich nicht weiter in Isolation und unter höchsten Sicherheitsmaßregeln halten dürfe. Das Gericht hatte entschieden – selbstverständlich unter Druck –, daß diese unberechtigte Strafe mir wegen meiner politischen Überzeugung und Verbindungen auferlegt werde. Das Gericht sagte praktisch, daß der Kommissar für den Strafvollzug George McGrath und Jessie Behagen, die Direktorin der Haftanstalt für Frauen, vor lauter Angst, die Frauen im Gefängnis könnten einige Tatsachen über den Kommunismus erfahren, meine verfassungsmäßigen Grundrechte mißachteten.

Die Verfügung kam als Überraschung. Ich hatte nicht erwartet, daß sie so schnell und so sachlich erfolgen würde. Sie war ein bedeutender Sieg, denn wir hatten nun gründlich dafür gesorgt, daß die Herren im Dezernat für den Strafvollzug keine freie Bahn haben würden, wenn sie den nächsten politischen Häftling, der in ihre Hände geriet, zu schikanieren suchten. Zu gleicher Zeit hielt ich allerdings die Gefängnisverwaltung durchaus für fähig, sich andere Schikanen auszudenken, die vielleicht keine Einzelhaft, aber für mich ebenso quälend sein würden. Dieser Gedanke dämpfte meine Freude über die gerichtliche Verfügung.

Nächste Station: siebenter Stock, C-Korridor. Als ich dort ankam, war ein großer Umzug im Gange. Frauen wurden ausquartiert, andere zogen ein. Einen Augenblick kam mir der Gedanke, daß man einen eigenen Korridor für Spitzel und Vertrauensleute der Gefängnisverwaltung schaffen wollte – und mich. Es stellte sich jedoch heraus, daß die Gerichtsverfügung die Verwaltung gezwungen hatte, bei sich Ordnung zu schaffen – sogenannte »Ersttäter« sollten getrennt von denen untergebracht werden, die bereits vorbestraft waren. Offenbar wurden die notwendigen Umquartierungen jetzt vorgenommen.

Ich hatte nur wenig Zeit, mich mit der Umgebung vertraut zu machen, bevor alle Zellentüren zugesperrt wurden, aber einige Nachbarinnen veranstalteten für mich eine Führung durch meine Zelle, die 2,70 m mal 1,50 m maß. Weil ich die Eckzelle hatte – die vom Beamtenpult im Hauptkorridor am leichtesten überwacht werden konnte –, war sie auch die kleinste im Korridor; das Doppelbett ließ sie noch kleiner erscheinen. Das Inventar – das Bett, das winzige Waschbecken, das Klosett – war in einer geraden Linie angebracht, so daß an keinem Punkt der Zelle die Breite des Fußbodens mehr als sechzig Zentimeter betrug.

Die Schwestern halfen mir, vor dem Klosett und dem Waschbecken einen Vorhang zu improvisieren, damit sie vom Korridor aus nicht zu sehen waren. Sie zeigten mir, wie man Zeitungspapier in Stoffetzen wickeln und dadurch eine Sitzfläche herstellen konnte, so daß sich das Klosett in einen Stuhl vor dem eisernen Tisch verwandeln ließ, den man aus der Wand herunterklappen konnte. Bei dem Gedanken, daß ich meine ganzen schriftlichen Arbeiten auf diesem Klosettstuhl sitzend erledigen würde, mußte ich laut lachen.

Sperrzeit war nahe; eine Schwester sagte, sie hätte vergessen, mich vor einer Gefahr im Nachtleben der Haftanstalt für Frauen zu warnen. »›Mickey‹ wird versuchen, heute nacht in deine Zelle zu dringen«, sagte sie, und ich müßte Vorsichtsmaßregeln ergreifen, um ihn »auszuschließen«.

»Mickey?« Gab es einen Irren, den die Kerkermeister nachts losließen, um die Frauen zu belästigen?

Lachend erklärte mir die Schwester, daß sie die Mäuse meinte, die im Dunkel der Korridore herumhuschten und nach Zellentüren suchten, die nicht mit Zeitungspapier ausgestopft waren.

Das wurde zum nächtlichen Ritual: sorgsam gefaltetes Zeitungspapier in den kleinen Spalt zwischen der Tür und dem Fußboden und halbwegs hoch zwischen Tür und Wand stopfen. Trotz dieser Abwehrmaßnahmen konnte sich Mickey immer durch die Barrikade mindestens einer Zelle hindurchnagen, und oft wurden wir von den Schreien einer Frau geweckt, die die Wache rief, um die Maus zu verjagen. Eines Nachts kam Mickey zu mir ins obere Bett. Als ich ihn um meinen Hals krabbeln fühlte, wischte ich ihn weg, weil ich dachte, es sei ein Kakerlak. Als ich dann endlich merkte, was es war, rief ich nach dem

Besen – unsere einzige Waffe gegen ihn. Anscheinend waren Mausefallen zu teuer – und ausrotten wollte man ihn nicht.

Ein Gutes hatte Mickey. Solange er da war, konnten wir sicher sein, daß keine Ratten in der Nähe waren. Die beiden haben nie dasselbe Revier.

In gewisser Weise waren unsere täglichen Scharmützel mit Mickey – und all die verschiedenen Notbehelfe, um die Oberhand über ihn zu behalten – symbolisch für die größeren Scharmützel mit dem System. In meiner Phantasie stellte ich mir manchmal vor, daß die abendlichen Vorbereitungen, um diese Viecher abzuwehren, in Wahrheit die Barrikaden waren, die gegen den größeren Feind errichtet wurden, und daß Hunderte von Frauen in der ganzen Haftanstalt politisch bewußt, politisch engagiert in revolutionärer Gemeinsamkeit handelten.

An jenem ersten Abend, kurz nachdem die Schwester mir geholfen hatte, die Tür mit Zeitungspapier auszustopfen, rief eine Wärterin: »Sperrstunde, ihr Mädchen. In eure Zellen.« Die Frauen ließen ihre schweren Zellentüren zuschlagen, und lautes metallisches Krachen donnerte von allen vier Korridoren im siebenten Stock. Von fern her konnte ich dasselbe Getöse im ganzen Gefängnis widerhallen hören. (In 4 b hatte ich mir nicht erklären können, was dieser Lärm zu bedeuten hatte. Als ich ihn das erstemal hörte, glaubte ich, ein Aufstand sei ausgebrochen.)

Die Wärterin machte die Runde, um die Häftlinge zu zählen; danach wurden um neun Uhr am Hauptschalter alle Lichter im Gang und in den Zellen ausgemacht. In der Dunkelheit wurde ein Gute-Nacht-Ritual zelebriert. Eine Schwester rief einer anderen, die sie bei Namen nannte, gute Nacht zu. Diese, die die Stimme erkannte, rief ebenfalls gute Nacht und nannte die erste Schwester bei Namen. Schon früh rief eine aus meinem Gang mit herzlicher Stimme: »Gute Nacht, Angela!« Da ich aber fast noch keine bei Namen kannte, geschweige denn ihre Stimme unterscheiden konnte, war es mir nur möglich, mit einem einsamen, hilflosen, wenn auch nicht weniger kräftigen »gute Nacht« zu antworten. Mein Ruf weckte andere an mich gerichtete Gute-Nacht-Rufe, die nicht nur aus meinem Gang, sondern auch aus anderen kamen. Ich bin sicher, daß es noch nie ein so ausgedehntes »Gutenachtsagen« gegeben hatte. Die Wärterinnen schritten nicht ein, obwohl schon längst hätte Ruhe herrschen müssen.

Das Leben im Gefängnis wurde nach pragmatischen Grundsätzen schlimmster Sorte von oben organisiert und kontrolliert. Es wurde gerade so viel Betätigung zugelassen, daß der Häftling von längerem Nachdenken über sein jämmerliches Los abgelenkt wurde. Der einzige Zweck der Maßnahmen bestand darin, den Tag mit sinnlosen Betätigungen und leeren Ablenkungen auszufüllen.

Folglich gab es ein ganzes Netz von Einrichtungen, die die überschüssige Energie der Häftlinge in Anspruch nehmen sollten. Selbstverständlich war der Gefängnisladen ein wichtiger Faktor, um die Haftzeit zu überstehen. An drei Tagen in der Woche betraten die Frauen, die auf ihren Prozeß warteten, diesen kleinen Laden, um die Sächelchen zu besorgen, die das Leben etwas weniger unerträglich machten. Montags und mittwochs war für unsere Einkäufe eine obere Grenze von drei Dollar gesetzt, freitags durften wir einen Dollar mehr ausgeben. Die begehrtesten Verkaufsartikel waren Dinge wie Zigaretten, Kosmetika, primitives Schreibmaterial – Bleistifte (aber keine Federhalter) – linierte Schreibblocks und Briefmarken; Strick- und Häkelzubehör und Eßwaren, wie Kekse und Süßigkeiten, Zucker, Nescafé und heiße Schokolade. Wenn man nicht schwanger war, konnte man richtige Milch nur im Laden erhalten.

Daß der Laden so sehr im Mittelpunkt stand, war eine Folge der Entbehrung, die ein so wichtiges Element der amtlichen Kontrolle und Herrschaft ist. Im Gefängnis lernt man, daß man nichts als gegeben annehmen darf; der normale Prozeß der Bedürfnisbefriedigung liegt in Scherben. Man kann nicht erwarten, daß selbst die grundlegendsten Bedürfnisse befriedigt werden. Es gibt immer Wenns und Abers. Wenn man sich so aufführt, daß sich eine Wärterin provoziert fühlt und einen einsperrt, verliert man das Privileg, im Laden einzukaufen. Wenn man gerade keine Zigarette hat, muß man eben ohne auskommen. Die Drohung, daß einem die Einkaufsprivilegien entzogen werden, ist ein mächtiger Abwiegelungsgrund.

Ein anderes Mittel, die Zeit auszufüllen, war der Gottesdienst am Sonntagmorgen. Aus Neugier ging ich am ersten Sonntag, den ich beim Hauptstamm verbrachte, in die Kapelle. Ich war von der Zahl der anwesenden Häftlinge überrascht. Aber bald sah ich ein, daß viele Frauen dafür Motive hatten, die mit ernster Religiosität nichts zu tun hatten. Die Kirche war einer der zwei feststehenden Treffpunkte, an dem Frauen aus einem Teil der Haftanstalt ihre Freundinnen aus anderen Stockwerken sehen und mit ihnen sprechen konnten.

Der andere wöchentliche Treffpunkt war das Kino – das heißt, wenn der Projektor nicht kaputt war. Nicht einmal die Neugier, die mich zum Gottesdienst gezogen hatte, konnte mich veranlassen, einem dieser öden Filme aus Hollywood beizuwohnen. Es versteht sich von selbst, daß dies das bevorzugte Stelldichein für lesbische Paare war.

Für Leute, die gern lasen, wäre die Bibliothek ein Rettungsanker gewesen, wenn nicht die übergroße Mehrzahl der Bücher Dektektiv- und Liebesromane und einfach schlechte Literatur gewesen wäre, die nichts anderes bezweckte, als den Leser emotionell von sich abzulenken. Nachdem Margaret während meiner Einzelhaft die Direktorin überredet hatte, mir den Zutritt zu irgendwelchem Lesematerial zu gestatten, verbrachte ich mehrmals ein paar Stunden in der Bibliothek. In kurzer Zeit hatte ich den ganzen Bestand durchgemustert und nur wenige Bücher entdeckt, die immerhin einiges Interesse beanspruchen konnten: ein Buch über die chinesische Revolution von Edgar Snow, die Autobiographie von W.E.B. DuBois und ein Buch über den Kommunismus von einem erstaunlich objektiven, wenig bekannten Autor.

Als ich diese Bücher entdeckt hatte, rätselte ich hin und her, wie sie dorthin gelangt waren. Dann kam die plötzliche Erleuchtung: Sie hatten wahrscheinlich Elizabeth Gurley Flynn, Claudia Jones oder einer der anderen kommunistischen Führerinnen zur Lektüre gedient, die in der McCarthy-Ära auf Grund eines damals gültigen Gesetzes eingesperrt worden waren. Man hatte auch mir gesagt, daß ich die Bücher, die ich während meiner Haftzeit erhielt, der Bibliothek überlassen müßte – was mir angesichts des Zustands dieses sogenannten Ortes der Gelehrsamkeit ein Vergnügen war. Als ich in den Seiten dieser Bücher blätterte, fühlte ich mich geehrt, die Tradition der hervorragendsten Heldinnen dieses Landes fortzusetzen: kommunistische Frauenführerinnen und besonders der Schwarzen Kommunistin Claudia Jones.

Wenn man Bücher wünschte, die nicht in der Bibliothek vorrätig waren, mußte man sie sich unmittelbar vom Verleger schicken lassen. Ich entschloß mich, mir möglichst viele Bücher schicken zu lassen, um spätere Häftlinge mit Literatur zu versehen, die interessanter, relevanter und ernster war als der Schund in den Bibliotheksregalen. Offenbar durchschauten die Kerkermeister meinen Plan, vor allem als zehn Exemplare von George Jacksons *Soledad Bruder* eintrafen, denn sie gaben mir barsch zu verstehen, daß keines meiner Bücher meine Hände verlassen dürfe. Sie sollten mit mir in die Gefängnisse wandern, in die ich wanderte.

Die wenigen sonstigen Einrichtungen im Gefängnis waren noch ärmlicher. Es gab kurze Sportperioden auf dem Dach des Gebäudes. Ich muß zugeben, daß das meine Lieblingsbeschäftigung war, und solange das Wetter es zuließ, freute ich mich sehr auf unser Volleyballspiel oben auf dem Gefängnis. In penthouseähnlichen Räumen gab es auch Kunst und Handwerksarbeiten, Tanz und Spiele, wie zum Beispiel Karten und Scrabble. Damit war die Liste der Beschäftigungen hinter Mauern aber auch schon erschöpft. Es war allerdings erstaunlich, wieviel Zeit man mit diesen Dingen verbringen konnte, die zumeist in keiner Weise zur erzieherischen, kulturellen oder sozialen Förderung der Häftlinge beitrugen. Der Hauptzweck dieses Zeitvertreibs bestand darin, auf sehr feine Weise Gehorsam und Unterwürfigkeit zu züchten.

Haftanstalten und Gefängnisse sind so angelegt, daß sie den Menschen zerbrechen, die Insassen in Zootiere verwandeln – gehorsam den Wärtern, gefährlich für einander. Als Reaktion erfinden die Männer und Frauen in Strafanstalten verschiedene und mannigfaltige Abwehrmaßnahmen und führen sie dauernd im Munde. Folglich begegnet man in fast jeder Strafanstalt zwei Schichten der Existenz. Die eine Schicht wird durch die Routine und das Verhalten bestimmt, die von der herrschenden Hierarchie des Strafvollzugs vorgeschrieben sind. Die zweite Schicht ist eine eigene Gefangenenkultur: die Regeln und Maßstäbe des Benehmens, die von den Gefangenen entwickelt und definiert sind, um sich gegen den offenen und versteckten Terror zu schützen, der den Zweck hat, ihre Moral zu brechen.

Auf elementare Weise ist dies eine Kultur des Widerstandes, aber eines Widerstandes der Verzweiflung. Sie ist daher nicht imstande, dem System viel anzuhaben. Alle ihre Elemente basieren auf der Annahme, daß das Strafvollzugssystem weiter bestehen wird. Und aus genau diesem Grund tut das System nichts, um sie zu unterdrücken. (Es kommt sogar vor, daß die Subkultur der Häftlinge unter der Hand gefördert wird.) Ich war in der Haftanstalt von den unendlichen Verästelungen der sozialen Regionen, die die Frauen für ihre ausschließliche Domäne hielten, immer wieder erstaunt. Diese Kultur war den Wärtern hochmütig verschlossen. Ich wanderte zuweilen in aller Unschuld durch die Türen und fand mich völlig verwirrt. Ein aufschlußreiches Beispiel dafür ereignete sich am zweiten Tag, den ich in der Hauptabteilung verbrachte. Eine Schwester fragte mich: »Wie findest du meinen Großvater? Er sagte, er hätte dich heute früh gesehen.« Ich glaubte ihre Frage mißverstanden zu haben, aber als sie sie wiederholte, erwiderte ich, sie müsse sich irren, denn ich hätte keine Ahnung, wer ihr Großvater sei. Außerdem hätte ich an diesem Tag keine Besucher gehabt. Aber hier war ich die Gefoppte. Ich war in einem fremden Land und war der Sprache noch nicht kundig. Ich erfuhr von ihr, daß eine Gefangene, die früher am Tag bei mir vorbeigekommen war, der »Großvater« sei, von dem sie sprach. Weil sie nicht gewillt schien, Fragen zu beantworten, zügelte ich meine Neugier, bis ich jemand fand, der mir erklären konnte, was da eigentlich gespielt wurde.

Eine Frau in einer anderen Zelle lieferte mir eine fesselnde Beschreibung eines ganzen Systems, nach dem die Frauen ihre Häftlingsfreundinnen als Verwandte adoptieren konnten. Ich war erstaunt und ergriffen von der Methode, nach der die große Mehrheit der Gefängnisbevölkerung sich säuberlich in Generationen von Familien eingeteilt hatte: Mütter/Ehefrauen, Väter/Ehegatten, Söhne und Töchter, ja sogar Tanten, Onkels, Großmütter und Großväter. Das Familiensystem diente als Abwehr dagegen, daß man nichts anderes mehr würde als eine Nummer. Es vermenschlichte das Milieu und gestattete eine Identifikation mit anderen Menschen innerhalb eines familiären Rahmens.

Trotz seiner starken Komponente von Flucht und Phantasie konnte das Familiensystem gewisse unmittelbare Probleme lösen. Familienpflichten und -verantwortungen waren Mittel, mit denen eine Gemeinsamkeit und Verantwortung institutionalisiert wurde. Man erwartete von den Eltern, daß sie für die Kinder sorgten, vor allem für die jungen, wenn sie sich keine »Luxusgegenstände« im Laden leisten konnten.

Wie es auch in der Außenwelt vorkommt, hatten, oder entwikkelten, einige Söhne und Töchter dabei Nebenabsichten. Eine ganze Anzahl von ihnen trat in gewisse Familien ein, weil die materiellen Vergünstigungen dort größer waren.

Was mir bei diesem Familiensystem am meisten auffiel, war die ihm zugrundeliegende Homosexualität. Obwohl in dieser improvisierten Familienstruktur die homosexuellen Beziehungen zweifellos sehr zahlreich waren, war sie trotzdem den »normalen« Frauen nicht verschlossen. Es gab normale Töchter und gattenlose, d.h. normale Mütter.

Ich erinnere mich mit Zuneigung einer jungen Frau, die sechzehn Jahre alt und von einer sehr intensiven Schönheit war, und die mir eines Tages einfach und geradeheraus erklärte, sie werde mich als Mutter annehmen. Obwohl ich meine Einkäufe im Laden mit ihr (wie auch mit anderen) teilte, wenn sie auf ihrem Konto nicht genug Geld hatte, hat sie mich nie um etwas gebeten. Sie war still, ernst und sehr begierig, etwas über die Schwarze Freiheitsbewegung zu erfahren. Meine Verpflichtungen ihr gegenüber schienen vorwiegend darin zu bestehen, daß ich mit ihr über die Bewegung debattierte. Obwohl sie in einem anderen Korridor meines Stockwerks bei den »Jugendlichen« wohnte, gelang es ihr immer, ihre Aufseher mit ruhiger Bestimmtheit dazu zu überreden, daß sie sie in meinen Korridor gehen ließen.

Da die Mehrzahl der Häftlinge zumindest oberflächlich in diese Familienstruktur verflochten schien, mußte es im ganzen Gefängnis eine große Zahl von Lesbierinnen geben. Es ist unabwendbar, daß an jedem Ort, an dem Menschen eingesperrt und nach Geschlechtern getrennt sind, die Homosexualität in verhältnismäßig großem Umfang auftritt. Das wußte ich, bevor ich verhaftet wurde. Auf den Schock, sie so durchweg im Gefängnisleben eingewurzelt zu sehen, war ich jedoch nicht vorbereitet. Es gab Frauen, die eine maskuline, und solche, die eine feminine Rolle spielten; die ersteren, die »Knilche«, wurden »er« genannt. Während der ganzen sechs Wochen, die ich im siebenten Stockwerk verbrachte, konnte ich mich nicht dazu bringen, eine Frau mit einem männlichen Fürwort zu bezeichnen, obwohl man einige von ihnen niemals für Frauen gehalten hätte, wenn sie nicht die vorgeschriebene Anstaltskleidung getragen hätten.

Viele von ihnen – die Knilche wie die Frauen – hatten sich offenbar entschlossen, während ihrer Strafverbüßung die Homosexualität zu betreiben, um sich einen gewissen Kitzel zu verschaffen und den Schmutz und die Erniedrigung rings umher zu vergessen. Wenn sie auf die Straße zurückkehrten, würden sie wieder zu ihren Männern finden und die Ehegesponse im Gefängnis schnell vergessen.

Ein wichtiger Teil des Familiensystems waren die Hochzeiten. Davon waren einige sehr groß angelegt – mit Einladungen, einer formellen Zeremonie und einer dritten Person, die als »Pfarrer« auftrat. Die »Braut« machte sich für den Anlaß zurecht wie für eine regelrechte Hochzeit.

Mit all den Hochzeiten, dem Suchen nach einem Stelldichein, dem Ränkespiel einer Frau, um eine andere zu ergattern, den

Streitigkeiten und Eifersuchtsszenen – mit all dem –, wurde die Homosexualität zu einem der Angelpunkte, um den sich das Leben im Frauengefängnis drehte. Gewiß war sie ein Mittel, um dem Leid des Häftlingsdaseins irgendwie entgegenzuwirken, aber objektiv gesehen diente sie nur dazu, alles, was an diesem Gefängnis schlecht war, auch noch zu verewigen. Das schwule »Leben« beherrschte alles; es hinderte viele Frauen, ihre persönliche Unzufriedenheit mit den sie umgebenden Verhältnissen in eine politische Unzufriedenheit umzuwandeln, weil die homosexuelle Phantasiewelt die Flucht aus der Wirklichkeit einfach und reizvoll erscheinen ließ.

Einer der Gänge im vierten Stockwerk, wo sich der psychiatrische Block befand, war nur von Frauen mit schwerer Heroinsucht besetzt. Als ich bei meinen Fahrstuhlfahrten einige von ihnen flüchtig zu sehen bekam, fiel mir ihre körperliche Zerrüttung auf. Ihre Leiber waren von Schwären übersät, wie beim Aussatz. Das waren Abszesse, die von schmutzigen Nadeln herrührten. Andere hatten Nadelspuren überall an den Beinen und Armen, und weil dort die Venen bereits zerstört waren, hatten sie begonnen, sich die Droge in die Halsvene zu spritzen.

Der traurigste Anblick waren die sehr jungen Süchtigen, von denen einige nicht älter als vierzehn Jahre sein konnten – ungeachtet des Alters, das sie der Polizei angegeben hatten. Die meisten hatten durchaus nicht die Absicht, von der Droge zu lassen, wenn sie auf die Straße zurückkehrten. Es überstieg mein Verständnis, daß sie im Gefängnis die grausigsten Wirkungen mitansehen konnten, die das Heroin hatte, und doch nicht bereit waren, den eigenen vielleicht noch spielerischen Umgang mit der Droge neu zu überdenken – einen Umgang, der häufig zur vollständigen Süchtigkeit führte.

Manchmal wurden Frauen mit schweren Suchterscheinungen ins Gefängnis gebracht und dann allein in der Zelle gelassen, um sie dort allein loszuwerden. Dann schrien sie in ihrer Qual die ganze Nacht, ohne daß eine Wärterin kam, um ihnen zu helfen. Eines Abends wurde eine ausgemergelte junge Frau in die mir gegenüberliegende Zelle gesteckt. Als wir für die Nacht eingesperrt werden sollten, hatte sie sich zusammengekrümmt, und ihr Gesicht war angstverzerrt. Sie brauchte schnell medizinische Hilfe, aber kein Arzt war zu sehen. Schwestern in meinem Gang erzählten sich Geschichten von Frauen in ähnlicher Verfassung, die in der Nacht gestorben waren, als man sie zur »Ausnüchterung« allein in ihrer Zelle gelassen hatte. Wir beschlossen, uns nicht einsperren zu lassen, wenn sie nicht sofort medizinisch versorgt würde. Erst auf diese energische Haltung hin erschien ein Arzt, der sie untersuchte und ins Krankenhaus überführen ließ.

Es gab viele andere Fälle, in denen wir gezwungen waren einzugreifen, um für eine unserer kranken Schwestern ärztliche Hilfe herbeizuholen. Am schrecklichsten war der Fall einer Frau in unserem Gang, die an einem Wochenende anfing, über heftige Schmerzen in ihrer Brust zu klagen. Am Montag morgen sprach sie beim Krankenappell mit einem der ältlichen weißen Ärzte, der ihr sagte, ihr Problem sei psychosomatisch – die Folge davon, daß sie untätig den ganzen Tag rumsitze. Der Rat des Arztes war: »Verschaffen Sie sich eine Stellung.« (Wenn man auf einen Prozeß wartete wie diese Schwester, dann erhielt man nicht einmal die fünf oder zehn Cent pro Stunde, die die verurteilten Häftlinge erhielten.)

Die Schmerzen der Schwester verschlimmerten sich in den nächsten Tagen, so daß wir uns zu einer kollektiven Drohung entschlossen, um ihr die ärztliche Hilfe zu sichern, die sie brauchte. Wir weigerten uns, uns einschließen zu lassen, bis ein kompetenter Arzt sie untersucht hatte. An jenem Tag kehrte sie nicht in ihre Zelle zurück: wir erfuhren später, daß man Tumore in ihrer Brust gefunden und sie eilends ins Krankenhaus überführt hatte, um Tests zu machen und vielleicht die Brust zu amputieren, falls die Geschwülste bösartig waren.

Die Gleichgültigkeit gegenüber der Gesundheit der Häftlinge zeigte sich auch in der täglichen Routine der Anstalt. Wenn schwangere Frauen nicht genug Geld hatten, um sich an den drei verkaufsoffenen Tagen ihr Quantum Milch im Laden zu kaufen, konnten sie die drei kärglichen Glas Milch, die sie zu den Mahlzeiten erhielten, nur durch unsere List ergänzen. Als ich an einem Augenleiden erkrankte (eine gerichtliche Verfügung hatte mir gestattet, einen auswärtigen Arzt zuzuziehen), wurde mir eine Spezialdiät verschrieben, zu der auch Milch gehörte. In zahlreichen Fällen schmuggelte ich meine Milch bei einer der schwangeren Schwestern ein.

Die ersten zwei Wochen gingen qualvoll langsam vorbei. Ich hatte das Gefühl, als befände ich mich schon sehr lange im Gefängnis. Als sich jedoch der Gefängnistrott unerbittlich bei mir durchsetzte, flossen die Tage unmerklich ineinander über, und der Unterschied zwischen drei Tagen und drei Wochen schien sehr gering.

Um sechs Uhr gingen jeden Morgen die trüben Lichter an, und die Türen wurden zum Frühstück geöffnet. Um acht Uhr wurden wir zum erstenmal am Tag eingesperrt, und zwar so lange, bis die Häftlinge und das Besteck gezählt waren, denn man wollte sicher sein, daß weder ein Häftling noch ein Löffel fehlte. Säuberung, Arztvisite, Postverteilung und Laden am Montag, Mittwoch und Freitag. Dann Mittagessen und Besteckzählung, gefolgt von der zweiten Einsperrung und Abzählung um drei Uhr nachmittags. Je nach dem Wochentag fanden am Nachmittag die Sportspiele auf dem Dach statt oder man ging in die Bibliothek und gelegentlich auch ins Kino. Abendbrot, Besteckzählung, acht Uhr abends Einsperrung und Abzählung. Licht aus um neun.

Es war ein Glück, daß Margaret fast täglich zu Besuch kam. John kam, sooft er konnte, und ich erhielt häufig auch Besuche von Anwälten, die mit Margaret an den Prozessen arbeiteten, die die Verhältnisse der Gefangenen zum Gegenstand hatten. Das waren Haywood Burns, der Direktor der Nationalen Konferenz Schwarzer Rechtsanwälte mit zwei Mitgliedern dieser Organisation, Harold Washington und Napoleon Williams. Wir besprachen die Fortschritte dieser Prozesse und den Rechtsstreit, durch den meine Auslieferung verhindert werden sollte. John und Margaret wollten das New Yorker Urteil, das meine Rückkehr nach Kalifornien anordnete, notfalls durch alle Instanzen bis zum Obersten Bundesgerichtshof bekämpfen.

Alle Häftlinge, die Familie oder Freunde hatten, erwarteten nach dem Abendessen ungeduldig den Zeitpunkt, zu dem die Wärterin der kleinen Schar, die sich hinter dem Gitter am Ende eines jeden Ganges angefunden hatte, die Besuchszettel aushändigte. Die Abendbesuche dauerten nie länger als zwanzig Minuten; trotzdem unterbrachen sie die Eintönigkeit der Tage.

Nachdem meine Anwälte die Gefängnisbürokratie gezwungen hatten, mir – kurz nachdem ich aus der Einzelhaft entlassen war – die regelmäßigen Abendbesuche zu erlauben, hatte ich fast jeden Abend Besucher. Immer wenn meine Schwester Fania, Franklin oder Kendra Alexander, Bettina Aptheker oder andere Freunde und Genossen in New York waren, kamen sie mich besuchen. Genau zwanzig Minuten nach Anfang des Besuches konnte ich die laute Ankündigung erwarten, daß die Zeit um sei; gewöhnlich dauerte es etwa so lange, um gerade ernsthaft ins Gespräch zu kommen.

Auf die Besuche von Charlene Mitchell freute ich mich immer.

Sie war eine gute Freundin und gehörte dem Politischen Ausschuß (dem Führungsgremium) der Kommunistischen Partei an. Bei den Präsidentschaftswahlen des Jahres 1968 war sie die Kandidatin unserer Partei. Charlene hatte bei meiner Entscheidung, der Partei beizutreten, eine bedeutende Rolle gespielt, und in den letzten Jahren hatte ich durch diese Freundschaft sehr viel darüber gelernt, was es heißt, Kommunistin zu sein. Als die FBI mir auf den Fersen war, hatte sie ohne das geringste Zögern sich selbst in Gefahr begeben, um mir das Leben zu retten. Es war so unbefriedigend, mit ihr durch das defekte Telefon zu sprechen, und ich war mir der Glaswand und der Mauern, die uns trennten, immer schmerzlich bewußt. Es hätte mir so viel bedeutet, wenn ich sie einmal hätte umarmen können – oder auch nur ihre Hand drücken.

Eines Abends erhielt ich den aufregenden Besuch von Henry Winston, dem Vorsitzenden der Kommunistischen Partei. Winnie, wie unsere Genossen ihn freundschaftlich nannten, war im Staat Mississippi geboren und wurde, da er sowohl Schwarzer als auch Kommunist war, zum beliebten Zielobjekt der antikommunistischen Hetze der vierziger und fünziger Jahre. Er war fast erblindet, weil man während seiner zehnjährigen Strafzeit im Gefängnis versäumt hatte, einen Gehirntumor zu behandeln. Vor seinem Besuch in der Haftanstalt hatte ich ihn persönlich noch nicht gesehen. Von der anderen Seite der trüben Glaswand begrüßte er mich mit einer sehr sanften Stimme, und mir war, als könne er mich mit einer viel größeren Wahrnehmungskraft erblicken als andere mit gesunden Augen. Er wollte von meiner Gesundheit hören, dem Gefängnisessen und wie mich die Wärterinnen behandelten. Er versicherte mir, daß die Partei sich den Kampf für meine Freiheit ganz zueigen gemacht habe und daß er persönlich alles Nötige tun werde, um mir den Sieg zu sichern.

Ich dachte ständig an meine Familie. Kein Tag verging, ohne daß ich mir nicht voller Sorgen überlegte, wie meine Mutter, die sich noch in Birmingham befand, mit diesem ganzen Unheil fertig würde. Obwohl ich sie gern gesehen hätte, sagte ich Margaret, sie solle ihr nicht zureden, die Reise nach New York zu machen. Sie ist so empfindsam, daß ich füchtete, der Schock, ihre Tochter in einem schmierigen, von Mäusen wimmelnden Gefängnis hinter Gittern zu sehen, könnte sie umwerfen. Nur sehr ungern hätte ich sie der Unzulänglichkeit eines zwanzigminütigen Besuchs durch Telefon, Beton und das winzige, schmutzige Fenster ausgesetzt.

Aber Mutter war entschlossen, mich ungeachtet der Umstände zu besuchen. Als sie uns mitteilte, daß sie nach New York käme, mühte sich Margaret tagelang im Büro der Sozialabteilung, einen »Sonderbesuch« durchzusetzen. Aber erst als Margaret der Gefängnisverwaltung erklärte, daß meine Mutter sich den Fuß gebrochen hätte und es für sie schwierig sein würde, während des Besuches zu stehen, genehmigte man den Sonderbesuch.

Die Erfahrung hatte mich gelehrt, in allen Dingen Skepsis walten zu lassen. Ich hatte nicht wirklich geglaubt, daß man Mutter ins Innere der Haftanstalt lassen würde, bis sie tatsächlich dort eintraf. Sie kam an jenem Morgen an Krücken, da ihr Fuß noch im Gips war. Als sie die Arme um mich legte, spürte ich die Spannung in ihrem ganzen Körper. Ihr zuliebe versuchte ich, besonders fröhlich zu erscheinen. Um sie nicht sehen zu lassen, wie mager ich war, hatte ich mir das größte der vier vom Gefängnis zugeteilten Kleider angezogen. Selbst unter normalen Umständen regte sie sich auf, wenn ich ein paar Pfund abnahm; während meiner Fastenzeit hatte ich fünfzehn Pfund eingebüßt. Obwohl sie versuchte, aufgekratzt zu wirken, sah ich an den tiefen Furchen auf ihrer Stirn, daß sie in großer Sorge war. Wir sprachen von der Familie – von Vater, der noch zu Hause war, von Benny, dessen Frau Sylvia und Kind ich noch nicht gesehen hatte, und von Fania, die seit einigen Monaten schwanger war. Obwohl sie es nicht aussprach, merkte ich, daß sich mein Vater die ganze Geschichte sehr zu Herzen nahm; ich bat sie, ihm zu sagen, daß er sich nicht zu sorgen brauche – es sei nur eine Frage der Zeit. Immer wenn ich etwas so Zuversichtliches von mir gab, muß sie an die Gaskammer in Kalifornien gedacht haben. Daher sagte ich ihr immer wieder, ich zweifelte keinen Augenblick, daß ich bald wieder frei sein würde – und bei ihr.

Es war gut, daß der New Yorker Ausschuß zur Befreiung von Angela Davis mehrere Veranstaltungen geplant hatte, zu denen Mutter eingeladen wurde. Ich wußte, daß sie neuen Mut fassen würde, wenn sie sah, wie viele Menschen an meinem Schicksal Anteil nahmen. Einige der sympathisierenden Wärterinnen kamen zu einem Empfang, der ihr zu Ehren stattfand. Das war besonders wichtig, weil sie erkannte, daß sogar unter meinen bestellten Kerkermeistern Frauen waren, die sich der Massenbewegung gegen die Unterdrückung anschließen wollten.

Zusätzlich zu diesen amtlich genehmigten Besuchen erhielt ich zahlreiche »Straßenbesuche«. Obwohl es gegen das Gesetz verstieß, war dies ein eingefahrener Brauch bei den Häftlingen.

Freunde schrien einfach unten von der Straße herauf zum Gefängnisfenster. Eines Abends nach der Einsperrung versammelten sich mehrere Frauen von der Harlemer Vereinigung der Schwarzen Frauen zur Befreiung von Angela Davis, um mich von den Schritten in Kenntnis zu setzen, die sie für mich geplant hatten. Ich sah einen Polizisten auf eine von ihnen zugehen und sie offenbar verwarnen; als sie fortfuhr, zu mir heraufzurufen, packte er sie und schleppte sie davon.

Nachdem ich in der Gefängnisbevölkerung nun sozusagen eingesessen war, begann ich mir natürlich Möglichkeiten auszudenken, um im Gefängnis eine kollektive politische Tätigkeit anzuzetteln. Viele Leute kennen nicht den Unterschied zwischen Untersuchungsgefängnis und Strafgefängnis, die zwei ganz verschiedene Anstalten sind. Die Menschen im Strafgefängnis sind bereits verurteilt. Die Untersuchungsgefängnisse sind zumeist für die Haft vor dem Prozeß bestimmt, sind Haftanstalten, bis der Häftling entweder verurteilt oder freigesprochen ist. Mehr als die Hälfte der Bevölkerung im Untersuchungsgefängnis ist keiner Tat überführt, muß aber doch in diesen Zellen schmachten. Weil das Kautionssystem notwendigerweise nur den verhältnismäßig gutgestellten Häftlingen zugute kommt, werden die Untersuchungsgefängnisse in unverhältnismäßig hoher Zahl von den Armen bewohnt, die die Kautionssumme nicht aufbringen können. Das O.R.-Programm – nach dem man freigelassen werden kann, ohne Kaution zu stellen, und zwar auf Grund einer persönlichen Verpflichtung – ist stark vom Rassismus gefärbt. Mindestens 95% der Frauen in unserem Gefängnis waren entweder Schwarz oder aus Puerto Rico.

Das schwerste Problem, dem sich die Untersuchungsgefangenen gegenübersehen, ist somit die Stellung der Kaution. Daraus ergibt sich die politische Frage, wie die Männer und Frauen unter Tatverdacht in gleicher Weise daraus Nutzen ziehen können, daß sie so lange als unschuldig gelten, bis ihre Schuld bewiesen ist. Ich nahm an, daß dies ein Thema sei, auf das hin wir die Schwestern in unserer Haftanstalt am wirkungsvollsten organisieren könnten – und das war es denn auch, was wir später taten.

Ursprünglich hatten meine Schergen erklärt, daß ich zu meinem eigenen Schutz in Einzelhaft gesteckt worden sei – die Frauen im Korridor, so sagten sie, würden mir wegen meiner kommunistischen Ansichten feindlich gesinnt sein. Das war alles Lüge. Die Frauen waren vom ersten Augenblick an gastfreundlich, und sie waren liebevoll und schützten mich. Der klarste Beweis dafür war die Demonstration, die die Frauen vom sechsten Stockwerk vor meiner Einzelhaftzelle veranstalteten, und der Hungerstreik, der sich aus Solidarität mit meinem Streik über das ganze Gefängnis zu verbreiten begann. Solange ich da war, erhielt ich zahlreiche schriftliche Angebote von meinen Schwestern, die mich unterstützen wollten. (Jeder schriftliche Verkehr zwischen den Häftlingen ist gesetzwidrig; diese Mitteilungen heißen »Kassiber«.)

Schon wenige Tage, nachdem ich in das siebente Stockwerk gezogen war, wollten die Schwestern mit mir über die Bewegung sprechen – und zwar aus eigener Initiative, ohne im mindesten von mir angestiftet zu sein. Wir sprachen über Rassismus, und daß sich dieser nicht in der Einstellung erschöpft, die Schwarzen Menschen seien minderwertig. Rassismus ist in erster Linie eine Waffe der Reichen, um den Profit zu erhöhen, den sie machen – indem sie den Schwarzen Arbeitern weniger für ihre Arbeit bezahlen. Wir sprachen darüber, wie der Rassismus die weißen Arbeiter verwirrt, die oft vergessen, daß sie von einem Unternehmer ausgebeutet werden und statt dessen ihre ohnmächtige Wut an den farbigen Menschen auslassen. Im Gang und im Gemeinschaftsraum hatten wir zahlreiche Diskussionen über die Bedeutung des Kommunismus. Die Schwestern wollten besonders meine Erlebnisse 1969 in Kuba hören – eine Reise, die mir bewiesen hatte, was der Sozialismus tun kann, um den Rassismus zu beseitigen.

Eines Abends, nachdem wir bereits eingesperrt waren, brach eine laute Frage die Stille. Sie kam von einer Schwester, die ein von mir geliehenes Buch las.

»Angela, was soll ›Imperialismus‹ heißen?«

Ich rief: »Die herrschende Klasse eines Landes besiegt die Bevölkerung eines anderen Landes, um ihr Boden und Bodenschätze wegzunehmen und ihre Arbeit auszubeuten.«

Eine andere Stimme schrie: »Du meinst, Menschen in anderen Ländern so behandeln, wie die Schwarzen hier behandelt werden?«

Das weckte eine spannungsgeladene Diskussion, die von Zelle zu Zelle sprang, von meinem Gang zum gegenüberliegenden und wieder zurück.

Obwohl ich zehn Exemplare von ›Soledad Bruder‹, Georges Briefen aus dem Gefängnis, in meinem Bibliotheksfach hatte, durfte ich kein einziges davon in den Korridor bringen. Einige sympathisierende Wärterinnen schmuggelten jedoch ein paar Exemplare von außerhalb ins Gefängnis. Sie wurden die wertvollste Konterbande in der Anstalt. Sie wurden ständig verlangt und von vielen gelesen. Als ich George schrieb, wie begeistert sein Buch von den Schwestern aufgenommen wurde, freute es ihn zu wissen, daß sie durch die Beschäftigung mit seiner eigenen politischen Entwicklung eine Beziehung zur Bewegung fanden. Eine Frage machte ihm allerdings zu schaffen: wie reagierten die Schwestern auf seine Meinung über die Schwarzen Frauen, die sich aus einigen seiner frühen Briefe ergab? In der Vergangenheit hatte er oft gefunden, daß Schwarze Frauen die Schwarzen Männer davon abhielten, sich am Kampf zu beteiligen. Seither hatte er gemerkt, daß diese Verallgemeinerung nicht zutraf und bat dringend darum, das den anderen Frauen im Gefängnis mitzuteilen.

Selbstverständlich hatten wir für unsere Aktivitäten zu büßen. Eine Schwester war besonders schwer betroffen. Harriet war schon viele Male in der Haftanstalt gewesen und kannte die Schliche im Gefängnis besser als die meisten Wärterinnen. Ich war ihr zum erstenmal in meiner Isolierhaft begegnet. Durch ihre Tätigkeit in der Wäscherei kam sie im ganzen Gefängnis herum und war die einzige Gefangene, die meine Zelle betreten durfte. Wenn sie kam, brachte sie immer etwas mit – als ich ihr erzählte, daß mein Bleistift immer so schnell stumpf wurde, brachte sie mir als »Konterbande« einen Kugelschreiber.

Harriet hatte Joan Bird und Afeni Shakur von den New Yorker Panther 21 kennengelernt, als diese in Untersuchungshaft saßen. Sie war äußerst erpicht, der Bewegung zur Befreiung ihrer Rasse beizutreten. Als ich später in den siebenten Stock zog, kam sie jeden Tag auf ihrer Wäschetour vorbei und brachte Kassiber und Neuigkeiten von anderen Stockwerken.

Im Verlauf der Wochen begannen unsere Schergen die Solidarität, die uns zusammenschweißte, mit Argwohn zu betrachten, und die Sicherheitsmaßnahmen wurden merklich strenger. Harriet erhielt Befehl, meiner Zelle und den anderen Frauen in diesem Gang fernzubleiben. Man beauftragte eine andere Frau, die Wäsche in unser Stockwerk zu bringen.

Bis dahin hatte sich Harriet mit den Wärterinnen verhältnismäßig gut verstanden, sogar mit der Spitze. Ihre Arbeit gehörte zu den begehrtesten, weil sie ohne Sondererlaubnis überall in dem elfstöckigen Gefängnis umhergehen konnte. Nachdem man ihr untersagt hatte, unser Stockwerk zu betreten, warf sie stolz ihr »Privileg« den Kerkermeistern vor die Füße. Sie hörte mit der

Arbeit auf und sprach nur noch im Bösen mit den Wärterinnen, die für diese Anordnung verantwortlich waren. Viele begriffen nicht, warum Harriet einen so drastischen Schritt tat – und wenn man sich die Gefängnisstruktur vor Augen hält, war dieser Schritt wahrhaft drastisch. Sie ließ mir sagen, daß dieser Vorfall grundlegende und grundsätzliche Fragen berührte, in denen sie nie einen Kompromiß annehmen würde.

So entwickelte sich ein echtes Zusammengehörigkeitsgefühl. Es lag mir viel daran, diesen Gemeinschaftssinn zu festigen, und ich wußte, daß es dazu mehr brauchte als Bücher und Diskussionen. Um ihn am Leben zu halten, lud ich die Schwestern ein, mit mir auf dem Gang Freiübungen zu machen. Freiübungen waren für mich unerläßlich, um die Gefängniszeit durchzustehen. Ich konnte oft nicht einschlafen, wenn ich nicht vorher bis zur Erschöpfung Gymnastik getrieben hatte.

Nachdem wir ein paar Tage zusammen geübt hatten, probten wir zusätzlich einige Karate-Bewegungen. Eine der Frauen, die auch ein wenig Karate konnte, half mir beim Unterricht. Es dauerte nicht lange, bis das Gerücht sich mit Windeseile in den offiziellen Gefängniskreisen verbreitete, daß ich den Frauen Karate beibrächte, um sie auf einen Zusammenstoß mit den Gefängniswärtern vorzubereiten. Sie befahlen der Sache Einhalt, aber wir fanden doch einen Weg, sie fortzusetzen. Wenn die gymnastischen Übungen zu Ende waren, und wir uns über die ganze Länge des Gangs schlugen und traten, stand eine der Frauen am Eingang Schmiere.

Als sich mein Aufenthalt in der Haftanstalt dem Ende zuneigte, begann eine Anzahl von Frauengruppen in New York einen Kautionsfonds für die Frauen in der Anstalt zu organisieren. Manche Frauen verbrachten Monate im Gefängnis, weil sie einfach die fünfzig Dollar nicht hatten, um die Kaution zu stellen. Während dieses Projekt draußen lief, organisierten wir es auch im Innern. Wir mußten zu verhindern suchen, daß der Kautionsfonds nichts anderes wurde als eine weitere Dienstleistungsorganisation, um Frauen im Gefängnis Kaution zu stellen, genauso, wie die Rechtsanwälte von der Rechtshilfe gestellt wurden. Wir gelangten zu einer idealen Lösung: die Frauen, die von der Organisation draußen Geld erhielten, sollten drinnen kollektiv von den Frauen in jedem Gang gewählt werden. Wenn eine Frau als Empfängerin gewählt war, dann wurde ihr nicht nur die Kaution gestellt, sondern sie übernahm auch für den Kautionsfonds Pflichten. Nach ihrer Entlassung mußte sie für den Fonds arbeiten und helfen, Geld zu beschaffen; sie mußte für die Entwicklung der Organisation jede politische Hilfe leisten, zu der sie imstande war.

21. Dezember 1970

An einem kalten Sonntagnachmittag fand unten in der Greenwich Avenue eine Massendemonstration statt. An ihrer Spitze marschierten die Vereinigung für den Kautionsfonds und der New Yorker Ausschuß für die Befreiung von Angela Davis. So begeistert war die Menge, daß wir uns veranlaßt sahen, unsere Stärke entsprechend zur Schau zu stellen. Wir kamen in unserem Gang zusammen, einigten uns auf die Losungen, die wir schreien wollten und wie wir sie rhythmisch abstimmen konnten – obwohl wir uns über den ganzen Gang in die verschiedenen Zellen verteilen und aus den verschiedenen Fenstern schreien wollten. Ich hätte mir nie träumen lassen, daß man unter den Schwestern in dieser Anstalt ein so mächtiges Gefühl von Stolz und Zuversicht wecken konnte.

Sprechchöre donnerten von draußen: »Eins, zwei, drei, vier, das Frau'ngefängnis bleibt nicht hier!« – »Freiheit für unsere Schwestern, Freiheit für uns« und andere politische Losungen, die zu jener Zeit populär waren. Nach einer gewissen Zeit beschlossen wir, unsere Sprechchöre auszuprobieren. Es war für uns viel einfacher, uns durch die Fenster den Menschen draußen verständlich zu machen, als uns selbst zu hören, da wir durch die dicken Betonwände zwischen den Zellen getrennt waren. Obwohl sich unsere Losungen vielleicht nicht in reinster Harmonie mitgeteilt haben, gelang es uns doch, unsere Forderungen zu Gehör zu bringen: »Freiheit für die Soledad-Brüder!« – »Freiheit für Ericka!« – »Freiheit für Bobby!« – »Lang lebe Jonathan Jackson!«

Während die Chöre »Freiheit für Angela!« mich mit Stolz erfüllten, machte ich mir doch Sorgen, daß sie mir den Schwestern gegenüber eine Sonderstellung verschaffen würden, wenn sie überhand nahmen. Ich schrie daher der Reihe nach die Namen aller Schwestern in meinem Stockwerk, die bei der Demonstration mitmachten. »Freiheit für Vernell! Freiheit für Helen! Freiheit für Amy! Freiheit für Joan! Freiheit für Laura! Freiheit für Minnie!« Die ganze nächste Woche war ich heiser.

Als die Demonstration ihren Höhepunkt erreicht hatte, schloß eine Wärterin das Tor zu unserem Gang auf und schrie, wir sollten mit dem Lärm aufhören. Wir weigerten uns. Sie schickten eine Frau Captain, die versuchen sollte, die Demonstration aufzuhalten. Sie kam zu mir in die Zelle und sagte, daß uns allen Strafmaßnahmen drohten, wenn wir nicht Ruhe gäben. Unsere Auseinandersetzung war heftig. Innerhalb von Minuten braute sich ein Konflikt zusammen. Von der anderen Seite des Saales kamen Rufe – die Schwestern im nächsten Gang hatten beschlossen mitzumachen. Die Frau Captain hatte keine Mittel, uns zu kuschen; jedes Wort, das sie hervorbrachte, entflammte unsere Streitlust. Je militanter wir wurden, desto mehr verlor sie an Sicherheit, und schließlich räumte sie als Geschlagene den Gang.

Solange draußen noch Demonstranten waren, setzten wir unsere Sprechchöre fort. Selbst nachdem sie gegangen waren, bebte unser Gang noch vor Erregung. Wir waren stolz auf die feste Haltung, die wir der Bürokratie gegenüber eingenommen hatten. In dieser triumphalen Stimmung war es für uns eine grausame Enttäuschung zu erfahren, daß der Oberste Bundesgerichtshof unsere Berufung verworfen hatte und ich demnächst nach Kalifornien ausgeliefert würde. Es war ein Sonntag. Ich nahm an, daß man mich am Montag oder Dienstag zur Westküste zurücktransportieren würde.

In dieser Nacht arrangierten die Frauen, die noch von der Hitze der Demonstration glühten und nun im Dunkel ihrer Zellen eingesperrt waren, eine spontane Demonstration, um mich zu unterstützen. »Eins, zwei, drei, vier, Angela bleibt hier!« – »Fünf, sechs, sieben, acht, sie wird nicht durch das Tor gebracht!« Schuhe schlugen gegen die Zellengitter, die Rufe wurden lauter. Eine Wärterin versuchte schüchtern, die Frauen zu beruhigen, aber ohne Erfolg. Eine sehr stimmgewaltige Schwester in einem der Gänge für jugendliche Häftlinge wurde aufgefordert, still zu sein, aber als sie sich weigerte und alle Schwestern lautstark ihre Partei ergriffen, wurde sie von den Wärterinnen geschlagen, da diese wußten, daß wir außer Schreien nichts ausrichten konnten. Man schleppte sie fort nach 4 b – der Isolierzelle zur Bestrafung von Disziplinarvergehen. In unserer ohnmächtigen Wut, weil wir ihr nicht helfen konnten, schrien wir unsere Drohungen und schlugen noch lauter gegen die Gitterstäbe unserer Zellen.

Jemand bemerkte ein offenbar sympathisierendes weißes Paar unten auf der Greenwich Avenue, das voller Verwunderung zu dem Gebäude emporstarrte, das vom Protestgeschrei in unserem Stockwerk widerhallte. Wir riefen den beiden zu, daß eine Schwester gerade eben geschlagen worden sei und nun wahrscheinlich im Loch gefoltert würde. Wir waren ohne Furcht an jenem Abend. Wir riefen laut und deutlich die Namen der Wärterinnen nach unten, die sie aus der Zelle gezerrt hatten. Wir baten das Paar, die Untergrundpresse und möglichst viele linke Organisationen anzurufen und ihnen zu sagen, daß wir noch viel schärfere Disziplinarmaßnahmen erwarteten. (Später erfuhr ich, daß die beiden den ganzen Abend lang mit allen Stellen Verbindung aufgenommen hatten, von denen sie glaubten, daß sie uns helfen könnten.)

Ein paar Stunden vergingen, und nichts Ungewöhnliches geschah. Unsere Aktion verlor allmählich an Schwung, bis der Stock ruhig war. Als ich gerade einschlafen wollte, wurde ich von einem hellen Licht, das mir ins Gesicht schien, ins Wachsein zurückgerissen. Eine der »freundlichen« Schwestern hielt ihre Taschenlampe auf mich gerichtet. Mein Anwalt sei unten, sagte sie. Man wolle mir einen Sonderbesuch genehmigen, damit er mich wegen der bevorstehenden Auslieferung über meine Rechte informieren könne. Es war allerdings seltsam, daß ein Anwalt um drei Uhr morgens einen Besuch machte, aber schließlich war John den ganzen Tag bei der Auslieferungsverhandlung des Obersten Gerichtshofes in Washington gewesen. Er war vermutlich spät zurückgekommen und glaubte nun, daß ich noch vor Ende der Nacht ausgeliefert würde.

Gleich als der Fahrstuhl im Erdgeschoß hielt, merkte ich, daß man mir erfolgreich etwas vorgegaukelt hatte. In dem Raum vor dem Empfangssaal standen weiße Polizeitypen scheinbar untätig herum. Die weiße Direktionsassistentin in ihrer besten Sonntagskleidung unterhielt sich mit ihnen. Eine Direktionsgehilfin, die zuweilen versuchte, eine menschliche Maske anzulegen, hatte gewartet, bis sich die Fahrstuhltüren öffneten. Offenbar leitete sie die Aktion.

Sie teilte mir barsch mit, daß ich mich einer Leibesvisitation unterziehen müsse. Ich weigerte mich voller Zorn. Ich rief ihnen sarkastisch ins Gedächtnis, daß man mir gesagt hätte, mein Anwalt warte auf mich, ging zu der Bank, wo die Häftlinge warteten, bis sie für ihre Besuche aufgerufen wurden, und setzte mich.

Rings um mich her herrschte nun eine erhöhte Geschäftigkeit, die ich nicht zur Kenntnis zu nehmen schien. Die Direktionsgehilfin kam zum zweitenmal zu mir, diesmal in Begleitung der Frau, die nach der Direktorin die zweite Stelle einnahm. Wieder sagte sie mir, ich solle mich auf eine körperliche Durchsuchung gefaßt machen. Wieder weigerte ich mich. Ob ich nun wollte oder nicht, sagte sie, die Durchsuchung werde stattfinden, womit sie andeutete, daß man notfalls Gewalt anwenden wolle. Dann verließen die beiden den Raum, vermutlich um mit den Polizeitypen zu konferieren. Mehrere Male kehrten sie zurück, ein paarmal in Begleitung einer Wärterin, die bisher zu mir ganz nett gewesen war. Während die beiden die Rolle des Steckens spielten, mußte sie die Mohrrübe mimen.

Noch während sich die Auseinandersetzung verschärfte, schlichen sich zwei mir bekannte Wärterinnen in Zivilkleidung leise in den Raum. Als ich sie sah, war ich verwundert. Von allen Angestellten der Haftanstalt hatten sie zu den wenigen gehört, die ich in gewisser Weise respektierte. Die eine war die Bibliothekarin, die andere saß am Empfangspult und registrierte die Anwälte, wenn sie ihre Besuche machten.

Bislang verhielten sie sich noch völlig unbeteiligt, als seien sie Zuschauer. Als ich sie jedoch gerade fragen wollte, was sie zu dieser Nachtzeit im Gefängnis taten, sah ich aus dem Augenwinkel zwei Männer in Wachuniform von hinten an mich herankommen. Das war das erstemal, daß ich Männer in diesem Frauengefängnis sah. Ich erinnerte mich, was die Schwestern über diese Wachen als »äußerstes Mittel« gesagt hatten – die Aufruhrbrigade im Gefängnis –, die stets bereitstand, wenn Gewalt angezeigt schien. Als ich begriff, warum sie da waren, sprang ich auf, nahm Kampfhaltung an und wollte mich wehren. Einer von ihnen packte meinen Arm. Ich trat ihn. Als ihm der andere Mann zu Hilfe kam, warfen sie mich beide zu Boden. Bevor ich aufstehen konnte, waren die Vizedirektorin und einige der weiblichen Gehilfen an dem Getümmel beteiligt – als ob die zwei männlichen Gefängniswachen nicht instande wären, mich unterzukriegen.

In diesem Augenblick konnten die beiden Wärterinnen, die beiseite standen, ihre neutrale Haltung nicht länger bewahren. Sie warfen sich beide ins Handgemenge. Daß sie sich am Kampf beteiligten, war ein Schock für mich – waren auch sie gewillt, dem Feind Beistand zu leisten? Ein größerer Schock war es jedoch, als sie nicht versuchten, mich fertigzumachen, sondern auf die Männer einschlugen, die mich inzwischen wirklich mit großer Roheit behandelten.

Der Kampf wurde zur Rauferei. Keiner wußte genau, wer auf wessen Seite stand. In dieser Verwirrung gelang es den beiden Männern, je einen Arm von mir zu packen. Sie drehten mir die

Arme auf dem Rücken hoch, so daß ich mich unmöglich befreien konnte.

Zerschlagen und atemlos, wie ich war, konnte ich sie nicht hindern, mir Handschellen anzulegen. Ich wußte, daß man meine Rechte verletzt hatte; sie führten mich ab, bevor ich noch Gelegenheit gehabt hatte, die Ergebnisse der Gerichtsentscheidung von meinen Anwälten zu erfahren. Aber im Augenblick konnte ich kaum etwas dagegen tun, außer warten, bis ich wieder mit meinen Genossen draußen Fühlung nehmen konnte.

Die Hände auf dem Rücken gefesselt und laut protestierend wurde ich in ein Nebenzimmer gestoßen. Als die Bibliothekarin sah, daß ich das ärmellose Anstaltskleid aus Baumwolle und die Segeltuchschuhe ohne Socken trug, machte sie mich darauf aufmerksam, daß es draußen sehr kalt sei. Ich sagte ihr, daß meine »Gerichtskleider« sich am Registrierpult befänden.

Die Empfangsbeamtin gab mir zwei Zivilgarnituren: den marineblauen Rock und die Bluse, die ich am Tag meiner Verhaftung getragen hatte, eine Wollhose und eine leichte Wildlederjacke. Ich konnte sie jedoch nicht anziehen, weil meine Hände auf dem Rücken mit Handschellen zusammengeschlossen waren. Die zwei Frauen halfen mir, mit den Beinen in die Hose zu fahren, und legten mir das Jackett um die Schultern.

Ich versuchte mich auf die konkrete Situation zu konzentrieren. War ich auf dem Weg zum Flughafen oder sollte die Überführung per Bahn stattfinden – oder mit dem Auto, wie vor einigen Monaten im Fall von Bobby Seale? Die Ungewißheit zerrte an meinen Nerven.

Die Empfangsbeamtin an einer und die Bibliothekarin an der anderen Seite schritt ich langsam durch das Gefängnistor auf das kalte Kopfsteinpflaster des Hofes. Mein Zorn wich dem Bedauern, daß ich alle meine Freundinnen, die in diesem Dreck eingesperrt waren, zurücklassen mußte. Vernell ... ob man die fingierte Mordanklage fallenlassen würde? Helen ... durfte sie nach Hause zurückkehren? Amy ... so alt, so herzlich ... Was würde aus ihr werden? Pat? Ob sie wohl ihr Buch mit Enthüllungen über die Haftanstalt für Frauen schreiben würde? Und die Organisation für den Kautionsfonds ... Ob das weiterging? Harriet ... so engagiert für den Kampf – würde man weiterhin versuchen, ihren Willen zu brechen?

Das Polizeiauto wartete auf dem Hof, dasselbe Auto, in dem man mich immer zum Gericht gefahren hatte. Durch das dicht vergitterte Fenster konnte ich in der Dunkelheit nichts erkennen.

Aber plötzlich, als das Auto durch das Hoftor fuhr, hörte ich eine donnernde Salve von ermunternden Rufen. Ich konnte mir nicht erklären, wie so viele Menschen erfahren hatten, daß ich in jener Nacht weggeschafft werden sollte. Später sagte man mir, daß die Anrufe jenes weißen Paares in der Grennwich Avenue diese Menge auf die Beine gebracht hatten.

Kein einziges Licht erhellte den Riesenhof der »Tombs«. Ich konnte nichts sehen als die Umrisse mehrerer in der Mitte geparkter Wagen und die Schatten von menschlichen Gestalten, die sich zwischen den Fahrzeugen hin und her bewegten. Die Stimmung erinnerte an Spionagefilme der Nachkriegszeit. Ein Dutzend weißer Männer schwärmte um die Polizeiwagen und wartete nervös auf das Ende dieser Transaktion, dieser Schmierenkomödie der Unterdrückung, die sich im trüben Schimmer von Taschenlampen abspielte.

New York nahm seine Handschellen ab. Kalifornien brachte die seinen zum Vorschein und schloß sie um meine Handgelenke.

New York überreichte Dokumente, Kalifornien richtete seine Taschenlampen auf die Papiere, bevor es sie zustimmend annahm.

New York übergab meine Kleidungsstücke und einen Drillichsack mit Schuhen. Kalifornien nahm sie entgegen, als begründe es durch die Übernahme meiner Besitztümer die Kontrolle über mein Leben.

Die Bibliothekarin und die Empfangsbeamtin, die mich bis hierher begleitet hatten, standen stumm dabei. Es war, als ob ihre persönliche Identität langsam verbliche. Sie schienen verstört wegen ihrer Machtlosigkeit. »Ich hoffe, daß alles gut geht«, sagte eine von ihnen. Ohne es zu wollen, klang sie wie jemand, der einem Patienten kurz vor seinem Tode noch etwas Aufmunterndes sagen muß.

Die Szene hatte etwas Choreographisches. In dem gleichen stummen Rhythmus bewegte sich New York zu seinem Auto und stapfte Kalifornien zum Auslieferungsvehikel. Die ungestörte Vollkommenheit dieses Staatsaktes war in gewisser Weise viel erschreckender als die Auslieferung selbst. Ich mußte etwas tun, um dieses Schauspiel zu stören. In plötzlicher Eingebung blieb ich abrupt stehen. Als Antwort auf diese kleine Geste der Weigerung schlossen sich die Hände automatisch um die Waffen.

»Diese Handschellen sind zu eng, und ich sehe keinen Grund, warum meine Hände auf dem Rücken gefesselt sind. Wenn Sie daran denken, mich in dieses Auto zu kriegen, dann denken Sie erst mal daran, die Handschellen zu ändern.«

Ich hatte zumindest den Rhythmus des Unvermeidlichen durchbrochen. Ich hatte sie zumindest überrumpelt, und da niemand da war, um ihnen ein Stichwort zu geben, waren sie zunächst ratlos. Immer noch verwirrt, als folgten sie den Anordnungen eines Vorgesetzten, befahl der rangälteste Polizist einem anderen, er solle die Handschellen öffnen und mir die Hände vorn wieder zusammenschließen.

In dieser Autokolonne ohne Anfang und Ende gipfelte die wahnwitzige Gewalttätigkeit des Staates. Sie raste durch die Stadt und kam unvermittelt zu einem jähen Halt. Anonyme Polizisten sprangen aus Wagen, flüsterten miteinander, darauf fuhren einige Autos in die eine und andere in die entgegengesetzte Richtung. Als wir an einen Tunnel kamen, hielten die Wagen an, während die Straßensperre, die sie für uns errichteten, gesichert wurde.

Ich hatte nicht gemerkt, wie kalt es war, bis ich meinen Körper zittern, meine Zähne klappern fühlte. Der Mann rechts von mir hielt meinen Wollrock und meine Bluse. Wenn ich den Rock um die Beine wickelte und mit der Bluse die Hände bedeckte, würde mir vielleicht wärmer.

Zuerst widersetzte er sich nicht, als ich den Rock anforderte, aber während ich mich ungeschickt bemühte, ihn mit meinen gefesselten Händen um meine Füße zu wickeln, fuhr er auf mich los, als erwarte er, daß ich meine Pistole auf ihn richtete. Einen Augenblick dachte ich, er sei übergeschnappt. Nur ein Irrer konnte glauben, daß ich in diesen dünnen Kleidern, die außerdem schon von der FBI und den Wachen in der Haftanstalt durchsucht worden waren, eine Waffe versteckt haben könnte. Dann fiel mir ein, daß jeder an seiner Stelle dasselbe getan hätte – es war der Wahnsinn der Institution, der er diente, der ihn veranlaßte, den Saum meines Rockes und die Nähte meiner Bluse hysterisch zu befühlen.

Wir waren so lange unterwegs, daß ich mir überlegte, ob sie wirklich die ganze Strecke über Land fahren wollten. Als ich jedoch eine Frage über unseren Bestimmungsort stellte, sagte der Mann zu meiner Rechten nach einem kleinen Zögern, wir führen zum McGuire-Flughafen der Luftwaffe in New Jersey. Nun war also neben den bewaffneten Zivilbeamten, der Polizei, der Generalstaatsanwaltschaft zweier Staaten auch noch das Militär an dieser Sache beteiligt.

Wir fuhren in den Flughafen hinein und rasten diagonal über das Flugfeld, das in das Dunkel eines frühen Wintermorgens getaucht war. Das Flugzeug war noch nicht erkennbar, nur das Licht, das durch seine Fenster schien. Erwarteten sie einen Luftkampf? Hatten sie deshalb die Luftwaffe eingesetzt? Es hätte mich kaum überrascht, wenn mir jemand gesagt hätte, daß mich Jagdflieger nach Kalifornien eskortieren sollten.

Als wir dem Flugzeug näher kamen, sah ich kleine Menschengruppen in der Form eines U um die Treppe am Hinterteil des alten Transportfliegers aufgestellt. Zivilbeamte mit Waffen in der Hand. Schrotflinten, Gewehre, Maschinengewehre.

Wenn ich nun stolperte, während ich zum Flugzeug ging? Dann würden die Angriffsreflexe ausgelöst. Und mein Körper würde von Kugeln durchlöchert. Da diese Aktion insgeheim stattfand, außer Sichtweite der Presse, könnte ihnen niemand widersprechen, wenn sie behaupteten, ich hätte versucht zu fliehen.

Langsam und entschlossen stieg ich, trotz der gefesselten Handgelenke, glatt aus dem Wagen. Als ich auf das Flugzeug zuging, war jeder Schritt mühsam. Die Gewehrläufe zeichneten meinen Weg.

Flankiert von Zivilbeamten und Polizisten standen zwei Frauen auf dem oberen Absatz der versenkbaren Treppe. Eine war klein und dünn mit stumpfem braunem Haar. Ihr blasses Gesicht mit den scharfen Zügen verriet die Unsicherheit des Neulings. Die ältere Frau war groß und hatte ein fleischiges Gesicht. Ihr Haar verriet, daß sie erst vor kurzem einen Schönheitssalon aufgesucht hatte. Ich wußte von vornherein, daß sie in ihrem Beruf aufging: weibliche Polizei par excellence. Es schien ihr Freude zu machen, daß sie mit mir betraut war, umgeben von diesen bewaffneten Männern, die bei einem Zwischenfall ihren Anweisungen zu folgen hatten.

Während des ganzen Fluges war sie es, die sich mir am auffälligsten aufdrängte. Jedesmal wenn ich meine Stellung, und sei es noch so geringfügig, änderte, stand sie von ihrem Platz auf, um den kleinen Raum um mich herum zu prüfen. Und wenn ich auf die Toilette mußte, bestand sie darauf, daß auch sie sich in die winzige Kabuse hineinzwängte. Als sie gespannt zusah, wie ich urinierte, konnte ich die Frage nicht unterdrücken: »Glauben Sie, daß ich mich ins Klosett spüle?«

Sie erschien mir als typische Vertreterin der kalifornischen Regierung. Der Staat genoß den zweifelhaften Ruf, einer der fortgeschrittensten des Landes zu sein, wenn es galt, einen Widerstand zu unterdrücken. Kalifornien konnte schon mehr als seinen Anteil an Opfern für sich verbuchen. Ich konnte die Geschichte meines politischen Engagements an der Zahl der Beerdigungen ablesen, denen ich beigewohnt hatte.

Während des endlosen Fluges fragte ich mich, ob auch ich eines seiner Opfer werden würde. In mein Vertrauen zur Bewegung drängte sich die fürchterliche Vision von San Quentin, jener Festung des Grauens, die über der Bucht von San Francisco hing, als klammere sie sich an die Räder der Zivilisation. Ich dachte an Aaron Henry, das letzte Opfer, das in der Todeskammer von San Quentin mit Gas erstickt wurde. Am Tage seiner Hinrichtung bat seine Mutter um Audienz beim Gouverneur. Ronald Reagan fühlte kein Mitleid mit ihr. Er ließ sich nicht herab, ihre Anwesenheit zur Kenntnis zu nehmen. Als ich im Flugzeug saß, dachte ich an sie und jede Schwarze Mutter, die ihr glich.

Der Flug von einem Ende des Landes zum anderen dauerte zwölf Stunden. Zwölf Stunden, in denen meine Gedanken von einem Ende meines Lebens zum anderen wandern konnten. Ich dachte an meine Familie. Was sollte mit meiner Mutter, meinem Vater, Reggie, Benny, Fania geschehen? So viel Zeit war seit jenen Tagen vergangen, als wir noch alle zusammen waren – zu Hause, sicher, geschützt.

Aber hatte es diese Zeit wirklich einmal gegeben? Waren die Leute in diesem Flugzeug nicht schon immer da gewesen, hatten uns mit dem Haß in ihren Augen gefangengehalten und unserem Leben nachgestellt?

Teil 2: Felsen

Ich hab eine Heimstatt in jenem Felsen
siehst du's nicht?...

Das große weiße Haus oben auf dem Hügel lag nicht weit von unserer alten Wohngegend, aber dieser Abstand ließ sich nicht in Straßenzügen messen. Die von der Regierung gebaute Siedlung an der Eighth Avenue, wo wir bisher gewohnt hatten, war eine Straße mit kleinen roten Backsteingebäuden – keins unterschied sich von den anderen. Nur selten gab es Lücken in dem Zement, mit dem diese Backsteinhütten rings umgeben waren, man sah kaum Flecken von Grün. Raum und Erde fehlten, so konnte man nichts pflanzen, was Frucht oder Blüten trug. Aber Freunde hatte es da gegeben – und Freundlichkeit.

Im Jahre 1948 zogen wir aus dieser Siedlung in Birmingham, Alabama, in das große Holzhaus in der Center Street. Meine Eltern wohnen immer noch dort. Seine Türmchen und Giebel und die abblätternde Farbe hatten dem Haus den Ruf eingetragen, daß es darin spuke. Hinter ihm war ein wildes Gehölz mit Feigenbäumen, Brombeersträuchern und großen wilden Kirschbäumen. Auf der einen Seite des Hauses stand ein riesiger Zigarrenbaum. Dort gab es massenhaft Platz und keinen Zement. Die Straße selbst war ein Streifen von dem für Alabama typischen orangeroten Lehm. Es war das ausgefallenste Haus der Gegend – nicht nur wegen seiner seltsamen Architektur, sondern weil es weit und breit das einzige Haus war, das nicht von den Feindschaften der Weißen erfüllt war. Wir waren die erste Negerfamilie, die in diesen Bezirk einzog, und die Weißen glaubten, daß wir die Vorhut einer Masseninvasion seien.

Schon im Alter von vier Jahren merkte ich, daß die Leute auf der anderen Straßenseite anders waren – ohne ihr fremdes Wesen mit ihrer Hautfarbe in Verbindung bringen zu können. Was sie von unseren Nachbarn in der Siedlung unterschied, war der Mißmut in ihren Gesichtern, die Art, wie sie etwa dreißig Meter entfernt dastanden und wütend zu uns herübersahen, ihre Weigerung zu antworten, wenn wir ihnen »guten Tag« sagten. Ein älteres Ehepaar auf der gegenüberliegenden Straßenseite, die Montees, saßen die ganze Zeit auf ihrer Porch, und ihre Augen waren schwer von Feindschaft.

Fast unmittelbar nach unserem Einzug taten sich die Weißen zusammen und vereinbarten eine Grenzlinie zwischen sich und uns. Die Center Street wurde diese Grenzlinie. Wenn wir auf »unserer« Seite der Linie blieben (der Ostseite), dann, so teilten sie uns mit, würden sie uns in Frieden lassen. Falls wir jedoch jemals auf ihre Seite hinüberwechseln sollten, würde Krieg zwischen uns herrschen. In unserem Haus waren Waffen versteckt, und wir waren dauernd auf der Hut.

Etwa zwanzig Meter von diesem Haß entfernt führten wir unser tägliches Leben. Meine Mutter, die sich von ihrer Lehrtätigkeit hatte beurlauben lassen, kümmerte sich um meinen jüngeren Bruder Benny, während sie der Entbindung von einem anderen Kind, meiner Schwester Fania, entgegensah. Mein Vater fuhr seinen alten orangefarbenen Lieferwagen jeden Morgen zur Tankstelle, nachdem er mich im Kindergarten abgesetzt hatte. Dieser lag unmittelbar neben der Kinderklinik – einem alten Holzbau, in dem ich geboren worden war und in dem man mir im Alter von zwei Jahren die Mandeln entfernt hatte. Ich war von den weißgekleideten Menschen fasziniert und versuchte, mehr Zeit in der Klinik als im Kindergarten zuzubringen. Ich war fest entschlossen, Ärztin zu werden – Kinderärztin.

Kurz nachdem wir auf den Hügel gezogen waren, begannen die Weißen aus dem Bezirk auszuziehen, während Negerfamilien einzogen, alte Häuser kauften und neue bauten. Ein Schwarzer Pfarrer und seine Frau, die Deyaberts, überquerten die Trennungslinie ins weiße Territorium und kauften das Haus gleich neben den Montees, den Leuten mit den haßerfüllten Augen.

Es war ein Abend im Frühjahr 1949. Ich war im Badezimmer und wusch meine weißen Schnürsenkel für die Sonntagsschule am nächsten Morgen, als eine Explosion, hundertmal lauter als der lauteste, schrecklichste Donnerschlag, den ich je gehört hatte, unser Haus erschütterte. Medizinflaschen fielen von den Regalen und zerbrachen rings um mich her. Der Fußboden schien unter meinen Füßen zu weichen, als ich in die Küche und in die Arme meiner verängstigten Mutter rannte.

Scharen von zornigen Schwarzen Menschen kamen den Hügel herauf, stellten sich auf »unsere« Seite und starrten auf die Ruinen des bombenzerstörten Deyabert-Hauses. Bis spät in die Nacht sprachen sie vom Tod, vom Haß der Weißen, vom Tod, von weißen Menschen und wiederum vom Tod. Aber von ihrer eigenen Furcht sagten sie nichts. Anscheinend gab es sie nicht, denn Schwarze Famlien zogen weiter in unserer Nähe ein. Die

Bombenanschläge wurden eine so übliche Reaktion, daß unsere Gegend bald den Spitznamen »Dynamit-Hügel« erhielt.

Je mehr unsere Wohngegend der Gewalt anheimfiel, desto entschlossener versuchten meine Eltern, mir beizubringen, daß der Kampf weiß gegen Schwarz kein Naturgesetz sei. Im Gegenteil, sagte meine Mutter immer, das Gottesgebot sei Liebe. Der Haß der Weißen gegen uns sei weder natürlich noch ewig. Sie wußte, wenn ich ans Telefon ging und ihr zurief: »Mammi, eine weiße Dame möchte mit dir sprechen«, dann beschrieb ich nicht nur die sonderbar gedehnte Sprechweise. Immer wenn ich »weiße Dame« oder »weißer Mann« sagte, klang Zorn in meinen Worten. Meine Mutter versuchte, den Zorn durch Vernunft zu tilgen. In ihrem Leben war sie mit weißen Menschen zusammengetroffen, die sich ernsthaft bemühten, die Beziehungen der Rassen zueinander zu verbessern. Obwohl sie in Alabama auf dem Land aufgewachsen war, hatte sie als Studentin in antirassistischen Bewegungen mitgewirkt. Sie hatte darum gekämpft, die Jungen von Scottsboro zu befreien, und an diesem Kampf hatten sich auch Weiße – darunter einige Kommunisten – beteiligt. Durch ihre eigene politische Tätigkeit hatte sie gelernt, daß es weißen Menschen möglich war, aus ihrer Haut »auszusteigen« und mit der Integrität menschlicher Wesen zu reagieren. Sie gab sich alle Mühe, daß ihr kleines Mädchen – das so voller Haß und Verwirrung war – die Weißen nicht so sehr als das sah, was sie waren, sondern was sie sein konnten. Sie wollte nicht, daß ich nur an die Waffen dachte, die in den Schubladen versteckt waren, oder an die weinenden Schwarzen Frauen, die um Hilfe schreiend an unsere Tür kamen, sondern auch an eine künftige Welt voller Harmonie und Gleichheit. Ich wußte nicht, wovon sie redete.

Als so viele Negerfamilien auf den Hügel gezogen waren, daß ich eine Gruppe von Freunden hatte, entwickelten wir unsere eigene Methode, um unser Selbstgefühl zu verteidigen. Unsere Waffe war das Wort. Wir versammelten uns auf dem Rasen vor meinem Haus, warteten, bis ein Auto mit Weißen vorbeifuhr und schrien die schlimmsten Beschimpfungen für Weiße, die wir kannten: Hungerleider, Landjokel. Dann lachten wir hysterisch über die erstaunten Gesichter. Diesen Zeitvertreib verheimlichte ich meinen Eltern. Sie konnten nicht wissen, wie wichtig es für mich und für uns alle war, die wir den Rassismus gerade entdeckt hatten, Mittel zu finden, um unsere Würde zu wahren.

Seit unserer frühen Jugend gingen wir Kinder zur alten Familienfarm in Marengo County. Unsere Großeltern väterlicherseits und die Familie meines Onkels Henry lebten auf demselben Stück Land in einer alten verwitterten, ungestrichenen Hütte, ähnlich der, in welcher mein Vater und alle seine Geschwister geboren worden waren. Ein Besuch auf dem Land war wie eine Reise rückwärts in die Geschichte; es war eine Rückkehr zu unseren Anfängen.

Hätte ein Herrenhaus in der Nähe gestanden, dann hätte ihre Hütte ohne weiteres ein Sklavenschuppen von vor hundert Jahren sein können. Das Häuschen hatte zwei kleine Schlafzimmer, eine Küche im hinteren Teil und einen Gemeinschaftsraum, wo wir Kinder auf Decken schliefen, die auf dem Boden ausgebreitet wurden. Statt elektrischem Licht gab es Petroleumlampen für die wenigen Stunden der Dunkelheit, ehe wir zu Bett gingen. Statt einer Wasserleitung gab es draußen einen Brunnen, wo wir unser Trinkwasser und das Wasser holten, das wir über einem offenen Feuer für unser wöchentliches Bad in riesigen Metallwannen heiß machten. Vor dem Aborthaus hatte ich, als ich noch sehr klein war, Angst, deshalb erledigte ich mein kleines Geschäft in einen weißen Emailletopf und ging für das große Geschäft lieber ins Gebüsch, als daß ich das übelriechende Häuschen mit dem Loch im Holzbrett betrat, wo man unten den ganzen Kot schwimmen sah.

Die Familie aß gut; ich begriff damals noch nicht, daß das wahrscheinlich eine der wenigen Freuden in einem Leben war, das von Sonnenaufgang bis Sonnenuntergang aus Arbeit bestand. Danach war man dann so erschöpft, daß man nur daran denken konnte, für die Arbeit des nächsten Tages neue Kräfte zu sammeln. Als Kind auf der Farm konnte ich zwischen Arbeit und Spiel nicht unterscheiden, weil die dortige Arbeit mir neu und ich nicht gezwungen war, sie die ganze Zeit zu verrichten. Wenn ich die Hühner fütterte, mußte ich darüber lachen, wie sie nach dem Futter rannten und es herunterschlangen. Wenn ich die Eier einsammelte, den Schweinen ihren Fraß vorsetzte, die Kühe melkte und die Arbeitspferde zur Schwemme führte, dann machte mir das Spaß.

Die Fahrt aufs Land, zu den grünen, offenen Weiten der Baumwoll- und Tabakfelder war wie eine Fahrt zu meiner Vision des Paradieses. Ich liebte es, barfuß hinter den Hühnern herzulaufen, ohne Sattel auf den Arbeitspferden zu reiten und in den frühen Morgenstunden die paar Kühe auf die Weide zu treiben.

Die einzigen Vergnügen, die mit der Landarbeit überhaupt nichts zu tun hatten, waren das erfrischende Bad im nahegelegenen Bach und die aufregenden Ausflüge ins Sumpfland, um diese wunderbare, von bizarren, kriechenden, schleimigen Kreaturen bewohnte Welt zu erkunden.

Jeden Sonntag, wenn wir aus der kleinen hölzernen Kirche, die einige Meilen entfernt an derselben Straße lag, zurückkehrten, gab es Brathühner und im Holzofen gebackene, mit handgekirnter Butter bestrichene Biskuits, dazu Kohl und Süßkartoffeln vom Feld und frische süße Milch von den Kühen im Stall.

Als ich etwa zwölf Jahre alt war, starb meine Großmutter. Sie hatte eine Zeitlang bei uns in Birmingham gewohnt, war dann aber nach Kalifornien gezogen, um umschichtig bei den Geschwistern meines Vaters zu wohnen, die zur Westküste gewandert waren, um nach dem sagenhaften Glück zu suchen, das dort die Neger erwartete. Ihre Leiche wurde nach Marengo County in Alabama überführt, um in ihrem kleinen Heimatort Linden eingesegnet und beigesetzt zu werden. Ihr Tod war für mich ein fürchterlicher Schlag, denn sie war mir immer als Symbol der Kraft, des Alters, der Weisheit und des Leidens erschienen.

Wir hatten von ihr gelernt, was die Sklaverei gewesen war. Sie war nur wenige Jahre nach der Proklamation der Sklavenbefreiung geboren, und ihre Eltern waren noch Sklaven gewesen. Sie wollte, daß wir das nicht vergaßen. Als man uns in der Schule von Harriet Tubman und der sogenannten »Unterirdischen Eisenbahn« erzählte, war es immer das Bild meiner Großmutter, das mir in den Sinn kam.

Ich hatte mir die Endgültigkeit des Todes noch nicht zu eigen gemacht, und so schwebte mir nebelhaft der Gedanke an ein Leben nach dem Tode vor. Daher hatte ich inmitten des verzweifelten Weinens und Jammerns beim Begräbnis Visionen von meiner Großmutter, die mit Harriet Tubman eins wurde, um von dort oben friedfertig auf die Geschehnisse in dieser Welt herabzublicken. Wurde sie nicht dort in den Boden gesenkt, wo unsere Vorfahren für die Freiheit gekämpft hatten?

Nach ihrem Begräbnis erhielt das alte Farmland für mich eine unaussprechliche, ehrfurchtgebietende Dimension: es wurde zur Bühne, auf der die Geschichte meines Volkes ausgetragen worden war. Und meine Großmutter wurde im Tode heroischer. Ich fühlte mich in dieser neuen Welt, in die sie eingegangen war, mit ihr in seltsamer, irgendwie religiöser Weise unlösbar verbunden.

In dem Sommer, bevor ich zur Schule ging, verbrachte ich mehrere Monate bei der Familie Margaret Burnhams in New York. Verglichen mit Birmingham war New York Camelot. Es war ein verzauberter Sommer, ich besuchte Zoos, Parks, den Meeresstrand, spielte mit Margaret, ihrer älteren Schwester Claudia und ihren Freundinnen, die Neger, Puertorikaner und Weiße waren. Mit meiner Tante Elisabeth fuhr ich im Bus und saß auf dem Platz unmittelbar hinter dem Fahrer.

Dieser Sommer in New York brachte mir die Rassentrennung, der ich zu Hause ausgesetzt war, deutlicher zum Bewußtsein. Wieder zu Hause in Birmingham machte ich mich bei meiner ersten Busfahrt von meiner Teenager-Kusine Snookie los und rannte zu meinem Lieblingsplatz direkt hinter dem Fahrer. Zuerst versuchte sie mich von dort wegzulotsen, indem sie mir fröhlich vorschlug, mit ihr einen Platz im hinteren Teil des Busses einzunehmen. Aber ich wußte, wo ich sitzen wollte. Als sie darauf bestand, daß ich aufstehen müßte, wollte ich wissen warum. Sie wußte nicht, wie sie's erklären sollte. Ich nehme an, daß sich die Weißen über ihr Dilemma amüsierten; und die Schwarzen waren vielleicht ein wenig verlegen, daß sie sich selber fügten. Meine Kusine war bestürzt; sie war der Mittelpunkt der Aufmerksamkeit und hatte keine Ahnung, wie sie sich verhalten sollte. In ihrer Verzweiflung flüsterte sie mir ins Ohr, daß sich hinten eine Toilette befände, und wenn wir uns nicht beeilten, könnte ihr etwas Schlimmes passieren. Als wir zum hinteren Teil gelangten und ich sah, daß sich dort keine Toilette befand, war ich zornig, nicht nur weil man mich betrogen und ich meinen Platz verloren hatte, sondern auch, weil ich nicht wußte, wer oder was daran schuld war.

Nahe der Tankstelle meines Vaters in der Stadt war ein Kino namens »Alabama«. Es erinnerte mich an die Kinos in New York. Tag und Nacht glitzerte die Fassade des Gebäudes von hellen Neonlichtern. Ein üppiger roter Teppich erstreckte sich bis auf den Bürgersteig. Samstags und sonntags standen auf dem Baldachin immer die Titel der neuesten Kinderfilme. Wenn wir vorbeigingen, drängten sich dann blondhaarige Kinder mit ihren böse aussehenden Müttern um die Kinokasse. Wir waren in »Alabama« nicht zugelassen – unsere Filmtheater waren das »Carver« und das in der Eighth Avenue, und das beste, was wir in ihren von Kakerlaken verseuchten Zuschauerräumen erwarten konnten, waren Wiederholungen von Tarzanfilmen. »Wenn wir doch nur in New York lebten ...«, war mein steter Gedanke.

Wenn wir am Vergnügungspark auf dem Ausstellungsgelände von Birmingham vorbeifuhren, wo nur weiße Kinder Zutritt hatten, dachte ich an den Spaß, den wir in Coney Island bei New York gehabt hatten. Wenn uns im Stadtbezirk von Birmingham der Hunger überfiel, mußten wir warten, bis wir ein Negerviertel erreicht hatten, weil die Restaurants und Imbißstuben den Weißen vorbehalten waren. In New York konnten wir uns überall ein heißes Würstchen kaufen. Wenn wir in Birmingham auf die Toilette mußten oder Wasser trinken wollten, mußten wir ein Schild mit der Aufschrift »Farbige« suchen. Im Süden lernten die Negerkinder meiner Generation die Wörter »Farbige« und »Weiße« viel eher lesen als etwa »Schau, Dick, schau«.

Ich hatte mir angewöhnt, New York als eine Verschmelzung der beiden Reiche anzusehen, einen Ort, wo die Neger von den Beschränkungen des südlichen Rassismus verhältnismäßig frei waren. Aber bei späteren Besuchen erhielt das Bild der rassischen Harmonie durch mehrere Vorfälle häßliche Flecken. Zwischen meinem siebten und zehnten Lebensjahr verbrachte ich meistens einen Teil des Sommers in der Stadt. Meine Mutter, die sich auf das pädagogische Magisterexamen vorbereitete, studierte während des Sommers an der Universität von New York. Ihre Kinder nahm sie immer mit. Zum Freundeskreis meiner Mutter gehörte ein Ehepaar, das durch seine vergeblichen Bemühungen, eine Wohnung zu finden, sich und seine Freunde zur Verzweiflung brachte. Nachdem ich mir mehrere unklare Erklärungen zu diesem Thema angehört hatte, gelang es mir schließlich, den Erwachsenen den wahren Grund für dieses Dilemma abzuluchsen: Sie war Schwarz, und er war weiß.

Eine andere Situation in New York stand in noch krasserem Widerspruch zum Mythos von der sozialen Harmonie und Gerechtigkeit. Als ich etwa acht Jahre alt war, hatte die Macht McCarthys ihren Höhepunkt erreicht. Zu den Kommunisten, die gezwungen waren, unterzutauchen, gehörte auch James Jackson, den meine Eltern noch von damals kannten, als er und seine Familie in Birmingham lebten. Ich begriff nicht wirklich, was sich zu jener Zeit abspielte, ich wußte nur, daß die Polizei hinter dem Vater meiner Freundin Harriet her war. Immer wenn ich mit den Jackson-Kindern zusammentraf, zeigten sie mir die Männer, die ihnen folgten und niemals weiter als einen halben Straßenblock weg waren. Es waren streng aussehende weiße Männer, die selbst beim heißesten Wetter Anzüge trugen. Sie begannen sogar, unserer Familie zu folgen, und unterzogen nachher alle, die wir während des Tages besucht hatten, einem Verhör.

Warum fahndeten sie nach dem Vater meiner Freundin? Er hatte nichts Unrechtes getan, er hatte kein Verbrechen begangen – aber er war Neger, und er war Kommunist. Da ich zu jung war, um zu wissen, was ein Kommunist ist, begriff ich auch nicht die Bedeutung von McCarthys Hexenjagd. Folglich verstand ich nur, was meine Augen sahen: böse weiße Männer, erpicht, einen unschuldigen Schwarzen Mann zu fangen. Und zwar nicht im Süden, sondern in New York, dem Musterbeispiel rassischer Brüderlichkeit.

Wie New York galt auch Kalifornien als viel fortschrittlicher als der Süden. Während meiner Kindheit hörte ich zahlreiche Geschichten über die goldenen Möglichkeiten, die den Negern an der Westküste offenstanden. In großen Pilgerzügen strömten die Armen und Arbeitslosen nach dem Westen. Ein Bruder meines Vaters und zwei seiner Schwestern hatten sich der Schwarzen Emigration nach dem Westen angeschlossen. Wir besuchten sie gelegentlich in Los Angeles.

Mehrere Verwandte von uns hatten sich einigen Wohlstand geschaffen. Eine meiner Tanten, die ins Grundstücksgeschäft eingestiegen war, kaufte sogar Land in den Bergen von Hollywood. Aber ein anderer Teil der Familie war in einer so verzweifelten Lage, daß er von der Wohlfahrt lebte. Es machte mich traurig, meine Vettern und Kusinen zu besuchen und zu entdekken, daß sie nie genügend Lebensmittel für eine einzige ausreichende Mahlzeit im Haus hatten – und daß ihrer sechs oder sieben in einer Wohnung mit einem einzigen Schlafzimmer hausten. Ich erinnere mich, daß sie meinen Vater wiederholt um etwas Geld baten, damit sie wenigstens einige Lebensmittel im Kühlschrank hätten.

Die Freunde meiner Kindheit und ich mußten zwangsweise eine zweischneidige Einstellung zur weißen Welt entwickeln. Einerseits hegten wir eine instinktive Abneigung gegen die, die uns hinderten, unsere größten wie auch trivialsten Wünsche zu erfüllen. Andererseits fühlten wir ebenso instinktiv den Neid, der aus der Erkenntnis stammte, daß sie zu allen freudespendenden Dingen Zutritt hatten, nach denen wir uns sehnten. Als ich heranwuchs, konnte ich eine gewisse Eifersucht nicht vermeiden. Und doch habe ich eine sehr lebhafte Erinnerung an die sehr frühe Entscheidung, daß ich niemals – und darin war ich unerbittlich –, niemals den Wunsch hegen oder aussprechen würde, weiß zu sein. Dieses Versprechen, das ich mir machte, war jedoch keineswegs dazu angetan, die Wunschträume zu vertreiben, die meine Gedanken beherrschten, wenn mein Verlangen auf ein Tabu stieß. Daher schuf ich mir, damit meine Tagträume nicht meinen Grundsätzen widersprachen, in der Phantasie ein weißes Gesicht, das ich aufsetzte und mit dem ich dann ungehindert ins Theater ging, in den Vergnügungspark oder wohin ich sonst gehen wollte. Wenn ich dann den Besuch gründlich genossen hatte, inszenierte ich einen dramatischen, weithin sichtbaren Auftritt vor den weißen Rassisten, riß mir mit großer Geste das weiße Gesicht ab, lachte wild und nannte sie alle Idioten.

Jahre später, als ich ein Teenager war, erinnerte ich mich an diesen kindlichen Tagtraum und beschloß, ihn in gewisser Weise zu verwirklichen. Meine Schwester Fania und ich gingen im Geschäftsviertel von Birmingham spazieren, als ich aus einer plötzlichen Eingebung heraus ihr einen Plan vorschlug; wir wollten so tun, als seien wir Ausländer, wollten miteinander französisch sprechen, in das Schuhgeschäft in der 19th Street gehen und mit einem dicken Akzent darum bitten, ein paar Schuhe zu sehen. Als die Angestellten im Laden zwei junge Negerfrauen sahen, die sich in einer Fremdsprache unterhielten, stürzten sie auf uns zu, um uns zu bedienen. Der Zauber des Exotischen reichte aus, um ihnen völlig – wenn natürlich auch nur zeitweise – die gewohnte Verachtung der Neger auszutreiben.

Fania und ich wurden deshalb nicht in das Hinterzimmer des Ladens geführt, wo der eine Schwarze Angestellte uns normalerweise außer Sichtweite der »achtbaren« weißen Kunden bedient hätte. Wir wurden aufgefordert, ganz vorne in diesem Jim-Crow-Laden Platz zu nehmen. Ich tat so, als könne ich überhaupt kein Englisch, und Fanias gebrochenes Englisch war äußerst schwer zu verstehen. Die Angestellten mühten sich zu begreifen, welche Schuhe wir anprobieren wollten.

Entzückt von dem Gedanken, mit Ausländern zu sprechen – selbst wenn sie Schwarz waren –, aber von der schwierigen Verständigung frustriert, ließen die Angestellten den Geschäftsleiter rufen. Dieser zeigte die gleiche Einstellung. Mit einem breiten Lächeln kam er aus seinem Büro hinter den Regalen hervor und fragte: »Nun, was kann ich für Sie tun, meine hübschen, jungen Damen?« Aber bevor er meine Schwester die Schuhe beschreiben ließ, die wir suchten, fragte er uns nach unseren Lebensumständen – wo wir herkämen, was wir in den Staaten täten und was in aller Welt uns in eine Stadt wie Birmingham in Alabama geführt hätte. »Es geschieht sehr selten, daß wir Menschen wie Ihnen begegnen, verstehen Sie?« Meiner Schwester mit ihrem mehr als kümmerlichen Englisch fiel es sehr schwer, unsere improvisierte Geschichte verständlich zu machen. Nach wiederholten Versuchen begriff der Geschäftsleiter endlich, daß wir aus Martinique kamen und Birmingham auf einer Rundreise durch die Vereinigten Staaten besuchten.

Jedesmal, wenn dieser Mann endlich etwas kapierte, leuchteten seine Augen auf, und sein Mund öffnete sich zu einem breiten »Oh!«. Er war völlig gebannt, wenn Fania sich mir zuwandte, um seine Worte zu übersetzen. Die weißen Leute im Laden waren zuerst verwirrt, als sie zwei Neger in der Abteilung »Nur für Weiße« sitzen sahen, aber als sie unseren Akzent und unsere französische Unterhaltung hörten, schienen sie erfreut und erregt darüber, zwei Schwarze Leute zu sehen, die von so weit herkamen, daß sie bestimmt nicht gefährlich werden konnten.

Schließlich gab ich Fania ein Zeichen, daß es an der Zeit war, das Spiel zu beenden. Wir sahen ihn an: Sein dummes Gesicht und sein devotes Grinsen, ein Augenzwinkern entfernt von der Verachtung, mit der er so automatisch wie ein abgerichteter Hamster reagiert hätte, hätte er gewußt, daß wir Bewohner derselben Stadt waren. Wir brachen in Gelächter aus. Er fing an, mit uns zu lachen, halbherzig, so wie Leute lachen, wenn sie argwöhnen, daß sie die Zielscheibe eines Witzes sind.

»Ist etwas komisch?« flüsterte er.

Plötzlich konnte ich Englisch und sagte ihm, was so komisch war. »Alle Schwarzen Leute brauchen nur so zu tun, als ob sie aus einem anderen Land kämen, und Sie behandeln uns dann wie Würdenträger.« Immer noch lachend, standen meine Schwester und ich auf und gingen aus dem Laden.

Ich hatte beinahe bis aufs i-Tüpfelchen die Szene aus dem Tagtraum meiner Kindheit nachgespielt.

Im September 1949 war Fania gerade ein Jahr alt geworden, mein Bruder Benny war fast vier. Drei Jahre lang hatte ich im Kindergarten immer die gleichen Spiele gespielt und die Klinik nebenan besucht, nun wollte ich etwas anderes tun und hatte darum gebeten, vorzeitig die Grundschule besuchen zu dürfen. Am Montag nach Labor Day sprang ich in meinem steifen, neuen, roten Plisseekleid in den Kleinlaster meines Vaters, um voller Eifer meinen ersten Tag in der »großen« Schule zu beginnen.

Der Weg in die Schule führte uns nach Eleventh Court über die Eisenbahnbrücke und durch die Straße, die den Jüdischen Friedhof in zwei Teile teilte; danach noch drei Straßenblocks den letzten Hügel hinauf. Die Carrie-A.-Tuggle-Schule war ein Haufen alter Holzhäuser, die so baufällig waren, daß sie längst für unbewohnbar erklärt worden wären, hätten sie nicht in einem Negerviertel gestanden. Man hätte sie nur für eine Ansammlung schäbiger Häuser auf dem Abhang eines graslosen Hügels halten können, wären nicht die Kinder um das eingezäunte Grab herumgesprungen, dessen Aufschrift besagte, daß Carrie A. Tuggle, die Gründerin der Schule, hier begraben war.

Einige der Häuser waren mit schmutzigem Weiß getüncht. Andere waren mit einer häßlichen bräunlich-schwarzen Asphaltmasse überzogen. Daß sich die Häuser über eine Fläche von etwa drei Straßenblocks hinzogen, schien typisch für die Methode, wie die weiße Bürokratie eine »Schule« für Negerkinder einrichtete. Offensichtlich hatten sie eine Gruppe von verwohnten Häusern ausgesucht, die Bewohner auf die Straße gesetzt und das Ganze zur Schule erklärt. Diese Häuser standen alle an einem steilen Abhang; am Fuße des Hügels befand sich eine große rundliche Mulde in der Erde, die mit dem für Alabama typischen roten Lehm gefüllt war. Diese runde Mulde hatte man zum Spielplatz bestimmt. Häuser von gleichem Aussehen wie die Schulgebäude standen auf der anderen Seite der Mulde, Häuser die von außen und innen einzustürzen drohten.

Meine Mutter, die selbst Grundschullehrerin war, hatte mir bereits das Lesen, das Schreiben und das einfache Rechnen beigebracht. Was ich in der ersten Klasse lernte, war jedoch viel grundlegender als die Schulfächer. Ich lernte, daß man nicht das Recht auf eine gute Mahlzeit hat, bloß weil man hungrig ist, nicht auf warme Kleidung, bloß weil man friert, nicht auf ärztliche Behandlung, bloß weil man krank ist. Viele Kinder konnten es sich nicht einmal leisten, zum Lunch eine Tüte Kartoffelchips zu kaufen. Es war mir eine Qual, wenn einige meiner engsten Freunde stumm vor dem Speisesaal warteten und den anderen Kindern beim Essen zusahen.

Lange Zeit dachte ich über die nach, die aßen, und die, die zusahen. Dann entschloß ich mich, etwas zu tun. Da ich wußte, daß mein Vater jeden Abend von der Tankstelle mit einem Beutel voller Geldmünzen zurückkehrte, die er über Nacht im Küchenschrank aufbewahrte, blieb ich eines Abends wach, bis das ganze Haus eingeschlafen war. Dann versuchte ich, meine eingefleischte Furcht vor der Dunkelheit zu überwinden, schlüpfte in die Küche und stahl einige der Münzen. Am nächsten Tag gab ich das Geld meinen hungrigen Freunden. Die Bisse ihres Hungers waren zwingender als die Bisse meines Gewissens. Ich brauchte nur unter dem Bewußtsein zu leiden, daß ich das Geld meines Vaters gestohlen hatte. Zur Beschwichtigung meiner Schuldgefühle konnte ich mir auch vorhalten, daß meine Mutter immer etwas für die Kinder in ihrer Klasse mitnahm. Sie nahm unsere Kleider und Schuhe – manchmal sogar bevor wir ihnen entwachsen waren – und gab sie denen, die sie brauchten. Wie meine Mutter tat ich, was ich tat, still und ohne viel Aufhebens. Es schien mir, es müsse etwas unrecht sein, wenn es hungrige Kinder gab, und wenn ich nichts zur Abhilfe unternahm, dann hatte auch ich unrecht.

Das war für mich die erste Einführung in die Klassenunterschiede innerhalb meines eigenen Volkes. Wir waren die Nicht-so-Armen. Bis mir die Schule die Augen öffnete, glaubte ich, daß alle so lebten wie wir. Wir hatten immer drei gute Mahlzeiten am Tag. Ich hatte Sommerkleider und Winterkleider, tägliche Kleider und ein paar »Sonntags«-Kleider. Wenn ich die Sohlen meiner Schuhe durchgelaufen hatte, dann behalfen wir uns vielleicht noch eine kurze Zeit mit Pappe, gingen aber schließlich doch in die Stadt, um ein neues Paar auszusuchen.

Das Familieneinkommen stammte von beiden, Mutter und Vater.

Bevor ich geboren wurde, hatte mein Vater sich auf Grund seines mit Schwierigkeiten erworbenen Universitätsstudiums auf St. Augustine in Raleigh, North Carolina, die Stellung eines Geschichtslehrers an der Parker Oberschule ergattert. Aber das Leben war in jenen Jahren besonders schwierig; sein Gehalt war dem Nullpunkt so nahe, wie Geld nur sein kann. Daher begann er mit seinen mageren Ersparnissen sich im Negerviertel der Innenstadt von Birmingham eine Tankstelle zu kaufen.

Meine Mutter, die wie mein Vater aus sehr ärmlichen Verhältnissen stammte, erarbeitete sich ebenfalls das Geld, um ein Studium abzuschließen, und erhielt eine Stellung als Lehrerin an der Grundschule von Birmingham. Was sie zusammen verdienten, bot keinen Anlaß zum Prahlen, aber es genügte, um davon zu leben, und überstieg bei weitem die Verdienste der typischen Negerfamilie im Süden. Es war ihnen gelungen, genügend beiseite zu legen, um das alte Haus auf dem Hügel zu kaufen, aber sie mußten jahrelang den oberen Stock vermieten, um die Hypothek abzuzahlen. Solange ich zur Schule ging, wußte ich nicht, daß das eine erstaunliche Leistung war.

Die gängige Legende, damals wie heute, besagt, daß Armut die Strafe für Faulheit und Willensschwäche sei. Wenn man nichts aufzuweisen hatte, bedeutete das, daß man nicht schwer genug gearbeitet hatte. Ich wußte, daß meine Mutter und mein Vater schwer gearbeitet hatten – mein Vater erzählte mir, daß er täglich fünfzehn Kilometer Schulweg zu Fuß zurücklegen mußte, und meine Mutter hatte eine Sammlung von Anekdoten über das schwierige Leben, das sie als Kind in der kleinen Stadt Sylacauga geführt hatte. Aber ich wußte auch, daß ihnen das Glück manchmal gelächelt hatte.

Meine Anteilnahme an der Armut und dem Elend, die ich um mich herum sah, wäre nicht so tief gewesen, hätte ich nicht den Vergleich mit dem relativen Reichtum der weißen Welt gehabt. Tuggle sah noch schäbiger aus, wenn wir sie mit der nahe gelegenen weißen Schule verglichen. Oben von unserem Hügel aus konnten wir eine Grundschule für weiße Kinder sehen. Sie war aus rotem Backstein gebaut, und das Gebäude war von tiefgrünem Rasen umgeben. In unserer Schule mußten wir uns im Winter auf dickbäuchige Kohleöfen verlassen, und wenn es draußen regnete, regnete es auch drinnen. Als ein neuer Bau errichtet wurde, um einen alten, der zusammengebrochen war, zu ersetzen, war ich zu alt, um mehr als ein Jahr in seinen Räumen zu verbringen, die bis dahin für die unteren Klassen reserviert waren.

Wir hatten niemals genügend Schulbücher für alle, und die vorhandenen waren alt und zerrissen, wobei oft die wichtigsten Seiten darin fehlten. Es gab keine Turnhalle für die Sportstunden – nur die »Mulde«. An Regentagen, an denen der rote Lehm der Mulde zu Schlamm geworden war, wurden wir in einen der Schuppen gepfercht.

Tuggle wurde als Abteilung der »Negerschulen von Birmingham« von einer Erziehungsbehörde verwaltet und beaufsichtigt, die ausschließlich aus Weißen bestand. Nur bei besonderen Anlässen sahen wir ihre Mitglieder von Angesicht zu Angesicht – bei Besichtigungen oder wenn sie ihre »Negerschulen« einem auswärtigen Besucher vorführten. Der tägliche Betrieb wurde von Schwarzen geleitet.

Vielleicht waren es gerade diese Zustände, die uns eine starke, positive Identifikation mit unserem Volk und unserer Geschichte vermittelten. Wir lernten von einigen unserer Lehrer all die traditionellen Ereignisse der »Negergeschichte«. Von der ersten Klasse an sangen wir in den Versammlungen alle die »Nationalhymne der Neger« von James Weldon Johnson – manchmal zusammen mit der amerikanischen Nationalhymne oder einem anderen nationalen Lied, und manchmal an deren Stelle. Ich erinnere mich, daß ich von dem Unterschied zwischen den offiziellen Hymnen, die verkündeten, daß die Freiheit für jeden Bewohner des Landes eine Tatsache sei, und der »Nationalhymne der Neger«, deren Worte zum Widerstand aufriefen, sehr beeindruckt wurde. Und obwohl ich meine Stimme in der Öffentlichkeit lieber nicht hören lassen wollte, sang ich die letzten Zeilen immer aus voller Brust: »Angesichts des Morgenlichts, bis ein neuer Tag begonnen, schreiten wir mit festem Schritt, bis der Sieg für uns gewonnen!«

Während wir über George Washington, Thomas Jefferson und Abraham Lincoln unterrichtet wurden, wurden wir auch mit historischen Figuren der Neger bekanntgemacht. Die Erziehungsbehörde gestattete unseren Lehrern allerdings nicht, uns die Taten von Nat Turner und Denmark Vesey zu offenbaren. Aber man erzählte uns von Frederick Douglass, Sojourner Truth und Harriet Tubman.

Eins der wichtigsten Schulereignisse im Jahr war die Woche der Negergeschichte. Besondere Vorführungen wurden für die Versammlung geplant, und in allen Klassen mußte jedes Kind über irgendeine historische oder zeitgenössische Persönlichkeit der Neger Bescheid wissen. In all diesen Jahren lernte ich etwas über jede Schwarze Persönlichkeit, die »achtbar« genug war, um einen Platz in den Geschichtsbüchern zu finden – oder wenn es sich um Zeitgenossen handelte, um in ›Wer ist Wer im Schwarzen Amerika?‹ oder in die Zeitschrift ›Ebony‹ aufgenommen zu werden. Jedes Jahr war ich an dem Wochenende vor der Historischen Woche der Neger schwer beschäftigt – entwarf mein Plakat, bat die Eltern um ihre Hilfe, schnitt Bilder aus, formulierte Unterschriften und Berichte.

Ohne Zweifel hatten die Kinder, die in die de jure getrennten Schulen des Südens gingen, einen Vorteil vor denen, die die de facto getrennten Schulen des Nordens besuchten. Während meiner Sommerreisen nach New York fand ich, daß viele Schwarze Kinder dort niemals von Frederick Douglass oder Harriet Tubman gehört hatten. In der Tuggle-Schule wurde uns die Schwarze

Identität durch die Tatsachen der Unterdrückung aufgezwungen. Wir waren in ein völlig Schwarzes Universum gestoßen worden; wir waren gezwungen, uns unsere geistige Nahrung selbst zu verschaffen. Wenn jedoch die Negerschulen des Südens diese Aspekte unzweifelhaft begünstigten, sollte man sie doch nicht idealisieren. Wenn ich zurückblicke, erinnere ich mich an eine alles durchwaltende Zwiespältigkeit in der Schule, eine Zwiespältigkeit, der ich in praktisch jedem Klassenzimmer und jedem auf die Schule bezogenen Ereignis begegnete. Einerseits gab es eine starke Tendenz, unsere Identität als Schwarze Menschen zu betonen, die sich allen Schulaktivitäten mitteilte. Aber andererseits neigten viele Lehrer dazu, uns die offizielle, rassistische Erklärung für unser Elend einzuhämmern. Sie befürworteten eine individualistische, auf Wettbewerb beruhende Befreiung von dieser Qual. Man sagte uns, das höchste Ziel unserer Erziehung liege darin, uns Fähigkeiten und Wissen zu vermitteln, so daß wir uns einzeln und jeder für sich aus dem Schlamm und Schleim der Armut an »unserem eigenen Zopf« herausziehen könnten. Dieses Kind würde ein Arzt, jenes ein Anwalt werden, es würde Lehrer, Ingenieure, Bauunternehmer, Wirtschaftsprüfer, Geschäftsleute geben – und wenn man außergewöhnliche Mühen auf sich nahm, dann konnte man vielleicht dem Erfolg eines A. G. Gaston, des Negermillionärs unserer Stadt, nahekommen. Mit diesem von Booker T. Washington geschaffenen Syndrom war jeder Aspekt der Erziehung durchsetzt, die ich in Birmingham empfing. Arbeite schwer, und es wird dir gelohnt werden. Daß der Weg für die Schwarzen Menschen härter und steiniger als für ihre weißen Gegenspieler sein würde, gehörte zu diesem Prinzip. Unsere Lehrer mahnten uns, daß wir uns für Schwerarbeit und mehr Schwerarbeit, für Opfer über Opfer stählen müßten. Nur das würde beweisen, daß es uns ernst damit sei, alle vor uns liegenden Hindernisse zu bewältigen. Oft schienen sie von diesen Hindernissen zu sprechen, als müßte es sie immer geben, als seien sie die naturgegebene Ordnung der Dinge und nicht vielmehr als Produkt eines rassistischen Systems, das wir eines Tages stürzen könnten.

Ich hatte weiterhin meine Zweifel an der Richtigkeit des »Arbeitet, und es soll euch gelohnt werden«. Aber ich will zugeben, daß meine Reaktion nicht ganz lupenrein war. Einerseits konnte ich den Spruch nicht recht glauben. Es schien mir nicht sinnvoll, daß alle die, die es nicht »geschafft« hatten, für ihr mangelndes Verlangen und ihren unzureichenden Willen, sich ein besseres

Leben zu bereiten, leiden mußten. Wenn das stimmte, dann war eine große Anzahl unseres Volkes – vielleicht die Mehrzahl – wirklich faul und unzuverlässig gewesen, wie es ihnen die Weißen immer nachsagten.

Andererseits schien es jedoch, als ob ich meinen eigenen Ehrgeiz genau nach dem Grundsatz des »Arbeitens und Belohntwerdens« ausrichtete. Ich hatte mich entschlossen, der Welt zu beweisen, daß ich genauso gut, genauso intelligent, genauso fähig war, etwas zu erreichen wie jeder Weiße. Zu jener Zeit – und bis ich in New York auf die Oberschule ging – wollte ich Kinderärztin werden. Keinen Augenblick habe ich bezweifelt, daß ich imstande sein würde, meine Pläne durchzusetzen – nach der Grundschule die Oberschule, dann die Universität und die medizinische Hochschule. Aber ich hatte einen entscheidenden Vorteil: Meine Eltern würden dafür sorgen, daß ich studierte und würden mir die notwendige Hilfe zum Leben geben, bis ich auf eigenen Füßen stand. Das jedoch konnte die große Mehrheit meiner Schulkameraden nicht für sich erwarten.

Dieses Arbeiten-und-Belohntwerden-Syndrom war nicht das einzige, was unserem Selbstbewußtsein ins Gesicht sprang. Wir wußten zum Beispiel, daß wir »uns manierlich aufführen mußten«, wie es unsere Lehrer nannten, wenn Weiße unsere Schule besuchten. Ich konnte nicht einsehen, warum wir uns für sie besser benehmen sollten als für uns selbst, es sei denn, daß wir wirklich glaubten, sie seien uns überlegen. Die Besucher von der Erziehungsbehörde kamen immer in Gruppen von drei oder vier weißen Männern, die sich aufspielten, als gehöre ihnen die Schule. Aufseher. Manchmal, wenn der Führer der Gruppe seine Autorität ins rechte Licht rücken wollte, ließ er sein Auge über uns schweifen wie über eine Rinderherde und sagte zur Lehrerin: »Susie, das ist eine nette Klasse, die Sie hier haben.« Wenn eine weiße Person eine erwachsene Negerin bei ihrem Vornamen nannte, dann war das eine beschönigende Wendung für »Nigger, bleib da, wo du hingehörst«. Das wußten wir alle. Wenn so eine weiße Rempelei sich ereignete, versuchte ich, die Gefühle im Gesicht der Lehrerin zu enträtseln: Hinnahme, Unterwürfigkeit, Trotz oder schmerzhafte Erkenntnis, daß sie totsicher ihre Stellung verlieren würde, wenn sie sich wehrte.

Einmal hat sich ein Schwarzer Lehrer gewehrt. Als der weiße Mann ihn vor der Klasse »Jesse« nannte, erwiderte er mit tiefer, aber kalter Stimme: »Falls Sie's vergessen haben sollten, mein Name ist Mr. Champion.« Er wußte, als die Worte von seinen

Lippen fielen, daß er in diesem Augenblick auf seine Stellung verzichet hatte. Jesse Champion war ein persönlicher Freund meiner Eltern, und ich war entsetzt von dem Schweigen, das nach seiner Tat in der Schwarzen Gemeinde herrschte. Es war wahrscheinlich die Folge des kollektiven Schuldbewußtseins, daß sein Trotz die Ausnahme und nicht die Regel war.

Nichts in der Welt machte mich zorniger als Tatenlosigkeit, als Schweigen. Daß man sich weigerte oder nicht imstande war, etwas zu tun oder zu sagen, wenn etwas getan oder gesagt werden mußte, war unerträglich. Die nur zuschauten, den Kopf schüttelten oder den Rücken kehrten, machten mir die Haut jucken. Ich erinnere mich, daß ich einmal, als ich sieben oder acht Jahre alt war, mit meiner Freundin Annie Laurie und ihrer Familie zu einem Ausflug aufs Land fuhr. Auf dem Anwesen, das wir besuchten, lief ein Hund im Hof herum. Bald darauf erschien ein anderer Hund. Unvermittelt hatten die beiden Tiere einander bei der Kehle gepackt. Schaum flog, und das Blut schoß aus den Wunden. Alles stand herum, sah zu, aber niemand tat etwas. Es schien, als wollten wir den ganzen Tag da stehen und zusehen, wie die heiße Sonne von Alabama auf diesen dummen, sinnlosen Kampf zweier Hunde herunterbrannte, die sich gegenseitig die Gedärme und Augen ausrissen. Ich konnte es nicht länger ertragen; ich rannte hin und versuchte, die Hunde auseinanderzuzerren. Erst nachdem mich die schreienden Erwachsenen weggezogen hatten, dachte ich an die Gefahr. Aber die war schon nicht mehr wichtig; der Kampf war beendet worden.

Der Drang, den ich damals fühlte, überfiel mich auch bei anderen Kämpfen. Gekämpft zwar nicht zwischen Tieren, sondern zwischen Menschen, aber ebenso vergeblich und sinnlos. Während der ganzen Schulzeit gab es absurde Schlachten – einige kurz, aber manche lang und tödlich. Oft konnte ich mich nicht zügeln und trat dazwischen.

Die Kinder kämpften wegen nichts – weil man sie anrempelte oder ihnen auf die Zehen trat oder ihnen einen Schimpfnamen gegeben hatte oder weil sie die Zielscheibe einer wahren oder erfundenen Klatschgeschichte waren. Sie kämpften wegen jedem Dreck – kaputten Schuhen und zementierten Höfen, dünnen Mänteln und Tagen ohne Essen. Sie kämpften gegen die Gemeinheit von Birmingham, wenn sie die Luft mit Messern schlitzten und in Schwarze Gesichter schlugen, weil sie die weißen nicht erreichen konnten.

Das tat mir weh. Der Kampf, bei dem meine Freundin Olivia

mit dem Messer gestochen wurde. Es tat weh, eine andere Freundin, Chaney – die wütend war, weil ein Lehrer sie vor der Klasse kritisierte –, aufstehen, den nächsten Stuhl ergreifen und mit ihm auf den Lehrer losgehen zu sehen. Die ganze Klasse wurde zu einem großen Getümmel, in dem einige Chaney halfen, andere versuchten, den Lehrer zu retten, und der Rest von uns sich mühte, dem Scharmützel ein Ende zu machen.

Es tat weh zu sehen, wie wir uns in uns verkrochen, uns gewissermaßen zum Schandpfahl machten, weil wir noch nicht wußten, wie man sich gegen die wahren Ursachen unseres Elends zur Wehr setzen konnte.

Die Zeit hatte den Groll der weißen Leute, die noch auf dem Hügel lebten, nicht besänftigt. Sie weigerten sich, ihr Leben durch unsere Anwesenheit beeinflussen zu lassen. Immer wieder zog eine mutige Negerfamilie auf die weiße Seite der Center Street oder baute dort, und der schwelende Haß machte sich Luft mit Explosionen und Feuer. Manchmal verkündete der Polizeichef Bull Conner übers Radio, daß eine »Niggerfamilie« auf die weiße Seite der Straße gezogen sei. Seine Prophezeiung »Heute nacht wird Blut fließen« hatte dann einen Bombenanschlag zur Folge. Die Explosionen auf dem Dynamithügel ereigneten sich so häufig, daß sie viel von ihrem Schrecken verloren.

Auf unserer Seite wurden die alten Häuser, die von ihren weißen Bewohnern aufgegeben worden waren, allmählich aufgekauft, und das Gehölz, wo wir Brombeeren gepflückt hatten, wich neuen Backsteinhäusern. Als ich acht oder neun Jahre alt war, hatten wir eine große Nachbarschaft von Schwarzen Menschen. Wenn es draußen warm war, kamen alle Kinder nach Einbruch der Dunkelheit aus den Häusern, um Versteck zu spielen. Es gab viele Verstecke in unserem Bezirk, der nicht weniger als ein oder zwei Straßenblocks umfaßte. Die Nacht machte das Spiel aufregender, und wir konnten so tun, als übertölpelten wir die Weißen.

Manchmal wagten wir tatsächlich, auf ihr Gelände vorzudringen. »Ich wette, du wagst dich nicht auf die Porch der Montees«, sagte einer von uns. Wenn ihn einer beim Wort nahm, ließ er uns auf unserer Straßenseite stehen und ging zögernd ins Feindesland hinüber, auf Zehenspitzen stieg er die Steinstufen des Montees hinauf, berührte die hölzerne Porch mit einem Schuh, als erprobe er einen heißen Ofen, um gleich wieder zu uns zurückzurennen. Als ich dran war, konnte ich im Geiste schon die explodierenden Bomben hören, während ich die Treppe hinaufrannte und die Porch der Montees zum erstenmal in meinem Leben berührte. Als dieses Spiel den Reiz der Gefahr zu verlieren begann, verbanden wir es mit einer Herausforderung. Statt nur die Porch zu berühren, mußten wir zur Tür laufen, auf die Klingel drücken und uns im Gebüsch neben dem Haus verstekken, während die alte Frau oder der alte Mann herauskamen und festzustellen suchten, was los war. Als sie schließlich unser Spiel entdeckten, obwohl sie uns nur selten finden konnten, stellten sie sich auf die Porch und schrien: »Ihr kleinen Nigger, laßt uns gefälligst in Frieden!«

Indessen lernten meine Spielgefährten und Schulfreunde, sich gegenseitig »Nigger« oder, was damals leider ebenso schlimm war, »Schwarze« oder »Afrikaner« nennen, was beides als gleichbedeutend mit »Wilde« galt. Meine Mutter erlaubte niemandem, das Wort »Nigger« im Haus zu gebrauchen. (Es durften aber auch keine »schlimmen« Wörter wie »Scheiße», »verdammt«, ja nicht einmal »Hölle« in ihrer Gegenwart ausgesprochen werden.) Wenn wir einen Streit schildern wollten, den wir mit jemand hatten, dann mußten wir sagen »Bill hat mich dieses schlimme Wort genannt, das mit einem ›N‹ anfängt«. Schließlich weigerte sich mein Mund einfach, diese Wörter auszusprechen, so gern ich sie zuweilen auch gesagt hätte.

Wenn ich in einem Wortwechsel mit einem meiner Freunde »Nigger« oder »Schwarze« genannt wurde, dann machte mir das nicht halb so viel aus, wie wenn jemand sagte: »Bloß weil du klug bist und schönes Haar hast, glaubst du, du kannst dich aufführen wie 'ne Weiße.« Das war ein typischer Vorwurf gegen Kinder mit heller Haut.

Manchmal grollte ich sogar insgeheim meinen Eltern, weil sie mir eine helle statt einer dunklen Haut und welliges statt krauses Haar gegeben hatten. Ich bestürmte meine Mutter, es mir glätten zu lassen, wie es meine Freundinnen taten. Aber sie fuhr fort, es mit Wasser zu bürsten und mit Vaseline einzureiben, so daß es mir straff am Kopf lag und sie die beiden großen welligen Zöpfe flechten konnte, die mir über den Rücken herunterhingen. Bei besonderen Anlässen rollte sie es über Lockenwickler aus braunem Papier, um mir Korkenzieherlocken zu drehen.

Als wir eines Sommers in unserem Ferienlager von der Kantine zu unseren Hütten gingen, fing es an zu regnen. Die Hände der Mädchen fuhren sofort an die Köpfe. Für mein ungeglättes Haar war das Wasser keine Gefahr, deshalb kümmerte ich mich nicht um den Regen. Eins der Mädchen sagte vorwurfsvoll: »Angela hat gutes Haar. Die kann bis zum Jüngsten Tag im Regen rumlaufen.« Ich weiß, daß sie mich nicht absichtlich kränken wollte, aber ich fühlte mich vernichtet. Ich rannte zurück in meine Hütte und warf mich weinend auf mein Bett.

Meine Kusinen Snookie, Betty Jean und ihre Mutter Doll wohnten in Ketona, Alabama. Ich verbrachte mit Vorliebe das Wochenende bei ihnen, weil ich wußte, daß sie den heißen Kamm über das Holzfeuer halten und ihn mir dann durchs Haar ziehen würden, bis es glatt war wie eine Nadel. Wenn ich bei meiner Mutter lange genug bettelte, ließ sie mich's ein paar Tage so zur Schule tragen, bevor ich's wieder auswaschen mußte.

In der Innenstadt von Birmingham, nahe dem Postamt, war die Stadtbibliothek. Sie war nur für Weiße geöffnet, aber in einem versteckten Zimmer des Gebäudes, das man nur durch einen geheimen Hintereingang erreichen konnte, hatte eine Schwarze Bibliothekarin ihr Büro. Die Neger konnten ihr Listen für Bücher übergeben, die sie versuchte sich aus der Bibliothek zu beschaffen.

Durch Zureden und Drängen meiner Mutter wurden Bücher für mich zur angenehmen Ablenkung. Meine Mutter hatte mir das Lesen beigebracht, als ich kaum vier Jahre alt war, und später, als ich etwas älter war, haben wir gemeinsam ein »Soll« für die Bücher festgesetzt, die ich pro Woche lesen sollte. Meine Mutter oder mein Vater holten die Bücher in der Stadt ab, oder die Schwarze Bibliothekarin, Miß Bell, brachte sie bei uns vorbei.

Später wurde eine neue Negerbibliothek am Fuß des Hügels gebaut, an der Ecke von Center Street und Eighth Avenue. Die neue Backsteinbibliothek mit ihrem schimmernden Linoleumfußboden und den polierten Tischen wurde mein Lieblingsaufenthalt. Stundenlang, unersättlich las ich dort – alles von ›Heidi‹ bis zu Victor Hugos ›Les Misérables‹, von Booker T. Washingtons ›Aufwärts von der Sklaverei‹ bis zu Frank Yerbys gespenstischen Romanen.

Das Lesen befriedigte mich viel mehr als meine wöchentlichen Klavierstunden und die Tanzstunden am Samstag morgen. Zu meinem fünften Weihnachtsfest hatten meine Eltern genügend Geld zusammengekratzt, um mir ein ausgewachsenes Klavier zu schenken. Einmal die Woche stapfte ich hinüber zu Mrs. Chambliss, spielte pflichtschuldigst meine Tonleitern und Stücke, und fühlte mich erniedrigt, wenn ich angebrüllt wurde, weil ich einen Fehler gemacht hatte. Wenn die Stunde vorüber war, zahlte ich ihr 75 Cents, und wenn es dunkel war, wartete ich auf Mutter oder Vater, die mich abholten, damit ich nicht allein am Friedhof vorbeigehen mußte. An den anderen sechs Tagen mußte ich üben, bevor ich zu meinen Freunden auf die Straße durfte. Gegen Ende Mai eines jeden Jahres ließ Mrs. Chambliss entweder in der Methodistenkirche St. Pauli oder in der Baptistenkirche der 16th Street, zwei Blocks von der Tankstelle meines Vaters entfernt, ihre Schüler vorspielen. Mit gelocktem Haar und einem rüschenbesetzten Organdy-Kleid, steif vor Nervosität, klimperte ich das Stück, das ich monatelang geübt hatte. Der Lohn für diese Tortur waren drei volle Monate ohne den Druck der Klavierstunden.

Samstag morgens vereinigte ich mich mit großen Scharen von Mädchen in ärmellosen Trikots im Gemeinschaftsgebäude der Siedlung, in der wir gewohnt hatten. Dort sorgten Mrs. Wood und ihre Gehilfinnen dafür, daß wir unsere Pliés und Arabesken ausführten. Ballett im ersten Teil der Stunde, dann Stepptanzen mit weichem Schuh. Meine angeborene Ungeschicklichkeit trotzte den zierlichen Ballettschritten, und ich versuchte daher immer, mich in den hinteren Reihen zu verstecken. Eine Zeitlang kam auch mein kleiner Bruder Benny mit, so daß ich die zusätzliche Verantwortung hatte, auf ihn aufzupassen. Als wir eines Morgens die Center Street entlanggingen, rannte er auf einmal vor mir davon – quer über die Ninth Avenue. Ein Bus, der ihn beinahe überfahren hätte, kam kreischend zum Stehen. Heftig zitternd rannte ich hin, um Benny zu retten. Er hatte überhaupt nicht gemerkt, daß er beinahe getötet worden wäre. Als wir dann unsere Lockerungsübungen machten, zitterte ich noch. Plötzlich fühlte ich etwas Warmes an meinen Beinen runterlaufen. Ich setzte mich auf den Boden, mitten in meine Urinpfütze und war so beschämt, daß ich nicht in die starrenden Gesichter der anderen Schülerinnen aufsehen konnte. Ein Mädchen namens Emma kam zu mir und legte mir die Arme um die Schulter. Mit den Worten »Angela, mach dir nichts draus. Komm, wir wollen rausgehen«, führte sie mich fort. Sie konnte nicht wissen, was ihre Geste für mich bedeutete. Aber daß ich jeden Samstag mit derselben Gruppe zusammensein mußte, erfüllte mich mit Scham.

Noch vor wenigen Jahren hatten Schwarze Besucher in Birmingham die Auswahl zwischen drei Ansichtspostkarten, wenn sie ein Souvenir des Negerviertels wünschten. Die Baptistenkirche in der 16th Street, die Parker-Schule und das Bestattungsinstitut von A. G. Gaston. Vielleicht hatten die Weißen, die die Bilder angefertigt und grellrot und -gelb gefärbt hatten, sich gedacht, daß sich unser Leben durch Kirche, Schule und Beerdigung zusammenfassend darstellen ließ. Wenn wir einmal geboren waren, kriegten wir Religion und ein paar Tupfer Wissen; danach blieb dann nur noch das Sterben.

Sie wollten den Anschein erwecken, als ob diese Tropfen Erziehung von der eindrucksvollsten Bildungsanstalt der Umgegend vermittelt wurden. Auf der Ansichtskarte sah Parker nagelneu aus, weißer noch, als wenn es gerade am Vortag getüncht worden wäre; davor, wo der trockene Staub sich weigerte, auch nur Unkraut wachsen zu lassen, hatte man hellgrünes Gras hingemalt. Über dem Bild standen in kühnem schwarzem Druck die Worte: »A.-H.-Parker-Oberschule, größte der Welt für Farbige Schüler« – als müßten nun aus allen Teilen der Welt Touristen herbeiströmen, um dieses Wunder anzustaunen.

Vielleicht war diese Behauptung sogar buchstäblich wahr – ich glaube nicht, daß jemand nachgeforscht hat, um die Wahrheit oder Unwahrheit festzustellen. Aber der Wahrheitsgehalt, der ihr eigen sein mochte, war ausschließlich durch die jämmerlichen Verhältnisse der Schwarzen Menschen begründet. Wenn Parker die »größte Oberschule für Farbige Schüler» war, dann hieß das, daß es nicht eine einzige öffentliche Oberschule in Harlem gab oder daß die Erziehung der Neger in Südafrika nicht die geringste Beachtung lohnte. Als meine Mutter im Oberschulalter war, hieß die »größte der Welt« noch Industrielle Oberschule und war im Umkreis von Hunderten von Kilometern die einzige Oberschule für Neger. Sie lebte in der kleinen Stadt Sylacauga, mindestens 120 Kilometer von Birmingham entfernt. Wenn sie ihren Bildungsweg über die achte Klasse hinaus fortsetzen wollte, dann hatte sie nur die Möglichkeit, ihre Familie zu verlassen und nach Birmingham zu ziehen.

Meine Freunde und ich waren nicht gerade darauf erpicht, die Oberschule zu besuchen. Als wir von der Grundschule abgingen, mußten wir erst in den Parker-Bau einziehen, der einige Blocks vom Hauptkomplex entfernt lag. Der war eine Ansammlung verkommener Holzhütten, die sich von dem, was wir gerade hinter uns hatten, nicht wesentlich unterschied.

Als wir am ersten Tag dort ankamen, entdeckten wir, daß diese Bauten im Inneren noch verfallener waren als an den Außenseiten. Ungestrichene Holzfußböden, alte Wände mit Graffiti bedeckt, die nie jemand zu entfernen suchte. Wir stellten fest, daß wir auf den alten dickbauchigen Ofen in der Ecke einer jeden Hütte angewiesen waren, wenn der Sommer zu Ende ging – wir nannten die Gebäude Schuppen I, Schuppen II usw.

Sehr wenige meiner Unterrichtsstunden waren anregend – Biologie, Chemie, Mathematik waren die Fächer, die mich am meisten interessierten. Der Geschichtsunterricht war eine Farce. Nicht so sehr eine Farce wegen der Wissenslücken der Lehrer, sondern wegen der Lücken in den Geschichtsbüchern, die uns von der Erziehungsbehörde zugeteilt wurden. In unserem Buch für Amerikanische Geschichte entdeckte ich, daß der Bürgerkrieg der »Krieg für die Unabhängigkeit des Südens« gewesen war und daß die Schwarze Bevölkerung bei weitem lieber Sklaven als Freie sein wollte. Schließlich, so erklärte das Buch, lag der Beweis, daß unsere Vorfahren ihr Schicksal fröhlich bejahten, in den wöchentlichen Sing- und Tanzfesten am Samstagabend. Schon in der Grundschule hatte man uns beigebracht, daß viele der von den Sklaven gesungenen Lieder einen Sinn hatten, den nur sie verstanden. »Swing, Low, Sweet Chariot« zum Beispiel bezog die Reise in die Freiheit auch auf *dieses* Leben. Aber davon stand nichts in den Büchern der Oberschule. Die Lehrer hatten entweder zu viel damit zu tun, ihre Klassen bei der Stange zu halten, oder es lag ihnen weniger als unseren Grundschullehrern daran, uns ein genaues Bild der Schwarzen Geschichte zu bieten.

Der innen-geleitete Trieb zur Gewalttätigkeit, der schon in Tuggle eine so große Rolle in unserem Leben gespielt hatte, verstärkte sich in Parker so sehr, daß es schon an Brudermord grenzte. Kaum ein Tag verging ohne Kampf – in der Klasse oder draußen. Und an einem warmen, windigen Tag – und mitten auf dem Schulgelände – gelang es einem meiner Schulkameraden, einen anderen totzustechen.

Wir schienen in einem Mahlstrom von Gewalt und Blut gefangen, aus dem keiner von uns davonschwimmen konnte.

Etwa um die Zeit, als ich mit der Oberschule anfing, begann die Bürgerrechts-Bewegung einige Neger Alabamas aus ihrem tiefen, wenn auch unruhigen Schlaf aufzuwecken. Nach der allgemeinen Tatenlosigkeit in der Parker-Schule zu urteilen, hätte man jedoch nie erfahren, daß am 4. Dezember 1955 sich Rosa Parks in Montgomery geweigert hatte, in den hinteren Teil des Busses zu gehen, oder daß Martin Luther King dort, nur etwa 150 Kilometer entfernt, einen vollständigen Boykott der Busse angeführt hatte oder daß es tatsächlich, auch in Birmingham, erste Anzeichen einer Bus-Bewegung zu geben schien.

Einige von uns waren allerdings durch den Boykott in Mitleidenschaft gezogen. In mehreren Fällen hatte sich eine kleine Gruppe meiner Schulkameraden und ich spontan entschlossen, vorn im Bus Platz zu nehmen, um die Solidarität mit unseren Schwestern und Brüdern zu bekunden. Natürlich entwickelte sich darauf eine lautstarke Auseinandersetzung zwischen uns und dem Fahrer. Die Neger im Bus waren gezwungen, Partei zu ergreifen. Weil es damals in Birmingham noch keine umfassend organisierte Bewegung gab, waren manche von ihnen durch unsere Kühnheit verängstigt und flehten uns an zu tun, was der weiße Mann sagte.

Etwa um diese Zeit wurde die NAACP, die Nationale Vereinigung zur Förderung Farbiger Menschen, in Alabama für gesetzwidrig erklärt und ihre Mitglieder mit Gefängnis bedroht. Meine Eltern waren beide Mitglieder und waren beide entschlossen, sich nicht von Bull Conner und Genossen ins Bockshorn und damit in die Unterwerfung jagen zu lassen. Wie andere, die an der Bewegung beteiligt waren, wurden auch meine Eltern mit Bomben bedroht, aber sie fuhren fort, ihre Beiträge an die NAACP zu zahlen, bis diese offiziell aufgelöst wurde, und die ACMHR, die Christliche Bewegung für Menschenrechte in Alabama, unter der Leitung von Pastor Fred Shuttlesworth an ihre Stelle trat.

Am zweiten Weihnachtsfeiertag des Jahres 1956 sollte der Busprotest in Birmingham von der ACMHR gestartet werden. Ermutigt von Bull Conner hatten die Rassisten beschlossen, ihn zu unterdrücken, bevor er sich entfalten konnte, und aus ihren Schränken die alten bewährten Waffen geholt: die Dynamitladungen, die uns so gut bekannt waren. In der Weihnachtsnacht zerriß eine dröhnende Explosion das Haus von Pastor Shuttlesworth. Man hatte die Bombe unter dem Haus angebracht, unmittelbar unter dem Bett, in dem der Pastor schlief. Die Leute behaupteten, es sei ein Wunder Gottes, daß alles um ihn her in Stücke zerfetzt wurde, der Pastor selbst jedoch ohne eine Schramme davonkam. Wir erfuhren am nächsten Tag, daß er einen Nachbarn, der bei der Explosion verletzt wurde, ins Krankenhaus gefahren und bei der Rückfahrt vorn im Bus Platz genommen hätte. Dieses Beispiel wurde später am selben Tag von einer größeren Anzahl Menschen nachgeahmt, die daraufhin verhaftet wurden.

Ich war während dieser Tage in großer Erregung. Es bahnte sich etwas an, was unser Leben verändern konnte. Aber ich war zu jung, sagte man mir (ich war zwölf), und dazu noch ein

Mädchen, um mich den Schlagstöcken und der Brutalität der Polizei auszusetzen. Als jedoch im Laufe der Jahre die Bedürfnisse der Bewegung zunahmen, wurde es nötig, jeden Mann, jede Frau und jedes Kind, die den Willen dazu hatten, in alle Bereiche der Protestaktion einzubeziehen. Tatsächlich begannen auch kurz danach die Kinder von Shuttlesworth eine führende Rolle in der Arbeit der ACMHR zu spielen.

Während diese Zeichen des Aufruhrs in den Straßen von Birmingham losbrachen, gelangte wenig davon aufs Schulgelände von Parker. In den nächsten drei Jahren erreichte die Bewegung mehrere Höhepunkte und ließ dann nach. Der tägliche Trott der Klassen, ergänzt durch Football und Basketball, ging weiter. Das gesellschaftliche Leben der Schwarzen Mittelklasse außerhalb der Schule blieb ungestört – bis auf die gewohnten, bereits zur Routine gewordenen Rassenkrawalle.

Eines Sonntags zum Beispiel fuhren ein paar Freunde und ich vom Kino nach Hause. Im Auto befand sich unter anderen auch Peggy, ein Mädchen, das in unserer Straße wohnte. Sie hatte eine sehr helle Haut, blondes Haar und grüne Augen. Ihre Erscheinung lenkte meistens erstaunte oder auch feindliche Blicke auf sich, weil die Weißen sie immer irrtümlich für eine Weiße hielten. Diesmal war es ein Polizist, der glaubte, daß sie eine Weiße inmitten von Negern sei. Als meine Freunde mich vor meinem Haus aussteigen ließen, drängte er uns zur Seite und verlangte zu wissen, was wir Nigger mit einem weißen Mädchen vorhätten. Er befahl uns, aus dem Auto auszusteigen und durchsuchte uns alle, außer Peggy, die er von der Gruppe getrennt hatte. In Alabama gab es zu jener Zeit eine Staatsverordnung, die jeden Verkehr – außer dem wirtschaftlichen – zwischen Schwarzen und Weißen verbot. Der Polizist drohte, uns alle ins Gefängnis zu werfen, einschließlich Peggy, die er eine »Niggerdirne« nannte.

Als Peggy zornig erklärte, daß sie Schwarz sei wie wir alle, war der Polizist offensichtlich verlegen. Er ließ seine Verlegenheit an uns aus, indem er uns mit wüsten Schimpfwörtern belegte, einige der Jungen schlug und jeden Zoll des Wagens durchsuchte, um etwas zu finden, wofür er uns abführen konnte. Dies war nur ein Routine-Zwischenfall, vielleicht sogar milder als die meisten, aber er machte uns nicht weniger wütend, weil er typisch war.

Mit vierzehn Jahren, in der elften Klasse, fühlte ich mich ruhelos und fürchterlich beengt. Der Provinzialismus von Birmingham setzte mir zu; ich war noch nicht so in die Bürgerrechtsbewegung einbezogen, daß ich mir daraus eine handfeste Daseinsberechtigung herleiten konnte. Ich konnte die Unzufriedenheit, die ich fühlte, nicht definieren oder in Worte fassen. Ich hatte einfach die Empfindung, daß ich von allen Seiten eingeschlossen war – und ich wollte ausbrechen. Der Zeitpunkt rückte rasch näher, in dem Mädchen meines Alters in den Kreisen der Mittelklasse eine aktive Rolle im eingefahrenen gesellschaftlichen Leben der Schwarzen Gemeinde spielen mußten, wenn sie nicht Außenseiter werden wollten. Ich haßte die großen, offiziellen Tanzvergnügen und fühlte mich bei zwei derartigen Veranstaltungen, denen ich beiwohnte, sehr unbehaglich und fehl am Platz. Ich mußte raus. So oder so, ich wollte Birmingham verlassen.

Ich entdeckte zwei Möglichkeiten des Entrinnens: das Aufnahmeprogramm der Fisk-Universität in Nashville für Schüler, die die Schule noch nicht abgeschlossen hatten, und ein experimentelles Programm, das vom Dienstleistungsausschuß der Amerikanischen Quäker aufgestellt war. Es ermöglichte Schwarzen Schülern aus dem Süden, Oberschulen im Norden zu besuchen, in denen es eine Rassentrennung nicht gab. Ich bewarb mich bei beiden und erfuhr nach einigen Monaten, daß ich von beiden angenommen war.

Da mir ein Medizinstudium vorschwebte, fühlte ich mich zuerst zu dem Angebot von Fisk mächtig hingezogen. In Fisk würde ich nicht nur dem Provinzialismus entrinnen, den ich verabscheute, sondern ich würde dort auch imstande sein, meinen Plan, Kinderärztin zu werden, leichter zu verwirklichen. Die Medizinische Hochschule befand sich direkt auf dem Universitätsgelände. Und Fisk war zudem die Neger-Universität, die das höchste akademische Ansehen im Lande genoß. Es war das Fisk von W.E.B. Dubois. Aber es war auch die Universität der Schwarzen Bourgeoisie par excellence, und ich konnte voraussagen, daß meine Abneigung, mich an rein gesellschaftlichen Ereignissen zu beteiligen, riesige persönliche Probleme aufwerfen würde. Wenn ich mich nicht einer studentischen Schwesternschaft anschloß, würde ich ein Außenseiter bleiben.

Was das Programm der amerikanischen Quäker betraf, so hatte ich mich nur sehr lückenhaft informieren können. Ich wußte, daß die Schule, die ich besuchen sollte, die Elisabeth-Irwin-Oberschule in New York war und daß ich bei einer weißen Familie in Brooklyn leben würde. Obwohl ich nichts von der

Schule wußte, war ich damals noch von New York fasziniert. Ich dachte an all die Dinge, die ich in den ersten fünfzehn Jahren meines Lebens nicht hatte tun können. In New York könnte ich sie tun. Mein Verständnis für Musik und Theater war noch ganz unentwickelt, und ich konnte mich darauf freuen, ein ganz neues Kulturuniversum für mich zu erschließen.

Bereit und willens, die Herausforderung des Unbekannten anzunehmen, spürte ich nur wenig Angst. Meine Mutter dagegen dachte mehr über die Gefahren nach, denen ich ausgesetzt sein könnte, und obwohl sie mir eine höhere Bildung wünschte, war sie unglücklich darüber, daß ich die Heimat verlassen sollte. Ich war erst fünfzehn, und sie fürchtete, daß ein Jahr auf einer Universität, umgeben von Männern und Frauen, die viel älter als ich, mir den Rest meiner Kindheit nehmen und mich vor meiner Zeit würde reifen lassen. Ich glaube, sie hat nicht recht erkannt, daß jedes Negerkind, das im Süden aufwächst, ohnedies gezwungen ist »vor seiner Zeit« zu reifen. Wenn sie jedoch an New York dachte, vermochte sie nichts anderes zu sehen als ein tiesiges Haus des Schreckens. Die Irwin-Schule lag in Greenwich Village, das für sie die Freistatt finsterer Beatniks war.

Ich selbst gab der Schule in New York City, wo ich im Haus von W. H. Melish wohnen sollte, den Vorzug. Wegen der Bedenken meiner Mutter war ich jedoch auch bereit, mich mit Fisk zu begnügen. Wir riefen die Melishes in New York an und setzten sie mit Bedauern von unserer Entscheidung in Kenntnis. Ich versuchte mir die gute Seite von Fisk auszumalen: In vier Jahren wäre ich neunzehn und könnte die Medizinische Hochschule besuchen; ein paar Jahre später würde ich schon Kinder heilen.

Mit gepackten Koffern und versiegeltem Hirn war ich bereit zu reisen (obwohl ich noch nicht alle Kleider, die auf einer Liste vorgeschlagen waren, gekauft hatte, wie zum Beispiel die formellen Kleider für die verschiedenen Veranstaltungen). Ein oder zwei Tage vor meiner Abreise brach mein Vater, mein lieber Vater, sein gewohntes Schweigen und bat mich, ihm ehrlich zu sagen, was ich am liebsten täte. Aber bevor ich antworten konnte, sagte er, er wolle mir von seinen eigenen Erfahrungen während seines kurzen Aufenthalts in Fisk erzählen. (Er hatte das St. Augustin College in Raleigh, North Carolina, absolviert, aber sein Fachstudium in Fisk absolviert.) Es sei eine sehr gute Universität, sagte er. Aber um dort vorwärtszukommen, müsse man eine unbeirrbare Vorstellung von dem haben, was man dort erreichen wolle. Ich müßte beide Seiten von Fisk sehen, sagte er, seine historische Bedeutung für die Negerbevölkerung – aber auch seine Probleme.

Als wir schließlich unser Gespräch beendet hatten, wußte ich, daß ich nicht nach Fisk gehen würde, wenigstens nicht in diesem Jahr. Ich müßte nur meine Mutter überzeugen, daß ich imstande war, mich gegen alle Gefahren zu wehren, die vielleicht in den Straßen von New York auf mich lauerten.

Komme nun, was wolle: ich bestieg den Zug nach New York. Die Reise selbst war symbolisch. Als ich in den Negerwaggon des Zuges einstieg, war ich von Freunden und Bekannten aus Birmingham umgeben, deren Schulen und Universitäten an der Strecke nach New York lagen. Als der Jim-Crow-Zug durch Alabama, Georgia und dann durch Washington fuhr, verließen meine Freunde in kleinen Gruppen den Zug. Manche fuhren nach Morehouse, Spellman oder Clark in Atlanta, die letzte Gruppe stieg in Washington aus, um an der Howard-Universität zu studieren. An jeder größeren Eisenbahnstation verlor die Umgebung ein bißchen von ihrer Vertrautheit. Als der Zug schließlich aus Washington abfuhr, war ich der Gesellschaft von Fremden überlassen und der Fremdheit weißer Menschen, die sich in den Waggon setzten, der in den Südstaaten »Für Farbige« gewesen waren.

Die Aussichten, die sich daraus ergaben, erregten und bedrückten mich. Ich hatte bereits die Verpflichtung übernommen, in den nächsten zwei Jahren mit Weißen zu leben und zu lernen, aber konnte ich mich daran gewöhnen, die ganze Zeit mit ihnen zusammen zu sein? Trotz der Tatsache, daß, zumindest theoretisch, die Weißen, mit denen ich zu Hause und in der Schule verkehren würde, entschlossen waren, auf irgendeiner Ebene für die Gleichheit meiner Rasse zu kämpfen, so war ich durch den Rassismus doch so stark geprägt, daß ich wußte, welch große Mühe es mich kosten würde, mich in eine weiße Welt zu fügen. Ich mußte zugleich offen und auf der Hut sein. Ich mußte wachsam sein – gerüstet für jedes frühe Zeichen einer Kränkung oder Feindseligkeit. (Ich wußte noch nicht, daß ich auch der Tendenz weißer Liberaler begegnen würde, ihre wenigen Schwarzen Bekannten mit allzu viel Rücksicht zu behandeln.) Aber ich wollte mich sehr bemühen, entspannt zu sein und empfänglich für alle menschliche Güte, die man mir erzeigen mochte. Ich fühlte eine fast unerträgliche Spannung – es war, als sei ich zwei Personen, zwei Gesichter eines Januskopfes. Das eine Gesicht starrte trostlos in die Vergangenheit – die ruhelose, gewalttätige, beengende Vergangenheit, die nur durch gelegentlich bedeutende Augenblicke und durch meine Liebe zu meiner Familie besonnt wurde. Das andere blickte mit Sehnsucht und Bangen in die Zukunft – eine Zukunft mit glühender Herausforderung, aber auch der Möglichkeit des Versagens.

Pastor Melish und seine Frau erwarteten mich in der Pennsylvania Station, als der Zug einlief. Als ich zum erstenmal von ihnen und den Opfern hörte, die sie für die fortschrittliche Bewegung gebracht hatten, flößten mir beide großen Respekt ein. Auf dem Höhepunkt der McCarthy-Ära hatte Pastor Melish (der zusammen mit seinem Vater der Pfarrer der größten anglikanischen Kirche in Brooklyn war) von der Kanzel die Opfer der irren Hexenjagd McCarthys verteidigt. Er hatte darüber gepredigt, wie sehr es Pflicht der echten Christen sei, alle Formen der Ungerechtigkeit und Unterdrückung zu bekämpfen. Außerdem war er zu jener Zeit ein Mitglied der Gesellschaft für amerikanisch-sowjetische Freundschaft; und in jenen Tagen sahen McCarthy und Genossen keinen Unterschied, ob jemand das Recht eines Menschen, Kommunist zu sein, verteidigte oder selbst einer war.

Die Melishes hatten dann eine Zeitlang einen heftigen und stürmischen Kampf mit der Hierarchie der anglikanischen Kirche ausgefochten; sie waren durch die öffentlichen Medien verleumdet, dann vor ein geistliches Gericht zitiert worden und hatten schließlich die Kirche verloren. Aber sie waren durch ihre Leiden nur stärker und entschlossener geworden.

Es gab drei Söhne in der Familie Melish: zwei älter als ich und einer jünger. Einer war in der zwölften und ein anderer in der siebenten Klasse der Irwin-Schule. Ich fühlte mich bei dem Gedanken ein wenig beruhigt, daß mir jemand helfen würde, mich in dieser Schule zurechtzufinden, die sich nach allem, was ich gehört hatte, von den mir bekannten unterschied.

Ich wurde in der Familie heimisch und versuchte, die nähere Umgebung kennenzulernen. Ich fand es tröstlich, daß das Haus mitten im Herzen der Schwarzen Gemeinschaft lag – in Bedford Stuyvesant, an der Ecke von Kingston und St. Marks Street. Es dauerte eine Weile, bis ich merkte, daß auch die Negerbevölkerung vom Wesen New Yorks beeinflußt war. Man ging nicht auf die Straße, vor allem als Frau, und fing mit einem vorübergehenden Bruder ein Gespräch an. In Birmingham wäre es der Gipfel der Hochnäsigkeit gewesen, an jemandem von der eigenen Rasse ohne einen Gruß wie »Guten Abend« vorbeizugehen. Wenn man hier jedoch einen Fremden auf der Straße ansprach, wurde man angesehen, als hätte man den Verstand verloren.

Vor dem eigentlichen Semesterbeginn machte ich mit Mrs. Melish einen Besuch in der Schule und lernte dabei einige der Lehrer kennen. Die Irwin-Schule am Rande von Greenwich Village war ein so kleines Gebäude inmitten eines Blocks von zweistöckigen Wohnhäusern, daß man es nie für eine Schule gehalten hätte, falls man nicht zufällig am Morgen daran vorbeiging, wenn die Schule anfing, oder am Abend, wenn sie zu Ende war.

Die Geschichte der Schule beeindruckte mich. Man hatte sie vor einigen Jahrzehnten innerhalb des öffentlichen Erziehungssystems als Experiment der progressiven Erziehung geplant. Als die Kammer für Bildung und Erziehung in New York verfügte, mit dem Experiment Schluß zu machen, faßten die Lehrer den Entschluß, die Schule selbst zu übernehmen und die Fortsetzung ihrer Existenz zu garantieren. Sie verwandelten sie in eine Privatschule, verlangten Schulgeld von ihren Schülern und machten sich zu Kollektiveigentümern der Anstalt.

Neben der Oberschule gab es auch eine Grundschule und einen Kindergarten in einem roten Backsteinhaus in der Bleecker Street, das den treffenden Namen »Das kleine rote Schulhaus« trug. Für jeden Jahrgang, vom fünften Lebensjahr bis zur Oberprima, gab es je eine Klasse von 25 bis 30 Schülern.

Diese erste Begegnung mit dieser Schule zerstörte gründlich meine Vorstellungen, wie eine Schule eigentlich aussehen sollte. Alle Lehrer, die ich bisher gekannt hatte, waren konservativ in ihrer Erscheinung gewesen: Die Männer trugen Anzug und Schlips, die Frauen einfache, aber schicke Kleider. Einer der ersten Lehrer, denen ich nun vorgestellt wurde, trug verbeulte Jeans, ein grellbuntes Hemd mit kurzen Ärmeln, Tennisschuhe, und sein Gesicht war größtenteils hinter einem Bart versteckt. Außerdem war ich sprachlos, daß ich die Lehrer bei ihrem Vornamen kennenlernte. Selbst der Direktor der Schule, ein sympathischer, weißhaariger, würdiger Herr aus New England, – selbst er wurde mir mit dem Vornamen vorgestellt.

Weil es eine kleine Schule war und eine beträchtliche Anzahl der Schüler dort mit vier Jahren eingetreten war und bis zum Abschlußexamen blieb, herrschte eine unvermeidliche Tendenz zur Cliquenbildung. Ich spürte sofort diese familienähnliche Atmosphäre und war mir nicht sicher, ob es mir gelingen würde, mich richtig einzufügen.

Als ich in Gesprächen mit den Melishes und anderen, die Bescheid wußten, versuchte, ein vollständigeres Bild von der Schule zu erhalten, erfuhr ich, daß viele der gegenwärtigen Lehrer von der Kammer für Bildung und Erziehung auf die schwarze Liste (weiße Liste?) gesetzt worden waren und deshalb in öffentlichen Schulen nicht unterrichten durften. Ihre politischen Anschauungen reichten von liberal bis radikal, einschließlich kommunistischer Sympathien – oder ich glaubte es wenigstens.

Wenn ich versuchte, mir das alles zusammenzureimen, war mir, als schwämme ich in unerforschten Gewässern. Ich kannte die Unterströmungen nicht, konnte nie wissen, ob ich mich in tiefem oder seichtem Wasser befand oder vielleicht in einem Sumpf oder auf Schwemmsand. Und ich hatte keinen Führer, der meine Stärken und Schwächen verstand – die Stärken und Hemmungen einer jungen Schwarzen Frau aus dem rassistischen Süden.

Während ich die Hürden nahm, die mir meine neue Umgebung bot, begann ich mich im neuen Zuhause und in der Schule behaglicher zu fühlen. Als der Sozialismus in meinen Geschichtsstunden behandelt wurde, öffnete sich vor meinen Augen eine ganze neue Welt. Zum erstenmal wurde mir der Gedanke nahegebracht, daß es eine ideale sozio-ökonomische Einrichtung geben könnte: daß jeder Mensch nach seiner Fähigkeit und seinen Gaben etwas zur Gesellschaft beitragen und dafür nach seinen Bedürfnissen materielle und spirituelle Hilfe erhalten konnte.

Ich verstand noch nicht den *wissenschaftlichen* Sozialismus, versuchte aber, die utopischen sozialistischen Experimente zu begreifen, die wir in unseren Geschichtsstunden besprachen. Ich war von jenen Menschengruppen fasziniert, die entschlossen waren, sich völlig zu isolieren und eine neue kleine sozialistische und menschliche Gemeinschaft aufzubauen. Ich begnügte mich nicht mit dem Material, von dem wir in unseren Geschichtsbüchern lasen. Ich ging zur Bibliothek und las alles, was ich über Robert Owens und die anderen Führer der Bewegung finden konnte.

Vielleicht war es meine romantische Strähne, die mich zu den utopischen Sozialisten hinzog. Als ich mir nämlich die reale Möglichkeit überlegte, die Probleme meines Volkes und ebenso die Probleme der ausgebeuteten weißen Menschen zu lösen, konnte ich den Übergang von der realen Welt der Unterdrükkung des Rassismus und der Ungerechtigkeit zur idealen Welt des Kommunismus nicht finden. Vielleicht mochten ein paar Leute hier und da ihre Seelen vor der Korruption des Kapitalismus bewahren, aber kleine, kollektive, kommunistische landwirtschaftliche Gesellschaften waren unzweifelhaft nicht das Mittel, Millionen und Abermillionen von Menschen zu befreien.

Das ›Kommunistische Manifest‹ traf mich wie ein Donnerkeil. Ich las es gierig und fand darin Antworten auf viele der scheinbar unlösbaren Widersprüche, die mich gequält hatten. Ich las es wieder und wieder, ohne sogleich jeden Absatz und jeden Gedanken zu verstehen, aber trotzdem von der Vorstellung gebannt, daß eine kommunistische Revolution hier möglich war. Ich begann die Probleme der Neger im Zusammenhang mit einer großen Arbeiterbewegung zu sehen. Die Befreiung der Schwarzen hatte in meinem Kopf noch keine klare Form angenommen, und ich konnte nicht die richtigen Begriffe finden, um sie zu artikulieren, aber dennoch begann mir vorzuschweben, wie der Kapitalismus abgeschafft werden konnte.

Ich war besonders beeindruckt von einer Stelle im ›Manifest‹, die das Proletariat als den Retter aller unterdrückten Menschen darstellte: »Alle bisherigen Bewegungen waren Bewegungen von Minoritäten oder im Interesse von Minoritäten. Die proletarische Bewegung ist die selbständige Bewegung der ungeheuren Mehrzahl, im Interesse der ungeheuren Mehrzahl. Das Proletariat, die unterste Schicht der jetzigen Gesellschaft, kann sich nicht erheben, nicht aufrichten, ohne daß der ganze Überbau der Schichten, die die offizelle Gesellschaft bilden, in die Luft gesprengt wird.«

Was mich so tief bewegte, war der Gedanke, daß, wenn die Emanzipation des Proletariats zur Wirklichkeit wurde, dann auch der Grund für die Emanzipation aller unterdrückten Gruppen in der Gesellschaft gelegt wurde. Bilder von Schwarzen Arbeitern in Birmingham, die jeden Morgen in die Stahlwerke schlurften oder in die Schächte einfuhren, tauchten vor meinem geistigen Auge auf. Dieses Dokument entfernte wie ein geschickter Chirurg den Star aus meinen Augen. Die haßbeschwerten Augen auf dem Dynamit-Hügel, das Dröhnen von Explosionen, die Furcht, die versteckten Waffen, die weinenden Schwarzen Frauen an unserer Tür, die Kinder ohne Lunch, das Blutvergießen auf dem Schulhof, die Gesellschaftsspiele der Schwarzen Mittelklasse, Schuppen I, Schuppen II, der hintere Teil der Busse, Polizeirazzien - alles fand jetzt seinen Platz. Was wie persönlicher Haß auf mich ausgesehen hatte, die unerklärliche

Weigerung der Weißen im Süden, sich ihren eigenen Gefühlen zu stellen, und eine dumpfe Bereitwilligkeit der Schwarzen, sich zu fügen, wurde zur unausweichlichen Folge eines grausamen Systems, das sich dadurch am Leben und bei Gesundheit erhielt, daß es Schikane, Konkurrenz und die Unterdrückung einer Gruppe durch die andere förderte. Profit war das Wort: das kalte und allgegenwärtige Motiv für das Verhalten, die Verachtung und die Verzweiflung, die ich gesehen hatte.

Jetzt merkte ich, daß ich einige meiner Ideen über die Befreiung ändern mußte. Ich erkannte, daß ich mich trotz meiner oberflächlichen Vorbehalte gegen gewisse gesellschaftliche Aktivitäten der Schwarzen Mittelklasse darauf verlassen hatte, daß sie die Arbeiter, die Arbeitslosen und die Armen unter uns zur Freiheit führen würde.

Natürlich lag die mächtigste Wirkung, die das ›Manifest‹ auf mich hatte – das, was mich am meisten bewegte –, in der Vision einer neuen Gesellschaft ohne Ausbeuter und ohne Ausgebeutete, einer Gesellschaft ohne Klassen, einer Gesellschaft, wo niemand so viel besitzen durfte, daß er seinen Besitz zur Ausbeutung anderer Menschen einsetzen konnte. Nach der kommunistischen Revolution werden wir »eine Assoziation haben, worin die freie Entwicklung eines jeden die Bedingung für die freie Entwicklung aller ist«.

Die Schlußworte des ›Manifests‹ erweckten in mir das überwältigende Verlangen, mich der kommunistischen Bewegung in die Arme zu werfen:

»Die Kommunisten verschmähen es, ihre Ansichten und Absichten zu verheimlichen. Sie erklären es offen, daß ihre Zwecke nur erreicht werden können durch den gewaltsamen Umsturz aller bisherigen Gesellschaftsordnungen. Mögen die herrschenden Klassen vor einer kommunistischen Revolution zittern. Die Proletarier haben nichts in ihr zu verlieren als ihre Ketten. Sie haben eine Welt zu gewinnen.

Proletarier aller Länder, vereinigt euch!«

Ganz zufällig wurde ich etwa zu der Zeit, als ich das ›Kommunistische Manifest‹ las, von einer Freundin eingeladen, an den Versammlungen einer Jugendorganisation teilzunehmen, die sich *Advance* (Vorwärts) nannte. Sie war die Tochter eines Mitglieds der Kommunistischen Partei, und *Advance* war eine marxistisch-leninistische Jugendorganisation, die der Partei brüderlich verbunden war. Viele der Versammlungen fanden im Haus von Herbert Aptheker statt – dem hochangesehenen kommunistischen Historiker –, und seine Tochter Bettina Aptheker spielte eine bedeutende Rolle in der Organisation.

Eugene Dennis, der Sohn des kommunistischen Führers gleichen Namens, gehörte ebenfalls zu der Gruppe, sowie Mary Lou Patterson, die Tochter des furchteinflößenden Schwarzen Kommunistischen Anwalts William Patterson. Es war Patterson, der im Jahr 1954 den Vereinigten Nationen die Bittschrift vorlegte, in der gegen den Völkermord am Schwarzen Volk protestiert wurde. Mit Harriet, der Tochter von James Jackson, Mary Lou, Margaret und Claudia Burnham war ich schon eng befreundet; jetzt wurden wir durch unsere Arbeit in *Advance* wahrhaft »Waffengenossinnen«.

Herbert Aptheker hielt im Amerikanischen Institut für Marxistische Studien eine Vorlesung über die Grundlagen des Marxismus. Zusammen mit anderen Mitgliedern von *Advance* nahm ich an seiner Vorlesung teil, die mir dazu verhalf, die Geheimnisse des ›Manifests‹ zu durchdringen.

Advance nahm an allen Friedensdemonstrationen teil, die damals von SANE organisiert wurden, dem Ausschuß für eine vernünftige (sane) Nuklearpolitik und, in Solidarität mit der Bewegung des Südens, an Demonstrationen für die Bürgerrechte. Die ersten Sit-ins waren am 1. Februar 1960 in Greensboro, North Carolina, durchgeführt worden und hatten sich über den ganzen Süden verbreitet. Nachdem man F. W. Woolworth aufgefordert hatte, in einem Betrieb Schwarze Verkäufer anzustellen, trugen wir jeden Samstag morgen unsere Streikschilder und die Aufrufe zum Woolworth-Laden in der 42nd Street, organisierten eine Streiklinie und versuchten, die New Yorker zu überreden, nicht in dem Laden zu kaufen, bis er sich bereitfand, im Süden Schwarze Verkäufer anzustellen.

Obwohl ich auf diese Weise in der Bewegung engagiert war, fühlte ich mich betrogen: Genau in dem Moment, in dem ich mich entschlossen hatte, den Süden zu verlassen, schoß dort pilzartig eine Bewegung aus dem Boden. Im Jahr 1961, als der Bus mit den »Freedom Riders« im Omnibusbahnhof von Birmingham ankam, rief ich meine Eltern an, um ihnen zu sagen, daß ich nach Hause wollte – und sie zu bitten, mir das Geld für die Reise zu schicken. Als sie mir erwiderten, ich solle lieber in New York bleiben und dort mein letztes Schuljahr beenden, war ich zu traurig und frustriert, um mich auf meine Schularbeit zu konzentrieren. Jedesmal, wenn ich auf Bildern oder im Fernsehen Polizei sah, die Wasserwerfer gegen Demonstranten einsetzte oder Hunde auf kleine Kinder hetzte, schloß ich die Tür zu meinem Zimmer, weil die Melishes nicht merken sollten, daß ich weinte.

Das waren aufregende Jahre – und ich habe nie meinen Entschluß bereut, sie in New York zu verbringen. Aber es waren Jahre der Spannung. Der Januskopf war noch wie früher – ein Auge voller Sehnsucht, im brodelnden Birmingham dabeizusein, das andere die eigene Zukunft erwägend. Es würde noch lange dauern, bis die beiden Gesichter zusammenkamen und ich die Richtung von beiden, Vergangenheit und Zukunft kannte.

Teil 3: Die Wasser

Doch werde ich zur ersten Landschaft gehen
der Erschütterungen, Wasser und Geräusche ...
Federico Garcia Lorca

September 1961

Am Rande von Waltham, Massachusetts, auf einem riesigen Felsblock, der aus einem grasbewachsenen Hügel hervorragt, steht die Bronzestatue des Richters Louis Brandeis. Die Arme sind ausgebreitet wie Flügel, als wolle er sich in die Luft erheben – als gäbe es keine andere Richtung, in die er sich wenden könnte.

Ich war zu der Ansicht gekommen, daß die Irwin-Schule einen Kokon um sich gesponnen hatte, um ihre Unorthodoxie zu schützen. Während jener zwei Jahre in New York konnte ich nie das Gefühl loswerden, daß ich dort fehl am Platz und ein Außenseiter war, der rein zufällig in diesen Kokon eingedrungen war. Dennoch stellte ich mich ihr offen und ehrlich. Und wenn die Atmosphäre zu dumpf, zu drückend wurde, konnte ich immer ein Stück Mauer einreißen und in andere Welten hinausschlüpfen – zu meinen Freundinnen aus der Kinderzeit, Margaret und Claudia, Mary Lou Patterson, Phyllis Strong, zu der politischen Arbeit bei *Advance*, zu meinen Schwarzen und puertorikanischen Freunden im Jugendzentrum, das von Mrs. Melish in Brooklyn geleitet wurde.

Die Brandeis-Universität war anders. Von dort führten keine Wege nach draußen.

Ihre physische und geistige Isolation hatte eine wechselseitig festigende Wirkung. In Waltham gab es nichts anderes als eine Uhrenfabrik, und Cambridge und Boston waren für die, die sich kein Auto leisten konnten, unerreichbar.

Ich suchte unter den Scharen der neu eingetretenen Studenten nach anderen, die Schwarz waren. Allein das Wissen, daß es sie gab, hätte mich ein wenig beruhigt. Aber das Stipendium, das Brandeis mir gewährt hatte, war offenbar ein von Schuldgefühlen motivierter Versuch, die aus zwei Personen bestehende Schwarze Bevölkerung des ersten Semesters um eine zu vermehren. Wir drei waren alle weiblich. Ich war froh, daß eine von ihnen, Alice, im selben Stock wohnte wie ich.

Obwohl sich Alice und ich sogleich anfreundeten, änderte sich dadurch meine Einstellung zum College nicht wesentlich. Ich fühlte mich fremd, zornig, allein und hätte die Universität verlassen, wenn ich den Mut gehabt und gewußt hätte, wohin ich mich wenden sollte. Da ich nun einmal da war – und wie es schien, für dauernd –, lebte ich mit dieser Entfremdung und begann, sie sozusagen romantisch zu kultivieren. Wenn ich mich auch allein fühlte, weigerte ich mich doch, Selbstmitleid zu empfinden, und ich weigerte mich ebenso, die Einsamkeit zu bekämpfen, indem ich von mir aus Freunde suchte; ich *war* eben allein, abseits, und gab mir den Anschein, als ob es mir so gefiele. Die Lage wurde dadurch nicht besser, daß ich mich in die Schriften der sogenannten Existentialisten vertieft hatte. Camus, Sartre. Ich zog mich in mich selbst zurück und wies praktisch alles, was draußen war, von mir.

Nur in dem künstlichen Milieu eines abgesonderten und praktisch ganz weißen Colleges konnte ich mir erlauben, diese nihilistische Haltung zu zelebrieren. Als ob ich mir die Unwirklichkeit meiner Umgebung dadurch vom Leibe hielte, daß ich mich in einen anderen, gleicherweise wirklichkeitsfremden Lebensstil stürzte.

In jenem ersten Semester habe ich nicht viel studiert. Ich sagte mir, daß die Kurse, die obligatorisch waren, sowieso keine Bedeutung hätten. Vom gesellschaftlichen Leben der Hochschule hielt ich mich fern – oder ich ging in meinen Blue jeans, die ich die ganze Zeit trug, in eine der formellen Tanzveranstaltungen, nur um mich dadurch zu bestätigen. Ich nannte mich Kommunistin, ließ mich aber nicht in die kleine Parteigruppe der Universität hineinziehen, weil ich glaubte, daß mich die Politicos mit deutlicher Herablassung dazu aufgefordert hatten. Sie schienen entschlossen, den »armen unglücklichen Negern« zu helfen, ihnen gleich zu werden, und ich fand es einfach nicht lohnend, ihnen zu gleichen.

Das einzige, was mich während meines ersten Jahres aufmunterte, war die Nachricht, daß James Baldwin eine Reihe von Vorlesungen über Literatur halten sollte. Seit ich als erstes Buch von ihm ›Gehe hin und verkünde es vom Berge‹ entdeckt hatte, las ich alle Schriften Baldwins, deren ich habhaft werden konnte. Als er nach Brandeis kam, sicherte ich mir einen Platz in der vordersten Reihe. Aber er hatte seine Vortragsreihe kaum begonnen, als bekannt wurde, daß die Welt am Rande eines dritten Weltkriegs stehe. Die Krise um die Raketen auf Kuba war ausgebrochen.

James Baldwin erklärte, daß er seine Vorlesungen nicht fortsetzen könne, ohne seinem moralischen Gewissen zuwiderzuhandeln und auf seine politischen Verpflichtungen zu verzichten. In der Zwischenzeit war zu einer Massenversammlung der gesamten Universität aufgerufen worden, die Studenten gingen in stummer Benommenheit umher oder schrien ihre Furcht hinaus, daß die Welt im Begriff stand, im nuklearen Flammenmeer verzehrt zu werden.

Einige stiegen in ihre Autos und fuhren in panischer Angst davon. Sie sagten, sie wollten nach Kanada. An der Reaktion der Studenten auf diese Krise war die kraß egoistische Note so besonders auffällig. Es kümmerte sie nicht, daß die Bevölkerung von Kuba sich in fürchterlicher Gefahr befand, oder daß Millionen unschuldiger Menschen anderswo zugrundegehen könnten, wenn ein nuklearer Krieg ausbrach. Sie kümmerten sich nur um sich selbst, um die Rettung des eigenen Lebens. Mädchen und ihre männlichen Freunde zogen zusammen von dannen, um noch das letzte bißchen Liebe zu genießen.

Als schließlich die Versammlung stattfand, war eine große Anzahl Studenten schon weggefahren und konnte die kraftvollen Ansprachen von James Baldwin, Herbert Marcuse (es war das erstemal, daß ich ihn hörte) und mehreren anderen Professoren und Studenten höherer Semester nicht hören. Die Ansprachen stellten die Forderung, keine Angst zu haben, nicht zu verzweifeln, sondern die Regierung unter Druck zu setzen, daß sie ihre Drohung zurückzog.

Es war ein gutes Gefühl, wieder Teil einer Bewegung zu sein und an Versammlungen, Teach-ins und Demonstrationen teilzunehmen. Als jedoch die Krise vorbei war, kehrte alles in die alten ausgefahrenen Geleise zurück. Während der kurzen Protestperiode fühlte ich mich zu den Leuten hingezogen, mit denen mich die größte Gemeinsamkeit verband – den Studenten aus fremden Ländern. Ich freundete mich mit einem Inder an, einem sehr milden Mann, der scharf erkannte, was um uns herum vorging. Ich glaube, daß meine Freundschaft mit Lalit mir vor allem zu einem konkreten Verständnis verhalf, wie sehr alle Freiheitskämpfe der Menschen auf der ganzen Welt zusammenhingen. Ich war tief bewegt, als er von dem unvorstellbaren Elend seines Volkes in Indien sprach. Während er redete, mußte ich dauernd an mein Volk in Birmingham, mein Volk in Harlem denken.

Ebenso freundete ich mich mit Melanie an, einer jungen Frau von den Philippinen, und Mac, einer Südvietnamesin, die deportiert werden sollte, weil sie gegen Diem opponierte. Zur gleichen Zeit schloß ich enge Freundschaft mit Lani, wahrscheinlich weil wir uns von allem, was in Brandeis vorging, so sehr ausgeschlossen fühlten.

Flo Mason, eine Freundin von der Irwin-Schule, und ich standen in regelmäßigem Briefwechsel. Ich weiß nicht, wer von uns zuerst auf den Gedanken kam, aber wir beide beschlossen, im nächsten Sommer an den Achten Weltjugend- und Studentenfestspielen in Helsinki teilzunehmen. Ich brannte darauf, die revolutionäre Jugend aus anderen Teilen der Welt kennenzulernen, aber meine Entscheidung, diese Reise zu unternehmen, wurde auch von dem einfachen Wunsch geleitet, das Land zu verlassen, um mir eine bessere Perspektive aller Vorgänge zu verschaffen. Je weiter ich mich von meiner Heimat, meinen Wurzeln, entfernte, desto beengter schien ich mich zu fühlen und desto weiter wollte ich fort.

Ich arbeitete den Rest des Jahres, um mir das Geld für die Reise zu verdienen. Ich stellte Bücher in der Bibliothek wieder an ihren Platz, katalogisierte Karten in der Abteilung für Biologie und arbeitete in Chomondeley, der Imbißstube auf dem Universitätsgelände. Und ich fand Arbeit in einer einfachen Getränkebude in Waltham. Da ich auch mein Studium wieder ernst nahm, blieb mir zwischen meinem Broterwerb und der akademischen Arbeit nicht viel Zeit für andere Beschäftigungen. Selbst mein gesellschaftliches Leben – ich verkehrte damals mit einem deutschen Freund namens Manfred Clemenz – beschränkte sich meistens auf einen Kaffee in der Cafeteria nach einem durchstudierten Abend.

Dann war es Juni. Mein Stipendium für die Festspiele verpflichtete mich, im New Yorker Hauptquartier des Festausschusses freiwillige Arbeit zu verrichten: Maschineschreiben, Hektographieren, Postverschickung. Das Charterflugzeug von Brandeis brachte uns nach London, wo ich ein oder zwei Tage allein in der Stadt umherwanderte, bis mein Zug nach Paris abfuhr. Meine Freundin Harriet Jackson sollte mich am Gare du Nord abholen, aber ein Streik brachte alle Fahrpläne durcheinander. Da stand ich nun allein in Paris, wo ich niemanden kannte und keine Ahnung hatte, wie ich Harriet aufstöbern könnte.

Nach ein paar Tagen in einem schmutzigen Hotel des Quartier Latin, Tagen, in denen ich die Stadt auskundschaftete und mit Grauen die rassistischen Sprüche las, die überall an die Wände gekritzelt waren und den Algeriern den Tod androhten, traf ich schließlich mit meiner Freundin zusammen. Sie hatte eine Nachricht im Büro der American Express Company hinterlassen, weil sie hoffte, daß mir einfallen würde, dort nachzufragen. Als dann schließlich auch Flo ankam, waren wir bereits in ein winziges Zimmer gezogen, das sich in der obersten Etage eines Wohnhauses im 16. Arrondissement befand, so nahe dem Eiffelturm, daß man vom Fensterchen aus den Fahrstuhl steigen und fallen sah. In diesem Dienstmädchenzimmer wohnte eine Freundin Harriets zur Miete, die in Paris studierte und es uns überließ, während sie verreist war.

Es war eines von zehn Zimmern, die nur zu erreichen waren, wenn man über eine rostige Treppe vom Typ einer Feuerleiter sechs Stockwerke hochstieg. Wie alle anderen hatte es kein fließendes Wasser, es gab nur eine schmierige Klosettschüssel und einen Kaltwasserhahn am Ende des Gangs. Es war gerade genug Platz für ein Bett, einen Schrank, einen Tisch sowie auf dem Boden Platz für eine Luftmatratze und ein Klappbett. Flo, Harriet und ich schliefen abwechselnd im Bett, auf der Luftmatratze oder auf dem Fußboden. Wir dachten, daß unser Zimmer überbelegt sei, bis wir die Leute auf der anderen Seite des Gangs kennenlernten – eine schmächtige Frau aus Martinique, die mit vier stämmigen Töchtern im Alter von etwa vierzehn bis zwanzig Jahren auf der gleichen Fläche auskommen mußte. Da sie gerade erst von den Karibischen Inseln eingetroffen waren, gingen sie jeden Tag auf Arbeitsuche. Jeden Abend kehrten sie zurück und hatten nichts aufzuweisen als ermüdete Körper, etwas weniger Geld und oft auch Schauergeschichten, weil man sie für Algerierinnen gehalten hatte.

Wir drei sausten in Paris umher, lebten als Touristen und taten das, was am wenigsten kostete und den Studenten am meisten Ermäßigung gewährte: besuchten den Louvre, das Rodin-Museum, sahen Molière in der Comédie Française (die für Studenten einen Franc kostete). Wenn wir in den überfüllten Cafés am Boulevard St. Michel rumlungerten, trafen wir Menschen, die interessante und aufregende Geschichten zu erzählen hatten – besonders, wenn sich darin ihre Abneigung gegen die Franzosen aussprach. Es waren Afrikaner, Haitianer, andere Bewohner der Antillen und Algerier. Wir wurden zu den Speiselokalen algerischer Arbeiter eingeladen, die in dem Gewirr der Hintergassen des Quartier Latin versteckt waren.

Wenn man im Jahre 1962 als Algerier in Paris lebte, dann war man ein gejagter Mensch. Während die Algerier die französische Armee in ihren Bergen und in den europäisierten Städten Algeriens und in Oran bekämpften, überfielen in der kolonialistischen Hauptstadt paramilitärische Terroristengruppen Männer und Frauen, weil sie Algerier waren oder so aussahen.

In Paris explodierten Bomben in Cafés, die von Nordafrikanern bevorzugt wurden, in dunklen Seitenstraßen fand man blutige Leichen, und anti-algerische Graffiti verunstalteten die Mauern der Gebäude und die Wände der Metrostationen. Ich nahm eines Nachmittags an einer Demonstration für die Algerier auf dem Platz vor der Sorbonne teil. Als die *Flics* sie sprengten, benahmen sie sich so gemein wie die Rüpel von Polizisten in Birmingham, die die »Freedom Riders« mit Hunden und Wasserschläuchen empfingen.

Die neuen Plätze, die neuen Erlebnisse, die ich durch meine Reise zu entdecken hoffte, waren schließlich dieselben alten Plätze, dieselben alten Erlebnisse mit einer einzigen Botschaft: Kampf!

Nachdem Harriet in die Sowjet-Union abgereist war, faßten Flo und ich den spontanen Entschluß, mit dem Zug nach Genf zu fahren, versuchten dann aber doch mit einem Schweizer Studenten, der gerade von der Universität von Wisconsin zurückgekehrt war, zu trampen. Aber wie unser Glück es wollte, es war gerade der 14. Juli – Jahrestag der Erstürmung der Bastille – und deshalb fast unmöglich, in einem Auto mitgenommen zu werden. Wir kamen nur bis zum Flughafen von Orly, knapp außerhalb von Paris, schlugen dort auf freiem Feld ein Zelt auf, das dem Schweizer Studenten gehörte, aßen im Flughafen zu Abend und legten uns für die Nacht zur Ruhe, während er draußen Wache hielt. Da unser Glück am nächsten Tag nicht besser war, fuhren wir mal mit dem Bus, mal mit dem Zug nach Lausanne, wo die Mutter des Studenten uns ein paar Tage beherbergte.

Lausanne mit seinen malerischen Häusern, die an Bergabhängen aufwärts gebaut sind, war die sauberste, hübscheste Stadt, die ich bis dahin gesehen hatte. Jetzt verstand ich, warum die Reichen ihre Kinder in die Schweiz schickten.

Von Lausanne ging's nach Genf und zurück nach Paris. Dann auf nach Finnland zu den Festspielen. In Helsinki beherbergte eine öde, eintönige Nachkriegsarchitektur die vibrierende

Spannkraft der Jugend, die sich dort aus aller Welt versammelt hatte.

In den kurzen drei Wochen der Festspiele wurden aufsehenerregende kulturelle Programme, politische Massenkundgebungen und zahllose Seminare über den Kampf in Afrika, Lateinamerika, Asien und dem Nahen Osten geboten. Die spannendste Dimension der Festspiele ergab sich jedoch, nach meinem Dafürhalten, aus den bilateralen Zusammenkünften der Delegationen, weil sie eine tiefere Berührung mit der Jugend anderer Länder ermöglichten.

Die kulturelle Darbietung der kubanischen Delegation war das eindrucksvollste Ereignis der Festspiele. Nicht daß sie besonders vollendet oder intellektuell gewesen wäre, aber, was sie darstellten, zeigte einen ungeheuer bannenden revolutionären Geist. Das war die Jugend einer Revolution, die noch keine drei Jahre alt war. Die Delegation der Vereinigten Staaten saß unter den Zuschauern, als die Kubaner die wohlhabenden amerikanischen Kapitalisten lächerlich machten, die in ihr Land eingedrungen waren und sie jeder Spur von Souveränität beraubt hatten. Sie boten ihren Angriff auf die Eindringlinge in Schauspiel, Lied und Tanz dar. Während jener Tage, lange bevor die Women's Lib auf der Bildfläche erschien, sahen wir den kubanischen Milizfrauen zu, die den Sieg ihres Volkes leidenschaftlich verteidigten.

Es ist nicht leicht, die Kraft und Begeisterung der Kubaner zu beschreiben. Ein Ereignis läßt jedoch ihre ansteckende Gewalt und den Einfluß, die sie auf uns alle ausübte, erkennen. Am Ende ihrer Vorstellung ließen die Kubaner nicht einfach den Vorhang fallen. Ihre »Vorstellung« war schließlich viel mehr als ein bloßes Schauspiel gewesen. Sie war Leben und Wirklichkeit. Hätten sie den Vorhang vorgezogen und sich zum Beifall verbeugt, dann hätte es so ausgesehen, als seien sie lediglich der »Kunst« verpflichtet. Die Kubaner tanzten weiter und kamen im temperamentvollen Conga von der Bühne herunter, mitten unter die Zuschauer. Wir, die wir von den Kubanern, ihrer Revolution und dem triumphierenden Schlag ihrer Trommeln schon ganz überwältigt waren, erhoben uns spontan von den Sitzen, um uns dem Congazug anzuschließen. Und der Rest – die Furchtsamen, vielleicht sogar die Agenten – wurden von den Kubanern an der Hand gefaßt und in den Tanz hineingezogen. Bevor wir uns dessen bewußt waren, zogen wir mit diesem Tanz – einem Tanz, der von aneinander geketteten Sklaven in die kubanische Kultur eingebracht worden war – durch das ganze Gebäude und auf die

Straße. Verwunderte Finnen sahen ungläubig auf Hunderte von jungen Menschen aller Farben, die des Verkehrs nicht achtend durch die Straßen von Helsinki strömten.

Obwohl Kameradschaft das beherrschende Thema der Festspiele war, bestimmte sie doch nicht das ganze Bild. Getreu dem Diktat des kalten Krieges hatte die CIA ihre Agenten und Spitzel an allen strategischen Stellen der Festspiele eingesetzt, einschließlich der Delegation der Vereinigten Staaten. (Diese Tatsache wurde von der CIA später auch zugegeben.) Es gab zahlreiche Provokationen, und sie nahmen die verschiedensten Formen an. Zum Beispiel wurden Mitglieder der Delegation der Deutschen Demokratischen Republik entführt, Tränengasbomben während der Massenveranstaltungen in der Menge losgelassen, und Hell's-Angels-Typen provozierten Delegationen zu Faustkämpfen in den Straßen von Helsinkis Innenstadt.

Nachdem ich mich von meinen neuen Freunden verabschiedet und eine Zeitlang meinen deutschen Freund Manfred besucht hatte, kehrte ich in die Vereinigten Staaten zurück, wo ein Fahndungsbeamter der FBI schon auf mich wartete.

»Was hatten Sie diesen Sommer bei den kommunistischen Jugendfestspielen zu suchen?« wollte der Agent wissen. »Kennen Sie nicht unsere Einstellung zum Kommunismus? Wissen Sie nicht, was wir mit Kommunisten machen?«

Die Erlebnisse des Sommers standen mir noch lebhaft vor Augen, und ich fühlte mich älter und reifer, als ich mein zweites Jahr in Brandeis begann. Die Begegnung mit Menschen aus aller Welt hatte mich gelehrt, wie wichtig es war, die oberflächlichen Schranken niederzureißen, die uns trennten. Die Sprache war eine solche Schranke, die leicht beseitigt werden konnte. Ich beschloß, Französisch zu meinem Hauptfach zu machen.

In jenem Jahr vergrub ich mich völlig in meine Arbeit: Flaubert, Balzac, Baudelaire, Rimbaud und die Tausende von Seiten von Prousts ›Auf der Suche nach der verlorenen Zeit‹. Mein Interesse für Sartre war noch immer recht wach – in jeder freien Minute arbeitete ich mich durch seine Schriften: ›Der Ekel‹, ›Die schmutzigen Hände‹, ›Die Eingeschlossenen von Altona‹ und die übrigen früheren und späteren Stücke, dazu die Romane des Zyklus ›Die Wege der Freiheit‹. Ich las einige seiner philosophischen und politischen Essays und machte mich sogar an ›Das Sein und das Nichts‹. Da ich mich mit der Isolation der Universität in irgendeiner Weise auseinandersetzen mußte, beschloß ich, das auf konstruktive Weise zu tun und den größten Teil meiner wachen Stunden in der Bibliothek oder an einem versteckten Platz mit meinen Büchern zu verbringen.

Zuerst teilte ich mein Zimmer mit Lani, aber da wir beide lieber allein sein wollten, zog sie in ein Einzelzimmer, das gerade frei wurde. Tina, ein schwedisches Mädchen, das mit einem Freund außerhalb der Universität leben wollte, tat so, als zöge sie in mein Zimmer und schenkte mir dadurch die Ungestörtheit, die ich mir wünschte.

Gwen und Woody, ein Student und eine Studentin höheren Semesters, führten die Aufsicht über die Studentenheime für Männer. Der Umstand, daß wir Schwarz waren und gemeinsame Freunde in Birmingham hatten, gab uns ein Gefühl der Verbundenheit, noch ehe wir uns kannten. Wenn sie abends oder übers Wochenende ausgehen wollten, konnten sie immer darauf rechnen, daß ich ihren kleinen Jungen betreute, während ich gleichzeitig studierte. Und wenn es mir nach Sprechen zumute war, dann waren sie immer da, um zuzuhören und mir Ratschläge zu geben.

Es war ein ruhiges, gedämpftes Jahr auf der Universität – bis das blasierte Behagen, das dieses liberale College beherrschte, durch das Auftreten von Malcolm X in Scherben ging. Im größten Hörsaal der Universität saßen Gwen, Woody und ich im vorderen Drittel, umwogt, wie es schien, von einer Menge weißer Menschen, die atemlos darauf harrten, den Mann zu hören, der der Sprecher des Propheten Elijah Mohammed war. Elijah Mohammed nannte sich den Boten des islamischen Gottes Allah, er sei erwählt, den Schwarzen Menschen in den Vereinigten Staaten die Botschaft Allahs zu bringen.

Vor Jahren war in der Parker-Schule einer unserer Klassenkameraden verhaftet worden, weil er Zeitungen der »Schwarzen Moslems« verkauft hatte. Er war ein sanfter Junge, der leise sprach und sich meistens zurückhielt. Mehrere Male versuchte ich vergeblich, mit ihm ins Gespräch zu kommen. Am Tag nach seiner Verhaftung erfuhr ich zum erstenmal, daß es eine die ganze Nation umspannende Organisation der »Schwarzen Moslems« gab, und fand, ohne die gängige Propaganda in Frage zu stellen, daß sie eine seltsame Sekte von Menschen waren, die rasend und schäumend die bevorstehende Vernichtung aller weißen Menschen durch Allah verkündeten – eine Gruppe, die ihrem Wesen nach unfähig war, bei der Lösung des Rassenproblems zu helfen. Lange Zeit beunruhigte es mich, daß dieser Klassenkamerad ein Mitglied der Moslems war. Ich konnte meine schablonenhafte Auffassung von den Moslems nicht mit seiner Empfindsamkeit in Einklang bringen. Ich wartete, bis er aus dem Gefängnis entlassen wurde und zur Schule zurückkehrte, um ihn zu fragen, wer die Moslems wirklich waren. Aber ich habe ihn nie wieder gesehen.

Schließlich kam Malcolm in den Saal, tadellos gekleidet und umgeben von konservativ gekleideten, sorgfältig rasierten Männern und von Frauen in langen, wallenden Gewändern. Aus der Art, wie sie sich trugen, spürte ich den Stolz, der von ihnen ausging. Ruhig nahmen sie ihre Plätze in der ersten Reihe ein. Malcolm, begleitet von einigen seiner Männer, bestieg die Rednertribüne.

Malcolm X begann seinen Vortrag mit verhaltener Beredsamkeit, erzählte von der Religion des Islam und ihrer Bedeutung für die Schwarzen Menschen in den Vereinigten Staaten. Ich war fasziniert von seiner Beschreibung, wie die Schwarzen Menschen die rassische Minderwertigkeit, die uns von einer weißen Überlegenheitsgesellschaft auferlegt worden war, in sich verinnerlicht hatten. Gebannt von seinen Worten fühlte ich einen Schock, als ich ihn, unmittelbar zu seinen Zuhörern gewandt, sagen hörte: »Ich spreche von euch! Euch!! Ihr und eure Vorfahren habt jahrhundertelang mein Volk vergewaltigt und gemordet.« Er sprach schließlich zu einem fast ausschließlich weißen Publikum, und ich fragte mich, ob Gwen, Woody und die vier oder fünf anderen Schwarzen unter den Zuhörern sich von diesem Augenblick an ebenso fehl am Platze fühlten wie ich. Malcolm sprach zu den Weißen, beschimpfte sie, hielt ihnen ihre Sünden vor, warnte sie vor dem Armageddon, das bevorstand und in dem sie alle vernichtet würden. Obwohl ich eine Art morbide Befriedigung fühlte, als ich mit anhörte, wie Malcolm die Weißen praktisch zu Nichts zusammenstauchte, war es mir, die ich keine Moslem war, doch nicht möglich, mich mit seiner religiösen Perspektive zu identifizieren. Ich dachte nur immer, daß es ein ungeheures Erlebnis sein müßte, ihn vor Schwarzen Zuhörern sprechen zu hören. Für die Weißen war die Rede Malcolms verwirrend und beunruhigend. Es war interessant, daß die meisten von ihnen sich mit allen Mitteln zu verteidigen und gegen die Sklaventreiber und Rassentrenner der Südstaaten abzugrenzen suchten, daß es aber niemand einfiel, selbst konkrete Maßnahmen zu ergreifen, um den Rassismus zu bekämpfen.

Vor einiger Zeit hatte ich mich um einen Platz im Programm des Hamilton College in Frankreich beworben. Nachdem ich erfahren hatte, daß ich dafür angenommen war, focht ich heftige Kämpfe mit dem Stipendiatenbüro der Brandeis-Universität aus, bis es sich endlich bereitfand, das noch nicht Dagewesene zu tun: nämlich mein normales Stipendium so großzügig anzulegen, daß es auch mein Studienjahr in Frankreich deckte.

Als wir in zwei Omnibusladungen von Paris eintrafen, war das Seebad Biarritz, an der Bucht der Biskaya und nahe der spanischen Grenze, bereits von den wohlhabenden Touristen verlassen. Dort sollten wir unsere vorbereitenden Sprachkurse nehmen. Die verlassenen bunten Strandkasinos erschienen noch dekadenter, als wenn sie von gierigen glücksspielenden Urlaubern bevölkert gewesen wären. Die unzähligen Souvenirläden an den arkadenüberspannten Straßen sahen verwüstet aus, und dieser Eindruck verstärkte sich, weil keine Kunden mehr da waren. Die Ladeninhaber schienen verzweifelt zu überlegen, wie sie ohne das Geld der Touristen die nächsten Monate überstehen könnten, aber auch erleichtert, daß sie den Ansturm des Sommers hatten überleben können. Wenn ich durch die Straßen von Biarritz ging, dann glaubte ich in einem Ort zu wandern, wo ein langes Saufgelage gerade erst zu Ende gegangen war. Die letzten torkelnden Gäste waren schon nach Hause gegangen, aber niemand war bisher dazu gekommen, den hinterlassenen Unrat aufzuräumen. Die Spuren der Sommerorgien machten einen verlegen – wie schmutzige Unterwäsche, die versehentlich liegengeblieben ist – und wütend. Ich sah sie, wie sie Unsummen verplemperten, ohne das geringste Mitleid mit denen zu fühlen, deren Sklaverei diesen Wohlstand geschaffen hatte.

Nicht lange nach unserer Ankunft begab sich etwas Seltsames in der verlassenen Stadt: und zwar eine plötzliche massenhafte Invasion von Flöhen, wie sie die arbeitende Bevölkerung von Biarritz noch nicht erlebt hatte. Tagelang war es unmöglich, ein einziges Fleckchen Erde oder Luft zu finden, das nicht von Flöhen verseucht war. In unseren Klassen konnten sich die Lehrer bei dem ständigen Kratzen kaum verständlich machen. Die Leute kratzten sich in Cafés, Kinos, Buchläden, und sie kratzten sich, wenn sie einfach nur die Straße entlanggingen. Menschen mit empfindlicher Haut sahen schließlich aus wie Aussätzige; ihre Arme und Beine waren mit entzündeten Flohbissen übersät. Mein Bettlaken war, wie das aller anderen, mit kleinen Blutflekken bedeckt.

Wenn Ingmar Bergman einen Film über die aufdringlichen, parasitischen Touristen gedreht hätte, die nach Biarritz kamen, und auch die Flöheinvasion gezeigt hätte, dann hätten die Kritiker geschrieben, daß die Symbolik zu kraß sei. In dieser Stadt, die in vertrackter Weise genötigt war, sich von Touristen und Flöhen zu erholen – in dieser Gruppe typisch amerikanischer Studenten, die ohne meine Gegenwart lilienweiß gewesen wäre –, kamen meine alten wohlbekannten Gefühle der Verwirrung wieder auf.

16. September 1963

Nach dem Unterricht bat ich drei oder vier Studentinnen, mit denen ich spazierenging, einen Augenblick zu warten, weil ich eine ›Herald Tribune‹ kaufen wollte. Während meine Aufmerksamkeit zwischen dem Gehen und Zuhören geteilt war, überflog ich die Zeitung und sah eine Überschrift, die von vier Mädchen und einem Bombenanschlag auf eine Kirche berichtete. Zuerst drangen die Worte nur verschwommen in mein Bewußtsein. Dann schlug es ein! Es brach über mich herein. Birmingham. Die Baptistenkirche in der 16th Street. Die Namen. Ich schloß die Augen, kniff die Lider zusammen, als könne ich das, was ich gelesen hatte, aus meinem Kopf herausquetschen. Als ich meine Augen öffnete, waren die Worte noch da, die Namen in dickem schwarzem Druck gezeichnet.

»Carole«, sagte ich. »Cynthia. Sie haben sie getötet.«

Meine Begleiterinnen sahen mich verwundert an. Unfähig, noch mehr zu sagen, deutete ich auf den Artikel und gab die Zeitung in eine ausgestreckte Hand.

»Ich kenne sie. Sie sind meine Freunde ...« Ich stotterte.

Als wiederholte sie Sprüche, die sie einstudiert hatte, sagte eine von ihnen: »Das tut mir leid. Es ist schlimm, daß das passieren mußte.«

Bevor sie sprach, wollte ich alle Gefühle von mir sprudeln lassen, die durch die Nachricht von der Bombe und den vier Schwarzen Mädchen in meiner Heimatstadt, die davon zerrissen worden waren, in mir aufschossen. Aber die Gesichter um mich her waren verschlossen. Sie wußten nichts von Rassismus, und sie fanden kein anderes Mitleid, sich mir mitzuteilen, als mich zu trösten, wie wenn Freunde bei einem Flugzeugunglück umgekommen wären.

»Das ist ja schrecklich«, sagte eine von ihnen. Ich ließ sie abrupt stehen, weil ich nicht wollte, daß sie mit meinem Schmerz etwas zu tun hatten.

Ich starrte immer wieder auf die Namen. Carole Robertson. Cynthia Wesley. Addie Mae Collins. Denise McNair. Carole

– ihre und meine Familie waren miteinander befreundet, solange ich denken konnte. Carole, dicklich mit langen welligen Zöpfen und einem reizenden Gesicht, war eine der besten Freundinnen meiner Schwester. Sie und Fania waren etwa gleichaltrig. Sie hatten zusammen gespielt, waren zusammen zur Tanzstunde gegangen, hatten zusammen kleine Gesellschaften besucht. Caroles ältere Schwester und ich hatten mit unseren jüngeren Schwestern immer Auseinandersetzungen, weil sie mitkommen wollten, wenn wir mit unseren Freundinnen ausgingen. Mutter hat mir später erzählt, daß Mrs. Robertson, als sie von dem Bombenanschlag auf die Kirche hörte, sie angerufen und gebeten hätte, sie in die Stadt zu fahren, um Carole abzuholen. Was wirklich geschehen war, wußte sie erst, als sie die herumliegenden Körperfetzen sah.

Die Wesleys gehörten zu den Schwarzen, die auf die Westseite der Center Street gezogen waren. Unser Haus lag am Eleventh Court, das ihre an der Eleventh Avenue. Von unserer Hintertür bis zu ihrer Hintertür waren es nur etwa hundert Meter über eine kiesbestreute Autoeinfahrt, die den Block in zwei Hälften teilte. Die Wesleys hatten keine Kinder, aber wie sie mit uns spielten, zeigte, daß sie Kinder liebten. Ich erinnere mich, wie Cynthia im Alter von ein paar Jahren zuerst zu den Wesleys zog. Cynthias eigene Familie war groß und furchtbar arm. Cynthia blieb eine Zeitlang bei den Wesleys und kehrte dann zu ihrer Familie zurück – und das ging so weiter, bis die Zeiten, die sie bei den Wesleys verbrachte, immer länger, und die zu Hause immer kürzer wurden. Schließlich haben die Wesleys sie, mit der Zustimmung von Cynthias Familie, offiziell adoptiert. Sie war immer wie aus dem Ei gepellt, ihr Gesicht sah frisch gewaschen aus, ihre Kleider waren stets gestärkt, und ihre kleine Handtasche paßte zu den frisch geputzten Schuhen. Wenn meine Schwester schmutzig und verstrubbelt ins Haus kam, fragte meine Mutter oft, warum sie sich nicht so sauber halten könne wie Cynthia. Sie war ein zartes, sehr empfindsames Kind, und obwohl ich fünf Jahre älter war, hielt ich ihr Verständnis von manchen Dingen für viel reifer als das meine. Wenn sie zu uns ins Haus kam, schien sie sich lieber mit meiner Mutter zu unterhalten als mit Fania zu spielen.

Denise McNair. Addie Mae Collins. Meine Mutter hatte Denise unterrichtet, als sie in die erste Klasse ging, und Addie Mae Collins hätte, obwohl wir sie nicht persönlich kannten, jedes Schwarze Mädchen in meiner Nachbarschaft sein können.

Als das Leben dieser vier Mädchen so brutal ausgelöscht wurde, empfand ich einen ganz persönlichen tiefen Schmerz. Aber als der erste Stich und die erste Wut sich genügend gelegt hatten, um mich nachdenken zu lassen, war ich von der objektiven Bedeutsamkeit dieser Morde betroffen.

Die Tat war keine Verirrung. Es war nicht etwas, was von einigen wahnsinnig gewordenen Extremisten angezettelt worden war. Im Gegenteil, sie war logisch, unvermeidlich. Die Menschen, die die Bombe in die Mädchentoilette der Baptistenkirche in der 16th Street gelegt hatten, waren nicht pathologisch, sie waren durchaus normale Produkte ihres Milieus. Und dieses aufsehenerregende, gewaltsame Ereignis, die wüste Zerstückelung von vier kleinen Mädchen, war aus der täglichen, manchmal schon öden Routine der Rassenunterdrückung hervorgebrochen.

Aber wie sehr ich auch reden mochte, die Menschen um mich her konnten mich einfach nicht verstehen. Sie konnten nicht verstehen, warum die ganze Gesellschaft dieses Mordes schuldig war – warum ihr geliebter Kennedy auch verantwortlich war, warum die ganze herrschende Schicht ihres Landes, die am Rassismus schuld war, auch an diesem Mord schuldig war.

Die bombenwerfenden Rassisten planten natürlich nicht den Tod gerade von Carole, Cynthia, Addie Mae und Denise. Vielleicht hatten sie nicht einmal bewußt damit gerechnet, daß jemand umkommen würde. Sie wollten die Schwarze Bevölkerung Birminghams terrorisieren, die sich aus ihrem Schlaf zur aktiven Mitarbeit am Kampf für die Befreiung der Schwarzen aufgerappelt hatte. Sie wollten diese Bewegung vernichten, bevor sie sich zu tief in unseren Köpfen und in unserem Leben eingewurzelt hatte. Das war es, was sie tun wollten, und es war ihnen egal, ob dabei jemand getötet wurde. So oder so – es kümmerte sie nicht. Die zerschmetterten Körper von Cynthia, Carole, Addie Mae und Denise waren neben der Hauptsache nebensächlich – und gerade darum waren die Morde abscheulicher, als wenn sie sie vorsätzlich geplant hätten.

Im November zog unsere Gruppe nach Paris. Ich wurde der Familie Lamotte, 13 Rue Duret, zugeteilt, nicht weit vom Arc de Triomphe. Zwei andere Frauen vom Hamilton-Kurs wohnten dort auch. Jane wohnte im dritten Stock zusammen mit M. und Mme. Lamotte und ihren drei Kindern. Christie und ich teilten uns eins der beiden Schlafzimmer in dem kleinen Appartement im zweiten Stock, das M. Lamottes Mutter gehörte. Jeden Morgen brachte sie uns zwei große Holztabletts mit zwei großen Schalen Café au lait, frisch gebackene *Baguettes* und zwei Stükken Butter. Am Abend saßen wir oben mit der Familie. Wir gingen über den kopfsteingepflasterten Hof zur Metrostation um die Ecke und fuhren unter der Erdoberfläche in den alten roten Zügen zum Quartier Latin, um an unseren Kursen teilzunehmen. Die meisten, die ich belegt hatte, fanden in dem Institut de Préparation et de Perfectionnement des Professeurs de Français à L'Etranger der Sorbonne statt.

In der Sorbonne hatte ich immer ein Gefühl, als wäre ich in der Kirche – sie war Jahrhunderte alt, mit riesigen Säulen, die ungemein hohe mit verblichenen alten Malereien geschmückte Dekken trugen. Die Heiligkeit, die von dort ausstrahlte, zwang Tausende von Studenten dort Stille zu bewahren. Mein Anliegen schien zu der Umgebung nicht zu stimmen. Meine Studien betrafen fast ausschließlich die zeitgenössische Literatur – ein Kurs den zeitgenössischen französischen Roman, ein anderer das Drama, einer Dichtung und einer Ideen. Der einzige andere Kurs, den ich noch nahm, war vom Hamilton-Programm selbst organisiert und verlangte, daß man jede Woche ins Theater ging und die Stücke, die man gesehen hatte, besprach und darüber schrieb. Als mein Jahr zu Ende war, schien mir, als hätte ich fast alles gesehen, was auf der Pariser Bühne interessant war – einschließlich der Oper von Peking und dem »Ballet Africaine« aus Guinea.

Als sich die Nachricht in Paris verbreitete, daß Kennedy erschossen worden war, eilte alles zur Amerikanischen Botschaft. Kennedys Ermordung war für mich bestimmt kein Anlaß zur Freude. Obwohl seine Hände keineswegs sauber waren (ich mußte immer wieder an die Schweinebucht denken), konnte seine Ermordung keine Probleme lösen. Außerdem würden der Vizepräsident aus Texas und seine Spießgesellen in den Ölmonopolen wahrscheinlich die Lage für mein Volk verschlechtern. Trotzdem fühlte ich mich in der Botschaft, umgeben von Massen von »Amerikanern in Paris«, fehl am Platz, und es war mir schwer, sich mit ihren Tränen zu identifizieren. Ich fragte mich, wie viele wohl Tränen vergossen – oder wirkliche Trauer empfunden hatten –, als sie in der ›Herald Tribune‹ die Geschichte von dem Mord an Carole, Cynthia, Addie Mae und Denise gelesen hatten.

Monate später begleitete ich eine Freundin zur vietnamesischen Tet-Feier, zu der sie eingeladen war. An jenem Abend fanden zwei Neujahrsfeiern statt – eine wurde von den Südvietnamesen, die Diem treu blieben, veranstaltet und besucht, und die andere von den Nordvietnamesen zusammen mit den sozialistischen und anderen oppositionellen Kräften im Süden. Wir gingen zur nordvietnamesischen Feier. Sie wurde in einem riesigen Stadion im Arbeiterbezirk von Paris veranstaltet und war eine großangelegte siebenstündige Schau, die aus Liedern, Lustspielszenen, akrobatischen Nummern und Sketches bestand, alles durchsetzt von der Kraft ihres Kampfes und erfüllt von einer Botschaft, für die keine Kenntnis der vietnamesischen Sprache vonnöten war. Wie die Tausende von Vietnamesen, die das Stadion füllten, war auch ich begeistert. Aber ich wurde durch die wiederholten Satiren gegen die amerikanische Regierung und ihre Streitkräfte in die brutale Wirklichkeit ihrer Erlebnisse zurückgeschockt. Der längste und heftigste Applaus und ebensolches Gelächter galten immer dem Auftritt eines Schauspielers, der als amerikanischer G. I. verkleidet war und entweder als Zielscheibe von Witzen diente oder, in ernsteren Szenen, besiegt wurde.

Obwohl es schon soweit war, daß ich einen akademischen Grad in französischer Literatur bekommten sollte, wollte ich eigentlich Philosophie studieren. Ich interessierte mich für Marx, seine Vorläufer und seine Nachfolger. In den letzten Jahren hatte ich immer, wenn ich etwas Zeit übrig gehabt hatte, nebenher Philosophie gelesen. Ich wußte zwar nicht genau, was ich tat, aber es gab mir ein Gefühl der Sicherheit und Geborgenheit, wenn ich las, was andere Menschen über so ungeheure Dinge wie das Universum, die Geschichte, die Menschen und das Wissen zu sagen hatten.

Während meines zweiten Jahres in Brandeis war mir ›Eros und Kultur‹ von Herbert Marcuse in die Hände gefallen, und ich hatte mich vom Anfang bis zum Ende damit abgemüht. In jenem Jahr las er an der Sorbonne. Als ich im folgenden Jahr nach Paris kam, war er bereits wieder in Brandeis, aber die Leute schwärmten noch von seinen phantastischen Vorlesungen. Als ich nach Brandeis zurückkehrte, war das erste Semester meines letzten Studienjahres so vollgestopft mit obligatorischen französischen Kursen, daß ich Marcuses Vorlesungsreihe über das politische Denken in Europa seit der Französischen Revolution nicht offiziell belegen konnte. Trotzdem war ich in allen seinen Vorlesungen und beeilte mich immer, um einen Platz im vorderen Teil des

Hörsaals zu ergattern. Die Plätze waren wie im Großen Versammlungssaal der Vereinten Nationen amphitheatralisch angelegt. Wenn Marcuse auf das Podium trat, das ganz unten im Saal stand, beherrschte er alles durch seine Gegenwart. Er war so eindrucksvoll, daß schon sein Erscheinen völliges Schweigen und gespannte Aufmerksamkeit verursachte, noch bevor er ein einziges Wort gesagt hatte. Die Studenten erwiesen ihm die höchste Achtung. Ihre Konzentration war nicht nur während der ganzen Stunde, in der er beim Sprechen auf und ab wandelte, vollkommen, auch wenn Marcuse beim Klingelzeichen noch nicht geendet hatte, hörte man kein Papier rascheln, bis er die Vorlesung formell abgeschlossen hatte.

Eines Tages, kurz nach Semesterbeginn nahm ich all meinen Mut zusammen und bat um eine Unterredung mit Marcuse. Ich wollte ihn bei der Aufstellung einer Bibliographie der grundlegenden Werke der Philosophie um seine Hilfe bitten. Nachdem ich darauf gefaßt war, Wochen auf diese Unterredung warten zu müssen, war ich überrascht, als man mir sagte, er sei am selben Nachmittag frei.

Von fern sah Marcuse unnahbar aus. Ich nehme an, daß das Gesamtbild seiner Erscheinung, das weiße Haar, der starke Akzent, das außerordentliche Selbstvertrauen und sein enormes Wissen ihn zeitlos und zum Inbegriff des Philosophen machten. Aus der Nähe war er ein Mann mit forschenden, fröhlich funkelnden Augen und einem ganz irdischen Lächeln.

Ich versuchte, ihm die Gründe für diese Unterredung zu erklären, und sagte ihm, daß ich als mein eigentliches Fach Philosophie studieren wolle, vielleicht sogar an der Universität Frankfurt, daß aber meine selbständige Lektüre in Philosophie ganz unsystematisch gewesen sei – ohne Berücksichtigung nationaler oder historischer Zusammenhänge. Worum ich ihn bitten wollte – wenn es nicht zuviel verlangt sei –, sei eine Liste von Werken in der Reihenfolge, in der ich sie lesen sollte. Und wenn er mir die Genehmigung gäbe, wollte ich sein Seminar über Kants ›Kritik der Reinen Vernunft‹ belegen.

»Wollen Sie wirklich Philosophie studieren?« fragte Professor Marcuse langsam und betonte dabei jedes Wort. Er gab dieser Frage den Ton von so viel Ernst und Tiefe – daß sie wie das Aufnahmezeremoniell einer geheimen Gesellschaft klang, die man nie mehr verlassen kann, wenn man ihr einmal beigetreten ist. Ich fürchtete, daß ein bloßes »Ja« hohl und unzureichend geklungen hätte.

»Ich will zumindest sehen, ob ich es kann«, war etwa die einzige Antwort, die mir einfiel.

»Dann sollten Sie mit den Vor-Sokratikern beginnen, danach Plato und Aristoteles. Kommen Sie nächste Woche wieder, und wir werden uns über die Vor-Sokratiker unterhalten.«

Ich hatte keine Ahnung, daß meine kleine Bitte sich zu anregenden wöchentlichen Unterhaltungen über die vorgeschlagenen Philosophen auswachsen würde, Unterhaltungen, die mir ein viel aufregenderes und lebhafteres Bild von der Geschichte der Philosophie vermittelten, als es sich aus einer trockenen Vorlesung zur Einführung in die Philosophie ergeben hätte.

Kurz nachdem die Nazis in Deutschland die Macht ergriffen hatten, war Marcuse in die Vereinigten Staaten ausgewandert, zusammen mit einer Gruppe von Intellektuellen, die das Institut für Sozialforschung gegründet hatten. Zu ihnen gehörten Theodor W. Adorno und Max Horkheimer. Sie hatten ihre Arbeit einige Jahre lang in Amerika fortgesetzt, aber als die Faschisten besiegt waren, hatten sie das Institut als einen Teil der Universität Frankfurt wieder eröffnet. Ich hatte von der Arbeit des Instituts zuerst von Manfred Clemenz gehört, dem deutschen Studenten, den ich in meinem ersten Jahr in Brandeis kennengelernt hatte. Nach meinen Studien in Frankreich hatte ich mehrere Sommerwochen in Frankfurt verbracht, ein paar Vorlesungen Adornos gehört und einige der dortigen Studenten kennengelernt. Damals konnte ich nur sehr wenig Deutsch, aber meine Begleiter übersetzten mir die wesentlichen Punkte der Vorlesungen ins Englische oder Französische. Später habe ich außer Marcuses Schriften alle Werke von Adorno und Horkheimer gelesen, die ins Englische oder Französische übersetzt worden waren. Auf diese Weise machte ich mich mit ihren Gedanken vertraut, die in ihrer Gesamtheit als »Kritische Theorie« bekannt waren.

In meinem letzten Jahr in Brandeis entschloß ich mich, ein Stipendium zu beantragen, um an der Universität Frankfurt Philosophie zu studieren. Marcuse bestärkte mich in der Überzeugung, daß ich bei meinem Interesse für Kant, Hegel und Marx dort am meisten lernen würde. Die verbleibenden Monate des Studienjahres verbrachte ich in intensiver Beschäftigung mit der Philosophie, der deutschen Sprache und den letzten Vorbereitungen für mein Universitätsexamen. Dazu gehörte auch eine ganzjährige Arbeit für ein Prädikatsexamen über die Phänomenologische Haltung, die ich in den Werken des zeitgenössischen französischen Romanschriftstellers Robbe-Grillet entdeckt zu haben glaubte. Der anspruchsvollste und erfreulichste Kurs war Marcuses Oberseminar über die ›Kritik der Reinen Vernunft‹. Wenn ich stundenlang über einer scheinbar unverständlichen Stelle grübelte und dann plötzlich ihren Sinn erfaßte, dann fühlte ich eine Befriedigung, wie sie mir noch nie zuteil geworden war.

Meine Eltern waren gar nicht glücklich, daß ich wieder das Land verlassen wollte, besonders da ich mich noch gar nicht entschieden hatte, wie lange ich in Deutschland zu bleiben gedachte. Trotzdem waren sie sehr stolz, bei den Abgangsfeierlichkeiten meinen Namen unter denen der Studenten mit Auszeichnung für hervorragende Leistungen zu hören. Ich gab meiner Mutter die Diplome, die Leistungsurkunden und die Medaillen, wir packten alles, was ich in den letzten vier Jahren angesammelt hatte, zusammen, setzten meine Freundin Celeste in Providence ab und fuhren auf der Autobahn nach Birmingham.

Auf dem Weg hielten wir vor einer Weinhandlung, wo mein Vater mehrere Flaschen Bourbon Whisky kaufte, um sie mit nach Hause zu nehmen – in den staatlich kontrollierten Schnapsläden von Alabama konnte man nur die Marken bekommen, die von der Regierung genehmigt waren. (Wir dachten immer, ein Verwandter von Wallace müsse eine Brennerei besitzen, wo all die unbekannten Alkoholmarken fabriziert wurden, die man nirgendwo sonst als in Alabama zu sehen kriegte.) Wir überquerten die Grenze nach Tennessee spät am Abend; und weil wir wußten, daß wir bestimmt kein von Negern betriebenes Motel finden würden, wo wir die Nacht verbringen konnten, beschlossen wir, nach Birmingham durchzufahren.

In einer jener kleinen Städte an der Autobahn durch Tennessee hörten wir nachts um zwei plötzlich hinter uns eine Sirene schrillen. Der fette, tabakkauende Polyp, der seinen weißen Tennessee-Singsang aus einem grotesken Lächeln purzeln ließ, sagte zu meinem Vater: »Sie wissen doch, daß Sie zu schnell fahren. Steigen Sie aus.« Dabei spielte er die ganze Zeit mit der Pistolentasche an seinem Gürtel. Mir fielen die Geschichten von Negern oder Weißen aus dem Norden ein, die manchmal wochenlang und manchmal für immer in diesen kleinstädtischen Gefängnissen verschwanden. Der Polyp durchsuchte den Vorderteil des Wagens und befahl dann meinem Vater, den Kofferraum zu öffnen. Als er alle die Handkoffer sah, schien er verblüfft und fragte sofort, wo wir herkämen. Nachdem ihm mein Vater gesagt hatte, daß er gerade den Abschlußfeierlichkeiten seiner Tochter im College beigewohnt hätte, nahm der Polyp eine weniger liederliche Haltung an und wurde offizieller. Aber als er den Whisky sah, begannen seine Augen zu glänzen.

»Dies ist hier ein trockener Staat, wie ihr wißt. *Nirgends in diesem Rechtsbereich ist Alkohol gestattet.*«

»Die Flaschen sind ungeöffnet, und wir sind auf der Durchreise«, beharrte mein Vater.

»Macht nichts. Das Land ist trocken, und Alkohol ist auf keine Weise gestattet. Ihr könnt alle dreißig Tage dafür ins Gefängnis wandern. Und der Richter ist noch dazu verreist – kommt erst nächste Woche zurück. Sieht so aus, als müßt ihr alle ins Kittchen.«

Als mein Vater davon sprach, daß er sich mit seinem Anwalt in Verbindung setzen wolle, sagte der Polyp: »Ich will euch was sagen. Tue euch 'n Gefallen. Behandle euch, wie ich meine Kumpels in der Gegend behandle. Steigt wieder ins Auto und fahrt mir nach.« Er trug den Whisky zum Polizeiauto.

Da wir dachten, wir seien auf dem Weg zum Polizeirevier, und wußten, daß es tödlich ausgehen würde, wenn wir zu entkommen suchten, folgten wir dem Polizeiauto durch die dunklen Straßen. Als wir anhielten, war nichts in der Gegend zu entdekken, was auch nur entfernt einem Polizeirevier ähnelte. Wir waren in einer ungepflasterten Einfahrt, und der Polyp öffnete eine Garagentür. Obwohl das nicht das erstemal war, daß wir in eine solche Lage gebracht worden waren, waren wir alle einigermaßen nervös.

»Davis«, sagte meine Mutter, »ich glaube, du solltest da nicht reingehen. Man kann nie wissen, was er versuchen will.« Aber mein Vater hatte nicht die geringste Spur von Angst – ja, ich habe eigentlich nie erlebt, daß er vor etwas Angst hatte. Er ging rein, während wir wie auf glühenden Kohlen im Auto warteten. Nach – wie es uns vorkam – Stunden kam er mit einem schiefen Lächeln auf seinem Gesicht wieder raus. Er ließ den Motor an und sagte uns kichernd: »Der Mann wollte nichts weiter als zwanzig Dollar und Schnaps.« Es war ein kleines Schiebergeschäft, das er wahrscheinlich immer versuchte, wenn er Schwarze Menschen traf, die durch die Stadt fuhren. Hätte man ihm die zwanzig Dollar nicht gegeben, dann wäre vermutlich die Alternative viel übler gewesen als »dreißig Tage im Gefängnis«.

Als ich das Schiff nach Deutschland bestieg, war Watts in Flammen. Ich fühlte wieder die Spannung des Januskopfes – das Land um diese Zeit zu verlassen, fiel mir schwer. Aber etwas über eine Woche später war ich auf der anderen Seite des Ozeans.

Mein Stipendium deckte die Schiffsreise und betrug hundert Dollar im Monat – für Miete, Essen, Straßenbahngebühren zur Universität und zurück, Bücher und alles, was ich sonst noch brauchte. Als ich in der Stadt ein Zimmer suchte, sagten mir die Vermittlungsbüros: »Es tut uns leid, aber wir haben keine Zimmer für Ausländer.« Im Klartext sollte das heißen: »Unsere Zimmer sind nur für gute Arier.«

Zwanzig Jahre sind vor der Geschichte nicht sehr viel – die Hälfte der Leute, die ich auf der Straße sah, und praktisch alle Erwachsenen, hatten Hitler miterlebt. Und im Gegensatz zur Deutschen Demokratischen Republik hatte es in Westdeutschland keinen entschlossenen Feldzug gegeben, um die faschistischen und rassistischen Gewohnheiten auszutreiben, die sich so tief eingenistet hatten.

Schließlich, nachdem ich tagelang das Kleingedruckte in der ›Frankfurter Allgemeinen‹ gelesen hatte, fand ich ein kleines Zimmer nicht weit vom Zoo im obersten Stock eines Wohnhauses aus der Nachkriegszeit – ähnlich dem *chambre de bonne,* das ich in Paris bewohnt hatte. Die Familie, zu deren Wohnung dieses Zimmer gehörte, schien von der Masse der Westdeutschen eine Ausnahme zu bilden. Sie war neugierig und besorgt über den Zustand der Schwarzen Menschen in den Vereinigten Staaten, und sie versäumte nie, die angemessenen Parallelen zwischen der Verfolgung der Juden durch die Nazis und der Unterdrückung der Neger in den Vereinigten Staaten zu ziehen. Sie luden mich wiederholt zum Essen und zur Diskussion in ihre Wohnung ein. Am Anfang, als mein Deutsch noch nicht sehr geläufig war, halfen mir diese Diskussionen, mich in der Sprache zurechtzufinden.

In den ersten paar Wochen verstand ich kein Wort von dem, was Adorno sagte. Nicht nur waren seine Gedankengänge schwer zu verstehen, sondern er sprach auch seine höchsteigene, aphoristische Variation des Deutschen. Es war tröstlich, daß die meisten deutschen Studenten, die zum erstenmal seine Vorlesungen hörten, fast ebenso große Mühe hatten, Adorno zu verstehen wie ich.

Ich traf alte Freunde von früheren Reisen nach Europa und schloß auch neue Freundschaften. Es war eine große Erleichterung, daß nicht weit von mir ein junger Schwarzer Mann aus Indiana wohnte, der als G. I. in Frankfurt stationiert gewesen war und sich entschlossen hatte zu bleiben und seine Literaturstudien an der Universität weiterzuführen. Wir waren, solange ich in Deutschland blieb, gut befreundet. Ich freundete mich auch mit einer Gruppe haitischer Studenten an, einem Schwarzen Südafrikaner und zwei Ehepaaren, die wie ich aus den Vereinigten Staaten angereist waren, um bei Adorno zu studieren.

Ich zahlte für mein Zimmer achtzig Mark im Monat – praktisch ein Viertel von den hundert Dollar, von denen ich leben mußte. Ziemlich regelmäßig war ich am Ende des Monats bei einer Quarkdiät gelandet (*Quark* ist etwas zwischen Joghurt und weißem Käse) und schrieb an meine Eltern um ein paar Dollar, die mich über die Zeit hinüberretten sollten, bis der nächste Wechsel eintraf. Ich war sehr erleichtert, als ich ein Zimmer in der Adalbertstraße fand, nahe der Universität, das nur ein paar Mark im Monat kostete. Es lag in einem massigen alten Gebäude aus bröckelndem Backstein, einer alten Fabrik, die, wie ich mir vorstelle, der Eigentümer vermietete, um sich die Bezahlung einer Wache zu sparen.

Die drei Stockwerke der einen Seite waren von einem Bildhauer belegt, der riesige abstrakte Metallgebilde schuf, die er im Hof aufstellte. Die Seite, in die ich einzog, war von einer Gruppe Studenten übernommen worden, die alle so arm waren wie ich. Die ganze Seite kostete uns 75,- DM im Monat und konnte in den kleinen Räumen, die zur Zeit, als die Fabrik noch lief, als Büros gedient hatten, bequem bis zu fünf Personen beherbergen.

Es war ein verwahrlostes altes ausrangiertes Gebäude mit schmutzigen Zementfußböden, keiner Dusche, nicht einmal heißem Wasser – und ohne Zentralheizung, nur dickbäuchige Kohleöfen gab es. Da ich aber monatlich nur fünf Dollar Miete bezahlte, und in den Wintermonaten ein paar Dollar zusätzlich für Kohle, konnte ich mir leisten, ein bißchen besser zu essen – konnte mir sogar an zwei Tagen der Woche Fleisch leisten – und war imstande, mehr Bücher und hin und wieder auch eine Bluse zu kaufen. Da in ganz Europa die Studenten kulturelle Darbietungen zu sehr ermäßigten Preisen besuchen können, konnte ich für etwa fünfzig Cents einen Film sehen oder ins Theater, in die Oper, zum Ballett oder ins Museum gehen.

Im Frühjahr meines ersten Jahres in Frankfurt wurde allen Studenten, die ihre Stipendien vom Austauschprogramm bezogen, eine Reise nach Berlin bezahlt. Da ich gespannt war, das Sozialistische Deutschland kennenzulernen, verbrachte ich den größten Teil der Zeit in Berlin, der Hauptstadt der DDR. Jeden

Tag ging ich am Checkpoint Charlie – der Übergangsstelle für Leute mit Pässen von kapitalistischen Ländern – auf die andere Seite. Weiße Touristen aus den Vereinigten Staaten standen massenweise Schlange und warteten wahrscheinlich darauf, die Grenze zu überschreiten, um jedermann zu erzählen, sie hätten die andere Seite der »Mauer« gesehen – so konnten sie mit Kennedys kriegsträchtigen Worten sagen: *»Ich bin ein Berliner«*, das heißt, ich bin bereit, den Kommunismus zu bekämpfen. Die Touristen beschwerten sich immer über die lange Wartezeit. Aber ich hatte nie Schwierigkeiten – jedesmal, wenn ich hinüberwollte, erhielt ich schon wenige Augenblicke, nachdem ich meinen Paß gezeigt hatte, das Zeichen, weiterzugehen. Das war ihre Art, Solidarität mit den Schwarzen Menschen zu beweisen.

Claudia und Margaret Burnhams Stiefbruder Bob war vor kurzem durch Frankfurt gekommen, hatte einige Tage in der »Fabrik« gewohnt und war dann weitergefahren, um im Brecht-Ensemble-Theater Berliner zu studieren. Durch ihn lernte ich einige Leute in der DDR kennen, die mir die Stadt zeigten. In Bobs Haus lebte eine Gruppe Kubaner – der Direktor des nationalen Balletts und einige seiner Gehilfen. Ich war verblüfft über ihre Jugend – der Direktor war Anfang zwanzig, und die übrigen etwa ebenso alt. Sie sprachen von ihren Versuchen, das afrikanische Element der kubanischen Kultur in größerem Umfang in ihre klassischen Tänze einzubeziehen, und beschrieben ihre Methoden, die alten Yoruba-Tänze wieder aufleben zu lassen, die vor der Revolution nur noch in abgelegenen Teilen des Landes getanzt worden waren, dort wo die Schwarzen Menschen noch die afrikanischen Bräuche beibehalten hatten.

Esther und James Jackson, alte Freunde meiner Eltern aus Birmingham, waren damals in Berlin. Jim war Direktor für Internationale Beziehungen in der Kommunistischen Partei der Vereinigten Staaten und vertrat die Partei bei den Maifeierlichkeiten. Ich verbrachte einen Abend mit ihm. Wir sprachen von den alten Zeiten, als Jim untergetaucht war, und wie verstört ich als Kind gewesen war, als diese unheimlichen weißen Männer uns auf der Suche nach ihm in ganz New York verfolgt hatten; Jim war einer der Glücklichen, deren die FBI niemals habhaft wurde. Wir besprachen die sozialistische Wandlung in der DDR und ihren aktiven Kampf gegen Überreste faschistischer Mentalität in den Köpfen der Bevölkerung. Den nächsten Tag sah ich mir die Parade an, nahm an den Feiern zum 1. Mai teil und ging dann zurück durch Checkpoint Charlie, um mein Flugzeug nach Frankfurt zu erreichen.

Als die westdeutsche Polizei auf dem Flughafen sagte, sie müsse mich festhalten, war ich sicher, daß man mir vorwerfen würde, ich sei zu eng mit der Bevölkerung der DDR befreundet – womit sie natürlich recht gehabt hätte. Aber wie die Beamten es darstellten, wollten sie mich nicht in mein Flugzeug lassen, weil ich mich bei der Frankfurter Polizei nicht abgemeldet hatte, als ich vor Monaten aus dem Zimmer in der Nähe des Zoo ausgezogen war, und weil ich mich in dem Polizeirevier, zu dem die Fabrik gehörte, nicht angemeldet hatte. Ich habe mich nie an die unglaubliche Bürokratie gewöhnen können, in die man verwikkelt wird, wenn man nichts weiter will, als ein gewöhnliches Leben führen. Jeder, Staatsbürger oder Ausländer, der nicht beim nächsten Polizeirevier gemeldet war – und an solchen gab es keinen Mangel – war technisch mit Verhaftung bedroht – auch wenn er nur ein paar Tage bei Freunden zu Besuch war. Obwohl ich mich gemeldet hatte, als ich in mein erstes Zimmer zog, war es mir nicht eingefallen, der Polizei mitzuteilen, daß ich auszog (das nennt man *Abmeldung*) und dann eine neue *Anmeldung* im Polizeirevier der Adalbertstraße vorzunehmen. Der Westberliner Polizei war es ernst: sie sprachen davon, mich auszuweisen. Es dauerte einige Stunden, bis ich ihnen beibringen konnte, daß meine Unterlassung ganz unschuldig sei. Nachdem alles vorüber war und sie die Ausweisungsdrohung über mir schweben ließen, bis ich am nächsten Tag bei der Frankfurter Polizei alles ins reine gebracht hätte, war ich doch immer noch sicher, daß dieser Schreckschuß eine kleine Vergeltungsaktion für meinen Ausflug in die DDR gewesen war.

Frankfurt war ein sehr intensives Lernerlebnis. Anregende Vorlesungen und Seminare bei Theodor W. Adorno, Jürgen Habermas, Professor Haag, Alfred Schmidt und Oskar Negt. Dabei behandelten wir gewaltige Werke wie zum Beispiel alle drei Kritiken von Kant, und außerdem noch die Werke von Hegel und Marx (in einem Seminar ging das ganze Semester mit der Analyse von etwa zwanzig Seiten in Hegels ›Logik‹ drauf).

Die meisten Studenten in der Fabrik studierten entweder Philosophie oder Soziologie. Viele waren Mitglieder des SDS – Sozialistischer Deutscher Studentenbund. Und sie bemühten sich sehr ernsthaft, irgendeine Form des praktischen Widerstands zu entwickeln, der letzten Endes das feindliche System stürzen könnte. Abgesehen davon, daß sie sich mit den sozialen Widersprüchen im eigenen Land auseinandersetzten, versuchten sie beharrlich, bei ihren Mitgliedern ein internationales Bewußtsein zu wecken. Ich nahm an Versammlungen und Demonstrationen gegen die amerikanische Aggression in Vietnam teil. Diejenigen von uns, die keine deutschen Staatsbürger waren, mußten besonders auf der Hut sein, weil eine Verhaftung bestimmt die Ausweisung zur Folge gehabt hätte. Eine Demonstration, die vor der amerikanischen Botschaft stattfand, war besonders gefährlich. Als die Sprechchöre der Demonstranten riefen »U. S. raus, U. S. raus, U. S. raus aus Vietnam« und »Ho, Ho, Ho Chi Minh« wurden sie fast sofort von berittener Polizei angegriffen. Eine junge Frau geriet unter die Hufe der Pferde. Da es vorher abgesprochen war, daß wir uns dem erwarteten Angriff widersetzen wollten, wurde die verwirrende Taktik von Angriff und Rückzug angewandt. Es war so gedacht, daß man die Hauptstraße, die zum Zentrum der Stadt führte, entlangzog und damit den Straßenbahnverkehr lahmlegte. Während die Masse der Demonstranten auf beiden Seiten der Straße auf dem Bürgersteig ging, trennten sich einige in regelmäßigen Abständen von ihrer Gruppe und setzten sich auf die Straßenbahnschienen. Wenn sie die Polizei kommen sahen, warteten sie bis zum letzten Augenblick und nahmen dann wieder in der Masse ihre Zuflucht. Das gelang nicht allen. Als ich an der Reihe war, mich zu setzen und dann zu rennen, mußte ich mich sehr sputen, um wieder schnell genug in der Masse unterzutauchen, denn ich wollte nicht in Westdeutschland vor Gericht gestellt werden. Nach mehreren Stunden Sitzen und Rennen und einer beträchtlichen Anzahl von Verhaftungen gelangten wir zur Hauptwache, dem Mittelpunkt der Stadt, und hörten eine zündende Ansprache von Rudi Dutschke an, dem Führer des SDS, der später von einem durch die Ermordung Martin Luther Kings inspirierten Attentäter in den Kopf geschossen wurde.

Gegen Ende meines zweiten Jahres wurde eine studentische Massenkundgebung gegen den Besuch des Schahs von Persien von den Sicherheitsgarden des Schahs, unter Beihilfe der Westberliner Polizei, mit solcher Gewalt angegriffen, daß sie zum Tod eines Studenten führte – Benno Ohnesorg, der zum erstenmal an einer politischen Protestkundgebung teilgenommen hatte. Die Reaktion in ganz Deutschland war rasch und stark. In Frankfurt gab es Massenkundgebungen, Demonstrationen und Teach-ins.

Von dem wachen Bewußtsein der Studentenbewegung war ich

am meisten beeindruckt, als ich von der vom SDS geleiteten Berliner Kampagne gegen den Film ›Africa Addio‹ hörte, der unter der Regie von zwei römischen Playboy-Typen schilderte, wie die Kolonialisten aus Afrika vertrieben wurden. Der Film war nicht nur durch und durch rassistisch, indem er die afrikanischen Freiheitskämpfer als Angreifer auf die reinen, gebildeten und kultivierten Weißen darstellte, sondern die Regisseure gingen so weit, tatsächliche Mordzüge zu inszenieren, um so an Ort und Stelle ein dokumentarisches Bild von Afrika zu gewinnen. SDS-Mitglieder in Berlin verwüsteten ein Filmtheater, das sich weigerte, den Film zu boykottieren.

Massenweise wurden in Deutschland Studenten und Arbeiter in die Arena des politischen Protestes hineingezogen. Zu gleicher Zeit ereigneten sich große Erschütterungen in den Vereinigten Staaten.

Die Entscheidung, in Frankfurt zu studieren, hatte ich im Jahr 1964 getroffen, als in den Staaten verhältnismäßige Ruhe herrschte. Aber als ich im Jahr 1965 von dort abfuhr, schrien Tausende von Brüdern und Schwestern in Los Angeles, daß sie die Spielregeln lange genug, ja zu lange, eingehalten hätten.

Watts explodierte und brannte in hellen Flammen. Und aus der Asche von Watts wurde wie ein Phönix ein neuer Schwarzer Kampfgeist geboren.

Während ich fern in Deutschland war, machte die Schwarze Freiheitsbewegung entscheidende Wandlungen durch. Der Wahlspruch »Black Power« wurde bei einem Marsch in Mississippi geboren. Ganze Organisationen änderten ihr Gesicht – der Studentenausschuß für gewaltlose Gleichordnung, eine führende Organisation zur Durchsetzung der Bürgerrechte, wurde zum lautesten Fürsprecher der »Black Power«. Der Kongreß für die Gleichheit der Rassen machte ähnliche Wandlungen durch. In Newark hatte sich eine Nationale Black-Power-Konferenz organisiert. In politischen Gruppen, Gewerkschaften, Kirchen und anderen Organisationen bildeten sich Zellen der Black Power, um die besonderen Interessen der Schwarzen zu verteidigen. Überall gab es Aufruhr.

Während ich in Frankfurt Philosphie las und im Umkreis des SDS tätig war, gab es junge Schwarze Männer in Oakland, Kalifornien, die beschlossen hatten, Waffen zu gebrauchen, um die Bewohner der Negerstadt in Oakland gegen die wahllose Brutalität der Polizei zu schützen, die in dem Viertel hauste wie die Vandalen. Huey Newton, Bobby Seale, li'l Bobby Hutton – das waren einige der Namen, die zu mir drangen. Eines Tages las ich in Frankfurt, daß sie bewaffnet in das kalifornische Parlamentsgebäude in Sacramento eingedrungen seien, um ihr Recht, Waffen als Werkzeug der Selbstverteidigung zu tragen (ein Recht, das allen Weißen zustand), zu demonstrieren. Der Name dieser Organisation war die »Schwarze-Panther-Partei für Selbstverteidigung«.

Je mehr die Kämpfe in der Heimat sich häuften, desto frustrierter fühlte ich mich, da ich dies alles nur stellvertretend miterlebte. Ich trieb meine Studien voran, vertiefte mein Verständnis für Philosophie, aber ich fühlte mich immer mehr vereinsamt. Ich war so weit weg von dem Kampfgebiet, daß ich nicht einmal die einzelnen Phasen des Kampfes analysieren konnte. Ich hatte weder genug Wissen noch genug Einsicht, um beurteilen zu können, welche Strömungen der Bewegung fortschrittlich und echt waren und welche nicht. Es war ein schwieriges Gleichgewicht, das ich zu halten suchte, und es wurde für mich immer schwerer, mich als Teil der kollektiven Bewußtwerdung meines Volkes zu empfinden.

Ich bin sicher, daß meine Gefühle nur eine Abwandlung und Spiegelung von Gefühlen waren, die immer größere Mengen von Schwarzen Menschen im Ausland überkamen. Auch für viele andere von uns, die davon lasen, daß in der Heimat eine neue Krise im Kampf ausgebrochen war, muß es ebenso schmerzlich gewesen sein, nur aus zweiter Hand davon zu erfahren.

Mir kam es so vor, als sei mein Dilemma nicht mehr zu überbieten: der Kampf in der Heimat einerseits und andererseits die Notwendigkeit, bis zum Doktorexamen in Frankfurt zu bleiben, denn sicher war Frankfurt am besten für das Philosophische Studium geeignet. Aber von Tag zu Tag wurde mir klarer, daß meine Fähigkeit, etwas zu leisten, unmittelbar von meiner Fähigkeit abhing, etwas Konkretes zum Kampf beizutragen.

Adorno hatte sich gern bereit erklärt, mir die Richtlinien für meine Doktorarbeit zu geben. Aber jetzt merkte ich, daß es mir nicht mehr möglich war, in Deutschland zu bleiben. Ich bat um eine Unterredung mit Adorno im Institut und erklärte ihm, daß ich nach Hause müsse. Marcuse hatte sich bereits brieflich verpflichtet, mit mir an der Universität von Kalifornien in San Diego zu arbeiten, wo er einen Lehrstuhl angenommen hatte, nachdem man ihn aus politischen Gründen praktisch von Brandeis fortgeekelt hatte. Ich wollte meine akademische Arbeit fortsetzen, wußte aber, daß ich das nur konnte, wenn ich politisch engagiert war. Der Kampf war ein Lebensnerv; die einzige Hoffnung für unser Fortbestehen. Ich hatte mich entschieden. Die Reise stand bevor.

Feueresser von der Sonne
belagern werden wir die hohe weiße Kuppel
Schrei mit heiligen Schwingen decken, in jenen Tagen
werden wir furchtbar sein

Henry Dumas

Es war der Sommer 1967. Auf der Heimreise machte ich Station in London, um an einer Konferenz teilzunehmen, zu deren Hauptrednern Herbert Marcuse und Stokeley Carmichael gehörten. Es war eine Freude, mit Herbert und seiner Frau Inge zu sprechen, die ich so lange nicht gesehen hatte, und ich sah Stokeleys Ausführungen mit Spannung entgegen. Die Konferenz mit dem zentralen Thema »Die Dialektik der Befreiung« hatte ihr Hauptquartier in einem riesigen Rangiergebäude der Eisenbahn, das das Rundhaus genannt wurde. Die Versammlung war in phantastischer Weise aus Theoretikern des Marxismus, Philosophen, Soziologen und Psychologen, radikalen politischen Aktivisten, Hippies und Parteigängern der Black Power zusammengewürfelt. In dem riesigen scheunenartigen Gebäude, dessen Fußboden mit Sägespänen bestreut war, war die Luft stark mit Marihuana geschwängert, und ein Gerücht behauptete, daß einer der Redner, ein Psychologe, unter dem Einfluß von LSD stand. Stokeley Carmichael und Michael X, der militante westindische Führer der Gleichheitsbewegung in London, waren die beiden Hauptfiguren der kleinen Schwarzen Teilnehmergruppe.

Meine Afro-Frisur, die in jenen Tagen noch eine Seltenheit war, identifizierte mich als Anhänger der Black-Power-Bewegung. Sofort kam die Gruppe um Michael und Stokeley auf mich zu.

Zwischen den Konferenzsitzungen verbrachte ich meine Zeit mit Michaels und Stokeleys Gruppe, begleitete sie zu Versammlungen in Londons Ghettos und half gelegentlich auch, die Versammlungen zustandezubringen. Ich war verblüfft, in welchem Maße die westindischen Bezirke in London die Schwarzen Bezirke zu Hause widerspiegelten. Diese warmherzigen, aufnahmefreudigen, heißblütigen, begeisterten Leute suchten auch nach einer Möglichkeit, sich zu rächen. Wie in den Vereinigten Staaten bestand natürlich die Tendenz, den Feind mit dem weißen Mann zu identifizieren. Natürlich, weil die große Mehrzahl der Weißen, sowohl in den Vereinigten Staaten wie in England, der Träger des Rassismus gewesen war, der in Wirklichkeit nur einer kleinen Minderheit von ihnen zugutekommt – den Kapitalisten. Weil die Massen der Weißen rassistische Gefühle hegen, glaubten unsere Völker, in *ihnen* die Bösewichter zu sehen und nicht in den institutionalisierten Formen des Rassismus, die im Grunde genommen nur den Interessen der Herrschenden dienen, obwohl sie unzweifelhaft durch eingefleischte Vorurteile an Kraft gewinnen. Wenn die Weißen unterschiedslos als der Feind angesehen werden, ist es praktisch unmöglich, eine politische Lösung zu entwickeln. Das waren meine Gedanken, als ich diese Konferenz mitmachte. Ich lernte dort in London mehr über die neue Bewegung als aus all den Büchern, die ich gelesen hatte. Ich lernte, daß wir nichts erreichen werden, wenn die Schwarze Reaktion auf den Rassismus nur vom Gefühl bestimmt bleibt. Wie die Kämpfe auf dem Spielplatz der Parker-Schule, wie der aufflackernde kopflose Zorn derer, die in Alabama von der Polizei niedergeknüppelt wurden – konnte das auf die Dauer zu keiner Lösung führen.

Als ich Stokeleys Worten zuhörte, die schneidend waren wie Messerklingen und den Feind anklagten, wie ich es noch nie gehört hatte, spürte ich offengestanden eine reinigende Kraft in seiner Rede. Aber ich wollte auch wissen, wohin es von hier weiterging. Die Entdeckung, daß manche der Schwarzen Führer dazu neigten, den Marxismus als »das Ding des weißen Mannes« völlig abzulehnen, schmerzte mich. Mir war es schon seit langem klar, daß der Schwarze Freiheitskampf, um seine letzten Ziele zu erreichen, zum Teil einer revolutionären Bewegung werden mußte, die alle arbeitenden Menschen umfaßte. Es war mir ebenso klar, daß sich diese Bewegung zum Sozialismus hin entwickeln mußte. Und ich wußte, daß Schwarze Menschen – Schwarze Arbeiter – in dem großen Kampf eine bedeutende Führerrolle zu spielen hatten. Daher fand ich es enttäuschend, daß die nationalistische Haltung der Schwarzen Führer in London mit einem starken Widerstand gegen den Sozialismus verbunden war. Dagegen faßte ich Mut, als ich hörte, daß Stokeley im Begriff stand, nach Kuba zu fahren. Wenn er einmal Schwarze, Braune und weiße Menschen zusammen die sozialistische Gesellschaft aufbauen sah, dann würde er – so schien es mir wenigstens – seine eigene Einstellung überdenken. Als ich Stokeley nach Kontakten der Bewegung im südlichen Kalifornien fragte, erzählte er mir von Tommy J., einem Bezirksleiter in Los Angeles. Die Adresse, die er mir gab, war in Watts.

Als ich ein paar Wochen später im südlichen Kalifornien eintraf, versuchte ich so schnell wie möglich die Adresse zu ermitteln, die Stokeley mir gegeben hatte. Die Nummer existierte nicht. Nachdem ich verzweifelt Tür nach Tür abgeklopft hatte, war es klar, daß niemand in dieser Nachbarschaft jemals von Tommy J. gehört hatte. Daß ich diesen Bruder nicht finden konnte, war für mich eine furchtbare Enttäuschung, weil ich mich um eine dauernde Bindung mit der Bewegung bemühte. Widerstrebend begab ich mich nach San Diego, ohne irgendwelche Kontakte in der Bewegung Südkaliforniens noch konkrete Auskünfte über sie erlangt zu haben.

In San Diego waren die einzigen Menschen, die ich kannte, Studenten der philosophischen Fakultät, insbesondere Studenten, die wegen Marcuse dort studierten. Ricky Sherover und Bill Leiss waren in Brandeis gewesen, als ich dort mein letztes Jahr studierte, und waren Marcuse nach UCSD gefolgt. Dennoch gelang es mir, die Telofonnummern zweier Schwarzer Bezirksleiter zu erhalten: die des Direktors einer Jugendorganisation in San Diego und die eines Mannes, der, wie ich später erfuhr, Mitglied der kommunistischen Partei war.

Ich rief den ersten Bruder an.

»Hallo, hier spricht Angela Davis. Ich bin gerade erst in San Diego angekommen, um an der Universität Philosophie zu studieren. In den letzten zwei Jahren war ich außer Landes, und ich will versuchen, alles für die Schwarze Bewegung zu tun, was in meiner Macht steht. Jemand hat mir Ihren Namen und Ihre Telefonnummer gegeben ...«

Als ich meine kleine Rede beendet hatte, herrschte am anderen Ende nur Schweigen. Ich merkte damals gar nicht, wie ich geklungen haben muß – wie ein schwärmender Backfisch oder wie eine Agentin, die sich in der Bewegung einnisten wollte. Das Schweigen dauerte noch eine Weile an, dann versprach er mir endlich, mich demnächst telefonisch über eine Zusammenkunft unterrichten zu wollen, an der ich teilnehmen könnte. Sehr viel Begeisterung konnte ich in seiner Stimme nicht entdecken, und als ich auflegte, erwartete ich eigentlich nicht, daß ich wieder von ihm hören würde. Damit hatte ich recht.

Die Tage holperten vorüber, die Chance, bald in die Gemeinschaft von San Diego aufgenommen zu werden, rückte immer mehr in die Ferne. Manchmal stieg ich in meinen Wagen und fuhr aus reiner Verzweiflung nach San Diego und dem Stadtviertel Logan Heights, in dem die Schwarzen Menschen am dichtesten zusammenwohnten, fuhr ziellos umher, voller Träume und Pläne, um dieser furchtbaren Vereinsamung zu entkommen.

Ich konnte kaum etwas anderes tun, als auf den Semesterbeginn in der Universität zu warten. Also studierte ich, machte mich mit den Philosophiestudenten und Professoren bekannt und wartete, wartete. Schließlich belebten sich die Studentenheime mit den Studenten, die zur Universität zurückkamen. Aber in dem Maße, wie die Studentenbevölkerung zunahm, wuchs auch meine Enttäuschung. Noch waren nicht alle gekommen, aber ich war schon schwer beschäftigt, jeden Winkel und Spalt nach Schwestern und Brüdern zu durchsuchen. Jeder Tag brachte neue, tiefe Niedergeschlagenheit, denn ich fand noch keine Schwarzen Menschen in der Universität.

Ich war wie ein Forschungsreisender, der nach vielen Jahren mit kostbarer Beute in sein Heimatland zurückkehrt, aber niemanden findet, dem er sie geben kann. Ich glaubte, daß meine Tatkraft, mein Engagement, meine Überzeugungen der Schatz seien, den ich angesammelt hatte, und sah mich überall um, wie ich ihn einsetzen könnte. Ich durchmaß das Gelände der Universität, studierte die Anschlagbretter, las die Zeitungen, sprach mit allen, die es wissen konnten: Wo sind meine Leute? Es war, als würde ich aufgewühlt und aufgefressen von dem unabweisbaren Verlangen, an der Freiheitsbewegung teilzunehmen, wenn ich nicht bald ein Ventil dafür fand. Daher meldete ich mich bei der Organisation radikaler Studenten und half bei der Planung einer Aktion gegen den Krieg in Vietnam.

Im Jahr 1967 waren unendlich viele Menschen noch nicht zu dem Schluß gelangt, daß der Krieg sofort eingestellt werden müßte. Daher wurden unsere Versuche, mit den Leuten auf den Straßen von San Diego zu sprechen, oftmals abrupt und barsch zurückgewiesen. Viele weigerten sich sogar, unsere Pamphlete anzunehmen. Da dies jedoch seit mehreren Jahren meine erste Demonstration in den Vereinigten Staaten war, war ich begeistert und erregt. Die Feindseligkeit der Menschen auf der Straße gab mir immer mehr Anlaß, dringender, länger und beschwörender zu sprechen.

So sehr mir die Sache am Herzen lag, so klar ich die politische Notwendigkeit dieser Demonstration einsah, fühlte ich mich dennoch als Außenseiter unter diesen Studenten. Ich war eine

Fremde in meinen Empfindungen – noch nie hatte ich mich unter Weißen so fremd gefühlt. Es war nicht das Gefühl meiner Kindheit im Süden. Es war nicht die Fremdheit, die ich in New York erlebt hatte, als ich merkte, daß viele Weiße in meiner Umgebung sich fast überschlugen, um mir klarzumachen, daß sie keine Rassisten seien. Es war eine neue Fremdheit. Aber eine, die ich erst später erklären will.

Inzwischen wurde das Polizeiaufgebot, das unsere Demonstration beaufsichtigte, größer. Schon war an jeder Ecke ein Polizeiwagen aufgestellt. Uniformierte und Zivilbeamte waren überall verstreut. San Diego war derartige Demonstrationen nicht gewöhnt. Daß es sich heftig zur Wehr setzen würde, war von vornherein klar.

Als die Atmosphäre sich dem Siedepunkt näherte, entschlossen wir uns, Verstärkung zu holen. Da mein Buick aus dem Jahr 1958 eins der größten Autos war, die wir hatten, übernahm ich es, die etwa 23 Kilometer nach La Jolla zurückzufahren. Als wir ankamen, war bereits angerufen worden, daß Verhaftungen erfolgt seien.

Der nächste Schritt war, die Gefangenen zu befreien. Wir kratzten genügend Geld für die Kaution zusammen. Drei von uns, ein Mann, noch eine Frau und ich fuhren zum Gefängnis, hinterlegten die Kaution und erwarteten die Freilassung unserer Gefährten. Was ihnen eigentlich zum Vorwurf gemacht wurde, war uns noch rätselhaft. Wir erkundigten uns genau nach den Umständen, unter denen die Verhaftung erfolgt war. Vorher hatte man uns gesagt, die Bezichtigung laute auf »Behinderung des Fußgängerverkehrs«.

Da uns niemand im Polizeibüro Bescheid sagen konnte, verwies man uns zum Captain der Polizeiwagenkolonne. Wir betraten ein dunkles Zimmer, in dem es recht muffig nach der Justiz von San Diego roch. Wieder stellten wir die Frage. Warum die Verhaftungen? Wieder wurde uns die Antwort mechanisch ausgespuckt »Behinderung des Fußgängerverkehrs auf dem Bürgersteig«. Wir blieben beharrlich. Was sollte das heißen? Wir hätten selbst auch Literatur verteilt; wir wußten, daß wir niemanden gehindert hatten weiterzugehen.

»Nun«, sagte der Captain der Streife, »solange Sie auf dem Bürgersteig stehen, ist die Annahme berechtigt, daß Sie den Fußgängerverkehr behindern.«

»Wie oft haben Sie dann schon die Ernsten Bibelforscher verhaftet, die ihre religiösen Schriften verteilen?«

Schweigen.

»Sir, könnten Sie ein wenig eingehender und deutlicher erklären, warum Sie unsere Freunde verhaftet haben?«

Der Captain setzte zum Sprechen an, verhaspelte sich aber so, daß er die Wörter nicht herausbringen konnte. Endlich stieß er völlig frustriert und offenbar von unserer Logik gestört, hervor: »Es ist nicht Sache der Polizei, das Gesetz zu verstehen, das ist Sache des Staatsanwalts. Wenn Sie den Sinn dieses Gesetzes verstehen wollen, dann gehen Sie zum Staatsanwalt!«

Obwohl wir wußten, daß wir im Zimmer unseres Feindes standen, war dieser Ausspruch so dumm und so komisch, daß wir drei vor Lachen brüllten.

»Raus hier! Raus!« schrie der Captain, der jetzt die Beherrschung verlor.

Wir versuchten, wieder ernst zu werden, als wir bemerkten, daß er am Telefon eine Nummer wählte. In weniger als einer Minute war das Zimmer voller Polizisten, die nur eine Absicht hatten: uns ins Gefängnis zu werfen.

Unser männlicher Begleiter wurde weggeschleppt, Anna und mir wurden Handschellen angelegt, und wir wurden auf den Rücksitz eines Bereitschaftswagens gestoßen, der auf dem dampfend heißen Hof des Gefängniskomplexes geparkt war. Die Fenster waren geschlossen, und wir sahen, daß Polizeiwagen im Innern keine Türklinken haben. Der Polizeibeamte knallte die Tür zu und ging davon. Fünfzehn Minuten vergingen, dann zwanzig. Die Hitze war absolut unerträglich geworden. Der Schweiß strömte uns übers Gesicht, unsere Kleider waren durchnäßt. Wir bummerten an die Fenster und schrien. Niemand kam.

Als unsere Furcht schon in Panik überging, kam der Beamte zum Wagen, stieg ein und ließ den Motor an.

»Womit verdient ihr Mädchen euren Lebensunterhalt?«

»Wir haben keine Arbeit«, antworteten wir.

»Wenn ihr keine Arbeit habt, dann können wir euch wegen Landstreicherei festnehmen.«

»Wir haben Geld bei uns, das beweist, daß wir keine Landstreicher sind.«

»Das ist noch besser«, sagte er. »Wenn ihr Geld habt, aber keine Arbeit, können wir euch unter dem Verdacht des Raubes festnehmen – oder noch besser, bewaffneten Raubüberfalls.«

Auf dem Weg zum Gefängnis sahen wir uns San Diego durch die Scheiben eines Polizeiautos an. Das Heulen der Sirene lenkte in der Innenstadt die starrenden Blicke der Menschenmengen auf uns. Was dachten sie? Daß wir Nutten, Drogensüchtige oder Trickbetrüger waren? Ich bezweifle, daß jemand auf den Gedanken kam, wir könnten Revolutionäre sein.

In der Frauenabteilung des Bezirksgefängnisses wurden wir in ein Zimmer eingewiesen und aufgefordert, vor einer Aufseherin unsere gesamte Kleidung abzulegen. Anna und ich protestierten lange und heftig gegen diese Demütigung, aber wir wurden zum Gehorsam gezwungen. Die nächste Phase war eine heiße Dusche in einem Raum, der hinter uns mit einer schweren Eisentür verschlossen wurde. Nachdem man uns eine Stunde lang im Duschraum gelassen hatte, wurden wir in getrennte, silberfarbene Gummizellen eingeschlossen, wo wir eine weitere Warteperiode durchleiden mußten. Da ich mir dachte, daß ich diese Zeit konstruktiv ausfüllen könnte, kratzte ich mit einem abgebrannten Streichholz politische Schlagwörter an die Wand, damit die Schwestern, die als nächste in dieser Zelle sitzen mußten, auch einen Nutzen davon hätten.

Viele Stunden vergingen, bis die Fotoaufnahmen und die Fingerabdrücke endlich angefertigt und wir registriert waren. Wir telefonierten, wie es uns zustand, und wurden in Anstaltskleidung zu den anderen Gefängnisinsassinnen im oberen Stockwerk gebracht.

Man steckte uns in einen großen Gemeinschaftskomplex, der gegen die Außenseite durch ein Doppeltor mit elektrisch funktionierenden Gittern gesichert war. Das erste Tor glitt auf. Anna und ich traten zwischen die beiden Tore. Es glitt wieder zu. Erst als es sicher verschlossen war, öffnete sich das zweite Tor, das in das Gemeinschaftsgehäuse führte.

Dieses Gehäuse war so öde und steril, wie es sein sollte. Es war in zwei Abteilungen geteilt – eine mit den Kojen zum Schlafen und die andere zum Essen und Spielen. Wir erklärten jeder Schwester, die es wissen wollte, was wir getan hatten, um verhaftet zu werden. Im Jahre 1967 hatten wir mit diesen Erklärungen noch Seltenheitswert. Viele der Schwestern, die wegen Prostitution oder Drogenbesitz im Gefängnis waren, versuchten uns zu trösten. Sie hielten die Haftgründe für töricht und meinten, man würde sie fallenlassen.

Damit hatten sie recht. Zu guter Letzt wurden wir entlassen.

Unterdessen hatten andere Demonstranten die Nachrichtenmedien informiert, daß drei Leute in San Diego festgenommen worden seien, als sie sich über das Wesen eines Gesetzes Klarheit verschaffen wollten. Eine Radiostation in Los Angeles brachte jede Stunde einen Spot: »Habt ihr schon von den Leuten im Süden gehört, die verhaftet wurden, weil sie sich nach dem Gesetz erkundigten?«

Die Universität fand sich bereit, offiziell zu protestieren, und innerhalb von zwei Tagen stellte der Staatsanwalt von San Diego das Verfahren ein und schickte eine formelle Entschuldigung.

Als ich einige Tage später an einer Versammlung der Gruppe teilnahm, die die Demonstration organisiert hatte, sah ich freudig erregt ein junges Schwarzes Paar gegenüber auf der anderen Seite des Versammlungsraumes sitzen. Es waren die ersten Schwarzen Studenten, die ich in der Universität gesehen hatte – und daß sie bei der Versammlung dabeiwaren, bedeutete, daß sie sich für die Bewegung interessierten. Nach der Versammlung lernten wir uns kennen, und kurz darauf faßten wir – Liz, Ed und ich – den Entschluß, eine Schwarze Studentenunion zu gründen. Wir begannen systematisch die Studentenheime nach Schwarzen Studenten zu durchforschen. Nachdem wir die Häuser durchkämmt hatten, nahmen wir die Fakultäten der Fachstudenten in Angriff, gingen in das Hauptbüro mit Federhalter und Papier und baten um die Namen aller Schwarzen Studenten und Angestellten. Schwarze Arbeiter wurden auch erfaßt; hätten wir das nicht getan, dann wären wir zu klein gewesen, um die für eine Wirkung nötige Aufmerksamkeit auf uns zu lenken.

Wir nahmen mit etwa fünfzehn bis zwanzig Schwarzen Studenten und Arbeitern Fühlung. Etwa zehn von ihnen erschienen bei unserer Sitzung und machten uns stolz auf den Erfolg unseres ersten Versuches, eine unabhängige politische Organisation zu gründen. Ein Schwarzer Professor nahm an der Sitzung teil und willigte ein, die Schirmherrschaft der Gruppe zu übernehmen. Bald fand sich ein zweiter Professor aus Jamaica zur kräftigen Mitarbeit an der Organisation bereit.

Wir sahen ein, daß wir Verbindungen mit ähnlichen Gruppen aufnehmen mußten, um Erfolg zu haben. Sonst würden wir Schwierigkeiten haben, die Universitätsverwaltung von unserer Stärke zu überzeugen, wenn wir Forderungen stellten. Wir beschlossen daher, mit dem Schwarzen Studentenrat der Staatsuniversität in San Diego eine lockere Arbeitsgemeinschaft zu schließen und auch in der Schwarzen Gemeinde Verbindungen zu suchen.

Um diese Zeit fiel es mir auf, daß ich irgendwie als die Führerin der Schwarzen Bewegung innerhalb der Universität angesehen wurde. Ich hatte mich wahrhaftig nicht darum bemüht; es stellte sich einfach heraus, daß ich trotz meiner zweijährigen Abwesenheit zu den erfahrensten Organisatoren der Universität gehörte.

Wir entdeckten, daß eine Schwarze Konferenz in San Diego – eine Koalition von Gemeinde-Organisationen, an deren Spitze Ron Karengas US-Organisation stand – eine Unterstützungsaktion für einen Schwarzen Seemann mit Namen Ed Lynn ins Leben rufen wollte, der sich der Rassendiskriminierung in der Marinestation von Balboa widersetzte. Liz, Ed und ich wollten die Tagung dieser Konferenz am Donnerstag abend besuchen. Der Tatbestand von Ed Lynns Fall war klassisch. Es hatte auf der Station einen Riesentumult gegeben, als Ed eine Petition in Umlauf setzte, in der er gegen das Rassenvorurteil protestierte und Schwarze wie weiße Seeleute zur Unterschrift aufrief. Während diese Petition noch lief, hatte Ed behauptet, daß Präsident Johnson im Militärbereich den Rassismus begünstigte. Kurz danach erklärte man ihm, daß er vor ein Kriegsgericht gestellt würde, weil er »beleidigende« Behauptungen über den Präsidenten der Vereinigten Staaten aufgestellt hätte.

Die kleine Versammlung fand im Gemeinschaftszentrum von Logan Heights statt. Die Teilnehmer starrten auf die drei Fremden, die sagten, sie verträten die Schwarzen Studenten der Universität von San Diego – niemand hatte bisher von unserer Gruppe gehört. Einige glaubten wahrscheinlich, wir seien Agenten. Wir versuchten unser Möglichstes, ihnen klarzumachen, daß wir uns für den Fall Ed Lynn wirklich interessierten. Ed selbst war durchaus bereit, sich in seiner Verteidigung von uns helfen zu lassen. Er nahm gern unsere Einladung an, über seinen Fall an der Universität zu sprechen, und begrüßte begeistert unseren Vorschlag, auf der Universitäts-Plaza einen Tisch einzurichten, auf dem schriftliches Material über ihn und seinen Kampf in der Marinestation ausgelegt würde. Auf diese Weise gelangte der Schwarze Studentenrat zu einer engen Zusammenarbeit mit Ed Lynn. Im Laufe dieser Aktivitäten wurden Ed und ich gute Freunde.

Die Zweite Baptistenkirche in Watts glänzte von bunten afrikanischen Mustern und Stoffen – die Frauen trugen »traditionelle« lange Gewänder in Rot, Violett, Orange und Gelb; die Männer trugen Bubas, die mit der feurigen Schönheit der Frauenkleider wetteiferten. Die Wände des standesamtlichen Empfangssaales waren durch künstlerische Plakate belebt, die Schwarz als alte und unübertroffene Schönheit priesen.

Es war der November 1967, und meine Wonne war so hell und innig wie die Farben, die den Raum tupften. Mir war diese Art von Zusammenkünften fremd, und ich fand die Energie und die Entschlossenheit der Leute, die das Schwarze Jugendtreffen besuchten, buchstäblich umwerfend. London und San Diego waren nur traurige Miniaturen verglichen mit dieser Schaustellung massiver Stärke. Ich ging umher, nannte jeden Schwester und Bruder, lächelnd, aufrecht, voller Liebe.

Ich kam wieder auf die Erde zurück. Erst langsam, aber dann mit einem Schock.

In den ersten Stunden brach eine Schießerei aus zwischen zwei Organisationen – der Vereinten Front und Ron Karengas US-Organisation. Hinter der Fassade der Einheit, unter den wunderschönen Farben der Bubas lagen mächtige ideologische Differenzen und explosive politische Konflikte, und vielleicht sogar *agents provocateurs.* Ich wußte, daß es ebenso wichtig war, diese Seite der Bewegung genauso zu verstehen wie die bessere Seite – aber mein Idealismus hatte einen kräftigen, wenn auch vielleicht notwendigen Schlag ins Gesicht erhalten. Ich erwartete zu viel, brauchte zu viel, und mein Eifer zu lernen und in dieser Bewegung ganz aufzugehen, ließ mich vor Erregung taumeln.

Inmitten des Chaos, das der Schießerei folgte, las ich die Schriften, saß in einigen der Arbeitsgemeinschaften und entdeckte, daß wir eigentlich nur das eine wirklich gemeinsam hatten: die Hautfarbe. Kein Wunder, daß die Einheit zerbrechlich war.

Da gab es die nationalistischen Kulturverbände, die von einer neuen Kultur sprachen, einem neuen Wertsystem, einem neuen Lebensstil der Schwarzen Menschen. Da gab es die streng antiweißen Gruppen, die glaubten, daß nur die drastischsten Maßnahmen – die Ausrottung aller weißen Menschen – den Schwarzen Menschen ermöglichen würde, zu leben, ohne vom Rassismus gehemmt zu werden. Andere wollten nur eine Trennung ziehen und innerhalb der Vereinigten Staaten eine eigengesetzliche Schwarze Nation aufbauen. Und manche wollten nach Afrika zurückkehren, dem Land unserer Ahnen.

Es gab solche, die meinten, die Bewegung solle als dringendste Aufgabe den Geist des Konflikts weiter verschärfen. Sie wollten Massenaufstände anzetteln, wie etwa den Aufruhr in Watts und Detroit. Ihnen verwandt waren jene, die uns alle aufriefen, das »Gewehr zu ergreifen«, als die wichtigste Waffe für Befreiung und Veränderung – obwohl sie selten zu wissen schienen, wie sie eigentlich diese Gewehre anwenden wollten.

Dann gab es pseudo-militante Gruppen, die darauf pochten, daß das rassistische Establishment herausgefordert werden sollte – aber nur, um die großen Stiftungen unter Druck zu setzen, damit diese Dienstleistungsprogramme finanzierten, die sie selbst dann weiter entwickeln würden, und wahrscheinlich zum eigenen Nutzen. Bezeichnend für die Verwirrung war der Vorschlag, den eine Arbeitsgruppe vor der Vollversammlung machte, daß man Trommeln als Kommunikationsmittel zwischen den Schwarzen Menschen in den Städten einsetzen solle.

Es schien mir, daß in dieser Verwirrung nur zwei Zentren geistiger Helle unverrückbar waren – James Forman von der SNCC (Student Non-Violent Coordinating Comitee – Studentenausschuß für gewaltlose Koordination) und Franklin Alexander von der Kommunistischen Partei. Forman sprach vor dem Plenum der Konferenz und verteidigte nachdrücklich seine These, daß wir es uns nicht leisten konnten, nur eine *Haut*analyse vorzunehmen; wir brauchten ebensosehr eine *Klassenanalyse.* Ich beobachtete Franklin, als er als Mit-Vorsitzender eine Arbeitsgruppe über das Thema Schwarze Politik und Wirtschaft leitete. Seine Darstellung war klar und treffend: Machtkonstellationen, die die schwarzen Menschen auf die unterste Stufe setzten, stammten daher, daß man den Rassismus als Instrument der wirtschaftlich aufsteigenden Klasse benutzte – der Kapitalisten. Rassismus bedeutete mehr Profit und, was die weißen Arbeiter betraf, Teilung und Verwirrung.

Nachdem die Konferenz sich vertagt hatte, wurde ich rein zufällig eingeladen, einer kleinen Hausveranstaltung beizuwohnen, bei der James Forman und Ralph Featherstone über ihre kürzlich unternommene Reise nach Afrika sprachen. Sie gaben eine fesselnde und eingehende Schilderung dessen, was sie in Tansania erlebt hatten, und besprachen den Plan, innerhalb des SNCC eine Art »Reservoir der Fertigkeiten« einzurichten, durch welche Schwarze Menschen aus unserem Land, die über besondere wissenschaftliche oder technische Fertigkeiten verfügten, sich verpflichten konnten, eine gewisse Zeit in Afrika zu verbringen.

Neben Franklin und Kendra Alexander waren bei diesem Treffen auch Vertreter einer Organisation, die sich die Schwarze-Panther-Partei nannte. Es war eine kleine Kadergruppe, die es als ihre Aufgabe betrachtete, sowohl theoretische Analysen der Schwarzen Bewegung zu entwickeln, als auch innerhalb der bestehenden Bewegung Strukturen aufzubauen. Sie stand zu

Huey Newtons und Bobby Seales Schwarze-Panther-Partei zur Selbstverteidigung in keinerlei Beziehung, außer daß beide ihren Namen von der Schwarze-Panther-Partei im Lowndes Bezirk von Alabama ableiteten. Um sich von Hueys und Bobbys Partei zu unterscheiden, nannten sie sich die Schwarze-Panther-Politische-Partei (Black Panther Political Party).

Diese Zusammenkunft war der Beginn meiner langen und tiefen Beziehungen zu den Mitgliedern der BPPP. Ihre Auffassung von der Schwarzen Freiheitsbewegung war viel intellektueller und befriedigender als das, was ich in San Diego vorgefunden hatte. Obwohl ich weiterhin an der Universität und in der Gemeinde von San Diego engagiert blieb, fand ich meine wahre Kraft und Erkenntnis in Los Angeles.

Eine der Aufgaben bei diesem Abstecher nach Los Angeles bestand darin, in San Diego Sprecher für eine Versammlung aufzutreiben, die wir zur Unterstützung von Ed Lynn vorbereiteten. Sprecher verschiedener Gruppen sagten zu: John Floyd, der Leiter der Schwarze-Panther-Politischen-Partei, Bruder Crook, ein Führer der Bereitschaftspatrouille der Gemeinde, Ron Karenga, dessen US-Organisation in San Diego sehr bekannt war, und Walter Bremond, der Leiter des Schwarzen Kongresses, einer Arbeitskoalition von Schwarzen Organisationen im Bereich von Los Angeles.

Als ich diese Schwarze Versammlung in San Diego organisierte, geriet ich Hals über Kopf in eine Lage, die sich als ständiges Problem in meinem politischen Leben erweisen sollte. Ich wurde sehr heftig kritisiert, und zwar besonders von den männlichen Mitgliedern der Karenga-Organisation, weil ich »Männerarbeit« leistete. Frauen sollten keine führenden Rollen spielen, behaupteten sie. Eine Frau war gehalten, ihren Mann zu »inspirieren« und seine Kinder zu erziehen. Die Ironie in dieser Beschwerde lag darin, daß ein großer Teil dessen, was ich tat, mir zugefallen war, weil es kein anderer tat. Die Öffentlichkeitsarbeit für diese Versammlung hatte zum Beispiel in den Händen eines Mannes gelegen, aber weil seine Arbeit so viel zu wünschen übrig ließ, übernahm ich sie, einfach um sicherzustellen, daß sie getan wurde. Es war ebenfalls Ironie, daß genau die, die mich kritisierten, am wenigsten taten, um den Erfolg der Versammlung zu garantieren.

Ich lernte sehr früh das weit verbreitete und unglückselige Syndrom bei manchen der Schwarzen männlichen Aktivisten kennen – daß sie nämlich ihre politische Tätigkeit mit dem Beweis ihrer Männlichkeit verwechselten. Sie sahen – und das tun manche noch heute – die Schwarze Männlichkeit als etwas, was von der Schwarzen Weiblichkeit getrennt war. Diese Männer sehen ihre Männlichkeit von den Schwarzen Frauen bedroht – und besonders von denjenigen Schwarzen Frauen, die die Initiative ergreifen und arbeiten, um durch eigene Verdienste Führerinnen zu werden. Es war die ständige Tirade amerikanischer Männer, daß ich meine Energien umpolen und dort einsetzen müsse, wo sie meinem Mann Kraft und Inspiration gaben, damit er seine Talente wirksamer für den Schwarzen Freiheitskampf beisteuern könne.

Für mich war die Revolution nie etwas, was man mal »tun mußte«, bevor man sich zur Ruhe setzte; sie war kein modischer Klub mit einem neu geprägten Jargon oder eine Art des gesellschaftlichen Lebens – das durch Risiko und Zusammenstöße an Spannung und durch die Kostümierung an Glanz gewann. Die Revolution ist eine ernsthafte Sache, die ernsthafteste im Leben eines Revolutionärs. Wenn man sich zum Kampf verpflichtet, dann muß es fürs ganze Leben sein.

Als 1968 seinen Anfang nahm, merkte ich, wie notwendig ich ein eigenes Kollektiv finden mußte. Daß man von Aktivität zu Aktivität trieb, war ein revolutionäres Nichts. Individuelle Aktivität – sporadisch und unzusammenhängend – ist keine revolutionäre Arbeit. Die ernsthafte revolutionäre Arbeit liegt in dem beharrlichen und methodischen Versuch, durch ein Kollektiv anderer Revolutionäre die Massen zur Aktion zu organisieren. Da ich mich seit langem für eine Marxistin hielt, gab es nur eine sehr beschränkte Zahl möglicher Alternativen.

Ich hatte schon erwogen, ob ich der Kommunistischen Partei beitreten sollte, und hatte mit Kendra und Franklin Alexander viele Male darüber diskutiert. Im Januar gehörte ich zu den geladenen Gästen einer offenen Versammlung des Che-Lumumba-Clubs im Haus von Charlene Mitchell; sie war Gründerin und Leiterin dieses Schwarzen Kollektivs der Partei. Charlene verlas eine Arbeit über die Beziehung zwischen Reform und Revolution. Ihr Essay war sehr geistreich. Es war die klügste Analyse der Mittel, mit denen man die Menschen auf ihre täglichen Probleme hin organisieren und sie dadurch dem Ziel des revolutionären Sturzes des kapitalistischen Systems entgegenführen konnte.

Weil jedoch in meinem eigenen Kopf noch so viele Fragen

unbeantwortet geblieben waren, bin ich damals der Kommunistischen Partei nicht beigetreten. Seit meinen Schultagen in New York und seit dem Sommer 1962, an dem ich an den 8. Weltjugendfestspielen in Helsinki teilgenommen hatte, hatte ich mehr oder weniger die Fühlung mit den Mitgliedern der Kommunistischen Partei verloren. Statt dessen war ich mit marxistischen Gruppen und Theoretikern und Aktivisten zusammengewesen, die oft an den Mitgliedern der traditionellen kommunistischen Partei heftige Kritik übten. Als ich später auf meine Tage in Europa zurückblickte, merkte ich, wie tief ich von dem Anti-Kommunismus beeinflußt gewesen war, der die Bewegung der europäischen Linken durchzog. Mir schienen die kommunistischen Parteien zu konservativ und in ihrer unkritischen Einstellung zu der Arbeiterklasse hinter der Zeit zurückgeblieben. In dieser Hinsicht, meinte ich, sei der Fall der weißen Arbeiter in den Vereinigten Staaten hoffnungslos – sie waren nicht nur vom Rassismus, sondern auch von den Zugeständnissen der herrschenden Klasse unrettbar verseucht.

Aber selbst wenn mich diese Probleme nicht angefochten hätten, so war ich für einen Eintritt in die Partei damals noch nicht gut vorbereitet. Denn wenn man einmal Kommunist wird, dann übernimmt man eine Verpflichtung auf Lebenszeit, die viele ernsthafte Überlegungen darüber erfordert, ob man das Wissen, die Kraft, das Beharrungsvermögen und die Disziplin besitzt, die ein Kommunist besitzen muß. In den ersten Monaten des Jahres 1968 ließ ich die Frage, ob ich der Partei beitreten wollte, offen.

Die Schwarze-Panther-Partei erschien jedoch flexibel genug, um marxistische Ideen zu akzeptieren. Es war ein kleines Kollektiv von Schwarzen Menschen, die in der Mehrzahl aus der Schwarzen Intelligentsia stammten – Studenten, Lehrer und ein oder zwei Professoren.

Ich hatte nach der Jugendkonferenz im November mehrere Mitglieder der BPPP kennengelernt und mich mit einigen von ihnen angefreundet. Als sie sich Anfang Januar entschlossen, drei neue Mitglieder aufzunehmen, schickten sie eine Einladung an einen Bruder in der Staatsuniversität von Kalifornien, der im Ruf stand, ein sehr guter Schriftsteller zu sein. Die zweite ging an Franklin Alexander und die dritte an mich. Ich nahm die Einladung an. Daß sie Franklin einluden, war, wie ich glaubte, ein Zeichen, daß sie gewillt waren, sich den marxistischen Ideen zu öffnen. Ich betrachtete sie als eine vorläufige politische Basis, von der aus ich mir über die endgültige politische Richtung, die ich einschlagen wollte, Gedanken machen und zu einem Entschluß gelangen konnte. Sie sahen in mir ihre Vertreterin im südlichen Teil des Staates – in San Diego. Die BPPP war eine Zweigorganisation vom Schwarzen Kongreß in Los Angeles – einer breiten Koalition von Gemeinschaftsgruppen jener Region.

Um diese Zeit wollte die »Schwarze-Panther-Partei für die Selbstverteidigung«, deren oberster Führer, der Verteidigungsminister Huey Newton, im Gefängnis saß, eine Ortsgruppe in Los Angeles gründen. Leider kamen einige ihrer neuen Rekruten in dieses Gebiet mit dem kriegerischen Anspruch, daß sie allein das Recht hätten, sich »Schwarze-Panther-Partei« zu nennen. Als ich eines Nachmittags im Gebäude des Schwarzen Kongresses saß, erhaschte ich den Blick eines Bruders, der aus einer Weinflasche trank – was in diesem Gebäude, soweit ich mich erinnere, verboten war. Ich wandte mich von ihm ab und machte mich auf den Weg zu einem Bürozimmer. Als ich an ihm vorbeiging, zog er eine Pistole aus seiner Tasche, packte mich blitzschnell an der Schulter, zielte mit der Waffe auf meine Schläfe und zog mich in das nächste Zimmer.

Er wollte reden, sagte er. Seine Worte verhaspelten sich und sein Atem stank nach Wein. Er wollte über die Schwarze-Panther-Partei und seine Schwarze-Panther-Partei für die Selbstverteidigung sprechen. Die Weinflasche, die lallenden Worte, die Tatsache, daß er eine Pistole in der Hand hatte und ich nichts, rieten mir, möglichst den Mund zu halten. Also hörte ich ihm zu.

»Die Schwarze-Panther-Partei für die Selbstverteidigung«, schrie er, »verlangt, daß deine Scheißpartei den Namen Schwarze-Panther-Partei ablegt. Am besten ändert ihr sie in Rosa-Miezen-Partei. Und wenn ihr den Namen nicht bis zum nächsten Freitag geändert habt, werdet ihr alle umgelegt.«

Um mir klarzumachen, daß es ihm todernst sei, sagte er mir, er wisse, daß ich in San Diego lebte, er hätte meine Adresse, und ich könne damit rechnen, daß jemand an meine Tür klopft, wenn ich nicht täte, was er sagte. (Aus Fairneß zu Hueys Schwarze-Panther-Partei muß ich hier hinzufügen, daß dieser brüllende Besoffene mit Pistole später von den Panthern ausgestoßen wurde, weil er ein *agent provocateur* war.)

Eine Krisensituation war ausgebrochen. Andere Mitglieder unserer Gruppe wurden in ähnlicher Weise bedroht. Fast immer wurden Pistolen zur Überredung eingesetzt; Tod war die Folge von Ungehorsam. Ich konnte eins von zwei Dingen tun – ihm gehorchen, oder für meinen Schutz sorgen. Ich wählte das zweite und war eine Zeitlang immer voll bewaffnet. Wenn mich die Polizei anhielt und durchsuchte, dann konnte ich ins Gefängnis wandern, das wußte ich, aber wenn ich dieses Risiko nicht auf mich nahm, konnte es sehr leicht passieren, daß man meine Leiche mit einer Kugel im Kopf in einem verlassenen Winkel wiederfand.

Wir veranstalteten eine Notsitzung nach der anderen, waren aber außerstande, die Krise in so kurzer Zeit aus dem Weg zu räumen. Einige Mitglieder wollten den offenen Konflikt mit den Panthern für Selbstverteidigung, selbst wenn es dabei zur Prügelei kam. Andere wollten die Drohung einfach mißachten und behaupteten, die Panther blufften nur. Es gab aber auch den einen oder anderen, der Schluß machen, sich den Drohungen der Panther beugen und die Organisation auflösen wollte.

Die endgültige Lösung erfolgte, als James Forman glücklicherweise eine Reise nach Los Angeles unternahm. Er sollte bei einer Kundgebung des Verbandes für Neue Politik sprechen. Wir ergriffen die Gelegenheit, um ihn von dem Streit der beiden Organisationen in Kenntnis zu setzen und von ihm zu hören, wie man verhindern könnte, daß dieser Konflikt in einen offenen Kampf ausartete. Nachdem er sich die Sache überlegt hatte, sagte er, er habe einen Vorschlag.

Zur Einführung erzählte er uns, daß man sich seit kurzem bemühe, die Beziehungen zwischen der SNCC und den »Panthern für die Selbstverteidigung« zu festigen. Sie hatten sich beide geeinigt, den Zusammenschluß dieser beiden Organisationen zu betreiben. Stokeley Carmichael sei bereits Premierminister der Schwarze-Panther-Partei, Rap Brown sei Justizminister geworden und Forman selbst Außenminister.

Einer der Hinderungsgründe für den endgültigen Zusammenschluß sei jedoch die geographische Trennung der beiden Hauptquartiere: das der SNCC war in New York, das der BPPP war an der Bucht von San Francisco. Forman hielt es für unerläßlich, eine starke Ortsgruppe der SNCC an der Westküste zu errichten. Wenn wir gewillt wären, uns in die SNCC von Los Angeles zu verwandeln, sagte Forman, dann seien vielleicht sowohl unsere Probleme wie auch die der SNCC gelöst. Erstens wäre dann unser Name kein Streitobjekt mehr. Außerdem würden wir für unser Kollektiv neue nationale Dimensionen gewinnen und dadurch ein wenig den Provinzialismus überwinden, der uns anhaftete. Von Formans Standpunkt würden wir der SNCC helfen – die viele Menschen damals für die führende Kraft in der

Schwarzen Freiheitsbewegung hielten –, eine Basis an der Westküste zu gründen. Und schließlich würden wir imstande sein, die Beziehungen zwischen der BPPP und der SNCC zu festigen. Wenn sich daraus eine dauernde Koalition entwickeln sollte, dann wäre das ein riesiger Fortschritt.

Zuerst wurde noch dagegen opponiert. Manche nannten Formans Empfehlung zu oberflächlich, um unser Problem auf die Dauer zu lösen. Sie sagten, wir würden es mit Brüdern wie dem, der mir die Pistole an den Kopf gesetzt hatte, zu tun haben, ob wir nun unsere alten Kleider anbehielten oder die neuen der SNCC anlegten.

Ich war dafür, der SNCC beizutreten – nicht weil ich glaubte, daß die Fusion die Zwietracht zwischen uns und den neuen Panthern von Los Angeles beseitigen würde, sondern vielmehr, weil ich den historischen Beitrag respektierte, den die SNCC für die Bewegung geleistet hatte. Allerdings fühlte ich mich durch den Friedensspruch in keiner Weise ermutigt, in meiner Wachsamkeit nachzulassen. Die treue Waffe blieb jederzeit in Reichweite. Die meisten Brüder und Schwestern auf unserer Seite waren in gleicher Weise auf der Hut und legten die Waffen nicht gleich ab.

Während wir noch wie auf Nadeln saßen, wurde eine Friedenskonferenz einberufen. Es war eine eindrucksvolle Versammlung. Mit Ausnahme von zwei oder drei unserer Mitglieder, die ausgetreten waren, waren wir vollzählig versammelt. Auf der Seite der Panther waren alle größeren Führer anwesend (bis auf Huey natürlich, der im Oktober verhaftet worden war). Eldridge Cleaver war da. Bis zu jenem Treffen wußten die meisten von uns sehr wenig von ihm, außer daß er der »Informationsminister« und »untergetaucht« war, wie jede Woche hinter seinem Titel in ihrem Verbandsblatt vermerkt wurde. Bobby Seale war da, Emory Douglas und li'l Bobby Hutton. Darüber hinaus noch sieben oder acht andere.

Am meisten war ich von li'l Bobby beeindruckt. Er war menschlich, natürlich und kümmerte sich wirklich gar nicht darum, ob er dem Bild eines kalten, berechnenden Revolutionärs entsprach. Li'l Bobby fing ein freundliches Gespräch mit mir an, indem er mir ein paar alltägliche hausbackene Fragen stellte: wo ich her sei, was ich tat? Er verfügte über ein schönes Lächeln und eine unverdorbene, jugendliche Begeisterung. Nachdem ich mich einige Minuten mit ihm unterhalten hatte, wußte ich, daß es ihm mit dem Kampf ernst war und daß seinen Motiven sehr wenig Egoismus – wenn überhaupt – zugrundelag.

Diese zwanglose Unterhaltung mit li'l Bobby war bei diesem Treffen, das sonst mit Spannung geladen war, der einzige Lichtblick für mich.

Als ich ein paar Monate später hörte, daß li'l Bobby erschossen worden war, hatte ich das Empfinden, es sei einer meiner Brüder gewesen, der von der Polizei in Oakland ermordet worden war.

Auf alle Fälle kamen unsere beiden Gruppen zu dem Entschluß, gemeinsam die gesamte Schwarze Freiheitsbewegung an der Westküste zu zwei Massenkundgebungen aufzurufen – eine in Nordkalifornien und die andere in Südkalifornien –, um zur Feier von Huey Newtons Geburtstag dessen Freilassung zu verlangen.

Der bekannteste politische Gefangene, Huey Newton, war ein wichtiges Symbol der Schwarzen Kampfbereitschaft. Als es noch absolut legal war, in Kalifornien die Waffen offen zu tragen, hatten er und seine Genossen sich bewaffnet, um die Schwarze Gemeinde in Oakland gegen die willkürliche Brutalität der Polizei zu verteidigen. Weil er eine schwere Bedrohung der Staatsautorität darstellte, hatte man ihn so in die Enge getrieben, daß er am Ende eine Kugel im Leib hatte und ein Polizist tot war. Huey sollte wegen Mord der Prozeß gemacht werden. Wir boten alle unsere Kräfte auf, um diese Massenkundgebung zu organisieren und sie zu einem großen Ereignis werden zu lassen.

Wir sicherten uns die Unterstützung des Schwarzen Kongresses, und wir sicherten uns, nach einer Reihe von Auseinandersetzungen, die Sportarena für die Versammlung. Wir druckten Tausende von Flugblättern, kauften Anzeigenraum oder baten die Hörfunk- und Fernsehstationen um noch nicht vergebene Zeit.

Es war ein aufregender Abend. Obwohl die Menge nicht so groß war, wie wir erwartet hatten, war praktisch die ganze Hauptfläche der Arena besetzt. Die Liste der Redner war eindrucksvoll: Stokeley Carmichael, Rap Brown, Bobby Seale, James Forman, Reis Tijerna, Ron Karenga.

Die Bedeutung dieser Versammlung war offensichtlich. Daher war ich von dem Inhalt mancher Rede äußerst bedrückt. Stokeley sprach zum Beispiel vom Sozialismus als »dem Ding des weißen Mannes«. Marx sei ein weißer Mann und daher für die Schwarze Befreiung unwichtig. »Als Schwarze Menschen«, schrie Stokeley, »müssen wir den Sozialismus außer acht lassen, der eine europäische Schöpfung ist, und anfangen, über den afrikanischen Kommunalismus nachzudenken.«

Seine Rede war um so bedrückender, weil ich wußte, daß er im vorigen Sommer in Kuba gewesen und überall, wo er hinkam, aufs wärmste empfangen worden war. Er hatte das kubanische Volk – Schwarz, Braun und weiß – zu seinem großartigen Erfolg im Aufbau des Sozialismus beglückwünscht. Außerdem war ich genau davon unterrichtet, daß er öffentlich erklärt hatte, seine Reise nach Kuba habe ihm eindeutig gezeigt, daß nur der Sozialismus das Schwarze Volk erretten könne. In einem sozialistischen Land, zu Menschen, deren Schwestern und Brüder, Mütter und Väter ihr Leben für die Verteidigung ihrer sozialistischen Revolution geopfert hatten, hatte Stokeley gesagt, er sei überzeugt, daß der Sozialismus auch für sein Volk die Antwort sei. Jetzt, da er zurück war in den Vereinigten Staaten, wo die offizielle Propaganda den Sozialismus weniger populär erscheinen ließ, nahm er opportunistisch die entgegengesetzte Stellung ein. Weil er wußte, wie man eine Rede formuliert, spendeten ihm die Zuhörer Beifall, nicht so sehr für das, was er sagte, sondern wie er es sagte. Ich war froh, daß er nicht mehr der Vorsitzende der SNCC war, weil ich nach dieser Rede die Organisation auf der Stelle verlassen hätte.

Die Rede von Rap Brown, der als Vorsitzender der SNCC den Platz von Stokeley eingenommen hatte, war eine der besten des Abends.

Ein ernstes Problem war in der ganzen Veranstaltung spürbar. Wir hätten eigentlich zur massenhaften Unterstützung von Huey Newton aufrufen sollen. Aber keine Strategie verfolgte, betonte oder machte diese Forderung schmackhaft. Es gab keine spezifischen, konkreten Vorschläge, die den Anwesenden vorgelegt wurden. Der Beifall für den Aufruf war groß genug, aber wie sollte es weitergehen? Die einzige Antwort darauf war der Slogan »Nur der Himmel setzt uns Grenzen«. Und das hieß, wenn Huey Newton überführt und zum Tode verurteilt wurde, dann konnte die herrschende Klasse darauf gefaßt sein, daß Hunderte von Polizeistationen überfallen, fünfzig Kraftwerke in die Luft gesprengt würden usw. usw. Es war nicht einmal klar, ob die Redner sich anheischig machten, diese Zerstörungen selbst auszuführen oder ob sie die Besucher beschworen, diese Vergeltung zu üben, wenn Huey verurteilt wurde. Was fehlte, war ein klar gezeichneter Aktionsplan, der zeigte, wie man die Massen zum Kampf organisierte, um Huey Newtons Freilassung zu erreichen.

Um diese Zeit wurden auch gegen Rap Brown schwere Beschuldigungen erhoben – die offensichtlich falsch waren und sich auf seine Reden und politischen Aktivitäten bezogen. Er war mit der Auflage, daß er sich im Bezirk von Manhattan aufzuhalten hätte, gegen Kaution freigelassen worden, abgesehen von Reisen zu seinem Anwalt, um sich mit ihm zu beraten. Auch die jetzige Reise hatte eigentlich den Zweck, mit William Kunstler zusammenzutreffen – für uns kam sie sehr gelegen, weil Rap vor der Versammlung sprechen konnte, die Hueys Geburtstag feierte.

Wir wußten nicht – Rap wußte nicht –, daß er nicht sehr weit kommen würde, wenn er Kalifornien verließ. Er wurde von der FBI festgenommen und wieder ins Gefängnis geworfen, diesmal mit einer Kaution von $ 100000 und zusätzlich $ 25000, weil er angeblich einen Beamten bei der Verhaftung beleidigt hatte.

Unsere erste Organisationsarbeit an der Basis war daher eine Kampagne, um die Kaution für den Vorsitzenden unserer Organisation aufzutreiben. Wir beschlossen, Unterschriften für die Forderung zu sammeln, daß diese astronomische Summe herabgesetzt würde. Zur gleichen Zeit veranstalteten wir eine Sammlung von Tür zu Tür, um Raps Kaution bezahlen zu können. Schwestern und Brüder wurden eingespannt, um am Wochenende in die Gemeinden zu gehen – in Häusern, Kirchen, Gemeinschaftszentren, Einkaufszentren baten wir Leute, ihre Gaben in unsere Sammelbüchsen zu stecken und die Petition zu unterschreiben.

Die Bescheidenheit dieser Aktion wurde nur von ihrem Erfolg übertroffen. Als Ergebnis unserer ganztägigen Expeditionen mit unseren Blechbüchsen lockten wir eine beträchtliche Anzahl Schwestern und Brüder in unsere Organisation. Daß wir auf diese Weise die Mitgliederzahl an der Küste erhöhten – abgesehen vom Geld, das wir sammelten und von der Botschaft, die sehr viele Schwarze Menschen in Los Angeles erreichte –, war ein bedeutender Gewinn.

Kurz nachdem unsere Kampagne für Rap angelaufen war, eröffneten wir ein Hauptquartier in der Jefferson Avenue, nahe Arlington. Wenn meine Universitätsarbeit für die Woche geleistet war, sprang ich in meinen verbeulten Buick 1958 und brauste die Straße von La Jolla nach Los Angeles, begab mich geradewegs zum Hauptquartier der SNCC und gesellte mich zu den anderen, um mich dem dringenden Geschäft des Kampfes zu widmen.

Wir glaubten, die Energie von Hengsten und die Zuversicht von Adlern zu haben, wenn wir in die Bezirke von Los Angeles stürmten – auf die Straßen, in die Häuser, die Colleges, die Büros –, fahrend, gehend, treffend, grüßend. Wir erlebten Höhepunkte der Bruder- und Schwesterschaft, wenn wir offen, frei und allen sichtbar etwas für unsere Leute taten. Das war keine listige Manipulation des Establishment, die durch Kompromisse und Salamitaktik gekennzeichnet ist. Aber es war auch nicht der individuelle Heroismus einer einzigen Person, deren Empörung alle Bande gesprengt hatte. Unser Anliegen war öffentlich, und unsere Verpflichtung gehörte unserem Volk – und für einige von uns unserer Klasse. Die Zeit war tatsächlich in unsere Hand gegeben. Obwohl wir keine einheitliche Ideologie besaßen, obwohl die Methoden, mit denen wir Probleme anpackten, unterschiedlich waren, wußten wir, daß wir uns nicht zu Überlegungen zurückziehen konnten, bis jede Einzelheit zu aller Zufriedenheit ausgearbeitet war, die Flut war nicht mehr aufzuhalten. Wie neue Alchemisten entzündeten wir das Feuer und vertrauten darauf, daß die Hitze unseren Siegesplan läutern würde.

Das waren aufregende Zeiten. Das Potential, das wir hatten, um mit der Schwarzen Bevölkerung von Los Angeles eine Massenbewegung aufzubauen, war riesengroß, und wir gingen ohne Zögern ans Werk, indem wir ein umfassenderes Programm ausarbeiteten, an das sich unsere Organisatoren halten sollten. Wir waren auf uns selbst angewiesen. Wegen der Umstände, durch die unsere Mitgliedschaft zustandegekommen war, unterstanden wir nicht direkt der Autorität des nationalen Verbandes der SNCC. Und die Fusion mit den Panthers war praktisch schon wieder aufgelöst. Nach einer kleineren Auseinandersetzung mit Eldridge und seinen Genossen wegen des Geldes, das wir bei der Kundgebung vom 18. Februar gesammelt hatten, verkümmerte die oberflächliche Übereinkunft, die anfangs noch gegolten haben mochte, weil niemand den Wunsch hatte, sie aufrechtzuerhalten. Glücklicherweise verkümmerten auch die offenen Feindseligkeiten.

Obwohl wir aus den Organisationserfahrungen der SNCC – besonders im Jahr, als ihr Einfluß im Süden am größten war – zu lernen suchten, fühlten wir uns nicht verpflichtet, uns starr an die Linie oder das Programm zu halten, die von der SNCC entwickelt worden waren. Wie die Dinge lagen, waren wir eine selbständige Organisation.

Mit all dem Ungestüm eines Neulings übernahm ich die Aufgabe, Pläne für eine »Freiheitsschule« zu entwerfen, deren Leitung ich nach der Gründung übernehmen sollte.

Gerade zu dieser Zeit, als wir noch an der Kautionskampagne

für Rap arbeiteten, hörten wir von einem brutalen Mord, den die Polizei am 18. Februar, dem Tag der Kundgebung, begangen hatte. Eines Abends, als wir im Büro saßen – wenn ich mich recht erinnere, waren Franklin, Bobby Hodges, John Floyd, ich und andere in eine heftige Diskussion über die Bedeutung des Marxismus für den Schwarzen Freiheitskampf vertieft –, traten zwei Brüder ein (einer von ihnen war der Schriftsteller Earl Ofari). Sie erzählten uns mit grausiger Ausführlichkeit, wie die Polizei einen achtzehnjährigen Gregory Clark nicht weit von unserem Büro erschlagen hatte. Die Brüder beschworen uns, sofort eine Protestbewegung ins Leben zu rufen.

Am nächsten Tag begannen einige von uns den Tatbestand dieser Tötung zu erkunden, und wie sich die Bevölkerung dazu verhielt. Nach der Aussage von Gregorys Familie, seinen Freunden und Zeugen des Vorfalls war Folgendes geschehen: An einem warmen Nachmittag im Februar fuhren Gregory Clark und ein Freund in einem neuen Modell eines Ford-Mustang auf dem Washington Boulevard spazieren. Sie tranken Sodagetränke aus Dosen, die mit braunen Papiertüten umwickelt waren. Als sie die Vineyard Street erreichten, wurden sie von einem Polizeibeamten der Stadt Los Angeles zum Halten am Bügersteig aufgefordert, der ihnen sagte, sie sähen nicht aus, als »paßten« sie in das Auto, das sie fuhren. Als er dann die braunen Tüten sah, beschuldigte er sie ohne die Spur eines Beweises, daß sie beim Fahren Bier getrunken hätten.

Die beiden Brüder protestierten, sagten die Zeugen. Sie hatten die Zulassung als Beweis, daß sie den Wagen nicht gestohlen hatten, und die Dosen waren in sich ein Beweis, was sie getrunken hatten. Aber der Polizist, Warren B. Carleson, weigerte sich, die Erklärungen anzuhören. Er hörte nichts anderes, als daß Nigger einem weißen Mann in Uniform widersprachen. Er forderte sie auf auszusteigen und schickte sich an, ihnen Handschellen anzulegen. Vielleicht erhob Gregory seine Stimme im Protest. Vielleicht riß er die Hand los, um zu verhindern, daß sie gefesselt wurde. Vielleicht tat er auch nichts. Auf alle Fälle gab es ein kurzes Handgemenge, bevor der Polizist die Handschellen um seine Gelenke schloß. Das Opfer war gefangen, aber damit hatte Carleson nicht genug. Nach Aussage derer, die den Zusammenstoß beobachtet hatten, schlug er Gregory Clark auf dem Bürgersteig zu Boden, und als dieser mit dem Gesicht zum Boden und die Hände auf dem Rücken gefesselt dalag, schoß ihn Carleson mit einem 38 Revolver in den Hinterkopf.

Als ich an der Ecke von Washington und Vineyard stand und auf die zwei Wochen alten Blutflecken auf dem Bürgersteig starrte, erlebte ich die Szene in ihrer ursprünglichen Scheußlichkeit. Aber der Schmerz und die Wut als solche bedeuteten nichts. Was not tat, war ein organisierter Kampf.

Über hundert Menschen kamen zu der Versammlung der Bürgerschaft, die wir einberiefen. Sie hörten gespannt zu, als die Zeugen des Mordes erzählten, was sie gesehen hatten. Die Bürger stimmten eifrig unserem Vorschlag zu, als wir Abgesandte zur gerichtlichen Leichenschau schicken wollten, die für die amtlichen Stellen entscheiden sollten, ob gegen den Polizisten Anklage erhoben werden sollte, oder ob die Tat der legitime Ausdruck seiner Pflicht als »Friedensbeamter« war.

Wir glaubten nicht, daß wir zu dieser Zeit stark genug waren, um das Ergebnis der Leichenschau allein durch unsere Anwesenheit zu beeinflussen. Höchstwahrscheinlich würde der Befund lauten, die Tötung von Gregory Clark sei ein »rechtlich vertretbarer Totschlag« gewesen. Aber das Erscheinen einer großen Anzahl von Menschen würde bestimmt die herrschenden Cliquen erkennen lassen, daß wir uns zur Schlacht rüsteten.

Die Szene verlief, wie wir vorausgesehen hatten: die Kommission glaubte Carleson seine Darstellung des Vorfalls: er habe Angst gehabt, und in dem Glauben, daß Gregory Clark bewaffnet sei (liegend mit auf dem Rücken gefesselten Händen?), habe er ihn in Notwehr erschossen. Das Urteil: rechtlich vertretbarer Totschlag.

Und doch, es war ein halber Sieg: die Flugblätter, die wir in der Bürgerschaft verteilt hatten, unsere Anwesenheit bei der Leichenschau. Dadurch daß wir versprachen, den Fall von Gregory Clark bloßzustellen, geriet die Polizei von Los Angeles in Bedrängnis. Wir hatten Leute ausgesandt, die Carleson in seinem Revier aufstöbern und für unsere Pamphlete fotografieren sollten, aber man hielt ihn versteckt. Am selben Abend wurde Carleson von einer der größeren Fernsehstationen befragt und gezwungen, vor den Augen Tausender seine Tat zu rechtfertigen, und dabei machte unser Fotograf eine Aufnahme von ihm, die wir benutzten, um zu einem Volkstribunal aufzurufen. Carleson sollte von den Leuten gerichtet werden, gegen die er sich vergangen hatte. Die Schwestern und Brüder, die sich auf Grund der von uns angeführten Proteste der SNCC angeschlossen hatten, konstituierten sich als Volkstribunal. Für den Prozeß, der im South Park stattfinden sollte, wurde ein Datum anberaumt.

Während einige von uns die »Anwälte«, »Richter« und sonstigen Persönlichkeiten aussuchten, die wichtige Rollen im Prozeß spielen sollten, verfaßten andere Mitglieder der SNCC und des Tribunals das schriftliche Material und ließen es drucken. Ich war in der Propagandaabteilung. Von all dem Material, das wir anfertigten, galt mein größter Stolz dem Plakat mit Carlesons Bild, das vom Bildschirm aufgenommen war. Hätten wir mit Vorbedacht das Bild eines typischen »rassistischen Schweins« gesucht, so hätten wir's nicht besser treffen können. Carlesons Seele enthüllte sich ganz in seinem Gesicht. In großen breiten Buchstaben stand quer über dem Plakat das Wort »Gesucht«. Unter dem Bild stand die Beschreibung: »Polizist von Los Angeles wegen Mord an Bruder Gregory Clark.«

Die Plakate wurden im ganzen Schwarzen Bezirk angeschlagen – die Nachbarschaft, wo der Bruder getötet worden war, war von ihnen überschwemmt. Tatsachenberichte über den Fall und Flugblätter, die den Prozeß bekannt machten, wurden verteilt von Tür zu Tür, nach Arbeitsschluß an den Fabriken, in Kirchen und wo sonst Schwarze Menschen zu finden waren.

Als Frucht unserer Arbeit konnten wir verbuchen, daß der Fall von Gregory Clark tief in das Bewußtsein der Bürger gedrungen war und sich beim Volkstribunal eine sehr große Menge einfand.

Die Anklage vertrat Ben Wyatt, ein Schwarzer Anwalt und Aktivist in der Schwarzen Gemeinde. Niemand wollte die Rolle des Verteidigers übernehmen, aber schließlich nahm sich Deacon Alexander – Franklins Bruder – dieser wenig beneidenswerten Aufgabe an. Das Richterkollegium bestand aus einer Anzahl Menschen, die alle in der Schwarzen Gemeinschaft aktiv waren und alle Organisationen vertraten, die zu den Fürsprechern der Schwarzen Befreiung zählten.

Wenn uns jemand vorwarf, daß wir einseitig eingestellt waren, so erhoben wir keinen Anspruch auf Unparteilichkeit. Wir machten nicht den Versuch, nach dem Rechtssystem der Bourgeois zu verfahren, das seine Klassen- und Rassenvorurteile hinter sinnlosen Formalitäten und leeren Phrasen über die Demokratie verbirgt. Wir verlangten Gerechtigkeit – und dafür mußten die Schwarzen Menschen herausfordernd und leidenschaftlich sein. Wie konnten wir ernsthaft die Rolle des unparteiischen Beobachters spielen, nachdem wir Hunderte von Jahren unablässig eine einseitig orientierte Bestialität und Gewalt erduldet hatten?

Die Zeugen wurden aufgerufen; sie machten ihre Aussage über die Ereignisse, die zu Gregorys Tod geführt und sich danach begeben hatten. Andere Zeugen wurden aufgerufen, um ein »Sachverständigengutachten« über den unbändigen Rassismus der Polizei von Los Angeles abzugeben. Frühere Morde der Polizei in der Schwarzen Gemeinde wurden Punkt für Punkt dokumentiert und daraus ein Teppich rassistischer Greueltaten gewoben. Im Mittelpunkt dieses Teppichs stand Gregory Clark, dessen Mörder hochmütig schrie »Notwehr«. Wir machten Carleson den Prozeß und überführten ihn – nicht als Urheber und einzigen Täter dieses Verbrechens, sondern weil er ein allzu bereitwilliger Komplize in dem Routinegeschäft eines rassistischen Systems gewesen war. Warren B. Carleson hatte nicht allein gehandelt; er hatte dem System geholfen, auf seiner Liste ein weiteres Opfer einzutragen. Und dafür verdiente er die Höchststrafe.

»Ihr habt die Beweiserhebung gegen den Angeklagten gehört und habt auch seine Verteidigung gehört. Ist das Volk bereit, das Urteil zu sprechen?»

»Schuldig, schuldig, schuldig!« dröhnten die Zuhörer, und ihr einstimmiger donnernder Schuldspruch durchfuhr den Park wie ein Geschoß.

Es hätte dem Prozeß die Spitze abgebrochen, wenn man ihn mit der bloßen Verkündung des Strafmaßes beendet hätte, aber wir konnten die Strafe nicht vollziehen, ohne dadurch unseren kollektiven Kampf fortzusetzen. Wir richteten daher an das Tribunal den Vorschlag, den Magistrat, und vor allem dessen Schwarze Mitglieder, unter Druck zu setzen, daß Carleson wegen Mordes vor Gericht gestellt würde. Um den Ernst unserer Forderung zu unterstreichen, wollten wir Hunderte, wenn möglich Tausende von Menschen zum Rathaus bringen; Menschen, die fordern sollten, daß das auf »schuldig« lautende Volksurteil gebührend berücksichtigt würde.

Es war zu wenig. Nach all der Erregung, dem Hochgefühl der Kraft, dem Widerstandswillen, der durch den Prozeß entflammt war, schien der Vorschlag zu konservativ.

»Tod! Tod!« schrie eine Gruppe von Leuten. Andere stimmten zu. »Tod dem Schwein«, fuhren manche Brüder fort zu schreien. Laßt uns einen Ausschuß einsetzen, der das Urteil vollzieht, sagten sie. Sie meldeten sich freiwillig.

Die Wut hatte diese Brüder in eine verzweifelte Phantasiewelt entrückt. Ich verstand ihre Gefühle. Als ich Gregory Clarks Blut auf dem Bürgersteig sah, hatte die Wut meine Instinkte in genau dieselbe Richtung gezogen. Da ich aber den wahren Wert einer

Massenaktion verstand, hatte ich etwas anderes, worauf ich mich stützen konnte, etwas was meinen Zorn aufnahm und auf die richtige Bahn lenkte.

In der Masse herrschte Chaos. Die Reaktionen waren teilweise das Produkt aufgestauter Frustrationen, die sich auf die schnellste Art entladen wollten. Sie waren teilweise das Ergebnis einer bewußten Aufstachelung durch die Bewegung »Nimm dir ein Gewehr«, vielleicht auch unterstützt von *agents provocateurs*, die unter uns geschickt worden waren, um die Veranstaltung zu sprengen.

Es war Franklin, der alles wieder zusammenholte. Er hatte in tadelloser Weise den Vorsitz über das Tribunal geführt, und dieser Tumult war die schwerste Feuerprobe für seine Fähigkeit, Menschenmassen zu führen. Es war staunenswert, wie er alle Stücke dieser Versammlung auflas und sie zu einem Ganzen zusammenschweißte. Er ging mit dem Volke mit, identifizierte sich mit seinem Verlangen, die Gerechtigkeit, die es verlangte, schnell zu schaffen. Er erklärte die Tatsache, daß wir zwar an Stärke zunahmen, aber das Gleichgewicht der Kräfte noch immer überwältigend die Seite des Feindes begünstigte. Sie würde sich nicht ändern, bis wir immer größere Massen von Menschen in unsere Bewegung einbeziehen könnten. Das würde denen am meisten Eindruck machen, die behaupteten, unsere Herrscher zu sein. Daher müsse es unsere Strategie sein, immer größere Mengen unserer Leute zu erreichen und auf unsere Seite zu ziehen.

Als schließlich Franklin so weit war, das Tribunal zu schließen, waren die Menschen voller Einverständnis und Beifall für den Plan, daß wir uns zum Rathaus begeben sollten, um unsere Forderungen dort niederzulegen. Seine bewunderswerte Gabe, die Menschen anzusprechen, machte mir einen tiefen Eindruck, nicht nur mir als Individuum, sondern auch – und mehr noch – als Kommunistin. Die Achtung, die er sich errungen hatte, die Klarheit seiner Erklärung und die kraftvolle Art, wie er sie vorbrachte, wurzelten in jahrelanger Erfahrung, die er als Mitglied der kommunistischen Partei angesammelt hatte.

4. April 1968

Ich verbrachte den Morgen im Büro der SNCC. Am Nachmittag begab ich mich nach Los Angeles zum Verein für die Verteidigung der Menschenrechte, um mir einiges Material anzusehen, das ich drucken lassen wollte.

Der normale Verlauf dieses Donnerstags wurde von einem

Schrei zerrissen: »Man hat auf Martin Luther King geschossen!« Steinerner Unglaube ließ mein Gesicht erstarren. Er war am Kopf verwundet, die Wunde stammte von einem weißen Attentäter, und die Hoffnung, daß er am Leben bleiben würde, war gering.

Mein Unglaube wich der Trauer, so daß ich mich im Augenblick sehr hilflos fühlte, als müsse ich versinken. Ein vages Schuldgefühl befiel mich. Wir hatten Martin Luther King scharf kritisiert, weil er so starr für die Gewaltlosigkeit eintrat. Manche von uns hatten unseligerweise angenommen, daß seine Religion, seine philosophische Gewaltlosigkeit und seine Konzentration auf die »Bürgerrechte« – die im Gegensatz zum größeren Freiheitskampf standen – seine Führung zur Harmlosigkeit verdammt hätten. Niemals hätte einer von uns vorausgeahnt, daß er von der Kugel eines Attentäters niedergestreckt werden würde. Niemals hätte einer von uns vorausgeahnt, daß er unseren Schutz gebraucht hätte. Wir hatten sicher nicht eingesehen, daß seine neue Auffassung vom Kampf – der arme Leute aller Hautfarben, der die Unterdrückten der ganzen Welt einbezog – in irgendeiner Weise dem Feind bedrohlich erscheinen könnte. Es war kein Zufall, dachte ich, daß er gerade an jenem Tage mit streikenden Müllkutschern auf der Straße marschiert war.

Als ich wieder im Büro der SNCC war, konnte mein Zorn und meine Trauer über den Tod von Dr. King den angemessenen Ausdruck finden – den kollektiven Ausdruck. Mit den Genossen der SNCC besprach ich, wie wir zurückschlagen sollten.

Viele Menschen in der Gemeinde würden von uns, der SNCC von Los Angeles, Führung erwarten. Wir würden alle geistigen und körperlichen Kräfte brauchen, die wir finden konnten. Die Krise um Kings Ermordung war genau in dem Moment ausgebrochen, als wir ernste Probleme in unserem eigenen Kader hatten, in dem einige Fernsehrevolutionäre die Massen mit militanter Rhetorik aufpeitschen wollten – aber die unromantische tagtägliche Arbeit, um eine dauerhafte Organisation aufzubauen, sagte ihnen nicht zu. Seit dem Volkstribunal hatte sich Franklin als fähigster Führer aller unserer Kader erwiesen. Seine Durchschlagskraft und sein Magnetismus erregten den Neid der Hollywood-Revolutionäre und gaben den Anstoß zu anti-kommunistischen Unterströmungen, die unsere interne Lage zusätzlich kompliziert hatten. Aber wenn wir nicht sofort handelten, würden wir in unseren Pflichten gegenüber der Schwarzen Gemeinschaft versagen. Franklin war verreist. Er hatte sich die verhältnismäßige Ruhe um Los Angeles zunutze gemacht, um Kendra aufzusuchen, die eine Ideologische Schule für den Kader der Kommunistischen Partei in New York besuchte. Als der Mord stattfand, war er quer über den Kontinent unterwegs – er rief uns von Chicago an und fragte, was er tun solle. Wir baten ihn, umzudrehen und nach Los Angeles zurückzukehren.

In dieser Nacht wimmelte es in New York in den Stadtteilen Harlem und Bedford-Stuyvesant von zornigen jungen Schwarzen, die weiße Geschäfte mit Steinen und Flaschen angriffen – und von Polizei, die ausgesandt war, um sie zu bändigen. Raleigh in North Carolina befand sich im Aufruhr, und Jackson, Mississippi, und Nashville, Tennessee standen dicht vor der Explosion.

Ghettos in allen Teilen von Los Angeles konnten leicht auf den Siedepunkt gebracht werden und den August 1965 von neuem aufleben lassen. Wir wußten, daß gewisse Elemente die spontane Entladung der kollektiven Frustration und Verzweiflung befürworteten und dadurch direkt in die Hände der Polizei spielten, denn wir waren sicher, daß die Polizei von Los Angeles nur zu gern die Gelegenheit wahrnehmen würde, ihre neue »Aufruhr-Ausrüstung« auszuprobieren. Jeder Schwarze Mensch, der über den Mord an Martin Luther King verstört zu sein schien, könnte als mögliches Ziel eines Angriffs dienen. Da viele Beamten der Polizei von Los Angeles aus dem tiefen Süden stammten, galt sie als die gehässigste im ganzen Land – und, was wichtiger war, die am besten ausgerüstete.

Ein physischer Zusammenstoß mußte vermieden werden, denn das hätte den Untergang der Schwarzen Gemeinschaft bedeutet. Dennoch durfte man den brennenden Wunsch, sich zur Wehr zu setzen, nicht ungenutzt lassen – man mußte ihn in politische Kanäle leiten. Wir brauchten eine politische Massenkundgebung, um den Ruf nach einem erneuten, intensiven Kampf gegen den Rassismus zu erheben: Rassismus war der Mörder an Martin Luther King, und es war der Rassismus, dem man zu Leibe mußte.

Der Schwarze Kongreß gab seine Zustimmung zu dieser Auffassung. Alle Mitgliederorganisationen kamen überein, auf einer Massenkundgebung zu einem verstärkten Kampf gegen den Rassismus aufzurufen. Inzwischen mußten wir in steigendem Maße Massenaktivitäten entwickeln, die in der großen Kundgebung gipfeln sollten. Die Gemeinschaft mußte in Bewegung gehalten werden, ohne so weit getrieben zu werden, daß sie explodierte.

Am Tag nach dem Attentat rekrutierten wir Schüler der höheren Schulen zur Mitarbeit an unserem Feldzug. Sie sollten unserem Volk die Gründe für den Mord erklären und Flugblätter verteilen, in denen wir zu einer Versammlung in der 2. Baptistenkirche aufriefen. Unsere Vervielfältigungsmaschinen rollten vierundzwanzig Stunden am Tag und druckten die Flugblätter, die von Hunderten von Schülern verteilt werden sollten. Die Schüler warteten zu jeder Zeit des Tages vor unserem Büro.

Einige Leute warfen uns vor, daß wir die Gemeinschaft »beruhigen« wollten und angesichts der Tatsache der Ermordung eine konservative Haltung einnahmen. Diese Vorwürfe stammten von denen, die eine sofortige Rebellion wünschten. Unsere Strategie erwies sich jedoch als richtig, denn am Tag nach dem Mord war die Polizei ihrerseits bereit, eine Rebellion zu provozieren. Die Späher, die wir ausschickten, um die Stimmung der Gemeinschaft zu erkunden, kehrten mit Berichten zurück, daß die Polizei in der ganzen Stadt provozierte. Maschinengewehre waren auf den größeren Polizeistationen der Ghettos in Stellung gebracht; die Schützen waren dauernd auf dem Posten. Am Abend kam ein jüngerer Bruder mit blutüberströmtem Gesicht in unser Büro und erzählte uns, er sei auf der anderen Seite der Stadt von der Polizei verprügelt und dann vor unserem Büro abgesetzt worden. Wir kümmerten uns um seine Wunden und sahen zu, daß er nach Hause kam.

Die Spannung wuchs; uns war, als stünden wir auf einem brodelnden Vulkan, der jederzeit ausbrechen könnte. Am 5. April, dem Tag nach dem Mord, hatte Lyndon B. Johnson dem Verteidigungsminister die Anweisung gegeben, alle Kräfte aufzubieten, die notwendig waren, um »Recht und Ordnung« zu sichern. Am 6. April waren im ganzen Lande 20 Menschen getötet worden: neun in Chicago, fünf in Washington, zwei in Detroit und je einer in New York, Tallahassee, Minneapolis und Memphis – wo der Mord stattgefunden hatte. Tausende waren verwundet, und zweitausend festgenommen. Dreiundzwanzig Städte waren in Aufruhr.

An dem Abend, an dem unsere Versammlung in der 2. Baptistenkirche stattfand, ließen wir drei Brüder von unserer Sicherheitstruppe zur Wache in unserem Büro. Die Lage war sehr gespannt, alles war möglich. Die Brüder sollten uns gegen die blinde Wut der Polizei schützen.

Es war ein erstes Alarmzeichen, daß sich niemand meldete, als wir bei unserer Rückkehr von der Versammlung klopften. Bobby und ich wollten schon auf die Brüder zornig werden, weil sie in einem so kritischen Augenblick ihren Posten verlassen hatten. Aber wir wußten, daß sie absolut zuverlässig waren – es war nicht wahrscheinlich, daß sie das Büro unbewacht gelassen hätten.

Die Vordertür war unverschlossen – etwas stimmte nicht. Drinnen waren Stühle umgeworfen, das Propagandamaterial war aus den Regalen gerissen und über den ganzen Boden verstreut, und unser Plakat für Rap Brown war in Fetzen gerissen. Im Vervielfältigungsraum waren die Trommeln unserer Maschinen mit Glasscherben zerschnitten. Tinte war wahllos über den Boden und die Wände verspritzt.

Innerhalb von wenigen Minuten kamen die beiden Frauen, die das Restaurant nebenan betrieben, in das Büro gestürzt. Sie erzählten uns, daß etwa fünfzehn schwarz-weiße Polizeiautos vor dem Büro vorgefahren wären. Einige Polizisten wären zum Hintereingang gegangen. Wir sahen, daß man die Tür mit einer Axt eingeschlagen hatte. Nach der Darstellung der beiden Schwestern hatte die Polizei etwa zehn Minuten später unsere drei Brüder aus der Vordertür abgeführt. Man hatte sie in ein Polizeiauto gestoßen und sei davongebraust.

Es war kein Zufall, daß sie unsere Vervielfältigungsmaschinen demoliert hatten. Die Arbeit unserer Organisation war in erster Linie Erziehungsarbeit. Wir hatten gerade Hunderttausende von Flugblättern gedruckt, in denen wir gegen den Mord an Dr. King protestierten, die rassistischen Kräfte, die hinter dem Mord standen, bloßstellten und Vorschläge machten, wie wir unseren Widerstand bekunden sollten. Obwohl die herrschenden Kreise das nicht oft zugaben, fürchteten sie diese erzieherische Methode weit mehr als die rhetorischen Drohungen wie »Weg mit den Schweinen«. Sie wußten, daß es unsere Strategie war, die Massen zu organisieren, und daß eine immer größere Zahl von Menschen auf unser Wissen und unsere Führung vertraute.

Wir erholten uns vom ersten Schock und unterdrückten unsere Wut lange genug, um den Schaden genauer zu besichtigen und die Räder in Bewegung zu setzen, um die Kaution für unsere Brüder aufzubringen. Einer schlug vor, daß wir essen sollten und machte unter dem großen Topf mit Spaghetti, die wir früher am Tag gekocht hatten, das Feuer an. Wir verteilten Eßnäpfe und fingen an zu essen, als einer ausrief: »He, da ist ein Nagel in den Spaghetti!« Das stimmte. Reißnägel waren in seinem Essen ebenso wie in den anderen Eßnäpfen – die Polizei hatte sie in den Topf eingerührt, als sie in unser Büro einbrach.

Wir beschlossen, das Büro so zu lassen, wie es war, mitsamt dem Topf Spaghetti auf dem Herd, und für den nächsten Morgen eine Pressekonferenz einzuberufen. Damit die Presse mit eigenen Augen sehen konnte, wie widerlich die »tapfere« Polizei arbeitete.

Ende April 1968 war die SNCC von Los Angeles knapp zwei Monate alt. Aber sie hatte sich zu einer der wichtigsten Organisationen in der Schwarzen Gemeinschaft von Los Angeles gemausert. Der Tribunalausschuß unserer Leute, der immer noch im Fall von Gregory Clark tätig war, befaßte sich mit polizeilicher Brutalität und Unterdrückung. Wir hatten eine Jugendorganisation aufgebaut – das SNCC-Jugendkorps –, die mehr als fünfzig aktive Mitglieder angeworben hatte, und die Schule der Freiheit, die unter meiner Leitung stand, brachte jedesmal, wenn sie ein Treffen veranstaltete, Dutzende von Leuten auf die Beine.

Unser Telefon war dauernd am Läuten; es waren immer Menschen, die von Akten der Diskriminierung und der Unterdrükkung berichteten und um unsere Anleitung baten, wie man ihnen begegnen könne. Das Büro war fast nie leer: Es war ein Ort, wo die Leute hören wollten, wie es um den Kampf stand und wie sie daran teilnehmen konnten.

Als die Organisation stärker wurde, wurden die wahrhaft engagierten Kader von jenen Mitgliedern des Stabes getrennt, die zwar Anerkennung für den Aufbau der SNCC haben wollten, aber nicht die Verantwortung. Ursprünglich waren im zentralen Stab sechs Männer und drei Frauen gewesen. Die drei Frauen – Bobbie, Rene und ich – hatten immer unverhältnismäßig viel dazu beigetragen, das Büro und die Organisation in Schuß zu halten. Jetzt leisteten nur noch zwei Männer wichtige Arbeit in der Organisation – Franklin natürlich und ein Bruder namens Frank, der die Sicherheit und das Jugendkorps betreute. Bobby, Rene und ich arbeiteten ganztägig.

Manche der Brüder kamen nur (manchmal) für Stabsbesprechungen, und immer wenn wir Frauen mit etwas Wichtigem beschäftigt waren, begannen sie davon zu reden, daß die Frauen »die Organisation an sich rissen« – sie nannten es einen matriarchalischen *coup d'état.* Alle Mythen über die Schwarzen Frauen wurden hochgespült. Bobbie, Rene und ich seien zu herrschsüchtig; wir versuchten, alles zu kontrollieren, einschließlich der Männer – und das bedeutete, wenn man es weiter faßte, daß wir sie ihrer Männlichkeit berauben wollten. Dadurch, daß wir eine so führende Rolle in der Organisation spielten, behaupteten einige, halfen wir dem Feind, der die Schwarzen Männer schwach sehen wollte und unfähig sich zu behaupten. Diese Verteufelung war besonders bitter, weil wir eine der wenigen Organisationen in der Schwarzen Freiheitsfront von Los Angeles und wahrscheinlich vom ganzen Lande waren, in der Frauen eine führende Rolle spielten. Es war eine Zeit, in der gewisse nationalistische Gruppen durch den bedauerlichen Entschluß gekennzeichnet waren, die Frauen in den Hintergrund zu schieben. Die Brüder, die gegen uns waren, stützten sich weitgehend auf diese Tendenz der männlichen Überlegenheit, die sich durch die Bewegung hindurchzog, obwohl sicherlich einige von ihnen genügend politische Reife besaßen, um das Reaktionäre in dieser Tendenz zu erkennen. Schließlich war es eine Stimme aus der Regierung Johnsons gewesen, Daniel Moynihan, die 1966 die Theorie des sklavereibedingten Schwarzen Matriarchats wieder aufgebracht hatte, die besagte, daß die beherrschende Stellung der Schwarzen Frau in der Familie und darüber hinaus in der Gemeinde einer der Hauptgründe für den jämmerlichen Zustand der Schwarzen Gemeinschaft sei.

Die Brüder wußten das; sie wußten auch, daß Bobbie, Rene und ich, gemeinsam mit Franklin und Frank, nur deshalb die Führung der SNCC übernommen hatten, weil ihr eigener Einsatz so mangelhaft war. Trotzdem waren sie entschlossen, es auf einen Kampf ankommen zu lassen. Ich wußte, daß die Dinge schlecht standen, daß wir an der Kippe von etwas Schlimmem, vielleicht sogar Vernichtendem standen. Aber ich wußte nicht, daß sich dieses Geplänkel zu offenen Feindseligkeiten ausweiten würde.

Franklin und Frank kämpften natürlich auf unserer Seite. Als die Arbeit der Organisation erlahmte, weil sie durch diesen inneren Streit ungünstig beeinflußt war, beschlossen wir, daß Hauptquartier der SNCC in New York zu Hilfe zu rufen. Forman war außer Landes; ein anderes Mitglied des nationalen Stabes sagte, er wolle zu uns kommen. Aber als er erschien, interessierte er sich nicht so sehr für die besonderen Schwierigkeiten, wegen deren wir ihn gerufen hatten, als im allgemeinen für die Qualität der Arbeit, die wir in Los Angeles leisteten. Er behandelte unser Problem der männlich-weiblichen politischen Beziehungen sehr von oben herab und sagte, es sei nicht wichtig genug, um eine gesonderte Diskussion zu erfordern. Diese Dinge würden sich regeln, sagte er, wenn wir mit anderen Problemen zu tun hätten. Worüber dieser Bruder sprechen wollte, war die große Diskrepanz zwischen unserer Organisation und den anderen Ortsgruppen der SNCC im ganzen Land, und besonders dem nationalen Hauptquartier in New York. Damit hatte er selbstverständlich recht. Wir hatten unsere eigene Strategie und unser Programm ohne Rücksicht auf die Richtlinien der New Yorker SNCC ausgearbeitet. Tatsächlich hatte die nationale SNCC bei uns fast nichts anderes eingebracht als die Genehmigung, den Namen zu benutzen, und den anfänglichen Rat, den wir von Forman erhielten.

Der Bruder aus New York beklagte sich, daß das Büro nicht »geschäftsmäßig« geführt würde, zu viele Leute »lungerten rum«, die nicht am Schreibtisch säßen. Wir erfüllten nicht, was eigentlich eine unserer vornehmsten Pflichten sein sollte: für die nationale Organisation Geld zu sammeln. Er tadelte uns, weil wir nicht genug Cocktail-Parties in den Stadtvierteln auf den Hügeln veranstalteten, wo die Wohlhabenderen unserer Bevölkerung überredet werden könnten, ihren Wohlstand mit der SNCC zu teilen.

Ich wurde persönlich wegen der Kurse kritisiert, die ich in den Lehrplan der Freiheitsschule aufgenommen hatte. Während ich die Schule als ein Mittel betrachtete, das Bewußtsein zu wecken, als etwas, was der Gemeinschaft *politische* Erziehung angedeihen ließ, meinte der Bruder von New York, sie solle im wesentlichen darauf ausgerichtet werden, der Gemeinschaft Facharbeit beizubringen – Facharbeit wie die Reparatur von Radio- und Fernsehgeräten und die Programmierung von Computern. Die Schule, sagte er, solle als Werkzeug für den Existenzkampf dienen; sie solle den Menschen das Wissen beibringen, das sie brauchten, um Arbeit zu kriegen. Bei dem auf kritische Weise geringen Angebot an Arbeit, und besonders gelernter Arbeit in den Schwarzen Gemeinschaften, war es jedenfalls nicht die Aufgabe der Freiheitsschule der SNCC, Handwerksunterricht zu erteilen. Ich sah die Schule, der ich vorstand, als einen Ort, wo politisches Verständnis geschaffen und geschärft wurde, wo sich das Bewußtsein artikulierte und in eine revolutionäre Richtung gelenkt wurde. Daher lehrte ich, zusammen mit anderen, Kurse über folgende Themen: Aktuelle Entwicklungen in der Schwarzen Bewegung, Freiheitsbewegungen in der dritten Welt und Methoden der Gemeinschaftsorganisation.

Der Abgesandte des Hauptquartiers kritisierte auch, daß ich Kurse aufgenommen hatte, die marxistisches Gedankengut betrafen. Schließlich hätten die Schwarzen Menschen Angst vor dem Kommunismus, sagte er; sie schreckten von der Organisation zurück, wenn sie glaubten, daß da Kommunisten am Werk seien. Das war das erste Signal, daß ein entscheidendes Kesseltreiben gegen Franklin geplant war.

Nach einer Veranstaltung zur Beschaffung von Geldmitteln, die noch in Anwesenheit des Bruders in Los Angeles stattfand (wir arrangierten solche Veranstaltungen, um unsere eigenen Ausgaben zu decken), lud Franklin einige Brüder von der Sicherungstruppe in seine Wohnung ein. Sie hatten sowohl das eingenommene Geld als auch die Waffen, um es zu schützen. Unter dem Vorwand, daß in der Wohnung gelärmt wurde, brach die Polizei ein, verhaftete alle Brüder, konfiszierte das Geld und die Waffen (die alle durch einen Waffenschein gedeckt waren) und beschuldigte sie des bewaffneten Raubüberfalls.

Es war nicht schwer, das Motiv dieses scheinbar willkürlichen Überfalls zu erkennen. Für den nächsten Morgen war nämlich eine Kundgebung vor dem Rathaus angesetzt, um eine Reihe von Zusammenstößen mit dem Magistrat wegen des Falles von Gregory Clark zum Austrag zu bringen. Franklin sollte die Seele dieser Kundgebung sein. Man erwartete einen großen Menschenauflauf, und die Polizei hoffte, der Kundgebung den Stachel zu nehmen, wenn sie Franklin ins Gefängnis warf. Die Vorführung vor den Ermittlungsrichter sollte zur selben Zeit stattfinden wie die Kundgebung, und es bestand keine Aussicht, ihn an jenem Montag morgen vor dieser Vorführung gegen Kaution freizukriegen.

Zweifellos erwartete die Polizei, daß wir die Kundgebung absagen würden – und dachte wahrscheinlich, daß sich, wenn wir's nicht taten, der Ausschuß des Volkstribunals mit dem Versuch, diese Kundgebung in Abwesenheit seines Führers durchzuziehen, eine Niederlage einhandeln würde. An jenem Morgen beschlossen die Menschen, die sich zur Kundgebung zusammengefunden hatten, fast spontan, die Demonstration vor das Gerichtsgebäude auf der anderen Straßenseite zu verlegen und die sofortige Freilassung Franklins zu verlangen. Die hitzige Menge strömte in die Hallen des Gerichtsgebäudes und füllte den Saal, in dem die Vorführung stattfinden sollte, bis auf den letzten Platz. Ohne ein Wort der Erklärung verkündete der Richter plötzlich, daß er alle Anklagepunkte gegen Franklin und die anderen Brüder fallenließe.

Franklin war ungewaschen und unrasiert, und es war leicht zu erkennen, daß er während der Nacht im Gefängnis nicht geschlafen hatte. Trotzdem leitete er die Kundgebung mit gewohntem Elan, und es schien, daß die Menschen sich noch kriegerischer verhielten, als wenn die Polizei nicht versucht hätte einzugreifen. Nachdem sie die Wirkung ihrer kollektiven Macht erlebt hatte – daß nämlich Franklin auf ihre Forderung hin freigelassen worden war –, gelüstete es sie nach Kampf für andere derartige Siege.

Am nächsten Tag veröffentlichte die ›Los Angeles Times‹ einen ausführlichen Artikel über die Kundgebung und die Mittel, mit denen Franklins Freilassung erreicht worden war. In dem Artikel wurde Franklin als maoistischer Kommunist bezeichnet. Als Mitglied der Kommunistischen Partei der USA war Franklin selbstverständlich kein Maoist. Aber der Bruder aus New York war von dieser Bezeichnung wie hypnotisiert, obwohl er wußte, daß sie nicht zutraf. Ich vermute, daß es ihm gleich war, welche Art Kommunist Franklin war. Es war die Tatsache, daß er überhaupt ein Kommunist war und daß die Nachrichtenmedien das herausgestellt hatten, die ihn so sehr störte.

Der Artikel in der ›Times‹ veranlaßte ihn, eine Sitzung des Stabes und anderer Angestellter der SNCC einzuberufen. Wie ich später erfuhr, waren gewisse Mitglieder des Stabes schon informiert, daß man bei der Sitzung darüber diskutieren wollte, ob es ratsam sei, einen Kommunisten eine führende Rolle in der Organisation spielen zu lassen. Mich hatte man nicht informiert, denn man wußte, wo meine Politik und meine Loyalität angesiedelt waren.

Die Darstellung des Vertreters der SNCC vor den Anwesenden war ebenso einfach wie opportunistisch. Die SNCC konnte es sich schlechthin nicht leisten, mit Kommunisten verbunden zu sein. Wenn man Franklin erlaubt hatte, eine so »sichtbare« Rolle in der Organisation zu spielen, so sei das ein Fehler gewesen, vor allem da man New York nicht erst um Rat gefragt hätte. Er verhänge den Ausschluß über Franklin, so sagte er mit Nachdruck, in Übereinstimmung mit den Richtlinien der nationalen Organisation, und ordne außerdem an, daß das Büro und das Programm von allen Spuren des Kommunismus oder Marxismus gesäubert werden sollte. Schweigen. Sollte das ein Wiederaufleben der Säuberungen McCarthys sein? Franklins Bruder Deacon und ich waren die einzigen, die sich diesem Schachzug widersetzten. Und wir waren nur ein kleiner Bruchteil derer, die anwesend waren. Offenbar steckte ein schlimmer Defekt in der Organisation, die wir aufgebaut hatten, wenn ein Mann aus dem New

Yorker Büro hereinschneien und die führende Figur aus unserer Mitte ausstoßen konnte, ohne daß sich auch nur ein schwacher Widerstand regte. Oder war die Furcht vor dem Kommunismus so mächtig, daß sie zur Kompromittierung unserer Grundsätze und zu Zugeständnissen in allen Dingen führen konnte, die wir uns so mühsam erkämpft hatten.

Es war eine traurige Zeit. Ich fühlte mich von Schwestern und Brüdern entfremdet, die ich nicht nur als meine Waffengenossen, sondern auch als gute Freunde betrachtet hatte. Franklin war einseitig aus der Organisation ausgestoßen, ohne daß man ihm die Gelegenheit gab, sich vor den Menschen zu rechtfertigen, die zu ihm als Genossen und Führer aufgeblickt hatten. Franklin, Deacon und ich berieten über unsere nächsten Schritte. Mein erster Impuls war auszutreten. Aber nachdem wir uns besprochen hatten, beschlossen wir, daß Deacon und ich noch eine Zeitlang bleiben sollten; vielleicht konnten wir die anderen wieder zur politischen Vernunft bekehren.

Aber es war zu spät. Das erste Zugeständnis, die erste Zustimmung zu einer irrationalen, anti-kommunistischen Politik, der erste Beweis der Toleranz gegenüber einem autokratischen, apolitischen Geschäftstyp, der sich Revolutionär nannte, war der Anfang vom Ende unserer Organisation. Der nationale Vertreter ernannte einen Vorsitzenden, der den gleichen diktatorischen Standpunkt einnahm. Und der Vorsitzende isolierte, einen nach dem anderen, alle guten Leute der SNCC sehr wirkungsvoll. Ich wurde meines Amtes als Leiterin der Freiheitsschule enthoben, bei welcher Gelegenheit ich meinen Austritt erklärte, und sah nun von außen zu, wie die übrigen erst rumgeschubst und dann aus der Organisation ausgestoßen wurden. Innerhalb von Wochen war nur noch die Hülle von dem da, was wir geschaffen hatten. Während wir zweihundert Leute hatten, auf deren Mitarbeit wir rechnen konnten, und Hunderte mehr, die wir mobilisieren konnten, waren zu Anfang des Sommers nicht mehr als zehn Leute übrig.

Die SNCC von Los Angeles war tot. Das Büro wurde geschlossen, und die Leute fragten sich, was aus uns allen geworden war. Dies war ein Sieg für die reaktionären Kräfte. Der Sturz der SNCC hätte nicht besser geplant werden können, wenn er das Werk eines Agenten der Regierung gewesen wäre.

Stunden, Tage wurden mit erschöpfenden Diskussionen über die Vernichtung der SNCC von Los Angeles verplempert. Hätte sich das Ende vermeiden lassen? Was hatten wir falsch gemacht?

Hätten wir die Mehrheit des Stabes auf unsere Seite bringen können? Hätten wir sie überreden können, sich von der nationalen Organisation zu trennen? Schließlich hatten wir doch alles ohne Hilfe von New York aufgebaut.

Kendra, die während der kritischen Zeit eine Parteischule besucht hatte, kritisierte Franklin, Deacon und mich, weil wir uns nicht von Anfang an gegen die kleinen Zeichen des Antikommunismus zur Wehr gesetzt hatten. Es hatte Zeichen gegeben – passive Zustimmung sowie aktive Ermunterung zum Anti-Kommunismus –, aber diese Zeichen waren entweder versteckt oder sporadisch oder ohne Zusammenhang gewesen. Ich hatte nicht gemerkt, daß sie der Bazillus einer kollektiven Haltung sein könnten, die sich so jäh zur Hexenjagd auswuchs.

Ich fühlte, daß ich nicht ganz ohne Schuld war, weil ich gelegentlich gewissen anti-kommunistischen Gedanken zugestimmt hatte, die in der Linken vorherrschten. Ich hatte das nicht in irgendeiner offiziellen Eigenschaft getan, oder anläßlich formeller Sitzungen. Aber bei unverbindlichen Gesprächen im Büro hatte ich zuweilen zusammen mit den anderen Franklin in Verlegenheit gebracht. Wir hatten der kommunistischen Partei vorgeworfen, daß sie den nationalen und rassischen Aspekten bei der Unterdrückung der Schwarzen Menschen nicht genügend Beachtung schenke und daher die besonderen Kennzeichen unserer Unterdrückung in der allgemeinen Ausbeutung der Arbeiterklasse untergehen lasse. Und ich hatte mit anderen zusammen von einem ultralinken Standpunkt aus den allgemeinen »Konservatismus« der Partei kritisiert.

Es war nicht so, daß ich die kommunistische Partei überhaupt nicht hätte kritisieren sollen. Aber ich hatte diese Vorwürfe erhoben, ohne die Stellung der Partei sorgfältig geprüft zu haben. Unter den Umständen konnten meine Behauptungen – besonders da sie von jemand kamen, der sich eine Marxistin nannte – in gewisser Weise der weitverbreiteten unkämpferischen Einstellung zum Anti-Kommunismus Auftrieb geben.

Von diesem Zeitpunkt an versuchte ich mir die nötigen Informationen zu verschaffen, um entscheiden zu können, ob ich Mitglied der kommunistischen Partei werden sollte. In dieser Phase meines Lebens und meiner politischen Entwicklung – mehr noch als in den Tagen von San Diego – hatte ich das Bedürfnis, Teil einer ernsthaften revolutionären *Partei* zu werden. Ich wollte einen Anker, eine Basis, eine Vertäuung haben. Ich brauchte Genossen, mit denen mich eine gemeinsame Ideologie verband. Ich hatte die kurzlebigen Ad-hoc-Gruppen satt, die auseinanderfielen, wenn die geringste Schwierigkeit auftrat; die Männer satt, die ihre sexuelle Höhe danach bemaßen, wie die Frauen vor ihnen geistig in die Knie gingen. Nicht daß ich furchtlos gewesen wäre, aber ich wußte, daß wir kämpfen mußten, um zu siegen, und daß der siegreiche Kampf von den Massen unseres Volkes und von der arbeitenden Bevölkerung insgesamt kollektiv geführt werden mußte. Ich wußte, daß dieser Kampf von einer Gruppe geleitet werden mußte, einer Partei mit einer dauerhafteren Mitgliedschaft und Struktur und einer substantielleren Ideologie. Konfrontationen waren Gelegenheiten, die man ausnutzen mußte, Probleme waren Verwicklungen, die man mit der richtigen Taktik, den richtigen Ideen auflösen mußte. Und ich hatte das Bedürfnis zu wissen und zu respektieren, was ich tat. Bisher schienen alle unsere Aktionen letzten Endes in eine Ellipse zu münden – drei Punkte von Entschlußlosigkeit, Folgewidrigkeit und Wirkungslosigkeit.

Während dieser traurigen Zeit las ich wieder Lenins ›Was tun?‹ und das half mir, mein eigenes Dilemma zu klären. Ich las wieder Du Bois, besonders seine Erklärungen aus der Zeit, als er sich entschloß, in die kommunistische Partei einzutreten.

Seit Frankfurt, seit London, seit San Diego war es mein Wunsch gewesen, einer revolutionären Partei beizutreten. Von allen Parteien, die sich revolutionär oder marxistisch-leninistisch nannten, nahm meiner Ansicht nach allein die kommunistische Partei den Mund nicht zu voll. Obwohl ich einigen Aspekten der Parteipolitik kritisch gegenüberstand, war ich bereits zu dem Schluß gelangt, daß es entweder die kommunistische Partei sein würde oder, wenigstens vorläufig, gar keine.

Aber bevor ich die Entscheidung treffen konnte, mußte ich sie prüfen, studieren. Der Che-Lumumba-Club, die Schwarze Zelle der Partei in Los Angeles, war der Parteisektor, der mich interessierte. Ich wollte seine Rolle und seine Verantwortung innerhalb der Partei kennenlernen und wissen, wie er sich seine Identität und Konsequenz bewahrte, wenn sich seine Kader in der Schwarzen Freiheitsbewegung engagierten. Wie bei allen anderen kommunistischen Parteien ist auch in den Vereinigten Staaten die Grundeinheit der »Club« (oder die Zelle, wie es in anderen Ländern heißt). Im allgemeinen setzt sich der Club aus fünf bis zwanzig Mitgliedern zusammen. Dann gibt es Sektionen, Bezirke, Staaten, Regionen und schließlich die nationale Führung, die die von regelmäßig stattfindenden nationalen Konventionen festgelegte Politik ausführt. Im Rahmen der demokratisch-zentralistischen Struktur der Partei war der Che-Lumumba-Club ein Club wie jeder andere. Er spielte aber doch eine besondere Rolle, weil sich die Schwarzen Kommunisten in Los Angeles für einen Club eingesetzt hatten, dem nur Schwarze angehörten und dessen wichtigste Aufgabe es sein sollte, marxistisch-leninistische Ideen in den Freiheitskampf der Schwarzen in Los Angeles hineinzutragen und für die Schwarze Bewegung im Namen der größeren Partei die Führung zu übernehmen.

Der Club war 1967 gegründet worden – zu einer Zeit, als die Schwarze Bewegung ihren Höhepunkt erreichte. Die kommunistische Partei war unweigerlich von den Aufständen in den Ghettos von Harlem und Watts mitbetroffen. Weil Los Angeles die Szene des ersten großangelegten Schwarzen Aufstandes der jüngeren Zeit war, schien es logisch, daß der Che-Lumumba-Club in dieser Stadt gegründet wurde.

Die Kenntnis, die ich über den Che-Lumumba-Club gewann, befriedigte mich nicht vollkommen, weil ich wenig Kenntnis aus erster Hand über die größere Partei besaß. Daher machten mich Kendra und Franklin mit einigen der weißen Genossen bekannt. Ich begann Dorothy Healey zu besuchen, die damals der Bezirksorganisation von Südkalifornien vorstand. Wir hatten lange, komplizierte Diskussionen – manchmal auch Streitgespräche – über die Partei, ihre Rolle innerhalb der Bewegung, ihre Möglichkeiten als Führerpartei der Arbeiterklasse, ihre Möglichkeiten als die Partei, die die Vereinigten Staaten von ihrer gegenwärtigen, rückständigen, historisch ausbeuterischen Phase zu einer neuen Epoche des Sozialismus führen könnte. Ich genoß diese Diskussionen mit Dorothy ganz ungeheuer und merkte, daß ich eine Menge daraus lernte – ohne Rücksicht darauf, ob ich mich schließlich entschloß, selbst Kommunistin zu werden.

Im Juli 1968 übergab ich meine fünfzig Cents – den anfänglichen Mitgliedsbeitrag – dem Vorsitzenden des Che-Lumumba-Clubs und wurde dadurch ein volles Mitglied der Kommunistischen Partei der Vereinigten Staaten. Kurz danach mußte ich mich nach La Jolla zurückziehen, um die letzten intensiven Vorbereitungen für die Qualifikationsexamen zu treffen, die meinem Doktorexamen vorausgingen. Wochenlang tat ich nichts als studieren. Tagsüber studierte ich in meinem Büro in der Universität. Abends arbeitete ich – oft bis spät in die Nacht – in dem alleinstehenden Haus in Del Mar, das mir Freunde für den letzten Teil des Sommers überließen. Meine Gedanken waren so innig mit Dingen der Philosophie vermählt, daß ich mich manchmal dabei ertappte, wie ich von Spinoza, Kant und Hegel und ihren Ideen träumte. Ich hatte den Wunsch gehabt, die Examen zu dieser Zeit zu machen und nicht bis zu meinem zweiten Jahr an der Universität zu warten, was der normale Verlauf gewesen wäre. Das bedeutete, daß ich selbständig Werke lesen mußte, die ich sonst in Verbindung mit Universitätskursen gelesen hätte. Ich mußte arbeiten, arbeiten, arbeiten – bis zum Punkt absoluter Sättigung.

Als die Examenswoche nahte, entlud sich die siedende Verzweiflung der Studenten, die sich auf diese Prüfung vorbereiteten, zur offenen Panik. Inmitten einer Diskussion brach zum Beispiel jemand ohne sichtbaren Grund in Tränen aus. Die Furcht durchzufallen war allgegenwärtig. Und dann gab es etwas, was noch mehr gefürchtet wurde als der Durchfall: daß man mit einem abschließenden Magistertitel bestand und dadurch endgültig von der Doktoratsliste gestrichen wurde. Wenn man die Examen nur schlicht nicht bestand, konnte man es immer noch einmal im Frühling versuchen. Aber der abschließende Magister war das Ende.

Es war eine große Erleichterung, als ich erfuhr, daß ich bei den Examen recht gut abgeschnitten hatte. Nachdem ich sie bestanden hatte, begann ich an einem Vorbericht zu meiner Doktorthese zu arbeiten und wurde zur Lehrassistentin an der philosophischen Fakultät ernannt, was auch eine Vorbedingung fürs Doktorexamen war. Etwa die Hälfte der Woche forschte und lehrte ich in La Jolla und widmete die andere Hälfte meiner politischen Arbeit in Los Angeles.

Ich war froh, daß es mir möglich war, wieder an den wöchentlichen Zusammenkünften des Che-Lumumba-Clubs teilzunehmen. Es war für uns eine außerordentlich wichtige Periode. Im Juni war Charlene Mitchell, unsere Gründerin und Vorsitzende, von der nationalen Konvention zur Kandidatin der Partei für die Wahl zum Präsidenten der USA ernannt worden und wurde damit zur ersten Schwarzen Frau, die sich um dieses Amt bewarb. Wir waren ungeheuer stolz, daß die erste Schwarze Präsidentschaftskandidatin auch Kommunistin war. Da sich die kommunistische Partei vor achtundzwanzig Jahren zum letztenmal an den Präsidentschaftswahlen beteiligt hatte, bezeichnete ihre Kandidatur einen neuen Abschnitt für die Partei. Man erklärte den letzten Spuren der McCarthy-Zeit den Krieg, und die Einsicht wuchs, daß sie ein für allemal ausgemerzt werden mußten.

Im September und Oktober war Charlene dauernd unterwegs, sprach in einundzwanzig Staaten und in Puerto Rico. (Kein anderer Kandidat machte sich die Mühe, nach Puerto Rico zu reisen). In Südkalifornien machten wir Wahlpropaganda für Charlene vor Fabriktoren, in Gewerkschaftsversammlungen, in Kirchen, an Universitäten, auf den Straßen und überall sonst, wo unsere Worte ein geneigtes Ohr finden konnten. Natürlich hatten wir keine Illusionen über das Ergebnis der Wahlen. Daher kümmerten wir uns nicht so sehr um die Zahl der Stimmen, die sie erhalten würde, sondern mehr um ihre Fähigkeit, Menschen anzusprechen, die sonst niemals politische Alternativen zu den Republikanern und Demokraten und wirtschaftliche Alternativen zum Monopolkapitalismus in Betracht gezogen hätten. Charlenes Kandidatur gab uns die Chance, vom Sozialismus als einer realen Lösung der Probleme zu sprechen, denen sich die Arbeiterklasse, und besonders Schwarze und Braune Menschen gegenübersahen.

Um diese Zeit nahmen Charlenes Bruder Deacon und ich Gespräche mit Führern der Schwarze-Panther-Partei von Los Angeles auf, die uns vorgeschlagen hatten, mit ihrer Partei zusammenzuarbeiten. Sie hatten vor, ein Büro auf der Westseite der Stadt zu eröffnen und wollten, daß Deacon diese Sektion leitete. Mir machte man den Antrag, mich am politischen Bildungsprogramm zu beteiligen. Angesichts der Tatsache, daß alle anderen Mitglieder des Clubs bereits intensiv mit irgendwelchen Massenbewegungen beschäftigt waren, haben wir uns beide diesen Vorschlag gründlich überlegt. Einige unserer Genossen waren aktiv in der Anti-Kriegs-Bewegung und versuchten den Kriegsgegnern ein Denkmodell zu vermitteln, das die Verbindung zwischen der Aggression in Vietnam und dem Rassismus und der Unterdrückung in der Heimat herstellte. Andere, darunter auch Kendra und Franklin, arbeiteten mit Studenten, vornehmlich im Southwest Junior College. Ich hielt es für wichtig, daß einige von uns die Arbeit der Schwarze-Panther-Partei unterstützten, die zu jener Zeit wie ein Magnet junge Schwarze Menschen in großer Zahl in ihre Reihen zog.

Nach einer Reihe von Gesprächen mit den Panthern, in denen wir Probleme erörterten und alte Feindschaften klärten und ausräumten, und nachdem wir den Vorschlag im Che-Lumumba-Club diskutiert hatten, waren Deacon und ich bereit, in die Panther-Partei einzutreten. Als Büro für die Westseite wählten wir ein Gebäude an der Ecke Seventh Avenue und Venice Boulevard, und schon wenige Tage darauf begannen junge Schwestern und Brüder aus dem umliegenden Bezirk bei uns hereinzuströmen. Kaum waren Programme organisiert, als sie auch schon schier aus den Nähten platzten, so viele eifrige junge Leute hatten sich gemeldet. Von halb vier Uhr nachmittags, wenn die Schüler der Oberschule kamen, bis zehn Uhr abends war das Gebäude der Schauplatz von Versammlungen, Klassen und Diskussionen über Themen wie der Schwarze Freiheitskampf in den Vereinigten Staaten, die Bewegung im Bereich von Los Angeles, Strategie und Taktik bei der Organisation von Gemeinschaften und die marxistisch-leninistische Theorie der Revolution.

Wenn ich noch Reste von der elitären Haltung in mir hatte, die sich fast unvermeidlich im Hirn von Universitätsstudenten einnistet, dann bin ich sie jetzt bei den politischen Bildungskursen der Panther losgeworden. Als wir Lenins ›Staat und Revolution‹ lasen, hatten wir Schwestern und Brüder in der Klasse, die in der Schule noch nicht einmal das Lesen gelernt hatten. Manche erzählten mir, daß sie viele schmerzliche Stunden vor dem Buch gesessen und oft das Wörterbuch benutzt hätten, um die Bedeutung von Dutzenden von Wörtern auf einer einzigen Seite nachzuschlagen, bis sie schließlich den Sinn von Lenins Gedankengang verstanden. Wenn sie vor den anderen Teilnehmern der Klasse erklärten, was sie beim Lesen gelernt hatten, dann offenbarte sich, daß sie wirklich Bescheid wußten – sie hatten Lenin viel grundlegender verstanden als alle Professoren der Sozialwissenschaften.

Kurz nach der Eröffnung des Büros hörten wir von einem brutalen Mord, der sich in der Nachbarschaft ereignet hatte. Der Bericht lautete folgendermaßen: Eines Abends, als ein junger Bruder versuchte, in einem nahegelegenen Schnapsladen Bier zu kaufen, weigerte sich der Eigentümer, sein Geld anzunehmen, da er nicht nachweisen könne, daß er das vorgeschriebene Alter habe. Wütend, weil er sein Bier nicht kriegen konnte, warf er dem Eigentümer ein paar kräftige Worte an den Kopf und stürmte aus dem Laden. Offenbar nur um seinem Ärger Luft zu machen, warf der Bruder mit einem Tritt die Mülltonne um, die an der Ecke stand. Der Eigentümer nahm seine Waffe, die unter dem Ladentisch verborgen war, und feuerte durch die Glastür; er tötete damit auf der Stelle diesen Bruder, der nichts getan hatte, als seinen Ärger an einer draußen stehenden Mülltonne auszulassen. Als er später über den Vorfall befragt wurde, behauptete der Eigentümer, er habe das Recht, sein Eigentum zu schützen. Die

Ironie in dieser Tragödie lag darin, daß er gerade gelesen hatte, es sei die Aufgabe des Staates, den besitzenden Klassen Schutz zu gewähren. Es war klar, daß das Gericht diese fadenscheinige Entschuldigung gelten lassen würde, wenn die Menschen ihre Proteste nicht laut werden ließen. Das heißt, es würde die Behauptungen des Besitzers gelten lassen, daß das Leben dieses jungen Schwarzen Mannes weniger wert war als eine Mülltonne für fünf Dollar.

Wir hielten es für unsere Pflicht, die Gemeinschaft zu organisieren, damit dieser Mann seine Strafe erhielt. Das bedeutete Märsche durch die Straßen der Umgebung, Flugblätter von Haus zu Haus, Kundgebungen auf den Straßen und besonders auf dem Parkplatz des Ladens und ein ständiges Aufgebot von Menschen vor dem Laden, die die Leute aufforderten, bei diesem Mann nicht zu kaufen, da wir ihn für einen Mörder hielten. Die Folge war, daß der Umsatz dieses Mannes auf einen Bruchteil seiner früheren Einnahmen sank, und er wegen Totschlags unter Anklage gestellt wurde. Wie gewöhnlich verbrachte er jedoch nicht eine einzige Nacht im Gefängnis, weil seine Kaution so niedrig war, daß sie praktisch nicht existierte. Dennoch waren wir entschlossen, ihm wegen Mordes den Prozeß machen – und ihn auch überführen – zu lassen.

Die Bewegung geriet ins Rollen. Die Klassen und Versammlungen im Bürogebäude hatten eine Teilnehmerschaft von über zweihundert Personen. Wir mußten uns mit viel gezielteren Störungsmanövern der Polizei auseinandersetzen. Plötzlich geriet, inmitten all dieser Geschehnisse, die Schwarze-Panther-Partei in die Krise. Man hatte entdeckt, daß im ganzen Land eine große Anzahl Polizeiagenten in die Partei infiltriert war. Eine Säuberung setzte ein. Und nachdem sie einmal begonnen war, erfaßte sie auch Schwestern und Brüder, die so unschuldig waren wie die, die die Säuberung verlangten. Meiner Meinung nach waren einige feindliche Sympathisanten, die selbst hätten gesäubert werden müssen, in den Entscheidungsprozeß vorgedrungen, wo bestimmt wurde, wer auszustoßen sei und wer in der Partei bleiben dürfe. Das Büro der Westseite war praktisch dezimiert. Deacon wurde wegen seiner Zugehörigkeit zur kommunistischen Partei befragt – hätte man ihn vor die Kontrollkommission gegen subversive Aktivitäten vorgeladen, es wäre nicht viel anders gewesen. Offenbar steckte etwas anderes dahinter als nur die Tatsache, daß er Kommunist war – das war ja immerhin schon bekannt gewesen, als man ihn aufforderte, an der örtlichen

Führung der Schwarze-Panther-Partei mitzuarbeiten. Außerdem stellte man mir nicht das gleiche Ultimatum wie Deacon, nämlich zwischen einer der beiden Parteien zu wählen, Schwarze Panther oder Kommunist. (Dies Problem war besprochen worden, bevor wir der Schwarze-Panther-Partei beitraten, und man hatte sich beiderseits geeinigt, daß die zwei Parteien nicht miteinander konkurrierten, und daher kein Loyalitätskonflikt bestünde.)

Es bedarf keiner Erwähnung, daß das die beste Gelegenheit für den Feind war, anzugreifen und das Durcheinander und die Verwirrung zu nutzen. Und so wurde denn auch um diese Zeit ein führendes Mitglied der SPP – eins das beim Aufbau der Sektion Westseite viel geholfen hatte – eines Morgens an abgelegener Stelle mit einer Kugel im Kopf gefunden. Kurz danach, etwa Mitte Januar, bevor wir uns noch von dem Schock hatten erholen können, den Francos Tod verursacht hatte, hörten Deacon und ich die Nachricht im Radio: zwei Führer der SPP, Bunchy Carter und Jon Huggins, waren während eines Treffens der Schwarzen Studenten-Union auf dem Gelände der UCLA (Universität von Kalifornien in Los Angeles) erschossen worden. An eben jenem Tag hatte ich vorgehabt, Jon und seine Frau Ericka zu besuchen, um einige interne Parteiprobleme zu besprechen. Mit ein paar Schwestern und Brüdern vom Büro der Westseite eilte ich zu ihrer Wohnung, um mich zu versichern, daß Ericka und ihrem neugeborenen Kind nichts passiert war. Als wir dort ankamen, beendete die Polizei gerade ihre Razzia. Sie verhafteten die Brüder und Schwestern in der Wohnung, einschließlich Ericka und das Baby, und rechtfertigten sich damit, daß sie Nachricht hätten, die Panther könnten für die Tötung ihrer Leute vielleicht Vergeltung üben. Das war absurd, weil um diese Zeit die näheren Umstände der Morde nicht bekannt waren. Erst später erfuhren wir, daß zwei Mitglieder von Ron Karengus US-Organisation tatsächlich den Finger am Abzug gehabt hatten.

Schon viele Male waren Führer und Aktivisten von den Kugeln der Polizei, von bewußten Agenten oder von irren, verwirrten Brüdern, die sich mißbrauchen ließen, gefällt worden. Wir hatten schon öfter geweint, wir hatten schon öfter Begräbnissen beigewohnt, und wir hatten Wut gefühlt und geäußert, wenn einem Bruder, einem Genossen so grausam das Leben geraubt wurde. Wir wußten, daß wir im Augenblick durch unser Engagement an einen Teufelskreis der Gewalt gekettet waren – auf diese Weise wollten unsere Feinde uns zwingen, voller Angst zurückzuweichen. In gewisser Weise erwarteten wir daher immer die Gewalt, wir wußten, daß sie kam, obwohl wir nie ihr nächstes Opfer vorausbestimmen konnten. Und doch war sie jedesmal, wenn sie zuschlug, für uns in gleicher Weise vernichtend. So oft sie sich auch wiederholte, man konnte sich nicht daran gewöhnen.

Für mich persönlich war der Tod von Jon Huggins besonders schmerzlich – von allen Panther-Führern war ich mit ihm und Ericka am engsten befreundet. Trotz aller Probleme, die sich vor kurzem erhoben hatten, war meine Achtung und Bewunderung für ihn riesengroß, und ich war sicher, daß er mit seinem Entschluß, die Krise in der Partei einer Lösung zuzuführen, in gutem Glauben gehandelt hatte. Ich war damals wie auch heute davon überzeugt, daß die Polizei in irgendeiner Weise mit seiner Ermordung zu tun hatte, weil sie seine Kraft und seinen Willen fürchteten, immer das zu tun, was für sein Volk das Beste war.

Ericka und die anderen Schwestern und Brüder wurden noch in derselben Nacht freigelassen. Als sie durch die Tore des Sybil-Brand-Instituts für Frauen in den harten Regen schritt, der draußen die Nacht durchschnitt, schien sie so kraftvoll wie eh und je. Als sie unsere Trauer sah, unser Mitgefühl mit dem Schmerz, den sie erleiden mußte, sagte sie: »Was habt ihr nur alle? Wir können jetzt nicht aufhören. Wir müssen weiterkämpfen.« Das war ein Augenblick, den ich nie vergessen werde. Die Schwestern, die mit ihr im Gefängnis gewesen waren, sagten, sie sei es gewesen, die allen den Mut gestärkt habe. Sie war es, die entschlossen das Banner des Kampfes weitergetragen hatte.

Während wir noch über die Motive rätselten, die zum Mord geführt hatten, und unserer Wut gegen die US-Organisation Luft machten, gingen wir zu Bunchys Beerdigung, und Ericka fuhr nach Connecticut, um ihren Mann zu begraben und für ihre kleine Tochter Maya einen sicheren Platz zu finden. Wir hörten, daß sie sofort begonnen hatte, eine Ortsgruppe der Schwarze-Panther-Partei in New Haven zu organisieren, wo die Polizei sie ein paar Monate später unter dem Verdacht der Verschwörung zur Begehung eines Mordes verhaftete.

Inzwischen war bei der SPP in Los Angeles wieder Ruhe eingekehrt, und weil die Fragen, die mit Deacons Mitgliedschaft bei der kommunistischen Partei zusammenhingen, nie geklärt wurden, hätte ich es für charakterlos gehalten, weiter bei den Panthern zu arbeiten. Ich entschloß mich, den Rest des Semesters in La Jolla zu verbringen, wo ich wieder tageweise mit dem

Schwarzen Studentenrat arbeitete. Zu Anfang des zweiten Quartals fanden alle Schwestern und Brüder, die die Organisation leiteten, daß wir unsere Mitgliedschaft weiter ausbauen sollten. Wir brauchten einen Anlaß, um den wir kämpfen konnten. Aber worum sollte es gehen? Was hatte die höchste magnetische und dramatische Wirkung? Wir dachten alle ernsthaft und angestrengt nach; unsere persönlichen Vorschläge wurden in schier endlosen Versammlungen ausdiskutiert.

Schließlich gelangten wir zu einem einmütigen Beschluß. Da die Universität von San Diego eines Tages aus einer Anzahl einzelner Colleges bestehen sollte, hielten wir es für eine gerechte und angemessene Forderung, das nächste College – das dritte – ausdrücklich für die Bedürfnisse der Studenten aus unterdrückten Gesellschaftsschichten einzurichten. Insbesondere sollte es den Bedürfnissen Schwarzer Studenten, Mexikanischer Studenten und weißer Studenten aus Arbeiterkreisen dienen. Während wir unsere Beziehungen zu den »Chicano«-Studenten vom mexikanisch-amerikanischen Jugendverband enger knüpften, entwarfen wir Pläne für unser College. Um den radikalen Charakter unserer Forderungen zu verdeutlichen, beschlossen wir, es Lumumba-Zapata-College zu nennen – nach dem ermordeten kongolesischen Revolutionsführer Patrice Lumumba und dem mexikanischen Revolutionär Emiliano Zapata. Wir wollten unsere Ziele transparent machen: das Lumumba-Zapata-College sollte, in unserer theoretischen Formulierung, ein Ort sein, an dem unsere Leute sich Wissen und Können aneignen konnten, um unsere Freiheitskämpfe mit größerer Wirksamkeit zu führen.

Nachdem wir in mehreren Sitzungen unsere Strategie festgelegt hatten, fanden wir es an der Zeit, die Universitätsverwaltung mit unserem Plan zu konfrontieren. Eines Nachmittags zogen die Mitglieder unserer zwei Organisationen in das Büro des Kanzlers und verlangten, daß er sich unsere Forderungen anhörte. Ich war von den Schwestern und Brüdern ausersehen, die Erklärung zu verlesen, die von den Schwarzen und mexikanisch-amerikanischen Studenten kollektiv ausgearbeitet worden war. Mit unserer Forderung für ein Lumumba-Zapata-College ließen wir eine sehr ernste Warnung einfließen: Falls der Kanzler sich weigern sollte zu verhandeln, könnten wir nicht garantieren, daß die Universität fürderhin ungestört funktionieren würde.

Wie sich voraussehen ließ, weigerte sich der Kanzler in der Tat. Seine Weigerung war für uns das Signal für eine großangelegte Offensive: mehr Kundgebungen, Demonstrationen und Konfrontationen. Wir wußten, daß wir die Unterstützung einer bedeutenden Zahl von Studenten und Lehrkräften brauchten, um wirken zu können. Daher waren unsere Aktionen so angelegt, daß sie möglichst viele weiße Studenten und Professoren anzogen. Einige weiße Studenten waren von vornherein einbezogen, weil ein sehr wichtiger Aspekt unserer Forderungen die Integration weißer Studenten aus Arbeiterkreisen in das College betraf. Aber wir brauchten noch viele mehr; wir beabsichtigten, Hunderte in die Bewegung für Lumumba-Zapata einzubeziehen, und hofften, schließlich sogar die Mehrheit der Studenten auf unsere Seite zu bringen. Nur auf diese Weise konnten wir die Verwaltung isolieren und dadurch zwingen, unsere Forderungen anzunehmen.

Unsere Aktionen erreichten ihren ersten Höhepunkt, als unsere Organisation bei einer Sitzung des akademischen Senats auftrat. Mit Hilfe sympathisierender Professoren – einschließlich Herbert Marcuse und anderer Mitglieder der philosophischen Fakultät – begannen wir, eine beträchtliche Anzahl des Lehrkörpers für unser Projekt zu gewinnen. Die nächste dramatische Demonstration unserer Forderungen war die Übernahme der Registratur. Dadurch daß wir eine zentrale Verwaltungsstelle der Universität besetzten, gaben wir der Verwaltung und den Professoren, die nicht schon überzeugt waren, zu verstehen, daß es uns mit unserer Sache ernst war.

Wir mußten heftig kämpfen. Viele Studenten der UCSD hatten die Radikalisierung miterlebt, die sich im ganzen Land an den Universitäten vollzog. Daher hat sich die Hierarchie der Universität anscheinend entschlossen, lieber die von uns verlangten Zugeständnisse zu machen, als eine längere Störung der akademischen Aktivitäten zu riskieren. Ehrlich gesagt hatten wir eigentlich nicht erwartet, daß man unserer Vorstellung vom dritten College so bereitwillig zustimmen würde. Als man es doch tat, wußten die von uns, die die Bewegung führten, daß trotz unseres Sieges – auf den wir alle stolz waren – das Lumumba-Zapata-College niemals die revolutionäre Institution werden würde, als die wir es ursprünglich geplant hatten. Es war unvermeidlich, daß auch wir Zugeständnisse machen mußten; aber trotzdem würde die Einrichtung des College viele Schwarze, Braune und weiße Studenten der Arbeiterklasse unserer Universität zuführen. Und es wäre ein echter Durchbruch, wenn wir ein College hatten, in dem die Studenten über den eigenen Bildungsweg selbst bestimmen konnten.

Am Ende des Schuljahres, als ich mich anschickte, zu einer Konferenz in Oakland und von dort nach Kuba zu fahren, bereiteten sich einige von unserer Organisation ausgewählte Studenten auf einen Sommer vor, in dem sie einen konkreten Studienplan sowie Vorschläge für die Besetzung des Lehrkörpers und der Verwaltung ausarbeiten sollten. Der Kampf war noch nicht ausgestanden. Im Gegenteil, er hatte gerade erst begonnen. Denn jetzt mußten wir vor allem sicherstellen, daß alle, die in das College einbezogen wurden – Studenten und Fakultäten – das Vermächtnis des Kampfes weitertrugen, aus dem die Idee des Lumumba-Zapata-College geboren war.

Die Ära großangelegter nationaler Konferenzen war noch in vollem Gange. Im Juli 1969 versammelten sich die Aktivisten der Bewegung, Schwarze, Braune und weiße aus dem ganzen Lande in Oakland, Kalifornien, um an einer Konferenz teilzunehmen, die von der Schwarzen-Panther-Partei einberufen war, um eine Vereinte Front gegen den Faschismus zu gründen.

Die organisatorische Theorie der Konferenz war ausgezeichnet: Menschen mit verschiedenartigen Ideologien – die breiteste Repräsentation von Menschen, die möglich war – fanden sich zusammen, um eine Vereinte Front gegen die zunehmend grausame Unterdrückung zu schmieden. Aber die Konferenz bot auch Probleme, für die ich vielleicht besonders empfindlich war, weil man mich erst vor kurzem gezwungen hatte, meine ziemlich engen Bindungen mit den Schwarzen Panthern zu lösen. Ich hielt es grundsätzlich für problematisch, daß man uns einreden wollte, das Ungetüm des Faschismus sei bereits losgelassen und wir lebten in einem Land, das sich vom Deutschland der Nazis nicht wesentlich unterschied. Gewiß mußten wir uns gegen die wachsende Bedrohung des Faschismus zur Wehr setzen, aber es war unrichtig und irreführend, den Menschen zu verkünden, daß wir bereits unter dem Faschismus lebten. Außerdem würde der Widerstand, der durch eine solche Analyse geboten war, uns sicher in die falsche Richtung führen. Erstens konnten wir den Liberalen in die Arme getrieben werden, wenn wir absolut jeden einzubeziehen suchten, dem der Sturz des Faschismus am Herzen lag. Das würde unsere revolutionäre Stoßkraft lähmen. Und wenn wir diese Richtung vermieden, würden wir zwangsweise zum anderen Ende des politischen Spektrums gelangen. Denn wenn wir glaubten, daß wir unter dem echten Faschismus lebten, dann hieß das, daß praktisch alle demokratischen Kanäle des Kampfes verschlossen waren und wir uns sofort und verzweifelt in den bewaffneten Kampf stürzen mußten.

In vielen Reden wurde das Wort »Faschismus« so gebraucht, daß es mit dem Wort »Rassismus« austauschbar war. Gewiß gab es einen deutlichen Zusammenhang zwischen Faschismus und Rassismus. Wenn jemals der volle Faschismus in den Vereinigten Staaten ausbrach, würde er auf dem Rücken des Rassismus reiten, in sehr ähnlicher Weise wie der Antisemitismus für den deutschen Faschismus der dreißiger Jahre als Hebel gedient hatte. Aber zu glauben, daß Rassismus Faschismus und Faschismus Rassismus sei, vernebelte nur die Sicht denen, die zum Kampf bereit waren. Das konnte nur ihre eigene politische Entwicklung hemmen und dem *organisierten Massenkampf* gegen Rassismus und gegen politische Unterdrückung im Wege stehen – der vornehmlich den bedrängten Panthern zugute kommen sollte.

In all dieser Verwirrung hielt Herbert Aptheker, der kommunistische Historiker, eine ausgezeichnete Rede, in der er die Beziehung zwischen dem Rassismus heute und dem möglichen Faschismus morgen darlegte. Für mich bestätigte sie die Richtigkeit meines Entschlusses, den ich vor fast genau einem Jahr gefaßt hatte, in die Kommunistische Partei einzutreten.

Bei allen offenbaren Mängeln war diese Konferenz trotzdem eins der wichtigsten Ereignisse der Saison. Sie war grundlegend dafür, daß man aus dem engen Nationalismus, der in der Schwarzen Freiheitsbewegung vorherrschte, ausbrach, und wies den Weg zu Bündnissen zwischen Farbigen und Weißen in Fragen, die uns alle angingen.

Sobald die Konferenz beendet war, bestiegen Kendra und ich ein Flugzeug nach Mexiko City und trafen dort mit anderen Mitgliedern einer kommunistischen Delegation zusammen, die von den Kubanern eingeladen worden war, einen Monat im »ersten freien Territorium Amerikas« zu verbringen. Während des Fluges nach Mexiko war ich nervös und niedergeschlagen: während ich im Haight-Ashbury-Park schlief, hatte man mir mein Portemonnaie gestohlen, und ich hatte weder Geld noch Paß. Kendra hatte mir genügend Geld für das Flugticket nach Mexiko City geliehen, aber ich war keineswegs sicher, daß ich mir einen Reisepaß besorgen konnte, bevor die anderen nach Kuba weiterflogen. Meine einzige Hoffnung war, daß mich die Kubaner ohne Reisedokumente ins Land hereinlassen würden.

Nicht nur der Paß warf Probleme für die Reise auf, sondern

uns quälte auch die Sorge, wie wir unsere Absichten vor den Mexikanern verheimlichen könnten, weil diese in mehreren Fällen Aktivisten aus den Vereinigten Staaten, die nach Kuba wollten, ausgewiesen hatten. Als die Polizei bei den Studentendemonstrationen des Jahres 1968 ein Blutbad veranstaltete, befand sich eine Gruppe von Aktivisten, darunter auch Bobby Hodges und Babu (mit dem ich bei der SNCC zusammengearbeitet hatte) in Mexiko City, um von dort nach Kuba zu fliegen. Sie wurden alle von der Polizei festgehalten und über den Zweck der Reise verhört (wollten sie sich als Guerillas ausbilden lassen?) und gefragt, ob sie an der Studentenrebellion in Mexiko City teilgenommen hätten. Das Ergebnis der ganzen Geschichte war, daß sie alle ausgewiesen wurden. Sie wurden wahllos und getrennt in Flugzeuge gesetzt, die aus Mexiko ausflogen – Bobby zum Beispiel war schließlich in Paris gelandet.

Wir heckten einen Plan aus, um der mexikanischen Polizei zu entgehen. Sobald wir landeten, wollten wir die Adresse der kubanischen Botschaft ausfindig machen, wo angeblich unsere Visa auf uns warteten, und dann in ein nahegelegenes Hotel ziehen. Nachdem wir dort unser Gepäck abgestellt hatten, konnten wir zu Fuß die Botschaft suchen. Am nächsten Morgen wollten wir dann eiligst dort vorsprechen. Wenn uns die Polizei entdeckte, bevor wir in die Botschaft gelangten, dann konnte man uns festhalten, ehe wir noch unsere Visa bekommen hatten. Wenn wir aber unsere Visa erhalten hatten, wollten wir in der Botschaft bleiben und erst im letzten Augenblick unser Gepäck abholen und zum Flugplatz eilen.

Wir sind an diesem Abend stundenlang herumgelaufen, aber vergeblich, denn wir konnten die kubanische Botschaft nirgends in der Umgegend entdecken. Erst nach langer Wanderung fanden wir am nächsten Tag auf der anderen Seite der Stadt eine Straße, die denselben Namen hatte. Dort war die kubanische Botschaft. Als wir sie schließlich ohne Zwischenfall erreichten (obwohl wir vor dem Eingang Männer sahen, die Agenten der Vereinigten Staaten sein konnten), sagte man uns, daß unsere Visa noch nicht eingetroffen seien und wir leider an diesem Abend nicht nach Havanna abreisen könnten. Es war Montag, und wenn alles pünktlich vonstatten ginge, dann konnten wir am Freitag das Flugzeug nach Kuba nehmen.

Und dann kam der Gnadenstoß. Ich erklärte, daß mein Reisepaß vor zwei Tagen gestohlen worden sei, und fragte, ob ich ohne Paß das Flugzeug besteigen dürfe. Der Genosse aus Kuba versuchte mich zu trösten, indem er mir erklärte, nicht die Kubaner verlangten den Paß, sondern die mexikanische Einwanderungsbehörde. Niemand könne Mexiko verlassen, ohne den mexikanischen Autoritäten die Papiere vorgelegt zu haben. Der Genosse riet mir, zur Botschaft der Vereinigten Staaten hier in Mexiko zu gehen und mir schleunigst einen neuen Paß zu besorgen.

Ich hatte wenig Hoffnung, daß mir mein Paß ersetzt würde. Das amerikanische Außenministerium hatte immer noch Listen von Kommunisten und weigerte sich oft, unseren Genossen Pässe auszustellen, wenn es nicht von Anwälten gerichtlich dazu gezwungen wurde. Kendra glaubte zum Beispiel, daß sie ihren Paß verloren hätte, und beantragte sechs Wochen vor der Reise einen neuen. Normalerweise ist ein Paß eine Woche nach dem Antrag fertig, aber jedesmal, wenn sich Kendra erkundigte, sagte man ihr, man könne ihr nicht sagen, an welchem Tag ihr Paß fertig sein würde. Glücklicherweise fand sie ihren verschlampten Paß wieder, bevor wir abfuhren, denn der neue war immer noch nicht da. Ein anderes Mitglied unserer Delegation hatte ebenfalls wochenlang auf seinen Paß gewartet, und erwartete in diesem Augenblick in Mexiko City Nachricht von seinem Anwalt, der mit dem Außenministerium verhandelte. Trotzdem war ich gewillt, jede erdenkliche List zu versuchen, um bis Freitag einen Paß zu bekommen. Ich kehrte ins Hotel zurück, zog mir meine hübschesten Kleider an – solche, die mich als harmlosen Touristen kennzeichneten, dem der Paß und das Geld gestohlen worden waren. In der Botschaft der Vereinigten Staaten erklärte ich unter Tränen, daß ich eine Reise durch Mexiko, Mittelamerika und Südamerika geplant hätte, die über ein Jahr dauern sollte, und daß meine Ferienpläne von einem Dieb über den Haufen geworfen worden seien. Eine Freundin wartete auf mich in Nicaragua, und ich hatte keine Möglichkeit, sie zu erreichen. War es nicht möglich, auf Grund dieser Notlage einen Paß zu bekommen? Der Beamte der Botschaft erbarmte sich meiner, und am nächsten Nachmittag wartete ein neuer Paß auf mich. Die List war gelungen; ich hatte anscheinend keinen Argwohn erweckt, und man hatte mir den Paß ausgestellt, ohne erst beim Außenministerium in Washington nachzufragen.

Wir hatten schon fast die Hoffnung aufgegeben, als endlich die Visa kamen. Mit Ausnahme von Jim – dessen Paß sich noch in den Händen eines Bürokraten des Außenministeriums befand – waren wir nun alle darauf vorbereitet, am Freitag den Flug nach Havanna anzutreten. Alle, die das kubanische Flugzeug bestiegen, mußten damit einverstanden sein, von den mexikanischen Einwanderungsbeamten fotografiert zu werden. Niemand, nicht einmal die Nonne, die auf dem Weg nach Kuba war, zweifelte daran, daß diese Fotos in den Akten der CIA landen würden. Wir waren von unserem Verfolgungswahn erst richtig geheilt, als wir uns endlich in die Luft erhoben.

Als wir über den üppigen Grüngürtel von Havanna flogen, der mit hohen eleganten Palmen bestanden war, verkündete der Pilot über den Lautsprecher: »Sie sind im Begriff, auf dem ersten freien Territorium Amerikas zu landen.« Als einige Minuten später das Flugzeug auf der Landebahn aufsetzte, fingen alle im Flugzeug spontan an zu klatschen.

Es war der Tag vor Kubas höchstem nationalen Feiertag – dem 26. Juli. An diesem Tag führte Fidel im Jahre 1953 einen Angriff auf die Garnison von Moncada, den zentralen Stützpunkt der Armee des Diktators Batista und ein bekanntes Symbol seiner Macht. Obwohl Fidel und seine Kameraden alle entweder getötet oder verhaftet wurden, betrachtete das Volk ihre mutige Tat als die erste große Herausforderung Batistas und seiner Diktatur. Nachdem dann die Revolution endgültig triumphiert hatte, wurde der 26. Juli, der Tag der nationalen Rebellion, immer noch als der Jahrestag des ersten bewaffneten Angriffs der Revolution gefeiert.

Normalerweise hätte eine Massenkundgebung auf der Plaza de la Revolución stattgefunden, bei der Fidel und andere Redner zu den versammelten Hunderttausenden gesprochen hätten. Dieser 26. Juli sollte aber den Beginn einer landwirtschaftlichen Kampagne markieren, um mehr Zuckerrohr zu verarbeiten als je zuvor in der Geschichte der kubanischen Wirtschaft. Genau gesagt, wollten sie zehn Millionen Tonnen Zucker produzieren. Statt am 26. Juli auf die Plaza zu gehen, ging jedermann auf die Felder, um zu arbeiten. Obwohl es eine Ehre sein würde, an der Kampagne der zehn Millionen teilzunehmen, muß ich gestehen, daß ich enttäuscht war, weil keine Kundgebung auf der Plaza stattfand. Es war das erstemal seit dem Triumph der Revolution, daß die traditionelle Feier nicht stattfand.

Bunte Riesenplakate säumten die Straße vom Flughafen zum Hotel; Plakate über die Campaña de los Diez Milliones, Plakate von El Che, Plakate, die das Volk von Vietnam priesen. Viele dieser Plakatständer waren früher benutzt worden, um für Erzeugnisse der Vereinigten Staaten zu werben und trugen Aufschriften wie »Trinkt Coca-Cola« oder »Die Pause, die erfrischt«. Als ich erkannte, daß die Kubaner diese Markenzeichen globaler Ausbeutung abgerissen und sie durch warmherzige und zündende Symbole ersetzt hatten, die dem Volk wirklich etwas bedeuteten, fühlte ich große Befriedigung. Der Eindruck menschlicher Würde war greifbar.

Unser Bus fuhr durch das Gelände der Universität von Havanna, die zweihundert Jahre lang den Söhnen und Töchtern der Reichen vorbehalten gewesen war. Jetzt waren die Studenten die Kinder der Arbeiter und Bauern – sowohl Schwarz und Braun wie auch weiß.

Der Bus hielt vor dem Havanna Libre, früher Havanna Hilton, jetzt befreit von den geäderten Fingern dekadenter alter Kapitalisten. Es war das erste Mal, daß ich in einem so vornehmen Hotel untergebracht war. Aber seine Eleganz wurde von den Gästen herabgesetzt: Arbeitern im Urlaub, jungen Paaren auf der Hochzeitsreise und von den *compañeros*, die im Hotel angestellt waren – Männer und Frauen, die nicht die Dienstfertigkeit zur Schau trugen, die man meistens mit Pagen, Dienstmädchen und Kellnern verbindet, Menschen, die nie das Trinkgeld annehmen würden, das Menschen aus kapitalistischen Ländern zu geben pflegen.

In den frühen Morgenstunden des 26. Juli fuhren wir zu den Feldern. Busse, Lastwagen, Kleinlaster und Autos waren mit jung und alt vollgestopft, die stolz ihre Arbeitskleidung angezogen hatten und sangen, als sie aufs Land fuhren. Es schien, als eilte jeder körperlich taugliche Bewohner von Havanna zu den Feldern wie zu einem fröhlichen Karneval. Auf diesen Gesichtern lag die Heiterkeit sinnvoller Arbeit – die Leidenschaft des Einsatzes. Sie hatten Schluß gemacht mit der Politik von Klasse und Rasse, hatten Schluß gemacht mit dem galligen Versuch, den Nachbarn zu übertrumpfen, um sich materiell über ihn zu erheben.

Die Zuckerkampagne war eng verknüpft mit der Arbeit auf anderen Gebieten der Landwirtschaft. Je höher die Produktivität in der Tabak-, Zitrusfrucht- und Kaffee-Ernte stieg, desto mehr konnten die Arbeiter ihre Kräfte für die Zuckerernte einsetzen. Unser erster Ausflug aufs Land brachte uns zu den Kaffeefeldern im Grüngürtel von Havanna. Wir verbrachten den Tag des 26. Juli, indem wir das Unkraut jäteten und den Boden um die Kaffeepflanzen lockerten, damit sie ungehindert wachsen konnten.

Es war ein harter Tag. In der weißglühenden Sonne waren

meine Kleider durchgeschwitzt, bevor ich noch richtig angefangen hatte. Ich war in ziemlich guter Form, aber das Jäten war für mich eine schwierige Arbeit. Die Kubaner dagegen bewältigten sie mit Leichtigkeit. Ich war entschlossen, der Sonne nicht zu achten und dasselbe Tempo einzuhalten wie die Hunderte von *compañeros* um mich herum. Selbst wenn mich ein Schwindelanfall zu überwältigen drohte, sagte ich nichts und weigerte mich aufzuhören.

Da wir Nordamerikaner waren, fühlten wir uns alle verpflichtet, dauernd unseren Wert zu beweisen. Genau in dem Augenblick, als ich sicher war, ohnmächtig zu werden, verletzte Kendra ihren Fuß mit der Hacke, und ich mußte sie zur Unfallstation begleiten. Dieses »Aus« kam gelegen, aber ich kehrte aufs Feld zurück, entschlossen, den Tag zu überstehen. Zudem mußte ich meine Ausdauer stählen, da wir in der nächsten Woche in der Provinz Oriente am östlichen Ende der Insel Zuckerrohr schneiden sollten.

Nachdem ich mich geduscht, mich umgezogen und ein paar Augenblicke in der klimatisierten Behaglichkeit des Havanna Libre ausgeruht hatte, verließ ich das Hotel mit einem Genossen unserer Delegation, um mir die Straßen von Havanna anzusehen. Die alte spanische Architektur in einigen Teilen des Stadtzentrums ließ mich an den Unabhängigkeitskrieg zurückdenken, den Schwarzen General Antonio Maceo, der etwa achtzigmal verwundet wurde, bis er endlich fiel. Am Ende der Malecon sahen wir das von den Vereinigten Staaten errichtete Denkmal. Der Adler an der Spitze war weg. Die Revolutionäre hatten ihn nach dem Marsch auf Havanna heruntergerissen.

Wir sahen eine junge Frau der Miliz, die auf Wache vor ihrem Arbeitsamt ein Maschinengewehr handhabte. Angetan mit einem hellblauen Hemd mit Schulterstücken, einer olivgrünen Hose und Militärstiefeln verteidigte sie das ihr anvertraute Stück Erde. Da der Erzfeind so nahe war – Florida lag nur 160 km entfernt –, spielte die Verteidigung im täglichen Leben Kubas notwendigerweise eine hervorragende Rolle.

Die Leute sprachen noch von dem Landungsversuch in der Schweinebucht, als sei es erst gestern geschehen. Acht Jahre waren seit den Bestattungsfeierlichkeiten der Sieben vergangen, die getötet worden waren, als Flugzeuge aus den Vereinigten Staaten und ihren Basen in Guatemala und Nicaragua die Flughäfen dreier kubanischer Städte bombardiert hatten. Am 16. April 1961 hatte Fidel den sozialistischen Charakter der kubanischen

Revolution proklamiert und sein Volk aufgerufen, sich zu mobilisieren, auf daß die »Marionetten des Imperialismus ihre Aggressionshandlungen nicht ausdehnen« könnten. Und tatsächlich landeten schon am nächsten Tag verbannte Kubaner, die von der CIA mit Hilfe der Kennedy-Regierung ausgebildet worden waren – mit Schiffen und Flugzeugen der Vereinigten Staaten an der Playa Giron.

Acht Jahre waren in der Tat eine kurze Zeitspanne, wenn man bedachte, daß die Kubaner versuchten, eine neue Welt aufzubauen und ihr Recht dazu mit dem Tode besiegeln wollten.

Die Aggression der Vereinigten Staaten hatte sich auch auf andere Weise zu erkennen gegeben. Die Kennedy-Regierung hatte die Lagerung sowjetischer Raketen auf kubanischem Boden als Vorwand benutzt und offen ihre Absicht erklärt, die kubanische Revolution auszurotten, selbst wenn das eine thermonukleare Katastrophe bedeuten sollte. Und während der Tage der Oktoberkrise taumelte die Welt an einem Abgrund. Außerdem gab es die von den Vereinigten Staaten verhängte wirtschaftliche Blockade; amerikanische Truppen lagen in der Guantanamo Basis in Oriente, und die Nachricht war durchgesickert, daß Kennedy tatsächlich davon gesprochen hätte, den Premierminister Fidel Castro ermorden zu lassen.

Eine der Massenorganisationen, die von einem Ende der Insel bis zum anderen dauernd in Erscheinung trat, war das Komitee zur Verteidigung der Revolution. Als wir zum erstenmal durch die Straßen von Havanna gingen, merkten wir, daß an mindestens einer Tür in jedem Block ein rot-weiß-blaues Plakat mit den Worten hing »Comité de Defensa de la Revolución«.

Diese Organisation war spontan entstanden. Als am 28. September 1960 Fidel auf einer Kundgebung von seiner Reise zu den Vereinigten Nationen berichtete, wurden von jemand in der Menge zwei Bomben losgelassen. Fidel reagierte schnell:

»Wir wollen ein System der kollektiven Wachsamkeit einrichten, und dann wollen wir sehen, ob die Lakaien des Imperialismus noch weiter tätig sein können, denn wir leben in der ganzen Stadt; es gibt kein Wohngebäude in dieser Stadt; es gibt keinen Block, keinen Straßenblock, die hier nicht vielfach vertreten wären ... Wir werden ein Komitee der Revolutionären Wachsamkeit in jedem Straßenblock einrichten, so daß das Volk Wache steht, so daß das Volk alles sieht, so daß der Feind versteht: wenn die Massen des Volkes organisiert sind, dann gibt es keinen Imperialisten oder Lakaien der Imperialisten, keinen Ausverkauf an die Imperialisten und keine Werkzeuge der Imperialisten, die wieder eingesetzt werden können.«

Bis 1969 gab es das CDR in buchstäblich jedem Häuserblock der Insel. Es war komisch, sich etwas von der Propaganda, die in den Vereinigten Staaten über die kubanische Revolution im Schwange war, ins Gedächtnis zu rufen – besonders die Lügen über das Komitee für die Verteidigung der Revolution. In der Regierungspropaganda wurde dieses als Spionage-Organisation dargestellt, etwa wie die FBI, die herumschnüffelte und Informationen über das Volk sammelte, um sie der Regierung mitzuteilen. Das war selbstverständlich absurd, da die Mehrheit des kubanischen Volkes zum CDR gehörte; sie war ihm beigetreten, weil sie mithelfen wollte, die Saboteure und feindlichen Agenten auszumerzen, die die kubanische Revolution zu untergraben suchten.

Eine andere allgemein geglaubte Fälschung über Kuba hatte mit der Rolle Fidel Castros zu tun. Nach der Propaganda war er nicht nur ein »tyrannischer Diktator«, der dem Volk seinen eisernen Willen aufzwang; man schilderte ihn als eine unfehlbare, charismatische Figur, die vom Volk Anbetung erwartete. Nachdem ich alle die großartigen Plakate von Che Guevara und anderen Führern der Revolution gesehen hatte, suchte ich angestrengt nach Bildern und Plakaten von Fidel. Diejenigen, die ich finden konnte, waren historisch – er war darauf mit seinen Guerillas in einer typischen Kampfszene abgebildet. Aber sonst waren nirgends Porträts des Premierministers zu entdecken. Als ich einige der *compañeros* fragte, warum so viele Porträts von Che vorhanden wären, aber keins von Fidel, erklärten sie mir, daß er dem Volk selbst untersagt hätte, Bilder von ihm in den Büros oder Arbeitsstätten aufzustellen. Das machte, wie ich hörte, die Leute manchmal ärgerlich, weil sie glaubten, daß er sich mehr zurückhielt als nötig war.

Fast jeder Kubaner, mit dem man über Fidel sprach, machte es klar, daß er in ihm nicht mehr als einen außergewöhnlich intelligenten, außerordentlich engagierten und äußerst warmherzigen Menschen sah, der große Führereigenschaften besaß. Er beging Fehler, menschliche Irrtümer, und das Volk liebte ihn großenteils gerade darum, weil er ihm gegenüber ehrlich war. Fidel war ihr Führer, aber was am wichtigsten war, er war auch ihr Bruder im weitesten Sinne des Wortes.

Wir verbrachten eine Woche in dem kleinen Dorf Santa Maria II, das mitten im Zuckerzentrum Antonio Guiterras liegt, lebten in Blockhütten mit zementierten Fußböden innerhalb eines Lagers, das gewöhnlich der Partei als Ausbildungslager für politische Erziehung diente. Wir aßen an einem offenen Platz, der überdacht war, um ihn vor der manchmal unerträglich heißen Sonne Orientes zu schützen. Die Toilette war ein regelrechtes Plumpsklo, bis am Ende unseres Aufenthalts Wasserspülung installiert wurde. Die Dusche war eine Zementkabine, in die wir große Eimer kaltes Wasser aus dem einzigen Hahn dieser Anlage schleppten.

Wir führten ein rauhes Leben, selbst nach kubanischen Maßstäben. Wir befolgten die vorgeschriebene Routine: Aufstehen um fünf, Frühstück und raus aufs Feld mit der Machete. Zurück ins Lager um elf, Lunch und Ruhe während der Mittagsstunden, wenn die drückende Tropenhitze selbst für die gefährlich war, die daran gewöhnt waren. Zurück auf die Felder um drei, und um sechs war es Zeit, die Machete für diesen Tag beiseite zu legen.

Zuckerrohr schneiden war viel schwerer und ermüdender als die Arbeit auf den Kaffeefeldern. Aber ich war wiederum entschlossen, mindestens meinen Beitrag zu leisten, und ich befolgte sorgsam das System: ein kräftiger Hieb an die Wurzel der Pflanze; vorsichtige Schläge an den Seiten des Stengels, um die Blätter zu entfernen, dann als letztes den Stengel längsweise in Stücke schneiden, damit er für die Verarbeitung die richtige Größe hatte. Es war schwer, und die Hitze wurde dadurch noch unerträglicher, daß unsere Kleidung aus Blue Jeans, schweren Arbeitshemden mit langen Ärmeln, hohen Stiefeln und Handschuhen bestand. Das alles diente dem Schutz gegen den Saft, der aus den Zuckerrohrblättern quoll und einen schlimmen Hautausschlag verursachen konnte. Ich hatte mich bald damit abgefunden, daß ich während der Arbeitsstunden eines jeden Tages von Schweiß nur so troff. Nach zwei Tagen hatte ich die Sache spitz; meine Energie war wieder hergestellt, wie es schien, und ich konnte mit einem kubanischen *compañero* mithalten – obwohl ich argwöhnte, daß er sein Tempo verlangsamte, um bei mir zu bleiben.

Eines Tages sagte ich dem Kubaner gesprächsweise, wie sehr ich seine Geschicklichkeit bewunderte, mit der er Zuckerrohr schnitt – es war fast wie eine Kunst, wie er es tat. Er dankte mir für das Kompliment, fügte aber schnell hinzu, daß seine Geschicklichkeit eine Geschicklichkeit sei, die überflüssig werden müsse. Zuckerrohr schneiden sei eine unmenschliche Strapaze, sagte er. Vor der Revolution wären Tausende um ihrer Existenz willen darauf angewiesen gewesen, während der Zuckerrohrernte wie die Tiere zu arbeiten. Viele von ihnen mußten sich dann schließlich mit der Machete einen Finger abschneiden, um mit dem Versicherungsgeld ein bißchen länger auskommen zu können.

Die Arbeit des Zuckerrohrschneidens hatte sich seit der Revolution qualitativ verändert. Niemand war mehr Zurckerrohrschneider *von Beruf;* während der Erntezeit machte jeder mit. Auch wurde aus ihrem Arbeitsschweiß kein Profit herausgeschunden. Sie wußten, daß die Einkünfte aus dem Zuckerverkauf im Ausland dazu benutzt würden, den Lebensstandard des kubanischen Volkes insgesamt anzuheben – man würde neue Schulen bauen, neue Krankenhäuser errichten; Plätze für die Kinderversorgung würden sich vermehren, bessere Unterkünfte würden für die Bedürftigsten vorhanden sein.

Trotzdem, sagte dieser Kubaner, sei die Arbeit des Zuckerrohrschneidens nicht menschenwürdig; sie mache einen vorzeitig alt. Er tat sie weiter, weil er wußte, daß er für den Tag arbeitete, da seine Söhne und deren Kinder nicht mehr unter der drückenden Sonne schuften mußten. Die Mechanisierung der gesamten Industrie stand auf dem Plan, aber die Schnelligkeit, mit der sie ins Werk gesetzt werden konnte, hing von den Opfern ab, die alle bereit waren, auf sich zu nehmen.

Auf diese Weise kritisierte er mich, weil ich etwas romantisiert hatte, was eigentlich nichts anderes war als fürchterlich schwere Arbeit. Damals begann ich wahrhaft zu begreifen, was Unterentwicklung bedeutet: es ist nichts, was man utopisieren darf. Das Schicksal unterdrückter Menschen zu romantisieren ist gefährlich und irreführend.

Im Verlauf der Zeit begannen Kendra und ich das Gefühl zu haben, als hätten wir in diesem kleinen Dorf in Oriente Wurzeln geschlagen. Wir hatten fast jeden Bewohner kennengelernt; wir kannten das kommunistische Hauptquartier gut und wir kannten alle Kinder des Ortes. Trotz der Sprachschwierigkeiten akzeptierten uns die Kinder als Familienmitglieder. Sie halfen mir täglich bei meinen spanischen Lektionen. Ich war äußerst beschämt, daß ich vor der Reise nicht ein wenig Spanisch gelernt hatte, denn es ist beleidigend, wenn man ein Volk besucht, ohne vorher seine Sprache gelernt zu haben. Weil ich so schlecht Spanisch sprach, das ich nie studiert hatte, fühlte ich mich den Kindern gegenüber unbefangener. Sie waren geduldig, verbesserten mich und halfen mir, Wörter zu finden, wenn kein Wörterbuch vorhanden war.

Es war in der Tat ein trauriger Tag, als wir unsere Sachen zusammenpacken und den Bus besteigen mußten, um zur nächsten Station unserer Reise weiterzuziehen. Wir weinten alle – Männer und Frauen, sowohl in unserer Delegation wie auf der kubanischen Seite. Das Schwierigste für mich war, von den Kindern Abschied zu nehmen. Ein Junge von etwa neun oder zehn Jahren, der in seiner Gruppe immer der härteste gewesen war, schien nur sehr widerwillig näherzukommen, um auf Wiedersehen zu sagen. Ich hielt das für seine natürliche Schüchternheit. Kurz bevor ich den Bus bestieg, ging ich hin zu ihm und gab ihm einen Kuß auf die Wange. Er riß sich von mir los und rannte davon, so schnell er konnte. Ich sah ihn hinter einem Baum stehen, wo er sich zu verstecken suchte, während sein Körper vom Schluchzen bebte. Die Tränen, mit denen meine Augen gefüllt waren, liefen mir übers Gesicht.

In den nächsten Wochen absolvierten wir ein ungewöhnlich anstrengendes Programm: Schulen, Krankenhäuser, Anstalten für Kinderfürsorge, historische Stätten, ein Erholungszentrum für Arbeiter, die Universität von Santiago, einen Staudamm, ein Zentrum für die Reisanpflanzung.

Überall, wo wir hingingen, waren wir von dem Ergebnis des harten Kampfes, der nach dem Triumph der Revolution gegen den Rassismus geführt worden war, unendlich beeindruckt. Die ersten Erlasse der neuen Regierung betrafen die Abschaffung der Rassentrennung in den Städten, die von den korrupten Kapitalisten der Vereinigten Staaten nach Kuba gebracht worden war. Jetzt galt es einfach als Verbrechen, in irgendeiner Weise, und sei es auch nur durch den Gebrauch rassistischer Sprache, die Schwarzen Menschen zu diskriminieren. Aber wichtiger war natürlich die Vernichtung der materiellen Basis für den Rassismus – ihre Ausmerzung aus der Wirtschaft. Während unserer Reise sahen wir Schwarze Menschen, die Fabriken, Schulen, Krankenhäuser und andere Unternehmen leiteten. Es war uns klar – und Kendra, Carlos und ich, die drei Schwarzen Mitglieder der Gruppe, sprachen unablässig darüber –, daß dieser Kampf gegen den Rassismus nur unter dem Sozialismus so erfolgreich geführt werden konnte.

Gegen Ende August ging unsere Delegation zusammen mit einer puertorikanischen Delegation an Bord eines kubanischen Frachtdampfers, der uns die erste Strecke auf dem Weg nach Hause mitnahm, da er Zement zu den Antillen transportierte. Der Frachter lief noch am selben Abend aus der Bucht von

Santiago aus. Als wir die Insel hinter uns ließen, war es in der mondlosen Nacht unmöglich, Land oder See auszumachen. Wir machten es uns bequem, suchten uns auf dem Schiff zurechtzufinden und versuchten zusammen mit der großen puertorikanischen Delegation, die Mannschaft kennenzulernen. Der Kapitän war ein sechsundzwanzig Jahre alter Ex-Philosophiestudent, und ich brannte darauf, mich mit ihm über Philosophie zu unterhalten. Dies war seine erste Reise auf diesem Schiff, und wie wir mußte er sich erst mit dem Schiff und seiner Mannschaft vertraut machen.

Als wir weiter ins Dunkel fuhren, flog plötzlich mit Blitzesschnelle ein Flugzeug über das Schiff. Bevor ich meine Gedanken sammeln konnte, kreuzte es ein zweitesmal über uns hinweg. Als Kendra und ich zur Kapitänsbrücke rannten, um zu erfahren, was los war, erzählte uns ein Mitglied der Mannschaft ruhig, daß das ein Aggressionsmanöver eines Flugzeugträgers der Vereinigten Staaten sei, der die wirtschaftliche Blockade durchführte.

Mit Hilfe von Lichtern signalisierte der Flugzeugträger unserem Schiff, es solle sich und seine Bestimmung zu erkennen geben. Man konnte natürlich seine kubanische Flagge sehen; die ganze Episode war eine routinemäßige Belästigung, der sich kubanische Schiffe ausgesetzt sahen, wenn sie außerhalb ihrer Gewässer fuhren. Wir signalisierten zurück, bevor wir uns identifizierten, wünschten wir den Namen und den Auftrag derjenigen, die diese Auskunft verlangten.

Die erste Begegnung mit einem Flugzeugträger der Vereinigten Staaten brachte eine Mischung aus Heiterkeit und Spannung. Plötzlich erhellte in der Nähe ein bizarres, lautloses, explosionsartiges Etwas die Finsternis. Zuerst sah es aus wie eine winzige pilzartige Wolke. Eine Sekunde später schien es auf uns zuzufliegen. Ich war zu verängstigt, um zu fragen, was vor sich ging; wenn das ein tödliches Gas war, dann war kein Entkommen möglich. Schließlich umgab es das Schiff mit seinem hellen Licht und erleuchtete die ganze Umgebung, als sei es mitten am Tage. Darauf bemerkte ein Mitglied der Schiffsmannschaft, dies müsse eine neue Leuchtrakete sein, und daß die USA eine Blockade dazu benutzen, um sie zu erproben.

Wir wurden endlich die nordamerikanische Militärmacht los und genossen ein paar Tage die Schönheit der Karibischen See. Wir fuhren an den politisch nicht so schönen Ländern Haiti und Santo Domingo vorbei und erhielten endlich die Anweisung, in Guadeloupe zu docken.

Ich war nicht besonders erbaut davon, daß ich für die Verständigung mit den Guadeloupanern verantwortlich sein sollte, aber da ich als einzige an Bord Französisch konnte, blieb mir keine andere Wahl.

Unsere Delegation hatte sehr wenig Gepäck. Aber die puertorikanische Delegation hatte Bücherkisten, die ihnen die Kubaner für ihre Buchhandlung in San Juan mitgegeben hatten. Ich fragte die Zollbeamten ausdrücklich, ob sie alle Pakete zu prüfen wünschten. Wir wollten auf der Insel jeden Zwischenfall vermeiden, und die Puertorikaner wollten sicher sein, daß sie ihre Pakete von Basse-Terre, wo wir angelegt hatten, nach San Juan verschicken konnten. Der Franzose antwortete, ich solle mir keine Sorgen machen; sie wollten nur unsere Pässe sehen. Wenn die gestempelt seien, wäre für uns alles geklärt.

Der kubanische Kapitän hatte uns den Namen einer Frau gegeben, in deren Hotel-Restaurant wir essen könnten; auch würde sie uns erlauben, bei ihr unsere Sachen abzustellen, während wir einen Flug nach Puerto Rico buchten. Nachdem wir unser Gepäck dort abgestellt hatten, ging ich in ein Reisebüro, um für alle fünfundzwanzig von uns Flugtickets zu besorgen. Einige der puertorikanischen Brüder begannen derweil, ihre Pakete zum Postamt zu karren.

Ich verhandelte noch mit dem Reisebüro, als einer der puertorikanischen Genossen hereingestürzt kam und verzweifelt erklärte, daß alle Pakete beschlagnahmt worden seien. Die Polizei hatte auch die Pässe von einigen Mitgliedern ihrer Delegation beschlagnahmt, und es schien, als habe man sie eines Verbrechens bezichtigt. Wegen der Sprachschwierigkeiten könnten sie nicht ganz verstehen, was vorging. Sie brauchten mich als Dolmetscher.

Als ich durch die Straßen von Basse-Terre ging, war ich sicher, daß es sich um ein geringfügiges Mißverständnis handelte, das sogleich aufgeklärt werden könnte. Die Pässe würden zurückgegeben, und wir könnten am Abend auf unserem Weg nach Puerto Rico sein. Die Genossen führten mich eine Straße mit baufälligen Häusern entlang, durch eine dunkle Einfahrt und in eine schmuddelige Garage, die anscheinend der französischen Zollbehörde als Speicherraum diente. In dem trüben Licht dieses Kellers standen etwa zehn Mitglieder der puertorikanischen Delegation im Kreis um einen alten französischen Kolonialisten, der ihre Pässe in der Luft schwenkte, während er über den Kommunismus fluchte, der sich in die »freie französische Welt« von

Guadeloupe einschleichen wollte. Die Gesichter der puertorikanischen Brüder waren vom Unverständnis verzerrt.

Ruhig, aber entschlossen fragte ich ihn, was ihn denn so erregte. Mein besonnenes Verhalten ernüchterte ihn nicht, wie ich gehofft hatte, sondern ließ ihn in eine Tirade ausbrechen, die noch giftiger war als die erste. Er beschuldigte uns alle, Agenten des kubanischen Kommunismus zu sein und kommunistische Propaganda zu bringen, um eine Revolution auf dieser stillen Insel anzuzetteln, wo die »Eigeborenen« ihre französischen Herrscher liebten und so viele Jahrzehnte lang friedlich mit ihnen zusammengelebt hätten. Ich dachte bei mir, daß es tatsächlich sein Gutes haben würde, wenn wir in so kurzer Zeit dort einen Aufstand hätten anzetteln können. Leider aber hatte unsere Anwesenheit auf der Insel nichts mit revolutionärer Tätigkeit zu schaffen.

Als er sich beruhigt hatte, begann ich ihm die einfache Wahrheit zu sagen: Einige von uns seien Kommunisten – ich zum Beispiel – und andere nicht. Wir seien auf der Rückreise von einem Besuch in Kuba und hofften, Guadaloupe mit dem nächsten Flugzeug nach Puerto Rico zu verlassen. Was die Bücher und die Literatur anbelangte, so hätten wir nicht die Absicht, ein einziges in Guadeloupe zurückzulassen. Sie seien für einen Buchladen in Puerto Rico bestimmt. Außerdem seien sie in spanischer Sprache geschrieben, und soweit ich wüßte, sei Französisch, nicht Spanisch die Sprache von Guadeloupe. Zudem sei die Mehrzahl der Bücher ihrem Inhalt nach nicht politisch, sondern klassische und zeitgenössische Literatur in spanischer Sprache.

Als ich Atem schöpfen wollte, um zum nächsten Teil meiner französischen Rede zu kommen, machte der Mann eine wilde, ausgreifende Bewegung mit dem Arm, begab sich von einer Seite des Raumes zur anderen, und deutete mit einem anklagenden Finger auf mich. *»Mademoiselle, vous êtes communiste!«* schrie er, und ein entsetzter Ausdruck verzerrte sein Gesicht. Meine beiläufige Erwähnung des Kommunismus hatte offenbar seinen schlimmsten Argwohn bestätigt.

Ich wußte, daß ich ein Gespräch mit einem tobsüchtigen Irren führte. Aber trotz der bizarren Umstände in diesem schäbigen Keller auf dem Territorium des französischen Imperialismus, fühlte ich mich aufgerufen, meine Partei, Kuba, die sozialistischen Länder, die weltweite kommunistische Bewegung und die Sache der unterdrückten Völker der ganzen Welt zu verteidigen.

»Oui, Monsieur, je suis communiste et je le considère un des plus grands honneurs humains, parce que nous luttons pour la libération totale de la race humaine.«

In der Hitze des Streites hatte ich noch nicht einmal die herumstehenden Genossen gefragt, wie sie sich mit dieser Lage auseinandersetzen wollten. Mit meiner Rede hatte ich ihre Situation noch verschlimmert. Das Gesicht des Franzosen war tiefrot angelaufen, und er drohte uns wütend, er wolle uns fünf Jahre lang einsperren und unsere Bücher ins Meer werfen. Jetzt wurde es langsam Zeit, diesen Dialog auf eine andere Ebene zu bringen. Schließlich hatten sie auf der Insel die Macht, und wenn wir uns nicht vorsahen, konnten wir uns wirklich in einem Verlies wiederfinden, ohne daß jemand von unserem Verbleib etwas wußte.

Ich wiederholte meine ursprüngliche Behauptung: wir seien nicht in einer politischen Mission nach Guadeloupe gekommen. Wir hätten dies nur für den bequemsten Weg gehalten, in unsere Länder zurückzukehren. Aber der Mann ließ sich nicht beschwichtigen. Er begann einige der Pakete aufzureißen, die auf dem Fußboden gestapelt waren. Als er in einem von ihnen Exemplare von ›Tri-Continentals‹ entdeckte, einer revolutionären Zeitschrift, die in Kuba veröffentlicht wurde, fragte er mich, wo sich denn die ganze klassische Literatur befände. Er riß ein zweites Paket auf und fand diesmal etwas, das ihn von neuem in höchste Wut versetzte: Plakate, die Christus mit dem Heiligenschein auf dem Kopf und einen Karabiner auf der Schulter darstellten. Für ihn war das der Tropfen, der das Faß zum Überlaufen brachte. Er verlor alle Beherrschung und fiel buchstäblich auf den Boden, wo er mit Armen und Beinen strampelte und unartikulierte Töne brüllte. Ich starrte ungläubig auf diese verzweifelte Kreatur und entschloß mich, ruhig zu warten, bis dieser Anfall vorüber war.

Uniformierte Männer traten in den Raum, als wollten sie uns verhaften. Es stellte sich aber heraus, daß sie all die Pässe haben wollten, die sie noch nicht beschlagnahmt hatten. Ich sagte ihnen, daß sie kein Recht hätten, unsere Pässe wegzunehmen – man hätte uns noch nicht einmal formell eines Verbrechens beschuldigt. Einer der Kolonialisten verkündete, daß wir am nächsten Morgen vor einem Richter zu erscheinen hätten, der uns die Beschuldigung vorlesen und den Prozeß machen werde. Wenn wir unsere Pässe nicht ausliefern wollten, dann sei die Alternative der Aufenthalt im Gefängnis. Da ich mir ausmalte, wie die Verliese beschaffen sein mußten, und da ich einsah, daß uns keinerlei

Bewegung den Rücken stärkte, wenn wir auf einer Insel im Karibischen Meer versteckt waren, entschlossen wir uns alle, die Pässe auszuhändigen und unsere Freiheit auszunutzen, um unser Entkommen zu planen.

Wir machten von einigen Verbindungen des Kapitäns Gebrauch, die er mit sympathisierenden Kubanern auf der Insel unterhielt, und nahmen mit einer Schwarzen Frau Kontakt auf, die eine geachtete Rechtsanwältin und ein führendes Mitglied der kommunistischen Partei von Gouadeloupe war.

Maître Archimède war eine große Frau mit sehr dunkler Haut, durchdringenden Augen und unverwüstlichem Vertrauen. Ich werde unsere erste Begegnung nie vergessen. Ich hatte das Gefühl, daß wir vor einer sehr bedeutenden Frau stünden. Und was unser Schlamassel betraf, so hatte ich nicht den geringsten Zweifel, daß sie uns daraus befreien würde. Aber ich war von ihrer Persönlichkeit so beeindruckt, und von dem Respekt, den sie als Kommunistin selbst den Kolonialisten gebot, daß unser Problem einen Augenblick lang davor zurücktrat. Hätte ich meinen Wünschen nachgegeben, ich wäre auf der Insel geblieben, um von dieser Frau zu lernen.

In den nächsten Tagen arbeitete sie hartnäckig mit den Zollbeamten, der Polizei, den Richtern. Wir erfuhren, daß es in der Tat ein Gesetz gab, das rechtlich einwandfrei angewendet werden konnte – soweit koloniale Gesetze rechtlich einwandfrei sein konnten – und uns beträchtliche Zeit hinter Gitter bringen konnte. Die einzige Möglichkeit war ein Kompromiß: die Kolonialisten würden uns von der Insel nur unter der Bedingung ausreisen lassen, daß die Puertorikaner ihre Literatur zurückließen. Natürlich lehnten wir uns dagegen auf, aber wir hatten immerhin die erste Phase unseres Kampfes gewonnen. Unsere endgültige Entscheidung lief darauf hinaus, daß wir unsere Pässe entgegennehmen, Guadeloupe verlassen und die Frage der Bücher in den Händen von Madame Archimède lassen würden, die uns versprach, alles tun zu wollen, was in ihrer Macht stünde, um sie herauszupauken.

Mit einer formlosen Feier dankten wir Maître Archimède für ihre unschätzbare Hilfe. Liebevoll nahmen wir Abschied von der Frau, die uns die Gastfreundschaft ihres Hotels gewährt hatte, von dem kubanischen Kapitän und seiner Besatzung. Dann begaben wir uns nach der anderen Seite der Insel, Point-à-Pitre, wo wir am nächsten Morgen ein Flugzeug nach Puerto Rico bestiegen. Von dort flogen wir Nordamerikaner weiter nach New York.

Die Reise nach Kuba war ein großer Höhepunkt in meinem Leben gewesen. Ich fühlte mich unendlich gereift, und es schien, daß der grenzenlose revolutionäre Enthusiasmus der Kubaner meiner Existenz einen unauslöschlichen Stempel aufgedrückt hatte. Ich hatte mir vorgenommen, ein paar Tage in New York zu verbringen, um dann geradewegs zu meinem Haus in Cardiff-by-the-Sea zu fahren, wo ich ruhig über meine Erlebnisse in Kuba nachdenken konnte, bevor ich mein Jahr als Dozentin an der Universität von Kalifornien in Los Angeles (UCLA) begann.

Erst als ich an die Küste zurückkehrte, erfuhr ich, daß ein FBI-Agent in der Universitätszeitung einen Artikel über eine Kommunistin veröffentlicht hatte, die erst kürzlich von der Philosophischen Fakultät angestellt worden sei. William Divale enthüllte in seinem Artikel, daß er auf Geheiß der FBI in die kommunistische Partei infiltriert sei. Unzweifelhaft hatte man ihn auch geheißen, den Artikel über meine Zugehörigkeit zur Partei zu veröffentlichen.

Ein weiterer Artikel war im ›San Franciso Examiner‹ unter dem Namen von Ed Montgomery erschienen, einem der reaktionärsten Reporter des Staates. Ihm zufolge war ich nicht nur ein Mitglied der kommunistischen Partei der USA, sondern (trotz des offenbaren Widerspruchs) noch dazu Maoistin. Der Artikel behauptete, ich gehörte außerdem zu den Studenten für eine Demokratische Gesellschaft und der Schwarzen-Panther-Partei. Und schließlich, sagte er, hätte er erfahren, daß ich für die Schwarzen Panther Waffen schmuggelte; es sei ihm als Tatsache bekannt, daß ich schon geraume Zeit von der Polizeibehörde von San Diego beobachtet würde.

Als ich diesen Unsinn las, mußte ich lachen. Aber zu gleicher Zeit spürte ich, daß ich ernsthaft gefährdet war. Meine Vermutungen bestätigten sich, als ich hörte, daß der Verwaltungsrat der Universität – unter der Führung des Gouverneurs Ronald Reagan – den Kanzler der Universität von Los Angeles aufgefordert hatte, mir die formelle Frage vorzulegen, ob ich ein Mitglied der kommunistischen Partei sei.

Ich muß zugeben, daß ich von diesem Lauf der Ereignisse etwas schockiert war. Nicht daß ich erwartet hatte, man werde die Frage meiner Mitgliedschaft bei der kommunistischen Partei ganz unter den Tisch fallen lassen. Was mich schockierte, war der zeremonielle Charakter dieses Konflikts und der Beginn – wie es schien – einer Inquisition à la McCarthy.

Als ich die Stelle an der UCLA annahm, kannte ich nicht die

Bestimmung in den Richtlinien – die auf das Jahr 1949 zurückging –, die die Anstellung von Kommunisten verbot. Dieses offensichtlich verfassungswidrige Statut wurde aus der Schublade geholt und von Ronald Reagan und Konsorten angeführt, um meine Dozentur an der Universität zu unterbinden.

Als sich diese ganze Sache zusammenbraute, wurde mir klar, daß die persönlichen Ziele, die ich mir gesetzt hatte, im Begriff standen, frontal mit den politischen Verpflichtungen meines Lebens zusammenzustoßen. Ursprünglich war es nicht meine Absicht gewesen, in diesem Jahr mit der Arbeit zu beginnen. Ich hatte meine Doktorarbeit noch nicht abgeschlossen und wollte das aus dem Weg räumen, bevor ich auf Stellungsuche ging. Später hatte ich beschlossen, die Stellung an der UCLA anzunehmen, weil mein lockerer Stundenplan mir die Zeit und die Beweglichkeit bieten würde, die ich für die Beendigung meiner Dissertation benötigte. Ich wollte mit allen Mitteln diesen Teil meines akademischen Lebens hinter mich bringen. Aber jetzt war ich herausgefordert worden. Wenn ich die Herausforderung annahm, dann hieß das, daß ich den Doktortitel nicht vor Ende dieses Schuljahrs empfangen konnte.

Meine Genossen im Che-Lumumba-Club verpflichteten sich sofort, in der Schwarzen Gemeinschaft von Los Angeles eine Kampagne für mein Recht, an der UCLA zu lehren, ins Werk zu setzen. Auch weiße Genossen wurden aktiv. An der Universität ergriffen die Schwarze Studenten-Union und die Organisation der Schwarzen Professoren das Banner. Studenten und Professoren in großer Zahl begannen die Notwendigkeit einzusehen, den Übergriffen des Verwaltungsrats auf die Autonomie der Universität die Stirn zu bieten.

Die Philosophische Fakultät verurteilte einstimmig den Verwaltungsrat, weil er mich wegen meiner politischen Überzeugungen und Verbindungen vernehmen wollte. Von ihnen sei niemand, als Vorbedingung für seine Anstellung, gefragt worden, ob er Mitglied der demokratischen, republikanischen oder sonst einer Partei sei. Der Dekan der Philosophischen Fakultät, Donald Kalish, hatte von Anfang an eine grundsätzliche, unnachgiebige Haltung eingenommen. Es war hauptsächlich ihm und den Bemühungen der wenigen Schwarzen Professoren zu verdanken, daß die Bewegung zur Unterstützung meines Lehrrechts sich durch den gesamten Lehrkörper verbreitete.

Alles war zum Kampf gerüstet. Der erste Schritt war eine Antwort auf den Brief des Kanzlers, in dem er mich fragte, ob ich der kommunistischen Partei angehörte. Nur mein Anwalt – John McTernan – und einige gute Freunde wußten, wie ich auf diese Frage antworten wollte. Die meisten glaubten, daß ich das Fünfte Zusatzgesetz zur amerikanischen Verfassung anrufen und eine Antwort ablehnen würde, mit der Begründung, daß ich mich dadurch selbst bezichtigte. Während der McCarthy-Zeit war das die Strategie der meisten Kommunisten gewesen, denn wenn damals festgestellt werden konnte, daß jemand ein Kommunist war, dann konnte er oder sie nach einem Sondergesetz zu vielen Jahren Gefängnis verurteilt werden. Gus Hall und Henry Winston, der Generalsekretär und der Vorsitzende unserer Partei, hatten fast zehn Jahre ihres Lebens hinter Gefängnismauern verbracht.

Da es auf alle Fälle zum Kampf kommen mußte, hielt ich es für besser, das Schlachtfeld zu bestimmen und selbst die Kampfbedingungen festzulegen. Die Mitglieder des Verwaltungsrates hatten den Angriff auf mich eröffnet. Jetzt wollte ich die Offensive ergreifen und den Angriff gegen sie vortragen.

Ich beantwortete den Brief des Kanzlers mit einer eindeutigen Bestätigung, daß ich der kommunistischen Partei angehörte. Ich protestierte scharf dagegen, daß die Frage überhaupt gestellt worden sei, aber machte ihnen klar, daß ich offen als Kommunistin zu kämpfen gedächte.

Meine Antwort traf den Verwaltungsrat unvorbereitet, und einige faßten meine Mitteilung, daß ich Mitglied der kommunistischen Partei sei, als persönliche Beleidigung auf. Bestimmt hatten sie sich fest darauf verlassen, daß ich das Fünfte Zusatzgesetz anrufen würde. Dann hätten sie ihrerseits die Strategie gewählt, meine unmittelbare Vergangenheit zu durchkämmen, um zu beweisen, daß ich tatsächlich Kommunistin war.

Sie begegneten meinem Schachzug mit einer hitzigen, zornigen Erwiderung: Sie erklärten mir ihre Absicht, mich zu entlassen.

Die Rassisten und Anti-Kommunisten im ganzen Land waren außer sich vor Wut. Drohende Anrufe und Briefe häuften sich in der Philosophischen Fakultät und in den Geschäftsstellen der kommunistischen Partei. Ein Mann brach in das Büro der Philosophischen Fakultät ein und attackierte Don Kalish mit körperlicher Gewalt. In meinem Arbeitszimmer mußte eine besondere Telefonleitung eingerichtet werden, damit die Anrufe für mich gesiebt werden konnten, bevor sie zu mir durchgestellt wurden. Die Universitätspolizei war dauernd in Alarmbereitschaft. Mehrere Male mußte sie wegen der Bombendrohungen, die ich erhielt, meinen Wagen durchsuchen.

Aus Sicherheitsgründen wurde mir von meinen Genossen in Che-Lumumba ein Bruder zugeteilt, der mir praktisch immer zur Seite stand; ich mußte viele persönliche Gewohnheiten ändern und mich den Anforderungen der Sicherheit anbequemen. Was ich bisher als selbstverständlich angenommen hatte, war völlig unmöglich geworden. Wenn ich zum Beispiel mit meiner Arbeit nicht weiterkam, dann konnte ich nicht mehr um zwei Uhr morgens einen Spaziergang machen oder in mein Auto steigen. Wenn ich zu einer Stunde, in der die meisten Menschen schlafen, eine Zigarette wollte, mußte ich Josef aufwecken und ihn bitten, mit mir zu gehen.

Ich konnte mich nur schwer an die Notwendigkeit gewöhnen, ständig jemanden bei mir zu haben, und ich wurde dauernd von dem Mitgliedern des Che-Lumumba-Clubs gerügt, daß ich um meine Sicherheit so wenig besorgt sei. Kendra und Franklin Alexander hielten mir immer wieder vor, daß man ihnen die Schuld geben würde, wenn mir etwas passierte. Wenn ich die Sicherheitsmaßnahmen auf die leichte Schulter nahm, erinnerten sie mich an all die Fälle, die sich schon ereignet hatten. Es war schon vorgekommen, daß ich von der Polizei verfolgt wurde, als ich allein nach Hause fuhr. Sie war mir eine ganze Strecke gefolgt, und als ich die Fahrt verlangsamte, um in meine Einfahrt einzubiegen, richteten die Polizisten ihren Scheinwerfer in den Wagen und hielten ihn auf mich gerichtet, bis ich die Tür erreicht hatte. Ich hatte geglaubt, das sei nur einer ihrer verschiedenen Versuche, mich zu belästigen, und schenkte der Sache keine weitere Beachtung. Aber hinterher erklärte mir ein Genosse, daß ich die Polizei unterschätzte – vielleicht trafen sie Vorbereitungen für ein Attentat.

Es war auch nicht nur die Polizei. Die Genossen hielten mir mehrmals vor, daß unter den tausend Morddrohungen, die ich erhalten hatte, eine von jemand sein konnte, der so wahnsinnig war, mich tatsächlich umbringen zu wollen. Nur eine Person, eine verrückte Person.

Nach unserem ersten Sieg vor Gericht – einer Verfügung, die dem Verwaltungsrat untersagte, mich aus politischen Gründen zu entlassen – nahmen die haßerfüllten Briefe und Drohungen an Zahl und Wut zu. Bombendrohungen waren so häufig, daß nach einiger Zeit die Polizei nicht mehr unter der Haube meines Wagens nachsah. So mußte ich notgedrungen dieses Verfahren selber lernen. Eines Nachmittags unterbrach ein Schwarzer Zivilpolizist meinen Unterricht, um mir zu sagen, daß ernstzunehmende Drohungen eingetroffen seien und daß ihn die

Universitätspolizei beauftragt habe, mich zu bewachen, bis ich nach Hause ginge. An jenem Tage waren an verschiedenen Stellen des Universitätsgeländes Anrufe mit der Warnung erfolgt, daß ich die Universität nicht lebend verlassen würde. Anscheinend hatte dieselbe Person in ganz Los Angeles angerufen, bei meinen Freunden und Bekannten und bei Leuten, die mit der Bewegung verbunden waren. Als ich das Klassenzimmer verließ, warteten Franklin, Gregory und mehrere andere Genossen von Che-Lumumba, um mich nach Hause zu bringen. Ihre langen Mäntel verdeckten nicht ganz die Flinten und Gewehre, die sie mitgebracht hatten. Wir alle erinnerten uns, daß vor knapp einem Jahr John Huggins und Bunchy Carter, zwei Mitglieder der Schwarze-Panther-Partei, hier in der Universität erschossen worden waren – nicht weit von der Stelle, wo ich meine Vorlesungen hielt.

Wenn die Notwendigkeit, dauernd auf der Hut zu sein, mir das Leben erschwerte, dann war das nur die eine Seite eines größeren Problems: Ich mußte mich an die Tatsache gewöhnen, daß ich über Nacht zur öffentlichen Figur geworden war. Mir grauste davor, im Mittelpunkt einer derartig übermäßigen Beachtung zu stehen. Die schnüffelnden, oft parasitischen Reporter zerrten mir an den Nerven. Und ich haßte es, wie ein Wundertier angestarrt zu werden. Ich hatte nie den Ehrgeiz gehabt, eine »öffentliche Revolutionärin« zu werden; meine Vorstellung von meiner revolutionären Berufung hatte völlig anders ausgesehen. Immerhin hatte ich die Herausforderung angenommen, die der Staat ins Werk gesetzt hatte, und wenn das bedeutete, daß ich eine öffentlich relevante Persönlichkeit werden mußte, dann mußte ich eben eine solche Persönlichkeit sein – trotz des damit verbundenen Unbehagens.

Aber es gab auch außerordentlich rührende Augenblicke, die die unerfreulichen Aspekte meines öffentlichen Lebens mehr als aufwogen. Als ich einmal in einem Supermarkt in der Nähe meines Hauses einkaufte, merkte ich, daß eine Schwarze Frau mittleren Alters, die in der Nähe ihren Karren schob, mich zu erkennen glaubte. Als sich unsere Augen trafen, leuchteten die ihren auf. Sie kam zu mir gestürzt und fragte: »Sind Sie Angela Davis?« Als ich lächelte und ja sagte, traten ihr die Tränen in die Augen. Ich wollte sie an mich drücken, aber sie kam mir zuvor. Mit einer festen, warmen Umarmung sagte sie mir mütterlich: »Mach dir keine Sorgen, Kind. Wir stehen hinter dir. Wir lassen nicht zu, daß man dir die Arbeit wegnimmt. Kämpfe weiter.«

Wenn dieser eine Moment die einzige Frucht der vielen Zeit gewesen wäre, die ich der Bewegung gewidmet hatte, sie hätte alle Opfer gerechtfertigt.

Ich hatte niemals bezweifelt, daß meine Mutter und mein Vater in ihrer sanften Art mir zur Seite stehen würden. Ich wußte, daß sie sich dem furchtbaren Druck, ihre »kommunistische Tochter« anzuschwärzen, nicht beugen würden. Aber ich sah auch ein, daß ihre eigene Sicherheit um so mehr gefährdet war, je mehr sie mich verteidigten; ich machte mir große Sorgen um sie.

Wenn ich daran dachte, daß sie dem krassesten Rassismus und Anti-Kommunismus des Südens ausgesetzt waren, dann mischten sich in meine Besorgnis die Ängste, die ich während meiner Kindheit in Birmingham ausgestanden hatte. Ich erinnerte mich, wie furchtgeschüttelt ich war, wenn ich die Bomben explodieren hörte, die die Häuser auf der anderen Straßenseite in Trümmer legten. Ich erinnerte mich, wie die Waffen meines Vaters immer in Erwartung eines Angriffs griffbereit in der obersten Schublade lagen. Ich dachte an die Zeit, als das kleinste Geräusch genügte, um meinen Vater und meine Brüder vor dem Haus nach Sprengsätzen suchen zu lassen. Eines Abends, nachdem mein Fall an die Öffentlichkeit gelangt war, sprach ich mit meinem jüngsten Bruder Reginald, der in Ohio studierte. Auch er hatte große Angst, daß unsere Eltern in die Schußlinie geraten könnten und wollte nach Birmingham zurückkehren, um sie zu schützen.

Immer wenn ich mit meinen Eltern sprach, versicherten sie mir, daß alles gut gehe. Vielleicht waren sie nicht körperlich angegriffen worden, aber ich entnahm dem Klang ihrer Stimmen, daß man sie auf andere Weise verletzt hatte. Vielleicht hatte sich jemand, den sie für einen Freund hielten, voller Furcht von ihnen abgewandt, weil er nicht mit den Eltern einer Kommunistin in einen Topf geworfen werden wollte.

Die psychologische Wirkung des Anti-Kommunismus geht bei den gewöhnlichen Menschen dieses Landes sehr tief. An dem Wort »Kommunismus« ist etwas dran, das für den Uneingeweihten nicht nur den Feind, sondern auch etwas Unmoralisches, Schmutziges heraufbeschwört.

Einer der vielen Gründe, die mich veranlaßten, offen über meine Mitgliedschaft bei der kommunistischen Partei zu reden, war mein Glaube, daß ich dadurch einigen Mythen den Garaus machen könnte, von denen sich der Anti-Kommunismus nährt. Wenn die unterdrückten Menschen nur einsehen würden, daß Kommunisten an ihnen tiefen Anteil nehmen, dann wären sie gezwungen, ihre irrationale Furcht vor der »kommunistischen Verschwörung« neu zu überdenken.

Ich merkte bald, daß im Ghetto, bei den armen und arbeitenden Schwarzen Menschen, die anti-kommunistischen Reaktionen oft nicht tief verwurzelt waren. Dafür nur ein Beispiel: Ein Bruder, der mir gegenüber wohnte, kam eines Tages zu mir und fragte mich, was Kommunismus sei. »Da muß etwas Gutes dran sein«, sagte er, »weil der Mann uns immer einreden will, daß er schlecht ist.«

Aber in Birmingham war das Bild, das die meisten von mir hatten, zweifellos abstrakt und irrational. Viele Menschen, die mich als Kind gekannt hatten, die mich immer noch lieben wollten, nahmen wahrscheinlich ganz einfach an, daß mich die Kommunisten eingefangen, verführt und mir eine Gehirnwäsche verabfolgt hätten. Ich konnte mir vorstellen, daß sie jede Beschönigung gebrauchten, die ihnen einfiel, um mich nicht mit dem schmutzigen Namen einer Kommunistin zu belegen.

Als ich während der Weihnachtsferien zu Hause war, gab meine Mutter zu, daß Leute, die sich zu ihren Freunden gezählt hatten, unter dem Druck zusammengebrochen seien. Manche, sagte sie, hätten abrupt aufgehört, sie zu besuchen. Einige Kunden der Tankstelle meines Vaters waren plötzlich verschwunden.

Andererseits, betonte sie, hätten viele ihrer Freunde mich offen verteidigt. Wenn jemand nur anzudeuten wagte, daß ich in meiner Unschuld in die kommunistische Partei gelockt worden sei, dann vertraten sie den festen Standpunkt, daß ich über meine politische Zugehörigkeit meine eigene Entscheidung gefällt hätte.

Meine Eltern hatten meine Geschwister und mich stets aufgefordert, unabhängig zu sein. Seit wir ganz klein waren, hatten sie uns immer wieder geraten, nicht auf andere Leute zu hören, sondern zu tun, was wir für richtig hielten. Ich war stolz darauf, daß meine Eltern mein Recht verteidigen wollten, eine unabhängige, revolutionäre Antwort auf die Unterdrückung meines Volkes zu suchen.

Ich blieb in enger Verbindung mit meinem Bruder Ben, der Footballspieler bei den Cleveland Browns ist. Wenn sein Job in irgendeiner Weise darunter litt, daß ich Kommunistin war, dann wollte ich sogleich zu seiner Verteidigung bereit sein. Obwohl damals nichts an die Oberfläche drang – die Probleme sollten sich erst noch einstellen –, spürte er doch sehr deutlich das auffällige Schweigen, das ihn umgab. Niemand hatte ihn auch nur gefragt, ob er für oder gegen mich sei.

Meine Schwester Fania lebte damals nur etwa 160 km entfernt in der Gegend von San Diego. Sie und ihr Mann Sam studierten an der Universität von Kalifornien in San Diego (UCSD). Das Interesse an den Vorkommnissen in der UCLA war dort überdurchschnittlich groß, weil ich zwei Jahre dieser Universität angehört hatte und offiziell dort noch Studentin der Philosophie war, die sich bei Professor Marcuse auf ihr Doktorexamen vorbereitete.

Ich hatte meine kleine Wohnung in Cardiff nahe der Universität beibehalten, weil ich glaubte, dort einen großartigen Zufluchtsort zu haben, wenn ich der Hektik von Los Angeles entfliehen wollte. Da die Miete vierzig Dollar betrug, fand ich, daß ich mir diese beiden Plätze leisten konnte. Fania und Sam hatten dort gewohnt, bevor sie in eine eigene Wohnung zogen. Auch danach benutzten sie sie immer, wenn ihnen der Sinn danach stand.

Nachdem mich der Verwaltungsrat entlassen hatte und meine Zugehörigkeit zur kommunistischen Partei im ganzen Staat von der Presse gründlich bekanntgemacht und angegriffen worden war, machte ich mir natürlich auch Sorgen um Fania und Sam. In der Gegend um San Diego waren die Minute Men beheimatet, das südkalifornische Gegenstück zum Ku-Klux-Klan. Die Polizei war nicht viel besser. Da mir noch recht gut in Erinnerung war, wie ich von der Polizei verfolgt wurde, weil ich zu den Führern der Schwarzen Studenten von San Diego gehörte, warnte ich sie, auf der Hut zu sein.

Meine Angst war nicht unbegründet. Eines Morgens im Herbst läutete das Telefon neben meinem Bett so früh, daß ich wußte, es mußte etwas passiert sein. Mein Herz schlug schnell, als ich mich meldete.

»Angela«, flüsterte eine Stimme, die ich sogleich als die meiner Schwester erkannte, »man hat auf Sam geschossen«. Es klang, als rede sie im Schlaf. Ihre Worte waren so unwirklich.

»Was willst du damit sagen?« fragte ich ungläubig.

»Die Schweine haben auf Sam geschossen«, war die ganze Antwort. Sie sagte nicht, ob er noch lebte, und da ich das Schlimmste befürchtete, wollte ich nicht danach fragen. Stattdessen versuchte ich, mir eine ruhige Stimme zu geben und bat sie, mir genau zu erzählen, was sich zugetragen hatte.

Zwei Vizesheriffs seien in ihr Haus eingedrungen, hätten auf Sam gefeuert und ihn an der Schulter verletzt. Er hätte die Flinte ergriffen, die sie im Haus hatten, auf sie zurückgefeuert und sie aus dem Haus vertrieben. Als sie sagte, daß er im Krankenhaus sei, fühlte ich eine ungeheure Erleichterung; jetzt konnte ich sie fragen, wie es ihm ging.

Die Kugel hatte nur einen Zentimeter von der Wirbelsäule gesteckt. Aber man hatte sie bereits entfernt, und sie glaubte, daß er gesund werden würde. Das größte Problem war im Augenblick, daß man ihn verhaftet hatte. Sobald er vom Krankenhaus entlassen würde, wollte man ihn ins Gefängnis werfen.

Sie sagte, sie riefe von Evelyn und Barry aus an – dem Obergeschoß des Hauses in Cardiff, in dem sich meine Wohnung befand. Ich sagte ihr, sie solle sich nicht rühren, ich würde so schnell ich konnte zu ihr fahren.

Nachdem ich Josef geweckt und ihm die Sache erzählt hatte, rief ich Kendra und Franklin an, damit sie die anderen Genossen alarmierten. Franklin erbot sich, nach Riverside zu fahren, wo ich am Nachmittag in der Universität sprechen sollte. Nachdem er meine Abwesenheit entschuldigt und selbst eine Ansprache gehalten hätte, sagte er, würde er selbst nach San Diego kommen.

Als wir in Cardiff ankamen, fanden wir Evelyn und Barry in heller Panik. Kurz nachdem Fania mich angerufen hatte, waren mehrere Autos mit Sheriffs vor dem Haus vorgefahren. Mit gezogenen Waffen waren sie hineingestürmt und sagten, sie hätten einen Haftbefehl für Fania Davis Jordon. Sie hatten ihr Handschellen angelegt und sie in einem Streifenwagen abgeführt. Polizei hatte sowohl meine Wohnung wie auch die von Evelyn und Barry im oberen Stock durchsucht. Evelyn war außer sich vor Wut, weil einer der Polizisten mit seinem Gewehr auf das Baby gezielt hatte. Als er das Kind in seinem Bett hinter einer geschlossenen Tür strampeln hörte, war der Polizist in das Zimmer eingedrungen und hatte die Waffe auf das Bett gerichtet.

Fania und Sam wurden später beide des »Mordversuchs an einem Friedensbeamten« bezichtigt. Es dauerte zwei Tage, bis wir das Geld für ihre Kaution aufbringen konnten – und es hätte viel länger gedauert, wenn Herbert und Inge Marcuse nicht mit einer ansehnlichen Summe geholfen hätten.

Die Nachricht von ihrer Verhaftung wurde im Staat nach allen Himmelsrichtungen verbreitet. VERWANDTE VON ANGELA DAVIS WEGEN MORDVERSUCHS VERHAFTET war eine typische Schlagzeile. In allen Zeitungen, die ich sah, mit Ausnahme der ›People's World‹ und einiger Wochenzeitungen aus dem Untergrund, wurde auf die Tatsache besonderes Gewicht gelegt, daß Fania und Sam Jordon Schwester und Schwager der »Kommunistin nach eigenem Eingeständnis« Angela Davis seien.

Später erzählte uns Fania, daß die Polizisten und Gefängnisaufseherinnen sie dauernd Angela genannt und versucht hätten, sie mit ihren anti-kommunistischen Bemerkungen in Wut zu bringen.

Ich erhob öffentlich Anklage gegen das Amt des Sheriffs von San Diego, daß es in verächtlichster Weise mit den reaktionärsten Kräften des Staates zusammenarbeite. Vor allem klagte ich es an, daß es Ronald Reagans anti-rassistische, anti-kommunistische Politik bis zum Mord mit Vorbedacht ausdehne. Bei dem Handgemenge im Haus wäre Sam bestimmt getötet worden, wenn Fania nicht so mutig gewesen wäre. Nachdem der Polizist auf Sam gefeuert und ihn einmal getroffen hatte, packte sie seinen Arm mit der Waffe, so daß die übrigen Kugeln fehlgingen und in die Wand einschlugen.

Fania und Sam wurden zweimal vor einem Schwurgericht angeklagt. Beide Male erkannte der Richter, der den Fall aburteilen sollte, wie vergeblich ein Prozeß gegen sie sein würde und schlug das Verfahren nieder. Aber der Fall zog sich über ein Jahr hin.

Bei Jahresende, nach einem weiteren akademischen Quartal, war meine Stellung vorläufig gesichert. Das Gericht hatte die Regel, nach der die Anstellung von Kommunisten verboten war, für verfassungswidrig erklärt. Obwohl dadurch der Verwaltungsrat fürs erste nichts tun konnte, suchte er nach anderen Möglichkeiten, mich vor Beginn des nächsten Studienjahres loszuwerden. Erst hatte er einen Provokations- und Spionageplan entworfen, der von Leuten ausgeführt wurde, die sich als meine Studenten ausgaben; ich mußte mich täglich mit ihnen auseinandersetzen.

Im Laufe der Zeit wurde dann klar, daß der Angriff auf meine Stellung nur ein winziger Teil eines systematischen Planes war, die Kampfverbände der Schwarzen Befreiung und die gesamte radikale Bewegung zu vernichten. Der Kampf um meine Anstellung mußte mit dem größeren Kampf für das Fortbestehen der Bewegung verknüpft werden.

Die Unterdrückung nahm im ganzen Lande zu. Die schlimmsten Opfer falscher Anklagen und polizeilicher Gewalt waren die Mitglieder der Schwarze-Panther-Partei. Bobby Seale und Erikka Huggins waren in New Haven angeklagt worden. Fred Hampton und Mark Clark wurden in Chicago von Polizisten ermordet, als sie im Bett lagen und schliefen. Und in Los Angeles wurde das Hauptquartier der Schwarze-Panther-Partei von der Polizei und ihrem taktischen Sonderkommando überfallen, wofür die Nationalgarde und die Armee in Alarmbereitschaft versetzt worden war.

Diesen Überfall habe ich mit eigenen Augen gesehen und mit meinen Genossen zusammen geholfen, den Widerstand innerhalb der Schwarzen Gemeinschaft zu organisieren. Da wir auch die kleinen Leute zum Widerstand gegen diese Unterdrückung mobilisieren konnten, wurden die Regierungen von Stadt und Staat vorübergehend in die Defensive gedrängt. Aber dadurch wuchs unzweifelhaft auch ihr Wunsch, uns allen den Garaus zu machen.

Eines frühen Morgens – etwa um fünf Uhr – erhielt ich einen Anruf, daß das Panther-Hauptquartier in der Central Avenue in Not sei. Die Polizei hatte versucht, in das Bürogebäude einzubrechen, aber die Schwestern und Brüder im Innern hatten sie daran gehindert und kämpften immer noch mit den Waffen in der Hand. Ich weckte Josef und sagte ihm, er solle sich möglichst schnell anziehen – ich würde ihm das übrige im Auto erklären.

Das Gebiet um das Hauptquartier war abgesperrt; jede Station der Blockade war mindestens drei Blocks außer Schußweite. Als wir das Gebiet umkreisten, erblickten wir eine Figur, die mit ausgebreiteten Armen gegen eine Mauer stand und von einem Polizisten gefilzt wurde. Als ich genauer hinsah, erkannte ich Franklin. Kendra und ein paar andere Genossen standen etwa 25 Meter entfernt auf der Straße. Wir sprangen aus dem Wagen und fragten, was vor sich ginge.

Sie sagten, sie hätten versucht, so nahe wie möglich an die Kampfstätte heranzukommen, als ein Polizist erschienen wäre, seine Flinte auf Franklin gerichtet und ihm befohlen hätte, sich an die Mauer zu stellen. Kendra, Taboo und den anderen hatte man gesagt, wenn sie sich nicht dünne machten, würde man ihnen den Schädel in Stücke schießen. Es war Franklin, der sie interessierte. Als sie ein Stück Parteiliteratur bei ihm entdeckten, sagten sie so etwas wie »du dreckiger Kommunist« und führten ihn zu einem Streifenwagen ab.

Indessen hörte man die ganze Zeit Schüsse im Hintergrund. Als wir die Central Avenue entlang bis zur Polizeiabsperrung gingen, begann es gerade zu dämmern. Im neuen Tageslicht konnte man bewaffnete Typen in schwarzer Fallschirmjägerkluft schlangengleich auf dem Boden kriechen, oder sich hinter Telefonstangen verstecken sehen. Autos waren in der Avenue geparkt. Von Zeit zu Zeit feuerten sie ihre Waffen ab.

Andere schwarzgekleidete Figuren standen auf den Dächern des ganzen Blocks, in dem sich das Hauptquartier befand. Ein Hubschrauber schwebte darüber. Eine Bombe war gerade auf das Dach des Panther-Bürohauses gefallen. Stadtpolizisten von Los Angeles schwärmten über das ganze Gebiet.

Die Polizisten sprachen nicht miteinander. Ihre Konzentration auf den Angriff hatte etwas Hypnotisches, ja sogar Irres an sich. Sie waren wie Roboter. Der Angriff war zu sehr ausgearbeitet, um spontan zu sein. Er schien gut im voraus geplant zu sein, vielleicht sogar bis zur Stellung jedes einzelnen Polizisten.

Die Stille war fast vollkommen und wurde nur durch das Geräusch von Schüssen unterbrochen. Wenn immer noch Schüsse aus dem Bürohaus ertönten, war das das einzige Zeichen, daß zumindest ein paar Panther noch am Leben waren.

Einige Leute standen in der Gegend herum. Eine Frau machte ein schmerzverzerrtes Gesicht, wenn sie eine Schußsalve hörte. Ihre Tochter war, wie ich erfuhr, in dem Gebäude. Von unserem Ausguck – und durch das Fernglas, das wir uns beschafft hatten – sah die Lage übel aus. Durch Kugeln und Dynamit war das Haus praktisch zerstört. Die Frau sagte nichts. Keine Wörter hätten die furchtbare Angst wiedergeben können, die so deutlich in ihren Augen stand.

Ich ging zu ihr hinüber und sagte ihr so sanft ich konnte, sie solle sich keine Sorgen machen. Ich erzählte ihr von der Kette von Anrufen, die ins Werk gesetzt worden waren und die die Botschaft, sofort zum Büro der Panther zu kommen, durch die ganze Stadt verbreitete. Bald würden Hunderte von Menschen auf der Straße sein. Ihre Anwesenheit allein würde die Polizei zum Rückzug zwingen. Ihre Tochter Tommie würde alles heil überstehen.

Gegen sieben Uhr waren Leute aus der Nachbarschaft und aus der ganzen Stadt zu diesem Bezirk geströmt. Aber die Sperrzone war erweitert worden. Nur diejenigen, die früh genug gekommen waren, befanden sich nahe genug, um die Ereignisse zu verfolgen. Wir waren innerhalb der Sperrzone.

Kendra und ich und die anderen Mitglieder unseres Clubs waren wegen Franklin äußerst besorgt. Wir waren zwischen der Notwendigkeit, über dem Kampf Wache zu halten, und dem Wunsch zu erfahren, was die Polizei mit Franklin angefangen hatte, hin und her gerissen. Ich wollte schließlich freiwillig den

Versuch machen, aus der Sperrzone herauszukommen, die Lage draußen zu erkunden, festzustellen, ob Franklin noch in der Nähe war, und wieder zurückzukommen. Josef sollte mich begleiten.

Wir entdeckten eine Einfahrt, die uns vielleicht sicher durch die Absperrung bringen konnte, aber als wir schon glaubten, auf der anderen Seite zu sein, sichteten wir einige Polizisten und mußten wieder umkehren. Als wir nach einer anderen Einfahrt suchten, bemerkten wir eine Gruppe von Kindern aus der Umgegend. Da sie wahrscheinlich die Gegend am besten kannten, fragten wir sie, ob sie uns durch die Blockade führen könnten. Sie erklärten sich freudig dazu bereit und begannen uns durch labyrinthische Fußpfade, Hinterhöfe und Gäßchen zu führen, die von der Straße aus nicht zu sehen waren. Wenn jemand die Polizei sichtete, wurde ein Zeichen gegeben, und wir zogen uns schnell zurück, um eine andere Route zu probieren.

Schließlich gelangten wir zur anderen Seite. Dort standen Menschen in Massen, denen der Zorn ins Gesicht geschrieben war. Als wir das Gelände nach Franklin absuchten, trafen wir Dutzende von Schwestern und Brüdern, die wir kannten. Wir gelangten zu dem Straßenblock, an dem die Jefferson-Schule lag. Die Motorrad-Brigade der Polizei paradierte vor der Schule und versuchte, mit ihrer Stärke eine große Schau abzuziehen. Über hundert Polizisten, die alle hart aussehen wollten, aber lediglich rassistisch aussahen, brausten durch die Straßen. Sie brachten die Motoren ihrer Räder auf hohe Touren und glaubten, das Dröhnen sei der Klang ihrer eigenen Kraft. In diesem Augenblick erblickte ich in dieser Szene die historischen Spuren von Hitlers Truppen, die die Juden mit Terror paarweise treiben wollten.

Eine junge Schwester, die in gerechtem Zorn entflammt war, hob eine Flasche auf und warf sie in die Prozession. Die Motorrad-Parade kam zum Halten. Es war ein außergewöhnlicher Moment der Spannung. Viele von uns waren sicher, daß ein totaler Zusammenstoß unmittelbar bevorstand. Aber diese Pfauen-Parade der Macht war nur Theater. Die Polizisten hatten nicht den Befehl, in den Kampf zu gehen. Die Prozession setzte sich wieder in Bewegung, und die Schweine fuhren fort, ihre Gegenwart im Ghetto herauszustreichen.

Gerüchte kamen in der Menge auf und verbreiteten sich mit großer Eile. Peaches sei tot, sagte jemand. Das Baby von Bunchy und Yvonne Carter, sagte ein anderer, sei in dem Bürohaus von den Schweinen getötet worden. Der Zorn der Menge stieg. Sie war zahlenmäßig größer als die sichtbare Polizeitruppe. Die Schüler der Jefferson-Oberschule waren zornig. Die Menschen, die im Bezirk lebten, waren zornig.

Eine Frau, die eben von der Arbeit kam, erzählte einer kleinen Gruppe, daß sie nicht einmal in ihr Haus könnte, weil die Polizei das Gebiet abgesperrt hätte. »Diese Schweine glauben, sie könnten in unseren Bezirk kommen und ihn übernehmen.« Einige wollten kämpfen. Andere rieten für den Augenblick zur Zurückhaltung, weil die im Panthergebäude noch in Gefahr seien.

Josef und ich suchten weiter nach Franklin. Schließlich sahen wir ihn auf der anderen Straßenseite auf uns zukommen. Wir wollten zu ihm hinlaufen, als wir bemerkten, daß er uns verstohlen fortwinkte. Bald darauf kam er zurück und sagte, er hätte geglaubt, daß man ihm folge, und hätte uns nicht in Gefahr bringen wollen.

Er hatte mit den Schülern der Jefferson-Schule gearbeitet und ihnen geholfen, eine Gemeinschaftskundgebung in der Schule vorzubereiten. Er war von den unmittelbaren Problemen dieser Kundgebung gedanklich so in Anspruch genommen, daß er den Vorfall des frühen Morgens fast vergessen hätte. Die Polizei hatte ihn im Streifenwagen eingeschlossen und diesen nahe am Panther-Hauptquartier geparkt. Er hatte buchstäblich die Kugeln fliegen sehen. Nach etwa einer Stunde hatten sie ihn fortgefahren und etwa zehn Blocks weiter aus dem Auto geschubst; ein typischer Fall polizeilicher Schikane.

Man hätte entdeckt, wo die Polizei von Los Angeles ihren Befehlsstand hätte, erzählte uns Franklin. Jemand wurde zur Central Avenue geschickt, um Kendra und die anderen Genossen zu holen, während wir uns zu dem Haus begaben, das der Polizeichef als Hauptquartier »übernommen« hatte. Es war von Polizisten umgeben, und Reporter schwärmten in der ganzen Gegend umher. Einige von ihnen erkannten mich und wollten gleich wissen, ob ich gekommen sei, um als »Vermittler« zwischen der Polizei und den Panthern zu wirken. Ich sagte ihnen unverhohlen, daß ich für die Polizei von Los Angeles nichts als Verachtung empfände. Meine Loyalität gehörte den Schwestern und Brüdern, die angegriffen würden.

Die Frau, die dem von der Polizei beschlagnahmten Haus gegenüber wohnte, war über die Invasion des Bezirks empört. Sie bot uns – den Schwestern und Brüdern von den Panthern, der Schwarzen Schülergemeinschaft und Che-Lumumba – ihr Haus als Hauptquartier für den Widerstand an. Ein Anruf kam durch ins Büro der Panther. Die Schwestern und Brüder waren drinnen noch alle am Leben, obwohl die meisten von ihnen angeschossen und bei der Explosion verletzt worden waren.

Sie sagten, sie seien bereit, das Gebäude zu verlassen, aber nur, wenn die Leute der Gemeinschaft und die Presse sie beim Herauskommen beobachten könnten. Sie wußten, daß alle vielleicht kaltblütig erschossen worden wären, wenn sie sich nicht von Anfang an verteidigt hätten. Sie versuchten auszuhalten, bis wir genügend Leute zusammentrommeln konnten, um Zeugen der Aggression zu sein und Wache zu stehen, wenn sie ihre Waffen niederlegten und das Gebäude verließen.

Ein Stück weißer Stoff wurde aus dem Fenster geworfen. Alles war still. Als die Schwestern und Brüder, elf an der Zahl, herauskamen, wirkten sie stark. Sie bluteten, ihre Kleidung war zerrissen, und sie waren schmutzig von den Trümmern der Explosion, aber sie wirkten stark. Ich erfuhr erst später, daß Peaches von Schüssen in beide Beine getroffen worden war. Und doch war sie stolz aus dem Gebäude marschiert.

Als der letzte der Elf das Haus verlassen hatte, erhob sich ein ungeheures Dröhnen von Beifall und Jubelgeschrei. Triumphierend erhoben sich die Stimmen zu Sprüchen wie: »Die Macht dem Volke.« »Keine Schweine mehr in unserer Gemeinschaft.« Das war in der Tat ein Sieg. Die Polizei war in den frühen Morgenstunden in den Bezirk geschlichen und hatte die mörderische Attacke gegen die Panther begonnen. Ohne Zweifel hatte sie vorgehabt, so viele wie möglich umzubringen und den Rest gefangenzunehmen, und dadurch die Ortsgruppe der Panther in Los Angeles zu zerstören. Aber durch die Unterstützung der Menschen auf der Straße waren die Panther als Sieger hervorgegangen.

Als die Schwestern und Brüder das Gebäude verlassen hatten, wurde die Menge kühner. Eine Schwester sprang tatsächlich vorwärts und schlug einen der Polizisten von hinten. Bevor er wußte, wer ihn geschlagen hatte, war sie wieder im Schutz der Menge.

Die Schüler, mit denen Franklin vorher gesprochen hatte, hatten alle Vorbereitungen für eine Kundgebung getroffen. Sie hatten ihrer Schulverwaltung mitgeteilt, daß sie die Turnhalle für eine Gemeindeversammlung benutzen wollten, um gegen die rechtswidrige Polizeiaktion auf das Hauptquartier der Panther zu protestieren. Die Aufforderung verbreitete sich in der Menge, man solle zur Kundgebung in die Schule kommen.

Die Wogen der Erregung gingen hoch. Die Reden waren voller Leidenschaft. Alle drehten sich um dasselbe Thema, daß es nötig sei, die Panther zu schützen und zu verteidigen, und daß es nötig sei, die Gemeinschaft zu schützen und zu verteidigen. Einige der Schüler hielten Ansprachen, auch ein Bruder von der Schwarzen Schüler-Gemeinschaft, Franklin und ich. Als die Kundgebung vorüber war, riefen die Schüler dazu auf, die Schule zu verlassen, um die Nachricht vom Polizeiüberfall in allen Schwarzen Bezirken von Los Angeles zu verbreiten. Sie verpflichteten sich, die Gemeinschaft für den bevorstehenden Kampf zu mobilisieren, und wir marschierten alle aus dem Saal, singend: »Ich will ein Mau Mau sein, ganz wie Malcolm X. Ich will ein Mau Mau sein wie Martin Luther King.«

Um den Widerstand zu organisieren, wurde eine Koalition zwischen der Schwarze-Panther-Partei, dem Schwarzen Schüler-Verband und unserem Che-Lumumba-Club geschlossen. Auf der Basis dieser Koalition der Schwarzen Linken fühlten wir uns imstande, zu einem breit angelegten vereinten Widerstand aufzurufen, der von allen Sektoren der Schwarzen Gemeinschaft ausging.

In derselben Nacht beriefen wir eine Sitzung ein, an der Vertreter Schwarzer Organisationen aus der ganzen Stadt teilnahmen. Dabei wurde ein Generalstreik beschlossen, der zwei Tage später in der Schwarzen Gemeinschaft stattfinden sollte. An dem gleichen Tag wollten wir eine Protestkundgebung der Massen auf den Stufen des Rathauses stattfinden lassen. Wir hatten etwa 36 Stunden Zeit, um die Kundgebung zusammenzutrommeln. Das war fast gar nichts, aber je schneller die Gemeinschaft sich zu organisieren verstand, desto wirksamer würde unser Protest ausfallen.

Noch in der gleichen Nacht wurden Tausende von Flugblättern gedruckt. Am nächsten Morgen überschwemmten einige Teams die Gemeinschaft mit Literatur über den Angriff und die Notwendigkeit, sich zur Wehr zu setzen. Der örtliche Schwarze Rundfunksender und eine Fernsehstation im Untergrund gaben uns kostenlos Sendezeit, um den Streik auszurufen und die Nachricht von der Kundgebung zu verbreiten. Andere gaben die Kundgebung in ihren Nachrichtensendungen bekannt.

Ich persönlich sprach besondere Ankündigungen auf Band und hielt Pressekonferenzen, da mein Name in der Gemeinschaft bekannt war. Dennoch fühlte ich auch das Bedürfnis, mit der Basis der Gemeinschaft zusammenzuarbeiten. Ich wollte die

Stimmung in der Gemeinschaft kennenlernen – und das war hinter einem Mikrophon nicht möglich.

Ein Team war zur Jordon-Down-Siedlung in Watts unterwegs, um dort Flugblätter zu verteilen. Ich entschloß mich mitzugehen. In meiner ganzen Erfahrung mit der Arbeit von Tür zu Tür hatte ich nie eine so einmütige Zustimmung zu unserem Aufruf erlebt. Buchstäblich nicht ein einziger wurde grob, niemand versuchte, uns die Tür vor der Nase zuzuschlagen, und alle waren der Meinung, daß wir dem Überfall auf die Panther Widerstand bieten sollten. Viele Menschen erkannten mich, und ich war überrascht, daß sie mir auch freiwillig anboten, mich in meinem Kampf um meine Stellung zu unterstützen. Fast alle, mit denen ich sprach, gaben ihr festes Versprechen, den Generalstreik einzuhalten und an der Kundgebung am nächsten Morgen teilzunehmen.

Im Büro der Panther gab es Probleme. Die Frau, die hinter dem Haus wohnte, hatte berichtet, daß die Polizei früh am Morgen zurückgekehrt sei und Tränengaspatronen in das Büro geschossen habe. Die Gasschwaden waren jetzt stärker als kurz nach dem Ende des Überfalls. Es war unmöglich, sich länger im Innern aufzuhalten, ohne daß einem übel wurde.

Daraufhin wurde beschlossen, rund um die Uhr vor dem Bürohaus Wache zu halten. Teilnehmer an dieser Wache sollten sich zu Schichten zusammenschließen, um die Trümmer aufzuräumen. Als die Sonne unterging, waren noch über hundert Leute anwesend, die zur Wache bereit waren. Die Tränengasdämpfe waren noch so stark wie zuvor, und der größte Teil der Gruppe stand am Ende des Blocks zusammengeballt, damit niemand von Gas überwältigt würde. Es war geplant, die Wache die ganze Nacht aufrechtzuerhalten. Franklin ließ die Gruppe Freiheitslieder anstimmen.

Während die Sänger ihre Kehlen geschmeidig machten, bemerkte ich ein seltsames Treiben in diesem Bezirk: Polizeiwagen, die langsam vorbeifuhren – ohne Aufschrift, aber unverkennbar Polizeiwagen mit Agenten, die zu uns herausspähten. Ich nahm an, das sei eine normale Überwachung. Es schien nicht wahrscheinlich, daß sie sich mit einer Gruppe anlegen wollten, der nicht nur die üblichen jungen Leute der Bewegung angehörten, sondern auch Pfarrer, Professoren und Politiker.

Das Singen wuchs nun zu voller Lautstärke an. Vielleicht fühlte sich die Polizei durch die Worte »Freiheit ist ein ständiger Kampf« oder »Ich erwachte heute morgen, mein Herz wollte

Freiheit« herausgefordert, denn sie unterbrach uns jählings mit einer Stimme durch den Lautsprecher: »Die Polizeibehörde von Los Angeles hat dies zur illegalen Versammlung erklärt. Wenn ihr euch nicht entfernt, werdet ihr verhaftet. Ihr habt genau drei Minuten Zeit, euch zu zerstreuen.«

Auch wenn wir es versucht hätten, hätten wir uns nicht in drei Minuten zerstreuen können. Wir entschlossen uns sofort, nicht auseinanderzugehen, sondern uns zu einer wandernden Streikpostenkette zu formieren. Solange wir in Bewegung blieben, waren wir keine »Versammlung« und hatten theoretisch das Recht zu bleiben. Senator Marvyn Dymally, ein Schwarzer Senator des Staates, wollte mit dem kommandierenden Polizeioffizier verhandeln, weil er glaubte, ihn beruhigen zu können.

Die Linie erstreckte sich von der Ecke, wo die Gruppe gesungen hatte, bis weit über das Bürogelände hinaus, das nahe der nächsten Ecke stand.

Ich begab mich zu dem Ende, das dem Bürogebäude näher war. Es war dunkel und schwer zu erkennen, was an der anderen Ecke vor sich ging. Plötzlich wandte sich die Menge zur Flucht. Da ich glaubte, sie sei nur dadurch entstanden, daß die Polizei am anderen Ende den starken Mann spielte, wandte ich mich, um die Leute zu beruhigen und ihnen zu sagen, sie sollten nicht rennen. Aber in demselben Augenblick sah ich einen Schwarm schwarzgekleideter Polizisten, die am Tage zuvor den Überfall auf das Bürogebäude veranstaltet hatten. Weiter hinten schlugen sie schon auf Menschen ein, und einige von ihnen kamen konzentrisch auf uns zu.

Ich war der Menge zugewandt gewesen. Ich drehte mich schnell um, aber bevor ich wegrennen konnte, wurde ich zu Boden geworfen. Ich schlug mit dem Kopf aufs Pflaster und war einige Sekunden benommen. Während dieser Sekunden des Halbbewußtseins fühlte ich Füße, die mir auf den Kopf und den Körper trampelten, und es fuhr mir durch den Sinn, daß es grauenhaft sei, so zu sterben.

Ein Bruder schrie: »He, das ist Angela da unten!« Sofort waren Hände da, die mir aufhalfen. Ich konnte die Schlagstöcke sehen, die auf die Köpfe der Brüder einschlugen. Man erzählte mir später, daß die Polizei mit ihren Stöcken sofort hinter mir her war, als sie mich erkannt hatte.

Als ich wieder auf den Beinen war, rannte ich so schnell ich konnte.

Das war Wahnsinn. Offenbar hatte die Polizei nicht die Absicht, uns zu verhaften. Sie wollte uns nur prügeln. Selbst Senator Dymally war dagegen nicht gefeit gewesen. Nach einem vergeblichen Gespräch mit dem Polizeichef war er, wie ich später erfuhr, der erste gewesen, auf den man eingeschlagen hatte.

Wir rannten durch die Nachbarschaft, über Rasenflächen, durch Seitengassen, wo immer wir zeitweilig eine Zuflucht finden konnten. Als ich mit einigen Schwestern und Brüdern, die ich gar nicht kannte, über einen Vorgarten lief, hörte ich von einer dunklen Porch eine Stimme, die uns aufforderte hereinzukommen. Wir rannten ins Haus, legten uns auf den Boden und versuchten, wieder zu Atem zu kommen. Es war eine Schwarze Frau mittleren Alters, die uns ihre Tür geöffnet hatte. Als ich versuchte, ihr zu danken, sagte sie, nach dem, was am Vortag passiert sei, sei dies das mindeste, was sie tun könnte.

Wir waren in einer Seitenstraße der Central Avenue. Ich blickte durch die Vorhänge des Vorderzimmers und konnte nichts anderes entdecken als Polizeiautos, die vorbeikreuzten. Dann bemerkte ich einige unserer Leute auf einer Porch gegenüber und wollte den Versuch machen, zu diesem Haus zu gelangen.

In der ganzen Aufregung hatte ich nicht bemerkt, wie sehr ich mich bei meinem Fall verletzt hatte. Das Blut strömte mir am Bein herunter, und mein Knie zitterte vor Schmerzen. Aber ich hatte jetzt keine Zeit, daran zu denken. Ich dankte der Frau, verabschiedete mich und rannte zu dem Haus auf der anderen Straßenseite, so schnell ich konnte.

Die Familie, die dort lebte, hatte einem Genossen von unserer Partei gestattet, im Haus eine Unfallstation einzurichten. Menschen mit blutbeschmierten Gesichtern warteten bereits auf Behandlung, und eine Truppe war auf die Suche nach anderen Verwundeten gegangen. Anscheinend hatten in der ganzen Umgegend Leute ihre Türen geöffnet. Dieser spontane Beweis ihrer Solidarität hatte uns vor einem regelrechten Blutbad bewahrt.

Ich machte mir Sorgen um Kendra, Franklin, Tamu, Taboo und die übrigen Genossen von Che-Lumumba, die ich noch nicht gesehen hatte. Die Führer der Panther, die nach dem ersten Überfall nicht verhaftet worden waren, fehlten ebenso wie die leitenden Mitglieder des Schwarzen Schülerverbandes. Ein Bruder, der diesem Verband angehörte, sagte, er wolle mich durch den Bezirk begleiten, um festzustellen, was mit unseren Freunden geschehen war. Wir sahen Menschen, die sich in den Läden der Central Avenue dicht gedrängt zusammengefunden hatten.

Auf dem Weg dorthin tauchten wir in die Schatten und konnten auf diese Weise einen der Läden ohne Zwischenfall erreichen. Die Menschen, um die wir uns gesorgt hatten, waren in der Menge. Eine Person war verhaftet worden.

In der Central Avenue marschierte eine Abteilung Polizisten in schwarzer Fallschirmjägerkluft. Wenn sie einen von uns auf der Straße sahen, sprangen einige von ihnen aus der Kolonne, schlugen mit ihren Stöcken auf ihn ein und traten dann, als ob nichts geschehen wäre, wieder in die Kolonne zurück. Wie es schien, wollten sie uns auf Ewigkeit in diesen Häusern und Läden gefangen halten.

Später hörten wir, daß die Polizisten in den schwarzen Fallschirmjägeruniformen zu der taktischen Abteilung gehörten, die mit Spezialwaffen ausgerüstet und vor allem für die Unterdrükkung von Aufständen ausgebildet war. Eine daraufhin angestellte Untersuchung ergab, daß diese Abteilung vorwiegend aus Vietnam-Veteranen bestand. Über ein Jahr waren sie ausgebildet worden, lernten, wie man die Stadtguerillas bekämpft, lernten, wie man Aufstände »niederwirft« und anscheinend auch, wie man sie provoziert. Ihre Premiere in der Öffentlichkeit war der Überfall auf das Büro der Panther. Ihre Offensive gegen unsere Wache war ihr zweiter offizieller Auftritt.

Der Angriff auf uns hatte um sechs Uhr abends begonnen. Erst gegen halb elf oder elf Uhr hatte es den Anschein, als könnten wir die Häuser und Läden wieder verlassen. Um diese Zeit war einem der Gehilfen von Senator Dymally mitgeteilt worden, daß die Polizei bereit sei sich zurückzuziehen, wenn wir alle unverzüglich den Bezirk verließen. Ob dieses Versprechen allerdings eingehalten wurde, blieb sehr fraglich.

Selbst in diesem Augenblick der Krise war unsere wichtigste Sorge, wie wir die Kundgebung zum Erfolg bringen konnten. Die meisten Organisatoren und Redner dieser Versammlung befanden sich in der Central Avenue. Es gab nur eine logische Erklärung für die skrupellose Belagerung: die Polizei versuchte, unsere Kundgebung zu unterbinden. Wir mußten auf gut Glück versuchen, einige Menschen aus diesem Bezirk herauszuschmuggeln, damit wir unsere Vorbereitungen für die Massenversammlung weiterführen konnten.

Wir konnten den Laden ohne Zwischenfall verlassen. Nachdem fast alle gegangen waren, versuchten Kendra und ich, zusammen mit anderen Genossen zu einem bestimmten Haus zu gelangen, um eine Notsitzung des Che-Lumumba-Clubs abzuhalten. Jedermann wurde ermahnt, Polizisten, die nachspionierten, abzuschütteln.

Dort angekommen, besprachen wir einen Vorschlag, den wir am nächsten Morgen den anderen Mitgliedern der Koalition unterbreiten wollten: einen Marsch nach Abschluß der Kundgebung zum Bezirksgefängnis, wo die Panther eingesperrt waren. Der Marsch sollte in einer Demonstration gipfeln, bei der ihre unverzügliche Freilassung gefordert werden sollte.

Als wir noch mitten in der Diskussion waren, kam der Bruder, der die Sicherheitswache übernommen hatte, in unser Zimmer gestürzt und sagte, daß die Polizei in ungewöhnlich starkem Aufgebot um unser Haus herumfahre. Sie hatte unseren Treffpunkt entdeckt, und wir hatten keine Ahnung, was sie mit uns vorhatte. Unsere Unsicherheit, unser fester Glauben, daß die Polizei von Los Angeles nichts unversucht lassen würde, um ihre Gegner zu vernichten, zwangen uns, auf das Schlimmste vorbereitet zu sein.

Waffen wurden geholt und registriert, geladen und verteilt. In der fürchterlichen Stille, dem spannungsgeladenen Zimmer, warteten wir in Bereitschaft. Glücklicherweise hat kein Überfall stattgefunden. Obwohl wir erregt waren und obwohl ein drohender Angriff über unseren Häuptern schwebte, gelang es uns, die Sitzung so früh zu beenden, daß wir vor der Kundgebung noch ein paar Stunden schlafen konnten. Alle anderen gingen nach Hause. Aber für mich war es zu gefährlich, zu meinem Haus in der Raymund Street zu gehen. Ich mußte mich begnügen, bei Kendra und Alexander auf dem Fußboden zu schlafen.

Am nächsten Morgen erwachte ich mit der furchtbaren Angst, daß sich nur ein paar hundert Menschen einfinden würden. Wenn die Kundgebung nicht gut besucht war, dann konnten das die herrschenden Mächte von Los Angeles, und insbesondere die Polizei, zum Zeichen nehmen, daß die Schwarze Gemeinschaft die Unterdrückung hinnahm, ohne sich ihr zu widersetzen. Daraus konnte sich die Polizei ein Recht ableiten, ihre Aggression zu verstärken. Sie würde dann versuchen, die Schwarze-Panther-Partei völlig auszurotten und sich anderen militanten Schwarzen Organisationen zuzuwenden. Die Polizeiwillkür und -brutalität würde sich steigern.

Während mir diese Ängste an den Gedärmen zerrten, fuhr ich mit Kendra, Franklin und anderen Mitgliedern des Clubs zum Rathaus. Es war etwa anderthalb Stunden vor dem geplanten Anfang der Kundgebung. Wir kamen nur so früh, weil wir uns versichern wollten, daß die Geräte angeschlossen waren, und weil wir mit den anderen die Frage des Marsches besprechen wollten.

Der Anblick, der uns bei unserer Ankunft empfing, machte uns wild vor Freude. Es waren schon mindestens tausend Menschen auf den Stufen – und von ihnen waren vier Fünftel Schwarz. Unablässig strömten noch Menschen auf diesen Platz.

Als der erste Redner das Mikrophon ergriff, war die Menge auf acht oder zehntausend Köpfe angeschwollen. Es war eine prachtvolle Menge mit unzähligen Schildern und Transparenten, die ein Ende der Unterdrückung durch die Polizei, Beendigung des Kesseltreibens gegen die Panther und unverzügliche Freilassung der eingesperrten Panther forderte.

Die Reden waren kraftvoll. Wie vorher abgesprochen, war das Thema der Kundgebung – und aller Reden – der Rassenmord. Der Überfall auf die Panther verkörperte die rassistische Politik der Regierung der Vereinigten Staaten gegenüber der Schwarzen Bevölkerung. Zum logischen Schluß geführt sei dies eine Politik des Rassenmordes.

Gegen die Panther wurde wegen Verschwörung zum Angriff auf Polizeibeamte ermittelt. In meiner Rede drehte ich den Spieß der Verschwörung um und bezichtigte Ed Davis, den Chef der Polizei, und Sam Yorty, den Bürgermeister von Los Angeles, der Verschwörung mit dem Generalstaatsanwalt der Vereinigten Staaten, John Mitchell, um die Schwarze-Panther-Partei zu dezimieren und zu vernichten.

Monate danach ist die Öffentlichkeit davon unterrichtet worden, daß ein solcher Plan tatsächlich bestanden hatte. Die Regierung hatte beschlossen, die Schwarze-Panther-Partei im ganzen Lande auszutilgen. J. Edgar Hoover hatte die Panther die »größte Bedrohung für die innere Sicherheit des Landes« genannt, und Polizeitruppen waren in den meisten größeren Städten gegen die örtlichen Gruppen der Panther vorgegangen.

Wenn wir die Panther verteidigten, so betonte ich in meiner Rede, dann verteidigten wir damit auch uns selbst. Wenn die Regierung ihren rassistischen Überfall auf sie ausführen konnte, ohne Widerstand zu fürchten, dann würde sie bald auch andere Organisationen überfallen und schließlich die ganze Gemeinschaft überfluten.

Wir brauchten mehr als Widerstand für einen Tag, Listen wurden in der Menge herumgereicht, die von denen unterschrieben werden sollten, die eine aktive Rolle in der notwendigen

Massenorganisation spielen wollten. Als alle Reden gehalten waren, lechzten die Massen nach einem Kampf. Franklin ergriff das Mikrophon und rief zum Marsch und zur Demonstration auf. Das wurde sofort mit einstimmigem und dröhnendem Beifall angenommen. Wir machten uns auf den Weg zum Gefängnis.

Als wir zum Bezirksgericht kamen, wo sich auch das Gefängnis befand, war der Zorn der Massen so groß, daß wir sie nicht im Zaum halten konnten. Trotzig drangen die Mengen durch die Türen des Gebäudes vor. So groß war ihre Wut, daß sie alles zerschlugen, was ihnen vor die Augen kam. Als sie die Münzautomaten in der Halle zertrümmerten, rissen sie wahrscheinlich im Geiste die Eisengitter im oben gelegenen Gefängnis herunter.

Es gab nur zwei Ausgänge aus der Halle – einen auf jeder Seite. Sollte die Polizei eingreifen, dann würde es ohne Zweifel ein Blutbad geben. Sie brauchte nur die Ausgänge zu versperren, dann waren wir eingeschlossen und konnten nirgends entkommen, uns nirgends bewegen.

Aber die Menge war außer Rand und Band. Ich versuchte, mich zu Gehör zu bringen. Aber ohne Mikrophon drang meine Stimme nicht durch, sie ging im allgemeinen Getöse unter. Es war Franklin, der schließlich die Rolle übernahm, in der er sich immer wieder so glänzend bewährte: er stand auf einem Treppenabsatz und ließ seine Stimme dröhnen wie eine Trompete, so daß unter den rasenden Demonstranten völlige Stille eintrat. Er erklärte den taktischen Nachteil unserer augenblicklichen Lage. Die Polizei hatte schon einen Ausgang abgesperrt. Sie war in der ganzen Umgegend verstreut und konnte innerhalb von Minuten über uns herfallen.

Es genügte jedoch nicht, nur die augenblicklich drohenden Gefahren zu erläutern. Viel wichtiger war es, daß die gefangenen Panther durch eine *Massenbewegung* befreit wurden. Der militante Protest einer Massenbewegung, der entschlossene Vorstoß von Tausenden konnten den Feind zwingen, die Schwestern und Brüder freizulassen. Wir sollten nicht unsere Frustrationen auslassen und damit unsere Kraft verschwenden, sondern versuchen, uns zu einer beständigen Bewegung zusammenzuschließen, die unsere Kämpfer und damit auch uns selbst verteidigte.

Die Menge verließ das Gerichtsgebäude, und die Demonstration nahm draußen mit voller Kraft und unverminderter Begeisterung ihren Fortgang. Tausende marschierten um das Gefängnis und riefen Losungen des Widerstands.

Später war die Straße vor dem Bürohaus der Panther zum

Bersten mit Leuten gefüllt, die sich der Arbeit dieser Bewegung anschließen wollten. Dies war in jeder Hinsicht ein Tag des Triumphs gewesen. Die Kundgebung hatte ihren Zweck mehr als erfüllt. Um jedoch die Möglichkeit dessen, was wir gerade miterlebt hatten, auszuschöpfen, mußte noch unendlich viel tägliche Organisationsarbeit geleistet werden. Schwestern und Brüder mußten sich zur Arbeit verpflichten, die sicher nicht glanzvoll und dramatisch war, aber letzten Endes unendlich wirkungsvoller.

Die unmittelbare Wirkung der Kundgebung war bald zu erkennen. Eine Zeitlang zumindest ließen die gewaltsamen Übergriffe der Polizei in der Gemeinschaft deutlich nach. Wenn man angehalten wurde, merkte man, daß die Polizei nicht so selbstsicher, und schon gar nicht so anmaßend auftrat wie zuvor. In gleichem Maße war das kollektive Selbstvertrauen, der Stolz und der Mut der Gemeinschaft deutlich im Wachsen. Ich fühlte mich jedesmal tief beglückt, wenn jemand seine Befriedigung äußerte, daß wir endlich gegen die Brutalität und den Irrsinn der Polizei vorgegangen waren.

Etwa um die Zeit, als der Überfall auf das Büro der Panther stattfand, wurde ich durch eine seltsame Folge von Ereignissen aus meiner Wohnung in der Raymond Street vertrieben. An dem Tag, an dem die Polizei die Panther belagerte, waren Genossen des Che-Lumumba-Clubs und Mitglieder des Schwarzen Schülerverbandes in meiner Wohnung versammelt, um über strategische Fragen zu diskutieren. Die Sitzung hatte kaum begonnen, als der Hausverwalter in mein Wohnzimmer stürzte und ein großes Geschrei erhob, daß ich Panther beherbergte. Wenn wir nicht sofort das Haus verließen, würde er die Polizei holen. Er hatte offenbar Angst, daß die Polizei sein Haus ebenso zerstören würde wie das Bürohaus und die Wohnungen der Panther.

Zuerst debattierte ich noch mit dem Mann und sagte ihm, er ließe die Polizei genau das tun, was sie der Schwarzen Gemeinschaft antun wolle – nämlich jedermann terrorisieren. Aber er ließ sich nicht beruhigen. Da wir schon genug mit Schwierigkeiten eingedeckt waren und nicht wegen der Dummheit eines Hausverwalters im Gefängnis landen wollten, beschlossen wir schließlich, in das Haus eines anderen Genossen umzuziehen.

Das war aber erst der Anfang. Sein Benehmen wurde immer exzentrischer. Oft wenn er mich die Treppe runtergehen hörte (meine Wohnung lag direkt über seiner), kam er auf die Porch und starrte mich stumm und mit ganz unerklärlicher Feindschaft an, während ich unten meine Tür zuschloß. Er stand und verfolgte mich mit den Blicken, bis ich davongefahren war. (Dies geschah übrigens zu einer Zeit, als niemand zu meiner Sicherheit im Haus wohnte. Josef mußte ausziehen, und wir hatten noch niemand gefunden, der seinen Platz einnehmen konnte. Mir war es allerdings lieb, daß ich dadurch von den strengen Sicherheitsmaßnahmen befreit war.)

Ich ließ mich durch das seltsame Betragen des Mannes nicht stören – ich dachte, solange ich die achtzig Dollar Miete im Monat zahlte, könne er mir nichts anhaben. Ich glaubte allerdings, daß vielleicht ein, zwei Dinge bei ihm nicht stimmten: entweder hatte er einen kleinen psychischen Knacks oder er nahm Drogen. Die zweite Möglichkeit hatte viel für sich, weil in meiner Nachbarschaft Drogen massenhaft genommen wurden.

Eines Tages wartete der Mann wieder auf mich auf der vorderen Porch. Sowie er mich sah, begann er ein unzusammenhängendes Geplapper, daß ich ihn in seinem eigenen Haus gefangen hielte. Er sagte dem Sinne nach etwa, daß er meine Stimme von oben herunterkommen höre, die ihn hypnotisiere und zwinge, das ganze Wochenende im Haus zu bleiben. Er fragte mich immer wieder, was ich ihm antäte. Und er murmelte etwas von Kommunismus – daß Kommunisten imstande seien, anderen Leuten das Gehirn zu waschen.

Ich war an jenem Tag in Eile und konnte mich mit seinem Quatsch nicht aufhalten; drum sagte ich ihm nur, er sei verrückt oder hätte zuviel getrunken oder zuviel Rauschgift genommen, und ging meinen Geschäften nach. Am nächsten Morgen wurde ich auf dem Weg zur Universität von der Polizei angehalten, die mir sagte, sie hätte von einem Mann aus meiner Wohngegend eine gegen mich gerichtete Anzeige erhalten. Nach ihrer Angabe hatte der Mann ihnen gesagt, daß ich vorhätte, ihn zu töten, und ich hätte ihn schon durch Hypnose gezwungen, sich eine Pistole an den Kopf zu halten. Sehr von oben herab erklärte der Polizist, man könne mich nicht verhaften, weil sich der Mann geweigert hätte, die Anzeige zu unterschreiben. Ich sagte dem Polizisten, er wisse ja so gut wie ich, daß der Mann verrückt sei und daß nicht der geringste Anlaß bestünde, mich zu beschuldigen. Um diese Auseinandersetzung mit einem kleinen Triumph zu beenden, setzte der Polizist hinzu, der Mann hätte die Polizei offiziell angewiesen, sie solle mich sofort abholen, wenn ihm etwas zustoße. Man konnte seiner Stimme entnehmen, daß er fast hoffte, diesem Mann würde etwas passieren, damit man mich wegen dieses Verbrechens festnehmen könne.

Ich war inzwischen schon daran gewöhnt, daß mich die Polizei unter den fadenscheinigsten Vorwänden – oder auch ohne jeglichen Grund – anhielt, und verbannte daher diesen Zwischenfall aus meinem Bewußtsein. Aber später in dieser Woche erreichte die irre Folge dieser Ereignisse ihren Höhepunkt. Es war an dem Tag, an dem ich endlich Zeit fand, mir einen hübschen Eßtisch aus zweiter Hand zu kaufen. Einer der Genossen von Che-Lumumba war mir beim Transport vom Laden zu meinem Haus behilflich. Als wir dort ankamen, trat der Mann auf die Porch; und während wir uns mühten, den Tisch die Treppe hinaufzutragen, starrte er uns, wie so viele Male zuvor, mit einer Feindschaft an, die ihm übers ganze Gesicht geschrieben stand. Als wir fertig waren, gingen wir die Treppe hinunter und bemerkten etwas erstaunt, daß sich der Mann auf dem Rücksitz seines Autos, das vor dem Haus geparkt war, ausgestreckt hatte. Als ich mein Auto bestieg, erhob er sich, um uns beim Wegfahren zu beobachten. Ich sagte Gregory mehr beiläufig, daß sich mein Hausverwalter in der letzten Woche sehr merkwürdig benommen habe.

Nachdem ich Gregory abgesetzt und ein paar Besorgungen gemacht hatte, kehrte ich nach Hause zurück, um zu arbeiten. Es wurde schon dunkel. Als ich vor dem Haus vorfuhr, sah ich, daß sich eine Gestalt auf dem Rücksitz des anderen Autos aufrichtete. Ich konnte mir nicht vorstellen, daß der Mann noch da war. Er muß sich immer tiefer in seine Psychose verstrickt haben, dachte ich. Trotzdem hatte ich nicht das Gefühl, daß mir seine Krankheit sehr gefährlich werden konnte. Ich verbannte ihn aus meinen Gedanken und ging nach oben, um meine Arbeit zu beginnen.

Als ich nach einiger Zeit merkte, daß es dunkel geworden war, stand ich von meinem Schreibtisch auf, um die Vorhänge in meinem Vorderzimmer zuzuziehen. Als ich dabei ohne besonderen Anlaß nach draußen sah, fiel mein Blick auf das Auto des Hausverwalters, das jetzt mitten auf der Straße stand. Er saß am Lenkrad und starrte unverwandt zu meiner Wohnung empor. Als er merkte, daß ich ihn gesehen hatte, fuhr er davon. Ich dachte zum erstenmal, daß der Mann vielleicht verrückt genug war, um irgend etwas anzuzetteln. Das Auto fuhr wieder vor dem Haus vor. Ich schloß den Vorhang, spähte durch eine kleine Öffnung, so daß er mich nicht sehen konnte und blieb etwa eine Viertelstunde so stehen. Dann war mir klar, daß er systematisch um den Block herumfuhr und jedesmal wieder anhielt – offenbar um sich zu vergewissern, daß ich noch oben war.

Wäre es die Polizei oder die FBI gewesen, dann hätte mich das nicht gestört – die taten das immerzu. Aber mein Hausverwalter war offenbar wahnsinnig, und es war unmöglich vorauszusagen, was ihm sonst noch einfallen würde. Ich fand es am klügsten, Hilfe zu holen, und verließ das Haus, als der Mann gerade wieder seine Rundfahrt um den Block anfing. Das glaubte ich wenigstens. Ich fuhr den halben Block die Raymond Street entlang bis zum Jefferson Boulevard; aber als ich dort einbog, sah ich, daß er an der Ecke auf mich gewartet hatte.

Er ordnete sich unmittelbar hinter mir ein und fuhr so dicht hinter mir her, daß seine Stoßstange nur dreißig Zentimeter von meiner hinteren Stoßstange entfernt war. Ich beschleunigte die Fahrt, um ihn abzuschütteln, und fuhr schließlich mit achtzig Kilometern den Jefferson Boulevard entlang. Aber sein Auto, Jahrgang 69 war in viel besserer Verfassung als mein Rambler 59; es fiel ihm daher nicht schwer, sich an meine Stoßstange zu heften.

An der Ecke Jefferson und Western war ein neu eröffneter Supermarkt, in dem ich seit neuestem einkaufte. Der Manager des Ladens, ein Schwarzer Mann etwa Anfang vierzig, war zu mir immer besonders freundlich, wenn ich zu ihm kam – sicher würde er mir helfen, diesen Irren loszuwerden.

Ich machte eine scharfe Kurve nach rechts in die Einfahrt zum Parkplatz des Marktes – und der Mann bog direkt hinter mir ein. Ich nahm den ersten Einstellplatz, den ich sah, stürzte aus dem Auto und wollte schon in den Laden rennen, als ich sah, daß der Mann in der Einfahrt auf mich gewartet hatte. Um zum Laden zu gelangen, mußte ich vor seinem Wagen über die Straße. Ich holte tief Atem und rannte los. Aber der Mann war schnell – fast schnell genug, um mich zu überfahren. Glücklicherweise sprang ich schnell genug zurück, um ihm zu entgehen, und wurde nur von seiner Stoßstange gestreift. Ich rannte in den Laden.

Was ich mir nicht hatte zugeben wollen, als ich mich zuerst von Gefahr bedroht fühlte, mußte ich mir jetzt eingestehen: Er wollte mich tatsächlich umbringen. Obwohl ich nicht die leiseste Ahnung hatte, was ihn dazu trieb, waren mir seine Absichten nicht zweifelhaft – er hatte versucht, mich zu überfahren.

Mein Freund, der Ladenmanager, war gleich zur Hilfe bereit; er schickte sein Sicherheitspersonal nach draußen, um den Mann zu suchen, während ich Franklin und Kendra anrief, um ihnen das Geschehene mitzuteilen. Als ich am Abend unbehelligt in ihr Haus gelangte, war der erste Punkt auf der Agenda Kritik und Selbstkritik. Es war töricht von mir gewesen, ohne jeglichen Schutz herumzulaufen. Es konnte ja sein, daß dieser Mann es auf mich abgesehen hatte, weil er von der ganzen Propaganda gegen den Kommunismus beeinflußt war. Weil er glaubte, daß die Kommunisten den Menschen das Gehirn waschen konnten, und weil er die Gehirnwäsche mit der Hypnose verwechselte, hatte er sich eingeredet, daß ich ihn durch Hypnose zwingen könnte, gegen den eigenen Willen zu handeln.

Wir kamen alle zu dem Schluß, daß ich nicht wieder allein in meiner Wohnung in der Raymond Street bleiben dürfe und daß ich so schnell wie möglich ausziehen solle. Nur sehr ungern gab ich meine Sechs-Zimmer-Wohnung für achtzig Dollar im Monat auf. Sie war mir wirklich in den letzten sieben Monaten ans Herz gewachsen, und ich war sicher, daß ich nie wieder eine so günstige Gelegenheit finden würde. Trotzdem mußte ich mich abfinden – der Hausverwalter war ein gefährlicher Mann, und wir wußten sehr wohl, daß er eine Waffe besaß.

Die Stücke dieser phantastischen Geschichte fügten sich erst richtig zusammen, als ich im Begriff war auszuziehen. In einem seiner lichten Momente kam der Mann zu mir nach oben und wollte mit mir reden. Ich vergewisserte mich, daß er keine Waffe hatte und daß meine Waffe in Reichweite lag. Darauf ließen meine Schwester und ich ihn ein. Er begann damit, daß er sich wortreich für das Geschehene entschuldigte und erklärte, er habe in der Nacht Stimmen gehört, die ihm auftrugen, mich zu töten, bevor ich ihn tötete. Fania fing an, ihn peinlich zu verhören: Wußte er überhaupt, was er sagte? Warum hatte ihm die Stimmen aufgetragen, mich zu töten? Er wußte nichts anderes, als was an dem bewußten Wochenende passiert war, an dem ich ihn im Haus eingeschlossen und ihm allerhand Sachen befohlen habe, zum Beispiel auch, daß er vor einem Spiegel die Pistole an seinen Kopf setzen sollte. Fania fragte, woher er wisse, daß ich es gewesen sei, die hinter diesen ganzen Sachen steckte. Die Stimme sei aus meiner Wohnung gekommen, erwiderte er – und außerdem könne er meine Stimme erkennen. In der Nacht, in der er mich töten wollte, hatten ihn andere Stimmen besessen und ihn davon überzeugt, daß es um mein Leben ginge oder um seins. Als es ihm nicht gelang, mich zu überfahren, sei er zum Haus eines Bekannten gefahren und hätte ihm praktisch die Garage zerstört – er sei einfach übergeschnappt.

Das seltsamste an dieser ganzen Beichte war eine Aufzählung der Dinge, die er an dem Wochenende getan hatte, an dem ich ihn angeblich gefangengesetzt hatte. Er hatte Gedichte über sich und mich geschrieben. Nun war Fania von seiner Geschichte gefesselt, und da sie überzeugt war, daß er wenigstens für den Augenblick harmlos war, bat sie ihn, die Gedichte zu holen. Er kam mit einem riesigen Bündel Papier zurück, das aussah wie das Manuskript eines Buches. Mit großer Neugier blätterten Fania und ich in diesen Papieren, die mit Dialogen bedeckt waren, sorgfältig mit Bleistift in Druckbuchstaben und mit einer kindlichen Handschrift hingemalt. Wir wußten, daß der Mann halbwegs Analphabet war und konnten uns die unglaubliche Mühe vorstellen, die ihn die Anfertigung dieser Gedichte gekostet haben mußte. Das ständige Thema, das in diesen Gedichten immer wieder durchbrach: der Mann fühlte sich zu mir irgendwie hingezogen. Daraus ergab sich der Zwiespalt, der von seiner gesellschaftlich bedingten Kommunistenangst herrührte. Ich war eine Kommunistin, ein Ungeheuer, aber zu gleicher Zeit gebildet, und, zumindest in seinen Augen, körperlich einigermaßen attraktiv. Die Gedichte brachten einen ständigen Konflikt zwischen diesen beiden Polen ins Spiel.

Es war klar, daß diese Schriften von jemand stammten, der dem Wahnsinn nahe war. Ich redete ihm eindringlich zu, er solle einen Arzt aufsuchen und erklärte ihm, daß ich ausziehen wolle, weil man nicht voraussagen könne, wann er wieder in seine Wahnzustände verfallen würde. Er war halbwegs damit einverstanden, aber zugleich auch sichtbar darüber verstört, daß ich nicht mehr über ihm wohnen würde.

Ich war wütend, daß ich ausziehen mußte, fühlte aber auch Mitleid mit diesem Mann und fragte mich, inwieweit seine Krankheit daher rührte, daß er als Weißer in einer rassistischen, anti-kommunistischen Welt lebte.

Mit diesen Gedanken verließ ich diesen Bezirk, den Mann und seine Krankheit und zog in eine Wohnung in der 45th Street zu Tamu Ushindi und ihrem Baby. Tamu war schon seit Jahren Mitglied des Clubs. Ihr Mann, auch ein Genosse, sollte gerade mehrere Monate ins Gefängnis, und zwar wegen einer Schülerdemonstration im Jahr 1968. Wir hatten eine Wohnung gefunden, die für uns drei groß genug war; sie lag günstig – etwa fünf Blocks von Franklin und Kendra entfernt, und wir wußten, daß unsere Nachbarn freundlich gesinnt waren und uns bei einem Polizeiüberfall schützen würden.

Eines Nachmittags saß ich in meinem Universitätsbüro und arbeitete, als es an die Tür klopfte. Ohne aufzusehen, sagte ich »Herein«. Gleich darauf stand ein weißer Mann in Uniform, von dessen Hüfte Pistolen baumelten, vor meinem Schreibtisch. In der Hand hatte er einen Stoß Papiere. Der mit meiner Sicherheit beauftragte Bruder stand sofort neben ihm. Verwundert und auf das Schlimmste gefaßt, fragte ich ihn, was er wollte.

»Gerichtsvollzug«, sagte er. »Sie sind geladen, vor Gericht zu erscheinen.« Er legte mir die Papiere auf den Tisch.

Ich nahm sie auf und fragte, worum es sich handele. Es sei sein Auftrag, sagte er, nur die Ladung zuzustellen; er hätte keine Ahnung, was drin stünde. Darauf machte er kehrt und ging hinaus.

Die Papiere offenbarten nichts anderes als den Termin der Gerichtsverhandlung, die Nummer des Gerichtssaales und einen Namen, der mir völlig unbekannt war. Jemand, der sich Hekima nannte, hatte mich laden lassen, um als Zeugin für ihn auszusagen.

Verwirrt und Böses ahnend rief ich meinen Anwalt an. John riet mir, bis zum Gerichtstermin zu warten und dann festzustellen, worum es überhaupt ging. Er sagte, daß sein Anwalt seiner Firma mich begleiten würde.

Am Ladungstermin ging Wendell Holmes – ein junger Schwarzer Anwalt der Firma – mit mir zum Bezirksgericht. Im Gerichtssaal wurde ein Prozeß verhandelt. Ein weißer und ein Schwarzer Mann stritten miteinander. Der weiße Mann war der Staatsanwalt. Der Schwarze Mann, der wortgewandt die Verteidigung führte, schien gleichzeitig auch der Angeklagte zu sein.

Das ist also der mysteriöse Hekima, dachte ich. Als er mich sah, nickte er und lächelte freundlich. Sein Gesicht war mir ebenso unbekannt wie sein Name, und ich konnte mir immer noch nicht ausdenken, warum ich in seiner Sache als Zeugin geladen war.

Wendell ging zur Anklagebank, erklärte dem Gerichtsdiener, daß ich in diesem Prozeß Zeugin sei und bat ihn, während der nächsten Pause ein Gespräch mit dem Angeklagten zu gestatten. In der Pause ging ich zu Hekima und reichte ihm die Hand. Wir durchliefen die vier Bewegungen des solidarischen Händedrucks. Als ich mich mit ihm auf die Anklagebank setzte, sagte er mir, er sei sehr froh, daß ich gekommen sei. »Du willst, daß ich als Zeugin für dich aussage?« fragte ich ihn. Er nickte und erklärte mir dann, warum er mich geladen hatte.

Vor einigen Jahren war Hekima wegen Mordes verurteilt worden. Die Anklage ergab sich aus einem Vorfall, bei dem ein weißer Mann von mehreren Schwarzen Männern beraubt worden war. Im Handgemenge fiel der weiße Mann zu Boden, schlug mit dem Kopf auf das Straßenpflaster und starb kurz darauf. Obwohl die Frage offen blieb, ob Hekima persönlich den Mann geschlagen hatte, war es erwiesen, daß er der Gruppe angehört hatte. Das Urteil, das auf Mord lautete, war kürzlich vom Berufungsgericht aufgehoben worden. Diesmal, sagte er, habe er seine eigene Verteidigung übernommen. Diesmal wolle er eine »politische Verteidigung« führen. Er wollte den Geschworenen klarzumachen suchen, wie Rassismus und Armut Schwarze Männer und Frauen zu verzweifelten Maßnahmen treiben konnten.

Er wollte die Tötung eines weißen Mannes nicht rechtfertigen, auch wenn sie offensichtlich nicht beabsichtigt gewesen war. Auch wollte er nicht behaupten, daß es richtig sei, Menschen zu berauben. Aber er wollte mit dem Finger auf den wahren Verbrecher weisen: eine Gesellschaft, die die Schwarzen Menschen in so grauenhaften Zuständen der Unterdrückung gefangen hält, daß die Frage allzu oft nur lautet: zu stehlen oder unterzugehen.

Nachdem er gelesen hatte, wie ich in der UCLA um meine Stellung gekämpft habe, meinte er, ich könnte ihm beim Aufbau seiner Verteidigung behilflich sein. Er wollte mich als Kennerin der sozio-ökonomischen Funktion des Rassismus aussagen lassen. Ich könnte über Dinge wie die Höhe der Arbeitslosigkeit in unseren Wohnbezirken aussagen, daß fast immer 300% der jungen Leute in den Schwarzen Ghettos der gesamten Nation keine Arbeit finden können. Ich sollte über Themen reden, die die Weißen sich lieber nicht eingestehen wollen – über den Hunger und die bedrohliche Unterernährung, an denen die Schwarzen Menschen immer noch leiden.

»Was soll ein Schwarzer Mann tun«, fragte er, »wenn er sich Tag für Tag um Arbeit bemüht hat, wenn seine Arbeitslosenversicherung zuende geht, wenn er die wucherische Miete für seine verkommene Wohnung nicht bezahlen kann, wenn seine Frau verzweifelt und seine Kinder hungrig sind?«

Je mehr Hekima sprach, desto mehr fühlte ich mich gezwungen, ihm jede mögliche Hilfe zu gewähren.

Ich würde am heutigen Tag nicht als Zeugin aufgerufen werden, sagte er. Der Staatsanwalt hatte die Anklageerhebung noch nicht beendet. Außerdem würde er den Richter nicht ohne

Kampf überreden können, ihn eine solche Verteidigung führen zu lassen.

Als sich der Prozeß in den folgenden Tagen entwickelte, zeigte der Richter offen seine Vorliebe für den Staatsanwalt und seine Verachtung für den Angeklagten. Er hatte nicht die Absicht, mich als Zeugen zuzulassen. Man versagte Hekima das Recht, seine Verteidigung, die er so sorgfältig ausgearbeitet hatte, vor Gericht vorzubringen. Der Richter wollte nicht, daß die Schwarze Freiheitsbewegung in den Gerichtssaal getragen würde.

Da ich auf Hekimas Zeugenliste stand, konnte ich im Gefängnis mit ihm im Besuchszimmer für Anwälte sprechen. Da waren wir nicht durch Glaswände getrennt und konnten persönlich miteinander reden; nicht telefonisch, wie in den normalen Besuchszimmern.

Wenn ich ihn besuchte, sprach Hekima sehr leise – vielleicht ein Ergebnis seiner langjährigen Haft –, aber da er wußte, daß er viel mehr zu sagen hatte, als in der kurzen Besuchszeit gesagt werden konnte, sprach er auch sehr schnell. Was er sagte, war scharf gedacht und tief gefühlt. Er senkte nie die Augen, wenn er sprach. Seine Blicke waren stets auf meine Augen gerichtet.

Ich war von den Stunden, die ich mit ihm verbrachte, fasziniert und lernte dabei zum erstenmal die Wandlung kennen, die Häftlinge durchmachten. Da war ein neues Bewußtsein entstanden. Es war nicht bloß das Bewußtsein solcher Menschen, die aus politischen Gründen im Gefängnis saßen. Es war eine Massenerscheinung. Gefangene – besonders Schwarze Gefangene – begannen sich zu überlegen, wie sie dorthin gelangt waren – was sie ins Gefängnis gezwungen hatte. Sie fingen an, das Wesen der Rassen- und Klassenvorurteile zu begreifen. Sie fingen an einzusehen, daß sie – ohne Ansehen der Besonderheit ihrer Fälle – zumeist im Gefängnis saßen, weil sie Schwarz, Braun und arm waren.

Meine Besuchszeit wurde von den Gefängniswärtern beschränkt: nach zwei dreistündigen Sitzungen im Anwaltsraum mußte ich Hekima während der amtlichen Besuchsstunden im Besuchszimmer sprechen.

Als er zum zweitenmal verurteilt wurde, leistete er sich nicht den Luxus einer Depression. Er begann sofort fieberhaft an seiner Berufung zu arbeiten. Ich willigte ein, für ihn den Rechtsboten zu mimen, das heißt, ich vermittelte den juristischen Schriftverkehr zwischen dem Gefängnis und der Außenwelt und leitete verschiedenes ein, was mit seinem Fall zusammenhing. Auf Grund dieser Beziehungen konnten wir unsere Sitzungen im Anwaltsraum wieder aufnehmen, die noch monatelang dauerten – die ganze Zeit, die ich im Verteidigungsausschuß für die Soledad-Brüder beschäftigt war. Dort – unter den feindlichen Blikken der Gefängniswärter – wuchs meine Überzeugung, daß sich hinter den Mauern Explosionsstoff anhäufte und daß wir keine Revolutionäre wären, wenn wir nicht sofort Hilfsorganisationen für unsere Schwestern und Brüder im Gefängnis aufbauten.

Gegen Mitte Februar nahm ich die ›Los Angeles Times‹ zur Hand und bemerkte auf der ersten Seite das Bild von drei sehr eindrucksvollen Schwarzen Männern. Ihre Züge waren ernst und stark, aber sie trugen Ketten um den Leib. Ketten banden ihnen die Arme zur Seite und Ketten umschlossen ihre Beine. »Sie wollen uns immer noch einhämmern, daß wir aus unseren Fesseln nicht entkommen sind«, dachte ich. In ohnmächtiger Wut begann ich die Geschichte zu lesen. Sie handelte von dem Soledad-Gefängnis.

Das Soledad-Gefängnis war ein Begriff in der Schwarzen Gemeinschaft. Während der letzten zwei Jahre muß ich in Los Angeles das Wort millionenfach gehört haben. Es gab San Quentin, es gab Folsom – und es gab Soledad.

Soledad ist das spanische Wort für Einsamkeit. Gefängnis der Einsamkeit – der Name schien zu verraten, was das Gefängnis zu verheimlichen suchte. Als Josef in meiner Wohnung lebte, erzählte er mir, wie man ihn fast während der ganzen Haftzeit in Einzelhaft gehalten hätte. Er trug immer noch den Stempel von Soledad. Er zog immer noch die Einsamkeit vor. Stunden- und oft tagelang blieb er im Wintergarten, der sein Schlafzimmer war, lesend und denkend – allein. Und wenn er sprach, geschah es immer im Flüsterton – als wolle er nicht das massive Schweigen stören, das ihn so lange umfangen hatte.

Die ›Los Angeles Times‹ berichtete, daß George Jackson, John Cluchette und Fleeta Drumgo angeklagt seien, weil sie einen Wärter im Soledad-Gefängnis ermordet hätten. Seit dieser Tat war ein ganzer Monat vergangen. Warum hatte es so lange gedauert, bis Anklage erhoben wurde? Ich fragte mich, warum der Verfasser des Artikels nichts über diese Zeitlücke gesagt hatte. Der Artikel stank nach Täuschung und Ausflüchten. Es schien, als ob die ›Times‹ die öffentliche Meinung gegen die Angeklagten aufputschen wollte, ehe noch der Prozeß begonnen hatte. Wenn man den Artikel so hinnahm, wie er geschrieben war, dann mußte man glauben, daß die drei Männer schuldig waren.

In den nächsten Tagen sah ich immer wieder die Gesichter dieser Brüder. Drei schöne, männliche Gesichter, die aus der schauderhaften Anonymität des Gefängnislebens heraustraten.

Ein paar Wochen darauf kam eine Anfrage beim Che-Lumumba-Club, ob wir wegen dieses Soledad-Falles nicht eine Versammlung einberufen wollten. Veranstalter war der »Ausschuß zur Verteidigung der Menschenrechte« von Los Angeles, der eine Massenkampagne für die Freilassung der drei Männer in Soledad ins Leben rufen wollte.

Ich erstickte in meiner Arbeit, aber ich konnte die drei mahnenden Gesichter in der Zeitung nicht vergessen. Ich mußte mit zur Versammlung; und wenn ich auch nur eine winzige Rolle spielte, dann tat ich doch wenigstens etwas.

Am Abend der Versammlung gingen Tamu, Patrice Neal – auch ein Mitglied des Clubs – und ich zum schäbigen Victoria-Saal. (Er war früher berühmt gewesen wegen seiner rauschenden Tanzfeste am Samstagabend. Jetzt hatte in diesem Saal der Spaß aufgehört. Die Menschen sprachen über etwas sehr Ernstes: Freiheit.)

Etwa hundert Leute waren dem Aufruf gefolgt. Obwohl sie vorwiegend Schwarz waren, hatte sich auch eine beträchtliche Anzahl von Weißen eingefunden. Darunter waren junge oder ältere Leute und solche, die sichtlich die erste politische Veranstaltung ihres Lebens besuchten. Sie waren gekommen, weil ihre Söhne, Männer und Brüder in Soledad saßen.

An der Stirnseite des Saales saßen an langen Tischen Fay Stender, die Verteidigerin George Jacksons, Georges Mutter und Schwestern – Georgia, Penny und Frances Jackson –, Inez Williams, Fleetas Mutter, und Doris Maxwell, die Mutter von John Cluchette.

In ihrer Beschreibung von Soledad erklärte Fay Stender, vom Direktor bis zum Wärter sei die Hierarchie des Gefängnisses seit langem dafür bekannt, daß sie die Rassenfeindschaft unter den Gefängnisinsassen förderte. Solange die Schwarzen, Chicano und weißen Gefangenen sich gegenseitig bekriegten, konnte die Gefängnisverwaltung beruhigt sein, daß niemand ihre Autorität ernsthaft bedrohen würde.

Wie in einer alten Stadt des Südens war die Rassentrennung in Soledad fast total. Alle Tätigkeiten wurden so angeordnet, daß sich die Rassen nicht vermischten – oder wenn das doch der Fall war, daß sich die Gefangenen in Schlachtordnung gegenüberstanden. Unter Mithilfe einiger weißer Gefangener hat Soledad sein eigenes Gegenstück zum Ku-Klux-Klan entwickelt – eine Gruppe, die sich »Arische Bruderschaft« nannte. Die Spannung im Gefängnis war so fühlbar, daß selbst die harmloseste Begegnung der Rassen eine Explosion auslösen müßte.

Vor dem 13. Januar 1970 waren auch die Sportstunden, wie alles andere, getrennt durchgeführt worden. An jenem Tag aber schickten die Wärter ohne Erklärung die Schwarzen, Chicano und weißen Gefangenen zusammen zum Sport in einen neu gebauten Hof. Keine einzige Wache war zu ihrer Begleitung abkommandiert. Die Explosion war unvermeidlich. Ein Kampf brach aus zwischen einem Schwarzen und einem weißen Gefangenen, und innerhalb von wenigen Minuten herrschte das Chaos.

O. G. Miller stand im Ruf, ein eingefleischter Rassist zu sein, er war auch als glänzender Schütze bekannt. Er hatte an jenem Tag Dienst auf dem Wachtturm. Er zielte sorgfältig mit seinem Karabiner und feuerte mehrere Male. Drei Mann fielen: W. L. Nolen, Cleveland Edwards, Alvin Miller. Sie waren alle drei Schwarz. Ein paar Tage später trat das Schwurgericht von Monterey zusammen, um den Fall gegen O. G. Miller zu verhandeln. Wie sich voraussagen ließ, wurde er von aller Schuld an dem Tod der drei Brüder freigesprochen. Der Befund des Schwurgerichts lautete, daß ihm nicht mehr vorzuwerfen sei als »rechtlich vertretbarer Totschlag«.

Diese Geschichte klang in ihrer Brutalität recht vertraut. Als ich Fay Stenders Erzählung hörte, tauchte das Bild von Leonard Deadwilder in meinen Gedanken auf. Als er mit seiner Frau, die kurz vor der Entbindung stand, zum Krankenhaus raste, ein weißes Taschentuch an die Antenne gebunden, um den Notfall zu signalisieren, hielt die Polizei ihn an, weil er zu schnell gefahren war, und erschoß ihn, ohne auf eine Erklärung zu warten. Das Gericht erkannte auf rechtlich vertretbaren Totschlag. Und ich dachte an Gregory Clark, den achtzehnjährigen Schwarzen Jungen, der von der Polizei angehalten wurde, weil »er nicht aussah, als paßte er zu dem neuen Ford Mustang, den er fuhr«. Obwohl Gregory Clark unbewaffnet war, sagte der Polizist, er hätte in Notwehr gehandelt. Als der Bruder wehrlos, das Gesicht nach unten, auf dem heißen Ghetto-Asphalt lag, mit auf dem Rücken gefesselten Händen, wurde er in den Hinterkopf geschossen. Später entschied das Gericht, daß der Polizist »rechtlich vertretbaren Totschlag« verübt hätte.

»Rechtlich vertretbarer Totschlag« – diese so harmlos klingenden Wörter der Amtssprache beschworen unzählige unvergoltene Morde an meinem Volk herauf.

Ich wandte meine Aufmerksamkeit wieder Fay Stenders Erzählung zu. Sie sprach davon, wie die Gefangenen in Soledad voller Stolz versucht hätten, sich gegen die richterliche Billigung eines unverkennbar rassistischen Mordes aufzulehnen. Spontan und mit der geballten Verzweiflung von Männern in Ketten hatten die Schwarzen Gefangenen unvollziehbare Drohungen gegen den Mörder O. G. Miller ausgestoßen und wütend an die Gitter ihrer Zellen gehämmert. In Soledad pulste der Widerstand. Ein Wärter stolperte unversehens in die wilde, aber chaotische Rebellion hinein und geriet in den Strudel ihrer kollektiven Rachegelüste. Niemand wußte, wer den Wärter über das Geländer gestoßen hat.

So begann die Geschichte George Jacksons, John Cluchettes und Fleeta Drumgos. Es gab keinen Beweis, daß sie den Wärter getötet hatten. Dafür gab es aber Beweise, daß George, John und Fleeta »militant« waren; sie hatten mit ihren Mitgefangenen über die Theorie und Praxis der Befreiung gesprochen. Die Gefängnisbürokratie wollte ihnen die symbolische Verantwortung für die spontane Rebellion der Gefangenen auferlegen. Sie wurden angeklagt, den Wärter ermordet zu haben. Die Gefängnishierarchie wollte sie in die Todeskammer von San Quentin werfen und triumphierend ihre vergasten Leichen vor Tausenden von kalifornischen Gefangenen paradieren lassen, um zu zeigen, was Gefängnis und Staat denen antun, die sich gegen das Schweigen der Ergebenheit auflehnten.

Fay Stenders juristische Analyse überließ jeden einzelnen seinem persönlichen Schmerz. Als jedoch Georgia Jackson zu reden begann, hob sie durch den Klang ihrer Stimme die Versammlung auf eine andere Ebene, denn ihre Worte sprachen von unverhohlenem mütterlichen Leid. Georgia Jackson, Schwarz, Frau, Mutter; ihre unendliche Kraft trug die klagenden Worte über ihren Sohn.

Als sie von George sprach, verbreitete sich eine bebende Stille über den Saal. »Man hat uns George genommen, als er erst achtzehn war. Das war vor zehn Jahren.« In einer vor Leidenschaft zitternden Stimme beschrieb sie dann den Vorfall, der ihm die kleine Freiheit eines Jungen nahm, der ein Mann werden wollte. Er saß in einem Auto, als dessen Besitzer – ein flüchtiger Bekannter von ihm – in einer Tankstelle siebzig Dollar stahl.

Mrs. Jackson versicherte, daß er von dem Plan seines Bekannten überhaupt nichts gewußt hatte. Trotzdem wurde er, dank eines unfähigen und stumpfsinnigen Pflichtverteidigers und dank eines Systems, das gegen junge Schwarze Angeklagte wie George seit langem mit gezinkten Karten spielte, wegen Raubes verurteilt. Das Strafmaß wurde, wie üblich, dem Jugendamt überlassen.

Mit zornigem Erstaunen hörte ich die Strafe, die ihr Sohn erhielt: ein Jahr bis lebenslänglich. Eins bis lebenslang. Und George hatte schon zehnmal die Mindeststrafe abgesessen. Wenn ich an die völlige Unwiederbringlichkeit seiner letzten zehn Jahre dachte, fühlte ich mich gelähmt. Und angstvoll verbot ich meiner Phantasie, sich die fürchterliche Wirklichkeit dieser zehn Jahre auszumalen. In mir wuchs die Entschlossenheit, alles nur Menschenmögliche zu tun, um George vor der Gaskammer zu retten.

Fleeta Drumgo war der einzige Sohn seiner Mutter. Sie sprach ruhig, aber eindringlich von ihrem Schmerz und flehte uns an, ihren Sohn von seinen Feinden zu erretten. Die Mutter von John Cluchette erzählte uns, daß sie von ihm eine Nachricht erhalten hätte, auf der nur das eine Wort »Hilfe« stand. Das war das erste Zeichen, daß die Gefängnisbürokratie an den drei Brüdern ein Exempel statuieren wollte. Allein konnte sie nichts tun, um George, John und Fleeta zu helfen. Nur wir, das Volk, konnten vielleicht die legale Lynchjustiz aufhalten, die für sie geplant war.

Als die Frauen ihre Reden beendet hatten, merkte ich, daß die Maßnahmen der Staatsanwaltschaft die Logik und die Stimmigkeit einer Verschwörung gegen die Brüder zu besitzen schienen – gegen sie, ihre Politik, ihre Grundsätze, ihr Engagement. Dazu gab es nur eine Frage: Was waren wir bereit zu tun, um die Ausführung dieser Verschwörung zu verhindern? Wir besprachen im einzelnen, wie wir eine Massenbewegung schaffen konnten, um für die Freiheit der Brüder zu kämpfen. Der Vorsitzende bat um Freiwillige, die in den verschiedenen Unterausschüssen mithelfen wollten – Beschaffung von Geldmitteln, Öffentlichkeitsarbeit, Nachforschungen usw.

Obwohl ich mich George, John und Fleeta mit ganzem Herzen verbunden fühlte, hatte ich bereits zu viele Pflichten, um in dem Verteidigungsausschuß eine größere Rolle zu übernehmen. Der Kampf um meine Universitätsstellung tobte weiter, und ich mußte an der kalifornischen Küste hin und her jagen, um Ronald Reagan bloßzustellen und in die Schranken zu fordern und für unsere Seite Unterstützung zu suchen. Im Che-Lumumba-Club arbeitete ich auf dem Gebiet der politischen Erziehung. Und natürlich mußte ich mich auch für die beiden Vorlesungskurse vorbereiten, die ich an der Universität hielt. Ich brachte mich schon beinahe um, wenn ich allen meinen Pflichten genügen wollte. Wie hätte ich die Zeit finden sollen, jeden Tag im Verteidigungsausschuß für die Soledad Brüder tätig zu sein?

Das waren zwar meine Gedanken, als die Unterausschüsse gebildet wurden, aber mein Arm schoß trotzdem hoch, als man nach Freiwilligen für einen Unterausschuß zur Arbeit an den Universitäten verlangte. Etwas Elementareres als Stundenpläne und frühere Verpflichtungen hatte mich gepackt; ich wollte versuchen, die Arbeit des Ausschusses in den örtlichen Colleges und Universitäten zu koordinieren.

Die Entscheidung war gefallen. Woher ich die Zeit dazu nahm, war eine zweitrangige Frage. Ich dachte über mein anfängliches Bedenken nach, eine größere Rolle zu übernehmen. Wie anmaßend von mir, das Resultat des Kampfes um meine Stellung gegen das Resultat des Kampfes um das Leben dieser Männer abzuwägen. In der Universität kämpfte ich um mein Recht, als Schwarze Frau, als Kommunistin, als Revolutionärin meine Stellung zu behalten. In Soledad kämpften George Jackson, John Cluchette, Fleeta Drumgo als Schwarze Männer und als Revolutionäre darum, ihr *Leben* zu retten. Derselbe Kampf. Dieselben Feinde.

Die Mehrzahl der Studenten und Professoren – außer in den sehr reaktionären Hochschulen – gestanden mir wenigstens im Prinzip die akademische Lehrfreiheit zu, trotz der Tatsache, daß ich Kommunistin war. Ich konnte das verbreitete Interesse ausnützen, das mein Kampf um die Anstellung gefunden hatte, und dazu noch die natürliche Neugier von Menschen, die eine »echte, lebendige, eingestandene Kommunistin« sehen wollten, wenn sie an den Universitäten zur Unterstützung der Soledad-Brüder aufrief.

Am Ende der Versammlung im Victoria-Saal trat der Unterausschuß für die Universitätsarbeit zusammen und legte die erste Sitzung für die folgende Woche fest. Ich bot dafür die Wohnung Kendras und Franklins in der 50th Street an. Unterdessen wollten wir versuchen, sympathisierende Studenten und Professoren der örtlichen Hochschulen für diese Sitzung zu rekrutieren. Wir wollten Vorschläge für die Organisation ausarbeiten, die wir für die akademische Gemeinschaft von Los Angeles aufbauen mußten.

Ich verließ die Versammlung mit einem neuen Leitgedanken. Ich dachte an George und John und Fleeta. Wir mußten sie irgendwie wissen lassen, daß sie nicht mehr allein waren. Daß bald Tausende von kampfbereiten Stimmen rufen würden »Freiheit für die Soledad-Brüder«, und Tausende auch für sie kämpfen wollten.

Ich war noch dabei, eine Tagesordnung für die bevorstehende Sitzung auszuarbeiten, als Kendra ins Schlafzimmer gestürzt kam und begeistert schilderte, was im Wohnzimmer passierte. »Du kannst dir kaum vorstellen, wie viele Leute da draußen sind. Es ist noch nicht mal acht Uhr, und das Zimmer ist schon so voll, daß die Leute auf dem Boden sitzen.«

Kendras und Franklins Zweifamilienhaus für achtzig Dollar im Monat befand sich auf der Ostseite der Stadt, wo es während der Rebellion in Watts, im Jahre 1965, heiß hergegangen war. Ihre Wohnung in der 50th Street war nicht sehr weit von der Wohnung in der 45th Street entfernt, in die Tamu und ich vor kurzem gezogen waren. Von ihrer vorderen Porch konnte man den South-Park sehen, in dem im Laufe der Zeit viele militante Massenversammlungen stattgefunden hatten. Da der Che-Lumumba-Club bisher noch kein Hauptquartier gefunden hatte, war die Wohnung von Kendra und Franklin so etwas wie ein Sammelplatz geworden. Wir hielten unsere Sitzungen in ihrem Wohnzimmer ab, und wenn ein Clubmitglied, das sich die Miete für eine Wohnung nicht leisten konnte, irgendwo unterschlupfen mußte, dann stand ihm jederzeit der Fußboden im Wohnzimmer zur Verfügung.

Wenn wir eine Massenversammlung gewollt hätten, dann wären wir einfach mit Flugblättern in der Umgegend von Haus zu Haus gezogen. Aber wir hatten für diese Sitzung kein Werbematerial verteilt, weil es sich eigentlich nur um den Unterausschuß für die Universitäten handelte. Daher war ich äußerst erstaunt, etwa fünfzig Schwestern und Brüder begrüßen zu können, die sich im Wohnzimmer versammelt hatten. Es hatte sich herumgesprochen, daß eine Versammlung zum Thema George, John und Fleeta stattfinden sollte. Also kamen sie – ohne zu wissen, daß ursprünglich nur eine Sondersitzung für eine Unterstützungskampagne an den Universitäten stattfinden sollte. Tatsächlich bestand die Mehrheit der Anwesenden auch nicht aus Studenten oder Professoren, sondern eher aus Arbeitern oder Ex-Gefangenen, oder Menschen, die persönlich mit dem kalifornischen Haftsystem in Konflikt geraten waren. Einige der Brüder waren sogar mit George, John und Fleeta eingesperrt gewesen, andere hatten sie gekannt, als sie noch in den Straßen von Los Angeles herumliefen. Mrs. Jackson war da mit ihrer Tochter Frances. Inez Williams und Doris Maxwell waren ebenfalls anwesend.

Wir, die wir das Treffen veranstaltet hatten, sahen mit tiefer Rührung, wie tief diese Schwestern und Brüder die Nachricht von der Verschwörung getroffen hatte. Wir konnten die Begeisterung spüren, die die Sitzung belebte. Alle diese Menschen – Schwarz, manche jung, manche alt, Arbeiter, Studenten, frühere Strafgefangene – alle waren sie bereit, die drei Brüder in Soledad zu verteidigen und zu befreien.

Da so viele Leute zur Versammlung gekommen waren, konnten wir unsere Diskussion nicht auf die Kampagne an den Hochschulen beschränken. Wir konnten einfach den Leuten nicht sagen, daß sie zur falschen Sitzung gekommen waren; die ungeheure Erregung mußte gleich genutzt und in einen aktiven Protest verwandelt werden. Die Anwesenden drängten sich, freiwillig Pamphlete über den Fall zu schreiben und zu vervielfältigen, und andere wollten freiwillig Teams zur Verteilung von Flugblättern organisieren. Wir sprachen über eine Massenkundgebung, die in wenigen Wochen stattfinden sollte. Das Picknick, das wir im Victoria-Saal besprochen hatten, wurde wieder vorgebracht, und auch dafür wollten sich Freiwillige sofort an die Arbeit machen.

Die Dinge gerieten in Bewegung. Die Menschen wurden von dem mächtigen und leidenschaftlichen Verlangen gepackt, etwas zwischen die Zähne zu kriegen – etwas, was die Richter auf ihren Stühlen aufrüttelte, das die Gleichgültigkeit von geldgierigen Pflichtverteidigern erschütterte und die Grausamkeit von den Augen der Gefängniswärter abzog wie eine Pelle. Sie wollten endlich einmal gegen die Maschine kämpfen, die sie – ihre Väter, ihre Brüder, ihre Söhne – in den Dreck gewalzt hatte. Viele von ihnen kannten George, John oder Fleeta – aber ihr Zorn, wie der meine, brannte für den Sohn jeder Schwarzen Mutter, dessen Leben in den Soledads dieses Landes erstarrte oder zerstört worden war. Sie brauchten weder Bildung noch Aufklärung – sie wußten. Die grauen Mauern, der Klang der Ketten hatte nicht nur ihr Leben berührt, sondern das Leben aller Schwarzen Menschen im Lande. Irgendwo, irgendwann lernten sie jemand kennen, oder wußten von jemand, der diese Ketten trug. Aus ihrer alten und ganz persönlichen Verzweiflung, Ohnmacht und wilden Wut waren sie zu einer hydraköpfigen Einheit geworden, die mit einer Stimme sprach »bis hierher und nicht weiter«. Es war nur natürlich und richtig, daß diese Gruppe zum Kern wurde, um den sich der permanente Soledad-Ausschuß gruppierte. Und die Aufgabe, die ich anfänglich angenommen hatte – Koordinator der Hochschulaktivitäten –, verwandelte sich bald in die Führung des gesamten Ausschusses von Los Angeles. Obwohl ich wußte, daß ich mich bis an den Rand meiner Kräfte zur Arbeit treiben mußte, ist es mir nicht einmal eingefallen, meine Last zu verringern. Der Auftrieb, den ich im Gefühl meiner Energie und Begeisterung erlebte, hätte mir eher nahegelegt, alles andere aufzugeben.

Innerhalb weniger Wochen war unser Feldzug für die Befreiung der Soledad-Brüder der Gesprächsstoff in der ganzen Schwarzen Gemeinschaft, an den Hochschulen und in den linksgerichteten Kreisen der ganzen Stadt. Unsere Plaketten mit der Aufschrift »Freiheit für die Soledad-Brüder« wurden von vielen Leuten getragen. Ein Bruder von der Schwarzen Studenten-Union an der UCLA hatte uns einige Siebdruckplakate der Brüder geschenkt, und eine Druckerei hatte Massen davon hergestellt, ohne daß es den Ausschuß etwas kostete. Wo immer die Bewegung tätig war – bei Versammlungen, Kundgebungen, Sitzungen – und bei Konzerten und anderen Veranstaltungen der Schwarzen Gemeinschaft, sah man stets Aktivisten des Ausschusses mit Literatur, Plakaten und Plaketten, die die Leute zu unseren wöchentlichen Versammlungen ins Haus in der 50th Street einluden.

Bei der Kundgebung in der Innenstadt sprachen Penny Jackson und ich für die Brüder und wurden dabei von anderen Führern der Schwarzen Gemeinschaft unterstützt: Masai, der Erziehungsminister der Schwarzen-Panther-Partei sprach über die Verschwörung gegen die Soledad-Brüder, der derselbe Geist der Unterdrückung zugrundeliege, wie bei den Polizeiüberfällen auf seine Partei.

In der UCLA bildeten wir einen Verteidigungsausschuß für die Soledad-Brüder, sowie Bobby Seale und Ericka Huggins und veranstalteten eine Kundgebung, zu der Tausende von Studenten erschienen. Die Ausschußmitglieder, die im Bezirkskrankenhaus von Los Angeles arbeiteten, luden mich ein, bei einer Versammlung der Krankenhausarbeiter zu sprechen. Frances Jackson und ich nahmen eine Einladung an, im Staats-College von San Diego zu reden. Es war eine gute Kundgebung, aber wir mußten schnell von dort verschwinden, damit die sichtbar und zahlreich postierten Kämpfer der Reaktion nicht die Gewaltdrohungen wahrmachen konnten, die sie gegen uns ausgestoßen hatten. Nach dieser Kundgebung ging ich hinüber zur Universität La Jolla, um noch einmal über die Brüder zu reden, worauf ich half, auch dort einen Ausschuß aus der Taufe zu heben. Obwohl Fania und Sam noch vollauf mit ihrem eigenen Fall beschäftigt waren, halfen sie doch eifrig beim Aufbau des Verteidigungsausschusses für die Soledad-Brüder in La Jolla mit.

Unsere Arbeit kam wirklich ins Rollen, und ihre Wirkung auf die Gemeinschaft verstärkte sich. Die Mitgliederzahl in den einzelnen Ausschüssen nahm wöchentlich zu und spiegelte damit die wachsende Kraft der größeren Verteidigungskampagne wider. Ich steigerte meinen persönlichen Einsatz. Wenn ich als Rednerin gebeten wurde, lehnte ich niemals ab – aber ich machte klar, daß ich über den Fall der Soledad-Brüder reden und das gezahlte Honorar dem Verteidigungsfonds für die Soledad-Brüder zukommen lassen würde. Loyola College in Los Angeles. City College in Pasadena. Universität von San Francisco. Universität des Pazifik. Junior College von Monterey. Universität von Kalifornien in Santa Cruz. Schule der Palisaden. Daneben gab es noch die Kirchen und die gesellschaftlichen Gruppen, einschließlich der studentischen Bruder- und Schwesterschaften, die von dem wachsenden politischen Engagement der anderen Schwestern und Brüder aufgerüttelt wurden.

Ich hatte mich so tief in meine Reise- und Redeverpflichtungen verstrickt, daß ich die Delegation unseres Ausschusses nicht nach Monterey begleiten konnte, wo eine öffentliche Verhandlung zur Vorbereitung des Prozesses stattfand. Ich hatte die Soledad-Brüder nie gesehen und hatte mich auf die Verhandlung gefreut, wenn auch nur, um einen Blick auf sie zu erhaschen. Enige Tage zuvor hatte ich eine Botschaft von George erhalten, worin er sagte, sie alle wollten uns brennend gern sehen.

Kendra, Tamu und ein paar Ausschußmitglieder unternahmen zusammen mit den Familien der Brüder die siebenstündige Fahrt nach Salinas. Nachdem Kendra festgestellt hatte, daß John Cluchette derselbe John war, den sie in der Schule gekannt hatte, fand sie es besonders aufregend, ihn nach so vielen Jahren wiederzusehen. Ungern blieb ich zu Hause, um meine Vorlesungen auszuarbeiten.

Alle, die das Verhör miterlebt hatten, waren durch den Kontakt mit den Brüdern mit neuer Kraft geladen, aber voller Wut über das, was sie im Gerichtssaal gesehen und gehört hatten.

Nach Abschluß der Verhöre durften Frances, Penny und Mrs. Jackson George besuchen. Er ließ mir ausrichten, sagten sie, wie dankbar er und die anderen Brüder waren – aber sie seien alle enttäuscht gewesen, weil ich nicht gekommen war.

Bis zum nächsten Verhör war es noch eine Woche. Ich richtete mir meinen Zeitplan so ein, daß ich einen Tag für die Reise nach Salinas freimachen konnte. Cheryl Dearmon von der UCLA und Carl X vom Che-Lumumba-Club sollten mich begleiten. Dearmon, wie ihre Freunde sie nannten, war aktiv in der Schwarzen Studenten-Union der Universität und war unter den ersten gewesen, die sich der Kampagne um meine Anstellung angeschlossen hatten. Weil sie groß war, eine helle Hautfarbe hatte und eine volle Afro-Frisur trug, wurde sie dauernd mit mir verwechselt – manchmal sogar auch von der Polizei, die zu meiner Beobachtung abkommandiert war.

Ich hatte vorgehabt, meinen bewährten alten Rambler 1959 zu nehmen, aber niemand teilte meine Zuversicht, daß der Wagen die steile, kurvenreiche Straße nach Salinas bewältigen könne. Ich wurde überstimmt und nahm statt dessen Kendras und Franklins Kombiwagen.

Als wir auf der Ausfahrt nach Salinas von der Straße abbogen, hatten wir noch einige Minuten Zeit. Auf der Fahrt durch die Straßen dieser Stadt suchten meine Blicke instinktiv nach Schwarzen Gesichtern in Autos und unter den Fußgängern auf dem Bürgersteig. Kein Schwarzer Mensch war in Sicht. In Salinas herrschte eine Muße und eine Kleinstadtatmosphäre, die mich an den Süden erinnerten. Die weißen Leute hatten etwas Südliches. In ihren Gesichtern fand ich die altbekannte Kombination von Leere und der verzweifelten Anstrengung, sich irgendeiner Sache überlegen zu fühlen. Ich fragte mich, ob die vielen Chicanos, die ich auf den Straßen sah, von dem Fall der Soledad-Brüder gehört hatten. Hier hatten Cesar Chavez und die Gewerkschaft der Landarbeiter ihre Organisationskampagne geführt. Vielleicht, dachte ich, konnten wir uns ihre Unterstützung sichern, falls der Prozeß im Bezirk von Monterey stattfinden sollte.

Ohne Schwierigkeit fanden wir das Gerichtsgebäude. Wie in den meisten Kleinstädten des Südens beherrschte es die Innenstadt. Weiß und massiv, im neoklassizistischen Stil erbaut, war das Gerichtsgebäude von kleinen Parkplätzen umgeben, die mit Streifenwagen der Sheriffs und einem ganzen Schwarm von amtlichen Fahrzeugen gefüllt waren, an deren Seiten *Bezirk von Monterey* geschrieben stand. Das war also der berühmte Bezirk von Monterey – landschaftlich schön und luxuriös –, wo jedes Jahr Tausende von Menschen zusammenkamen, um sich beim Klang der beliebtesten Jazz-Musiker zu entspannen. Das Jazz-Festival von Monterey, Big Sur, das Tal von Carmel – das klang alles beruhigend und idyllisch. Es war ein so unübertrefflicher Deckmantel für die Verfolgung der Gefangenen in Soledad, die Unterdrückung der Chicano-Landarbeiter, die Arische Bruderschaft und den Richter Campbell, der aus seiner Absicht, George, John und Fleeta dem Henker auszuliefern, keinen Hehl gemacht hatte. In Salinas waren wir wie im Feindesland.

Als wir möglichst unauffällig nach einem Parkplatz suchten, begegneten wir der Familie Jackson, die gerade ankam. Wir folgten ihr zu einem Platz hinter dem Gericht und gingen zusammen ins Gebäude. Wie die meisten Gerichtsgebäude, die ich gesehen hatte, war auch dieses äußerlich gepflegt und glänzend. Seine schimmernden Marmorwände, der antiseptisch saubere Fußboden schienen fast dafür geschaffen, das schmutzige rassistische Geschäft zu verstecken, das hier abgewickelt wurde. Es war, als ob allein schon das Gewicht des Marmors, die unmenschliche Ordnung der Hallen die Gerechtigkeit symbolisierten. Konnte hinter dem rosageäderten Wiener Marmor die Bestechung hausen? Konnten die Schritte auf diesen schimmernden Fußböden von anderen stammen als den Rechtschaffensten? Wie konnten sich die massiven Türen zu etwas anderem öffnen als der fairsten, menschlichsten Rechtsprechung?

Hier wie sonstwo war die Gerechtigkeit ein Bild – schwer, glatt und voller Täuschung.

Der Soledad-Ausschuß dieses Bezirks hatte eine Masse von Menschen auf die Beine gebracht, die der Verhandlung beiwohnen wollten. Die Schlange vor dem Gerichtssaal von Richter Campbell reichte bis zum Ende des Ganges. Zwar tat es wohl, so viele Leute zu sehen, die bereits an der Kampagne teilnahmen, aber es schmerzte mich, daß nur so wenige Schwarze Menschen darunter waren. (Später merkte ich, daß die Zusammensetzung des Ausschusses daran die Schuld trug – er war aktiv und hatte eine große Zahl begeisterter Mitglieder angeworben, aber die Schwarzen Mitglieder des Ausschusses ließen sich an den Fingern einer Hand abzählen.)

Als Georgia alle diese Leute sah, fand sie es sinnlos, daß wir uns in diese lange Schlange einreihten; der Saal konnte nicht einmal die bereits Wartenden fassen. Ich fand das niederschmetternd.

Nachdem ich mir extra Zeit für diese Verhandlung geschaffen hatte, nach der fieberhaften Hetzjagd, um ja rechtzeitig zu kommen, nach all dem sollte ich nicht in den Saal gelassen werden? Voller Wut sah ich mich schon vor der Tür, während die Verhandlung stattfand, atemlos auf den Bericht wartend, was sich drinnen abgespielt hatte.

Georgia versuchte mich aufzuheitern; sie sagte, es wäre immer noch möglich, daß sich etwas deichseln ließe. Dearmon und ich folgten ihrem Tip, und als die Gerichtsdiener die Tür für die Familien öffneten, schlüpften wir beide unauffällig mit in den Saal.

In dem voll besetzten Gerichtssaal empfand man in der Stille die Ohnmacht von Menschen, die durch die spürbare Gegenwart des Feindes mächtig erregt sind. Mit roten Köpfen starrten die Gerichtsdiener, die an den Wänden aufgestellt waren, uns mit der Feindseligkeit an, die sie für ihre Rolle einstudiert hatten. Wir warteten. Ich hoffte, daß bald etwas geschehen würde, um diese unglaubliche Spannung zu brechen, bevor sie sich von selbst entlud.

Trotz, oder vielleicht wegen dieses gespannten Wartens wurden wir durch das plötzliche Erscheinen eines fetten, uniformierten weißen Mannes mit hartem Blick aufgeschreckt. Als er durch die Tür hinter der Richterbank hereinwatschelte, war er der Inbegriff der faschistischen Atmosphäre dieser Verhandlung. Wir wußten ja schon, daß der Richter Campbell den Versuch machen würde, die Knoten der Verschwörung fester zu ziehen. Daß er versuchen würde, die Brüder noch tiefer in ein Schicksal zu verstricken, das unbeirrbar zur Todeskammer führte. Die Anwesenheit dieser Wache aus Soledad sollte in uns Scheu und Furcht wecken. Wir sollten uns vor dem Apparat, den er verkörperte, machtlos fühlen. Wir sollten bereits das tödliche Gas riechen.

Aber wir fühlten keine Furcht, wir fühlten uns nicht machtlos. Und wir spendeten den Helden unseres Kampfes kräftigen Beifall, als sie stolz, mutig und kraftvoll den Gerichtssaal betraten. Die Ketten um ihre Leiber bedrohten uns nicht, sie waren da, um zerbrochen, zerstört, zerschmettert zu werden. Der Anblick jener Fesseln, die uns zur Hut mahnen, die Gefangenen als »gefährlich« oder »toll« abstempeln sollten, weckten in uns nur den Drang, das Eisen von ihren Handgelenken, ihren Knöcheln zu reißen. Ich wußte, daß meine Wut von allen geteilt wurde. Mir stieg die Galle in die Kehle. Aber mächtiger als der Geschmack meiner Wut war die beherrschende Gegenwart der Brüder, denn die Brüder waren schön. Gekettet und gefesselt standen sie groß da und waren schön.

George sprühte noch mehr Leben, als ich mir vorgestellt hatte. Ich hatte gedacht, daß die Narben der letzten zehn Jahre auf den ersten Blick sichtbar sein würden. Aber man sah an ihm keine Spur der Unterwerfung, nicht das leiseste Zeichen der Bande, in denen er alle seine Mannesjahre verbracht hatte. Er ging hochaufgerichtet, mit mehr Selbstvertrauen, als ich je zuvor gesehen hatte. Seine Schultern waren breit und muskulös, seine gewaltigen Arme Skulpturen antiker Kraft, und sein Gesicht verriet ein tiefes Verständnis unseres kollektiven Zustandes und seine Weigerung, sich von dieser Unterdrückung überwältigen zu lassen. Die erfrischende Schönheit seines Lächelns konnte ich kaum glauben.

John war der größte der drei. Dunkel, mit stattlichen, gut gemeißelten Zügen zeigte er eine bestechende Erdhaftigkeit in der Art, wie er den Gerichtssaal betrat. Und Fleeta so sichtlich voller Hoffnung. Er begrüßte uns mit seinem schönen, rückhaltlosen Lächeln.

Es war so falsch, daß sie es sein mußten, die diese klirrenden Ketten trugen. Wie lange die Zeit, wie groß die Anstrengung sein mochten, diese Ketten mußten zerbrochen werden.

Die Verhandlung bestand aus der formellen Ablehnung jedes Antrags, den die Verteidiger vorbrachten. Wie vorauszusehen, wurde sie von den kleinen rassistischen Witzchen markiert, für die der Richter Campbell bereits berüchtigt war – wenn er zum Beispiel den Zuschauern sagte, sie sollten dran denken, daß sie nicht bei einem Barbecue-Essen säßen. Inmitten des Für-und-Wider-Geschreis zwischen Staatsanwalt, Verteidigern und Richter blieben die Brüder ruhig und gefaßt. Während der Debatten las George in einem riesigen Stoß Akten. Mit seiner schwarzgerandeten Brille und seiner gesammelten Konzentration sah er sehr gelehrt aus, wie der Lehrer, der er in all den Gefängnissen des Staates für so viele Brüder geworden war.

In der Mittagspause ging ich zur Anklagebank hinüber, weil ich hoffte, ein paar Worte mit ihnen wechseln zu können. Die Wachen sagten nichts, als George zur Schranke kam, um mit mir zu sprechen. Wir hatten keine Zeit für formelle Vorstellungen, und wir fühlten nichts von der Steifheit, die gewöhnlich einer ersten Begegnung anhaftet. George sprach, als blickte unsere

Freundschaft schon auf eine lange, ereignisreiche Geschichte zurück.

»Angela, hast du meinen Brief bekommen?« fragte er.

»Den Zettel, den du mir vergangene Woche ins Haus geschickt hast?« Ich meinte damit einen kurzen Brief auf einem Gefängnisbriefbogen, der auf amtlichem Wege geschickt worden war. Er bat mich darin, eine regelmäßige Korrespondenz mit ihm zu beantragen.

»Nein, ich spreche von einem langen Brief auf gelbem Aktenpapier. Hast du ihn nicht erhalten?«

»Nein, ich habe ihn nicht gesehen.«

»Verdammt. Du solltest ihn lesen, bevor du heute herkommst.«

Offensichtlich war der Brief irgendwie wichtig. Ich überlegte mir, was es sein konnte.

»H. hat wahrscheinlich den Brief. Kennst du sie?« Er sprach schnell, weil unsere Sprechzeit bald vorüber war.

Ich schüttelte den Kopf.

»Sie ist hier irgendwo. Es kann nicht sehr schwer sein, sie zu finden. Aber laß dir auf alle Fälle den Brief geben, ehe du wieder wegfährst.«

»Keine Sorge, George«, versicherte ich ihm, »wenn er hier ist, finde ich ihn.«

Ich wollte noch soviel mehr sagen. Aber seit Beginn unseres Gesprächs hatten die Gerichtsdiener geschrien, daß der Gerichtssaal geräumt werden müsse. Die Wachen von Soledad wurden nervös und schienen einen Vorgesetzten zu suchen, der ihnen den Befehl gäbe, auf die kleine Gruppe um die Brüder loszugehen. Widerstrebend verabschiedeten wir uns.

An jenem Tag habe ich den Brief nicht gefunden, aber ich habe ausfindig gemacht, wer H. war. Sie hatte den Brief, aber nicht bei sich. Wir vereinbarten, daß ich ihn in den nächsten Tagen erhalten sollte.

Als ich Jonathan Jackson zum erstenmal sah, erinnerte er mich an meinen jüngsten Bruder Reginald. Wie Reginald war er groß, hellhäutig und hatte dichtes rötlichblondes Haar. Ich war als Rednerin zur Jahrestagung des Ausschusses zur Verteidigung der Menschenrechte in Los Angeles eingeladen worden. Die Veranstalter der Tagung hatten als Hauptthema den Kampf um den Strafvollzug gewählt und die Familien der drei Soledad-Brüder zur Teilnahme aufgefordert. Mrs. Jackson, Penny und Jonathan, außerdem auch Inez Williams und einige Verwandte von John Cluchette nahmen an der Arbeitssitzung über Gefängnisse und politische Gefangene teil.

Irgendwann nach dem Verhör am 16. Mai hatten Georgia und Penny Jackson mich gebeten, mit ihnen eine Versammlung des Demokratischen Clubs in Pasadena zu besuchen, an dessen Spitze Don Welding stand, ein Schwarzer Mann, der sich schon lange Jahre für progressives Gedankengut eingesetzt hatte. Er wollte das Thema der Soledad-Brüder vor dieser Versammlung aufwerfen, um die Mitglieder um ihre finanzielle und politische Unterstützung zu bitten. Eine Schwester namens Fannie, die Studentin in UCLA und eine der führenden Aktivistinnen im Soledad-Ausschuß war, hatte uns hingefahren. Da wir nach der Sitzung Georgia und Penny vor ihrem Haus absetzen mußten, luden sie uns zu einer Tasse Kaffee zu sich ein.

Es war spät, als wir ankamen, und bei den Jacksons lagen schon alle im Bett. Zu viert saßen wir um den Eßtisch, besprachen die Versammlung, die wir gerade erst verlassen hatten, und warteten, bis der Kaffee fertig wurde, als Jonathan im Bademantel in der Tür erschien und sich den Schlaf aus den Augen rieb. Mit flüchtigem Lächeln murmelte er: »Was soll dieser ganze Lärm? Darf man denn hier nicht mal schlafen?« Dann kam er rein, setzte sich an den Tisch und nahm an der Unterhaltung teil.

Das war das erstemal, daß ich mit Jonathan mehr als ein paar Grußworte wechselte. George hatte ihn in seinem Brief erwähnt, ihn wegen seiner Intelligenz und besonders wegen seiner unerschütterlichen Anhänglichkeit an ihn gelobt. Er hatte gesagt, daß Jon ein wenig verschlossen sei, und hatte mich gebeten, ihn doch für die Soledad-Konferenzen bei Kendra und Franklin zu interessieren. Ich entschloß mich, gleich jetzt über den Ausschuß mit ihm zu sprechen.

Jonathan wollte nur von George sprechen. Alle seine Interessen, alle seine Aktivitäten standen in irgendeiner Weise im Zusammenhang mit seinem Bruder in Soledad. Mit sechzehn Jahren trug Jonathan eine Bürde, der sich die meisten Erwachsenen verweigern würden. Als er George das letztemal auf der »freien« Seite der Mauern gesehen hatte, war er sieben Jahre alt gewesen. Von damals bis heute waren seine Besuche von Wachen in Chino, Folsom, San Quentin, Soledad beaufsichtigt worden. Und die Briefe. Die Briefe, in denen sie ihr Verhältnis zueinander entwickelten, das sich zu Hause, auf den Straßen, in der Sporthalle, auf dem Baseballfeld hätte entfalten sollen. Aber weil es in die Kabuse des Gefängnisbesuchers gequetscht war, in zwei Seiten lange, zensierte Briefe, drehte sich das ganze Verhältnis um ein einziges Ziel – wie man George dort wieder rausholen konnte, auf diese Seite der Mauern.

Jonathan war äußerst stolz auf das Verhältnis, das er zu seinem Bruder hatte, stolz auf dessen Reife und auf das Vertrauen, das George in ihn setzte. Im Laufe unserer Unterhaltung brachte er einen dicken Stoß von Briefen aus den verschiedenen Gefängnissen, deren Insasse sein Bruder in den letzten zehn Jahren gewesen war. Er wollte, daß wir die Schilderungen der brutalen Behandlung lasen, die George und die anderen Brüder durch die Gefängniswärter erlitten hatten.

Er hatte sich zwar noch keinen Massenbewegungen angeschlossen, verstand aber instinktiv, wie nötig es war, daß sich große Mengen von Leuten für die Freiheit seines Bruders einsetzten. Als er von seinen Erfahrungen in der Oberschule von Pasadena sprach, wo sein drittes Jahr zuende ging, beklagte er sich bitter über die Teilnahmslosigkeit der meisten Klassenkameraden. Sie wußten nicht, worum es überhaupt ging, sagte er – vor allem die weißen Schüler, die in der Schule die Mehrheit bildeten. Er zeigte Fannie und mir einen Artikel, den er in der Schülerzeitung veröffentlicht hatte. Darin untersuchte er den Fall der Soledad-Brüder auf seine Tatsachen hin und kritisierte die Schüler, weil sie sich mit derartigen Themen nicht abgaben.

Der Artikel war glänzend geschrieben. Wie George äußerte er sich in einer kraftvollen und packenden Sprache. George hatte in seinem Brief gesagt, wir sollten versuchen, Jonathan in die Arbeit des Verteidigungsausschusses einzubeziehen, und deshalb erklärte ich ihm, wir hätten einen dringenden Bedarf an guten Schriftstellern, um die Literatur des Ausschusses zusammenzustellen. Als Fannie und ich Abschied nahmen, sagte ich, wir erwarteten ihn bei unserer nächsten Sitzung.

Bei der nächsten Sitzung in der 50th Street war Jonathan anwesend, und danach hat er selten eine Sitzung versäumt. Er sprach niemals viel während der Zusammenkünfte, aber wenn es darum ging, schriftliches Material herzustellen und zu verteilen, war er unermüdlich in seiner Arbeit.

Als der Soledad-Ausschuß an Einfluß gewann und seine Tätigkeit komplizierter und anspruchsvoller wurde, fing ich an, einen großen Teil meiner Zeit bei der Familie Jackson zu verbringen. Frances, Penny oder Georgia und ich traten oft gemeinsam als Redner auf, um die Aktivitäten des Ausschusses der Öffentlichkeit bekanntzugeben. In der Mehrzahl der Fälle war Jonathan dabei. Wir kamen uns nahe, und schließlich betrachtete ich ihn nicht nur als einen Bruder im Kampf, sondern auch als so etwas wie einen Blutsbruder.

Der Gedankenaustausch mit George spielte sich ein. Auch wir kamen uns näher. Während wir über politische Fragen teils gleicher, teils verschiedener Meinung waren, entwickelte sich eine persönliche Vertrautheit zwischen uns. In seinen Briefen, die sich zumeist mit Themen wie der Notwendigkeit, kommunistische Ideen in den Massen der Schwarzen Bevölkerung zu verbreiten, der Notwendigkeit, die Gefängnisbewegung populär zu machen, der Rolle der Frauen in der Bewegung usw. beschäftigten, sprach George auch über sich, über sein früheres Leben, sein persönliches Wollen und seinen Ehrgeiz, seine Phantasien über Frauen und seine Gefühle für mich. »Ich habe in letzter Zeit viel über Frauen nachgedacht«, schrieb er einmal. »Ist daran etwas sentimental oder falsch? Das kann doch nicht sein. Sie hat mich vorher nie besonders gestört, diese Sex-Sache. Ich machte Freiübungen oder die Hunderte von Katas, habe mich mit irgendwas beschäftigt ...«

Ich lernte George nicht nur durch die Briefe kennen, die wir wechselten, sondern auch durch die Menschen, die ihm nahestanden – durch Jon und die übrigen Mitglieder der Jackson-Familie und durch John Thorne, der ihn als sein Rechtsanwalt regelmäßig sah. Je enger ich mich mit George verbunden fühlte, desto mehr begann ich den Menschen, die George kannten, eine Seite von mir zu offenbaren, die ich gewöhnlich vor allen außer meinen engsten Freunden verborgen hielt. In den Briefen, die ich ihm zukommen lassen konnte, antwortete ich ihm nicht nur auf seine politischen Fragen; ich sagte ihm auch, daß meine Gefühle für ihn über die politische Bindung an den Kampf für seine Freilassung hinausreichten; ich fühlte auch eine persönliche Bindung.

George wußte, daß tonnenweise Haßbriefe in meinem Büro an der Universität einliefen, die meine Vertreibung von der Universität forderten. Er wußte von den vielen Morddrohungen, die gegen mich ausgestoßen worden waren, und machte sich Sorgen um meine Sicherheit. George wußte Bescheid, daß Schwestern und Brüder vom Che-Lumumba-Club meinen Schutz übernahmen, wenn ich irgendwie in der Öffentlichkeit auftrat. Aber er hielt das nicht für ausreichend. Aus eigener Erfahrung – hinter Mauern – war er überzeugt, daß man nie zu wachsam sein konnte. Außerdem waren die Schwestern und Brüder von Che-Lumumba für ihn selbstverständlich abstrakt. Er hatte sie nie gesehen und kannte sie nur durch meine Briefe. Er kannte und vertraute Jonathan viel mehr als sonst jemand auf dieser Seite der Mauern. Er wollte, schrieb er, daß Jonathan so viel wie möglich mit mir zusammen sei. Auch Jonathan erhielt ein Schreiben von seinem Bruder, er solle mich vor Rassisten und Reaktionären schützen, die versuchen könnten, mich zum Märtyrer zu machen.

Als Georges Buch ›Soledad-Bruder‹ vor der Veröffentlichung stand, bat er mich, das Manuskript durchzulesen und Verbesserungsvorschläge zu machen. An dem Abend, an dem ich es erhielt, wollte ich nur ein paar Briefe überfliegen und mir den Hauptteil für ein andermal aufheben. Aber als ich einmal angefangen hatte, war es unmöglich, das Manuskript aus der Hand zu legen, bevor ich jedes Wort gelesen hatte – vom ersten Brief bis zum letzten. Ich war erstaunt. Der ungeheure Magnetismus dieser Briefe stammte nicht nur aus dem Inhalt, nicht nur aus der Art, wie sie Georges persönliche und politische Entwicklung in den letzten fünf Jahren nachzeichneten, sondern mehr noch aus der Art, wie sie klar und lebendig den Zustand unseres Volkes innerhalb und außerhalb von Gefängnismauern artikulierten. Und an mehreren Stellen formulierte George ganz genau und einleuchtend die Gründe, warum unsere Befreiung nur durch den Sozialismus verwirklicht werden konnte.

Am 15. Juni sollte über einen der wichtigsten Anträge zum bevorstehenden Soledad-Prozeß in Salinas verhandelt werden. Die Anwälte wollten auf eine Änderung des Gerichtsortes plädieren. Ich fuhr mit Mrs. Jackson, Frances und Jonathan zum Termin. Zwei weitere Autoladungen von Ausschußmitgliedern waren ebenfalls mobilisiert worden, um der Verhandlung beizuwohnen. Fannie Haughton, meine Schwester Fania, Mitsuo Takahashi, Jamala und mehrere andere waren da, um die Bewegung von Los Angeles zu repräsentieren.

Wir hatten eine heftige Auseinandersetzung im Gerichtssaal erwartet, aber wir hatten nicht erwartet, daß der Richter die Frechheit besitzen würde, die Brüder selbst von der Verhandlung auszuschließen. Anscheinend hatten die Würdenträger von Salinas beim Anblick so vieler Menschen, die aus allen Teilen des Staates gekommen waren, um die Verhandlung anzuhören, Angst bekommen. Der Richter hatte eine Verfügung erlassen, die den Wachen von Soledad verbot, die Brüder vor Gericht zu bringen.

Als die Anwälte und die Zuschauer von diesem Trick erfuhren, erhob sich ein Tumult. Die Anwälte schrien auf den Richter los, und die Zuschauer stimmten ein. In all dem Lärm rief Fay Stender, wir seien alle nur hier, um sicherzustellen, daß der Prozeß an einen Ort verlegt würde, wo die Brüder bessere Aussicht auf einen gerechten Richter hätten. Inzwischen war der Richter schon völlig verdattert. Er wußte einfach nicht, wie er mit den Symphathisanten im Gerichtssaal fertigwerden sollte. Zur Erwiderung schrie er Fay etwas zu wie: »Meinetwegen, ihr könnt eure Verlegung des Gerichtsorts haben. Wo soll der Prozeß denn dann stattfinden?«

»San Francisco«, erwiderte sie sofort, ohne allerdings, wie sie uns später sagte, im geringsten damit zu rechnen, daß er ihren Vorschlag annehmen würde.

»Nun gut«, sagte jetzt der Richter, der einer Panik nahe war, »beschlossen und verkündet, daß der Prozeß nach San Francisco verlegt wird.« Damit erhob er sich von seinem Stuhl und ging, ohne die Sitzung formell aufzuheben, in sein Richterzimmer.

Wir jubelten über unseren Sieg. Wir hatten die Änderung des Gerichtsortes durchgesetzt, auf deren Ablehnung wir gefaßt waren – da auch alle anderen Anträge abgelehnt worden waren. Der Sieg war wichtig: ein Prozeß in San Francisco wäre weit öffentlicher, es wäre viel weniger mühsam, den Gerichtssaal zu füllen, und es wäre viel einfacher, Demonstranten zu mobilisieren, die jeden Tag Wache standen.

Für den Verteidigungsausschuß der Soledad-Brüder waren die Monate Juni und Juli voll lebhafter Aktivität. Wir alle arbeiteten emsig, um die Bewegung für die Befreiung von George, John und Fleeta an die Öffentlichkeit zu bringen und sie auszudehnen.

Am 19. Juni übernahm unsere Gruppe in Los Angeles die Schirmherrschaft über eine Demonstration und eine Kundgebung vor dem Staatsgebäude, in dem die Strafvollzugsbehörde und der Begnadigungsausschuß ihren Sitz hatten. Rein zufällig war das auch der Tag, an dem der Verwaltungsrat zusammentrat, um über meine Anstellung in der Universität von Kalifornien zu beraten. Das war sowohl ein Vorteil wie auch ein Nachteil. Einerseits bedeutete es, daß wir viel mehr öffentliche Aufmerksamkeit auf uns lenkten, als wir gehofft hatten, weil alle Reporter, die meine Reaktion auf die Entscheidung des Verwaltungsrates einholen wollten, sich zu der Demonstration begeben mußten. Andererseits konnte es aber dem Zweck unserer Demonstration schaden, wenn mein Fall die Sache der Soledad-Brüder in den Schatten stellte.

Bevor wir an jenem Morgen zum Staatsgebäude zogen, beschloß ich, jeden Kommentar über die Entscheidung des Verwaltungsrats – ganz gleich, wie sie ausfiel oder wieviel Reporter umherschwirrten – solange aufzuschieben, bis wir unsere Aktionen für die Soledad-Brüder abgeschlossen hatten.

Bei der Kundgebung sprach Masai Hewitt, der Erziehungsminister der Schwarze-Panther-Partei, für seine inhaftierten Kameraden Bobby und Ericka, Huey und die Dutzende von anderen, so daß der Fall der Soledad-Brüder nur als Gipfel einer wachsenden Woge der Unterdrückung erschien. Da Joseph in Soledad eingesessen hatte, baten wir ihn, seine Erfahrungen hinter den Mauern zu schildern, damit die Menschen verstehen lernten, welche Kräfte die Verschwörung gegen die Soledad-Brüder angezettelt hatten. Jane Fonda, die sich freudig bereiterklärt hatte, an der Kundgebung teilzunehmen, war zur Hand, um für Geldspenden zu werben. Ich sprach von der Organisationsarbeit unseres Ausschusses, die für die Befreiung der Brüder geleistet wurde. Wir seien zu dem Schluß gekommen, daß es nicht genüge, um Einzelfälle zu kämpfen. Wir mußten das tun, und noch viel mehr. Eine Bewegung begann hinter den Mauern zu wachsen, und Brüder und Schwestern brauchten unsere Unterstützung und Solidarität. Die Forderungen, die wir dem Gnadenausschuß präsentieren wollten, spiegelten unseren Entschluß, die Bewegung auszuweiten: es waren Forderungen für alle Strafgefangenen.

Meine Rede bildete den Schluß der Kundgebung. Wir schlossen die Reihen und marschierten über die Straße zu dem Gebäude, in dem der Gnadenausschuß für Strafgefangene saß. Hunderte waren in unseren Reihen, als wir in das Gebäude, in die Fahrstühle und über die Treppen strömten, bis wir die Amtszimmer des Ausschusses für bedingte Haftentlassung erreichten. Wir hatten zu diesem Anlaß Plakate gedruckt, auf denen wir die Freilassung der Soledad-Brüder, Bobbys, Erickas und aller politischen Gefangenen verlangten und unsere Forderungen an die Strafvollzugsbehörde und den Ausschuß für bedingte Haftentlassung aufgezählt hatten. Auf unserem ganzen Marschweg hatten wir diese Plakate an die Mauern geklebt.

Die Menge war schön in ihrer bunten Zusammensetzung: Schwarz, Chicano, Asiatisch und weiß. Es gab darunter junge Menschen, viele über dreißig und einige viel älter. Arbeiter, Studenten und Freiberufliche waren in unseren Reihen.

Eine ziemlich gute Auswahl der UCLA schloß auch den Dekan der Philosophischen Fakultät, Donald Kalish, ein, auf den man immer bei der Unterstützung von fortschrittlichen Forderungen rechnen durfte.

Ich war sehr glücklich, als ich die beiden Schwarzen Frauen sah, die bei der Behörde als Sekretärinnen angestellt waren – Connie und Betty –, die herausgekommen waren, um mitzumachen. Einige Passanten hatten sich ebenfalls der Demonstration angeschlossen.

Ein kleiner Konflikt brach zwischen uns und den dortigen Angestellten aus, als wir um ein Gespräch mit den Mitgliedern des Ausschusses baten. Umgeben von Hunderten skandierender Demonstranten suchten sie nach Ausflüchten. Sie behaupteten, daß die Mitglieder des Ausschusses nicht in Los Angeles seien, sondern ihre Sitzung in einem anderen Teil des Staates hielten. Als sie von unserer Absicht erfuhren, diese Demonstration am Tag ihrer monatlichen Zusammenkunft zu veranstalten, hatten sie die Sitzung wahrscheinlich nach außerhalb von Los Angeles verlegt. Wir hatten kein besonderes Interesse, diesen Konflikt zu erweitern. Wir hatten ihnen unsere Absichten angekündigt.

Nicht lange, nachdem die Demonstration sich formiert hatte, erzählten mir mehrere Reporter, daß der Verwaltungsrat seine Konferenz abgeschlossen und auch bereits seine Entscheidung veröffentlicht hätte: Meine Anstellung sollte im nächsten Jahr nicht erneuert werden. Nachdem jetzt unsere Demonstration erfolgreich beendet war, bereiteten wir uns vor, eine Pressekonferenz auf dem Bürgersteig außerhalb des Staatsgebäudes abzuhalten. Es hatte den Anschein, als hätten die Nachrichtenmedien bewußt die Politik verfolgt, der Bewegung für die Soledad-Brüder sehr wenig oder gar keine Berichterstattung einzuräumen. Ich war entschlossen, ihnen das diesmal nicht durchgehen zu lassen. Deshalb formulierte ich mit Bedacht alle meine Antworten so, daß jeder Satz etwas über den Zusammenhang zwischen meiner Entlassung und der Unterdrückung der Soledad-Brüder und anderer politischer Häftlinge aussagte.

Der Verwaltungsrat konnte das Statut, das die Anstellung von Kommunisten an der Universität verbot, nicht mehr anrufen; die Gerichtsverfügung gegen den Verwaltungsrat in dieser Frage war noch in Kraft. Außerdem war es ihm nicht gelungen, Beweise vorzubringen, daß ich in der Ausübung meiner akademischen Pflichten versagt hätte. Nicht einmal der geheime Professorenausschuß, den der Verwaltungsrat gebildet hatte, um meine

Tätigkeit in den Klassen zu prüfen, hatte etwas vorbringen können, was der Verwaltungsrat für brauchbar hielt.

Daher blieb dem Verwaltungsrat nur der allgemeine Eindruck, daß meine politischen Ansprachen außerhalb des Hörsaales »eines Universitätsprofessors unwürdig« waren. Interessanterweise wurde diese Entscheidung genau an dem Tag verkündet, an dem ich in einer meiner Reden »unwürdigerweise« hohen Regierungsvertretern, einschließlich Ronald Reagan selbst, vorgeworfen hatte, daß sie eine Verschwörung zur Unterdrückung aller radikalen politischen Aktivitäten, insbesondere der in Gefängnissen Inhaftierten, sowohl unterstützten als auch duldeten.

Mitglieder unseres Verteidigungsausschusses waren glücklich darüber, daß das Foto, das mit dem Bericht über meine Entlassung erschien, gemacht worden war, als wir eine Streiklinie bildeten. Es trug die Botschaft unseres Kampfes über die internationalen Nachrichtenagenturen zu den Menschen der ganzen Welt: Ich trug ein Schild mit der Aufschrift: RETTET DIE SOLEDAD-BRÜDER VOR DER LEGALEN LYNCHJUSTIZ, und Jonathan, der dicht hinter mir ging, trug ein Schild mit der Aufschrift: SCHLUSS MIT DER POLITISCHEN UNTERDRÜCKUNG IN GEFÄNGNISSEN.

Ein paar Tage nach unserer Demonstration vom 19. Juni fand in San José bei Joan und Betsy Hammer ein Treffen des Soledad-Verteidigungsausschusses ganz Kaliforniens statt. Auf der Tagesordnung stand die Festlegung der Strategie für den bevorstehenden Prozeß in San Francisco. Der Ausschuß in San Francisco war nicht annähernd so stark, wie er hätte sein sollen, vor allem in den Schwarzen Bezirken. Es war leicht ersichtlich, daß in San Francisco und Oakland mehr Arbeit an der Basis getan werden mußte, um die Grundlage für eine zahlreiche Teilnahme an den Ereignissen, die den Prozeß umrahmten, zu schaffen. Ich wurde gefragt, ob ich im Sommer einige Zeit in San Francisco verbringen könnte, um bei dieser Arbeit zu helfen. Ich sagte, ich müßte mir das sehr sorgfältig überlegen.

In Los Angeles veranstaltete unser Ausschuß Cocktail-Parties, um Geld zu sammeln. Wir übernahmen die Vorführung eines Filmes über Vietnam ›Das Jahr des Schweines‹; dann fand eine recht gelungene Massenkundgebung in der Unitarier-Kirche in der 8th Street statt. Eine der besten Einnahmequellen des Soledad-Ausschusses war die Kunstversteigerung, die wir zusammenstellten. Eine Reihe von Künstlern, Schwarz und weiß, Berufskünstler und Dilettanten, fanden sich bereit, ihre Werke geschenkweise beizusteuern. Zwei Brüder, die eine Kunstgalerie im Crenshaw-Bezirk von Los Angeles betrieben (und die übrigens in Birmingham mit mir im Kindergarten gewesen waren), fanden sich gern bereit, uns ihre Galerie für die Ausstellung zu überlassen. Für den Rest des Sommers und den Herbst planten wir noch eine ganze Reihe solcher Veranstaltungen.

Während alle diese Aktivitäten anliefen, mußte ich mich auch um die akademische Seite meines Lebens kümmern. Da ich wußte, daß ich unter normalen Verhältnissen – das heißt, wenn mir die Sache mit der Universität nicht in eine alle Kräfte beanspruchende Phase meines Lebens hineingeplatzt wäre – meine Dissertation bereits beendet hätte, wollte ich sie jetzt so schnell wie möglich hinter mich bringen. Sie mußte bis zum Ende des Sommers absolut fertig sein. Das war das Ziel, das ich mir setzte. Meine Arbeit sollte durch die finanzielle Forschungshilfe, die ich für die Monate Juli, August und September von der Universität erhalten hatte, erleichtert werden.

Obwohl es außer Frage stand, meine Arbeit für den Soledad-Ausschuß einzustellen, wollte ich doch meine politischen Verpflichtungen auf ein Minimum zurückschrauben. In meiner Wohnung versuchte ich das Arbeitszimmer, das ganz von der Ausschußarbeit mit Beschlag belegt worden war, wieder in ein Studierzimmer zurückzuverwandeln. Ich verbannte den Vervielfältigungsapparat und die anderen Dinge, die vom Ausschuß gebraucht worden waren, aus meinem Studierzimmer in das benachbarte Speisezimmer. Ich hatte gedacht, daß ich dann imstande sein würde, eine Arbeitsroutine zu entwickeln, die mir mindestens ein achtstündiges Studium pro Tag garantierte. Aber bis zum Sommer war unsere Wohnung in der 45th Street zum regelrechten Zentrum, zum Büro und zur »Bude der offenen Tür« geworden. Dauernd kamen Leute, die sich über die Arbeit des Ausschusses informieren wollten – und das war gut, denn es bedeutete, daß wir eine Bewegung geschaffen hatten, die viele Menschen der Gemeinschaft anlockte. Tamus Mann, Malcolm, war inzwischen aus dem Gefängnis entlassen und lebte im Haus, und einer ihrer Freunde aus Kanada schlief auf der Couch. Baby Kendra hatte ein Alter erreicht, in dem sie sehr viel Aufmerksamkeit beanspruchte. Wenn sie da war, konnte ich einfach der Versuchung nicht widerstehen, mit ihr zu spielen. Das lief alles darauf hinaus, daß ich nur dann ernsthaft an meiner Dissertation arbeiten konnte, wenn im Haus alles schlief. Manchmal arbeitete ich von ein oder zwei Uhr morgens bis sechs oder sieben. Da ich aber am Tage niemals schlief, war es unmöglich, in diesem Tempo weiterzumachen.

Da ich mich in meiner Arbeit sehr frustriert fühlte, beschloß ich, mich nach einer kleinen billigen Wohnung umzusehen, wo ich mich in den Stunden, die ich für die Arbeit benötigte, verkriechen konnte. Schließlich fand ich eine Bleibe in der 35th Street, nur zehn Blocks von der anderen Wohnung entfernt. Die Miete betrug bloß 75 Dollar, was bedeutete, daß ich weiterhin die halbe Miete für die andere Wohnung bezahlen und mich dort aufhalten konnte, wenn es nötig war. Und da ich daran dachte, daß in der 45th Street das Telefon zu allen Stunden der Tages- und Nachtzeit läutet, entschloß ich mich, diese Wohnung von seinem Eindringen freizuhalten und alle Gespräche in der 45th Street entgegenzunehmen.

Da ich erst am 1. Juli einziehen konnte, lud mich Georgia Jackson ein, die Zwischenzeit in ihrem Haus in Pasadena zu verbringen, um in Ruhe zu arbeiten. Am Ersten zog ich mit meinen Büchern und Papieren, meinem Schreibtisch, einer Schreibmaschine und einem Bett in die neue Wohnung. Im nächsten Monat ließ ich mich in meinen Studien durch nichts unterbrechen. Die einzige Ausnahme bildete der Soledad-Ausschuß.

Etwa Mitte Juli unternahm ich eine kurze Reise zur Bucht von San Francisco, um bei einer Versammlung der Aktivisten verschiedener Organisationen aus San Francisco, Berkeley und Oakland über die Soledad-Brüder zu sprechen. Jonathan und sein Vater fuhren um die gleiche Zeit, um George zu besuchen, so daß wir alle zusammen reisten. Die Versammlung fand in den Räumen der Nationalen Anwaltsgilde statt. Zusammen mit Fay Stender und anderen Mitgliedern des Soledad-Ausschusses von San Francisco und Umgegend sprach ich darüber, wie wichtig es sei, die um die Brüder aufgebaute Bewegung auszuweiten, besonders in den Monaten und Wochen, die dem Prozeß vorausgingen. Die Linke in dem ganzen Bezirk mußte mobilisiert werden, und eine gezielte Organisationsarbeit besonders auf die Schwarze Gemeinschaft gerichtet werden. Ein Bruder von der Schwarze-Panther-Partei versicherte, sie betrachte es weitgehend als ihre Aufgabe, die Massen der Schwarzen Menschen aufzurufen, um die Brüder vor der Hinrichtung zu retten.

Bei dieser Versammlung waren auch Vertreter des Verteidigungsausschusses anwesend, der sich damals mit großem Erfolg darum bemühte, Unterstützung für eine Gruppe von Chicano-Aktivisten, denen gerade der Prozeß gemacht wurde, auf die

Beine zu bringen – Los Siete de la Raza. Wir einigten uns auf eine lose Arbeitsgemeinschaft zwischen unseren Gruppen, und beschlossen, die neue Phase unseres Kampfes zur Befreiung politischer Gefangener mit einer Massenkundgebung am 12. August in San Francisco einzuleiten. Charles Garry, der Anwalt für Los Siete, erklärte sich gern bereit, bei der Kundgebung zu sprechen, und ich sagte, ich würde auch sprechen.

Georges Anwalt, John Thorne, hatte bei dem Gericht von San Francisco den Antrag gestellt, daß ich als juristische Ermittlungsgehilfin für George amtlich bestätigt würde – das war im wesentlichen das gleiche, was ich schon für Hekima getan hatte. Da wir einmal da waren, gingen wir beide am gleichen Tag zum Gericht, um über den Antrag zu verhandeln. In dem gleichen Stockwerk, in dem John den Antrag begründete, fand der Prozeß gegen Los Siete statt. Ich setzte mich eine Weile dazu, machte den Brüdern das Zeichen der Solidarität und besprach einige Minuten mit Charles Garry, wie wir die Arbeit der beiden Ausschüsse um die beiden politischen Häftlingsgruppen koordinieren könnten.

Während ich mich in der Gegend von San Francisco befand, legten mir die Aktivisten des Soledad-Ausschusses erneut die Frage vor, ob ich nicht eine Weile dort hinziehen könnte, um bei der Organisation des Ausschusses zu helfen. Da ich gerade die Wohnung gefunden hatte, wo ich den größten Teil meiner Tage der Dissertation widmen konnte, hatte ich eigentlich gar keine Lust, jetzt wieder alles kaputtzumachen. Aber der Ausschuß war in diesem Bezirk nicht in der besten Verfassung und konnte zweifellos von den Erfahrungen profitieren, die wir in Los Angeles gesammelt hatten. Ich sagte ihnen, ich würde es mir überlegen, aber falls ich nicht kommen könnte, würde ich eins der geschulten Schwarzen Mitglieder unserer Gruppe überreden, statt meiner zu kommen. Ich dachte dabei an meine Wohnungsgenossin Tamu.

Gegen Anfang August war ich soweit, daß ich vielleicht ein paar Wochen an der Bucht von San Francisco verbringen konnte, vor allem, weil die Werke, die mit meiner Dissertation zu tun hatten, in der Bibliothek der Universität von Berkeley viel vollständiger vertreten waren als in Los Angeles, und ich den letzten Teil meiner Forschungsarbeit sowieso hätte dorthin verlegen müssen. Ich hielt es immerhin für möglich, meine Zeit zwischen der Universität und dem Verteidigungsausschuß für die Soledad-Brüder aufzuteilen. Gegen Anfang August fuhr ich dorthin, um mir eine Wohnung zu suchen und die Bibliothek zu durchforschen.

7. August 1970

Im Gerichtssaal Nummer Eins unter dem Vorsitz von Richter Harold Haley fand ein Prozeß statt. Vor Gericht stand James McClain, ein Häftling von San Quentin, wegen tätlicher Bedrohung, die er kürzlich bei einem Zwischenfall im Gefängnis verübt haben sollte. Er hatte gerade als sein eigener Verteidiger mit seiner Verteidigung begonnen. Als Jonathan den Gerichtssaal betrat und im Zuschauerraum Platz nahm, wurde gerade Ruchell Magee, ein anderer Häftling in San Quentin und Zeuge der Verteidigung, von McClain vernommen. Jonathan blieb eine Weile sitzen. Dann erhob er sich mit einem Karabiner in der Hand und gebot allen im Saal, sich nicht zu rühren. McClain und Ruchell gesellten sich zu Jonathan, dazu noch William Christmas, der in einer nahe gelegenen Aufenthaltszelle darauf wartete, als Zeuge aufgerufen zu werden.

Einige Gehilfen des Sheriffs haben später zu Protokoll gegeben, daß die Brüder gerufen hätten: »Freiheit für die Soledad-Brüder!« Andere behaupteten »Freiheit für unsere Brüder in Folsom!« gehört zu haben, und noch andere: »Freiheit für alle politischen Gefangenen!« Der Staatsanwalt gab an, der Aufruhr habe den Zweck gehabt, die Soledad-Brüder aus dem Gefängnis zu befreien.

Der Richter, eine Flinte im Genick, der Staatsanwalt, der die Anklage in dem Fall vertrat, und mehrere Geschworene wurden von den Brüdern in einen Lieferwagen gebracht, der draußen auf dem Parkplatz stand. Eine Gefängniswache von San Quentin feuerte auf den Wagen. Dann schlug ein Hagel von Geschossen in den Wagen, und als sich der Rauch verzogen hatte, waren in seinem Innern alle bis auf einen entweder tot oder verwundet. Richter Haley war tot. Staatsanwalt Garry Thomas war verwundet. Eine Geschworene war verwundet. McClain und Christmas waren tot. Ruchell war verwundet. Und Jon ...

Als ich später am Abend von dem Aufstand erfuhr und als ich die Szene von Marin County auf dem Bildschirm sah, sagte ich immer wieder laut vor mich hin: »Das muß ein Irrtum sein. Das kann nicht Jonathan sein, nicht unser Jon. Es kann nicht sein. Er war so lebendig, so stark.« Jonathan war gerade erst siebzehn geworden. Einige Monate zuvor hatte George mir geschrieben:

»Jon ist ein junger Bruder, und er ist nur ein bißchen verschlossen, aber er ist intelligent und treu ... Er ist in jenem gefährlichen Alter, in dem die Verwirrung einsetzt und die Brüder entweder zum Totengräber oder ins Gefängnis schickt. Er ist ein bißchen besser dran, als ich es war und als die meisten Brüder seines Alters. Er lernt schnell und kann Sein von Schein unterscheiden, wenn sich jemand die Zeit nimmt, es ihm darzustellen. Sage den Brüdern, sie sollen nie auf seine grünen Augen und seine Hauttönung anspielen. Da ist er sehr empfindlich, und dann schlägt er entweder zu oder verkriecht sich in sich selbst. Verstehst du? Du weißt, daß manche von uns sich nicht bemühen, redlich miteinander zu sein. Er hat wegen dieser Frage in den letzten Jahren viel ausgestanden. Das ist nicht recht. Er ist ein treues und schönes Mann-Kind. Ich liebe ihn.«

Und Jons Gefühle für George hatten alles andere in seinem Leben überschattet. Jon war noch so jung, aber ich glaube, er ist nie wirklich ein Kind gewesen. Er ist seiner Kindheit von einer Gesellschaft beraubt worden, die seinen Bruder fast so lange, wie er denken konnte, hinter Gitter gesperrt hatte.

Mit sieben Jahren spielen die meisten Jungen mit hellroten Wasserpistolen aus Plastik. Aber mit sieben wußte Jonathan, daß Pistolen groß und grau sind und keinen Wasserstrahl versenden, wenn sie aus dem Holster eines Gefängniswächters gezogen werden. Sie schossen Kugeln, die Ströme von Blut und Tod brachten. Tod. Seit er sieben war, hatte Jonathan George nur bei Gefängnisbesuchen gesehen. Er sah seinen Bruder mit dem Tod vor Augen leben, jeden Tag, jede Stunde, jeden Augenblick.

Während der wenigen Monate unserer Freundschaft habe ich wohl nicht gemerkt, wie sehr ihn diese zehn Jahre aufgestauter Frustrationen, dieses furchtbare Gefühl der Ohnmacht vor den Mauern, den Gitterstäben, den Waffen und jenen piksauberen Gerichtssälen, in denen verwöhnte weiße Richter präsidierten, gefoltert haben mußten.

Jetzt hatte der Feind Jon geschafft, der versucht hatte, ein Loch in dieses fürchterliche Gefängnissystem zu schlagen, das seinen Bruder – alle seine Brüder und Schwestern – um und um drehte, schneller und schneller in einem Teufelskreis von Elend und Brutalität, Verschwörung und Mord.

In den Tagen, die auf den Aufstand im Gerichtssaal folgten, versuchte ich, meine blinde Wut über Jonathans Tod zu bändigen, damit mein Zorn konstruktiv werden konnte. Ich wußte, daß es nur eine Möglichkeit gab, Jons Tod zu rächen – durch Kampf, politischen Kampf, durch Menschen in Bewegung und einen Kampf für alle, die hinter Mauern saßen.

Wenn ich nicht so kämpfte, dann ließ ich Jonathan auf ewig auf dem Asphalt liegen – in seinem Blut liegen, als gehöre er dorthin.

Nicht zu kämpfen würde bedeuten, daß ich ihm – und allen jungen und ungeborenen Jonathans – auf ewig die Schönheit üppiger grüner Berge statt kalter grauer Gitter, die Frische einer Reise ans Meer, statt einer traurigen Reise ins Besuchszimmer des Soledad-Gefängnisses vorenthalten wollte. Eine Kindheit voller Lächeln und hübschem Spielzeug, und ältere Brüder, die schön, stark und frei sind ...

Teil 5: Wände

Die Hand zwischen der Kerze und der Wand
Wird groß an der Wand ...
Es muß sein, daß die Hand
Es will, daß sie an der Wand größer wird,
Größer wird und schwerer als die Wand ...
Wallace Stevens

22. Dezember 1970

Als das Flugzeug nach der zwölfstündigen Auslieferungsreise quer über den Kontinent in Kalifornien landete, standen draußen ebenso viele bewaffnete Männer, wie auf dem Flugfeld an der Ostküste gestanden hatten, um meinen Abflug zu beaufsichtigen. Die Hilfssheriffs und Polizisten schienen unter den Hunderten von Männern, die die Luftwaffenuniform der Vereinigten Staaten trugen, wie verloren. Sie waren auf dem gesamten Gebäude aufgestellt und säumten auf beiden Seiten die Route, die die Kolonne auf der Fahrt durch das Militärgelände nahm.

Die Fahrt dauerte zehn oder fünfzehn Minuten. Dann bog die Kolonne in den Verwaltungskomplex des Marin County ein, den ich nach Zeitungsbildern, die seit dem Aufstand vom 7. August aufgenommen waren, wiedererkannte. Der Wagen, in dem ich saß, fuhr in eine Garage, in der sofort eine Stahltür herunterkrachte. Auf der anderen Seite dieser Tür hatte sich eine Menge angesammelt, und als ich aus dem Wagen stieg, ließen sie ein lärmendes »Freiheit für Angela Davis und alle politischen Gefangenen« hören. Da ich noch Handschellen trug, machte ich das Zeichen der Solidarität mit einer Doppelfaust.

Obwohl ich niemanden in der Menge erkannte, fühlte ich mich durch ihre Anwesenheit verjüngt, wie seinerzeit am Tage meiner Verhaftung in New York durch die Rufe zu meiner Unterstützung. Wenige Sekunden, nachdem ich meine Fäuste erhoben hatte, wurde ich in einen Fahrstuhl gestoßen, der sich zur Registratur des in den oberen Stockwerken befindlichen Gefängnisses öffnete. Und zum dritten Mal seit meiner Verhaftung durchlief ich dasselbe Ritual: Formulare, Fotos und Fingerabdrücke.

Der Unterschied zwischen dem Gefängnis von Marin County und der Haftanstalt für Frauen in New York war kraß. Als ich die Haftanstalt zum erstenmal gesehen hatte, war ich von ihrem totalen Dreck angeekelt gewesen. Das Gefängnis von Marin County war dagegen auffallend, ja antiseptisch sauber. Keine Mäuse huschten auf den schimmernden Fußböden. Es gab keine Graffiti an den neu gestrichenen Wänden. Während die Haftanstalt schäbig, schummrig und verliesartig gewesen war, war dieses Gefängnis schmerzhaft hell. Ich war die 60-Watt-Birnen in meiner New Yorker Zelle gewöhnt; hier brannten meine Augen von den hellen Leuchtstäben.

Während ich registriert wurde, bemerkte ich ein System von kleinen Fernsehschirmen hinter dem Pult. Anscheinend wurde das gesamte Gefängnis von einer internen Fernsehanlage bewacht. Ich war gespannt, ob ich eine Kamera in meiner Zelle finden würde.

Nachdem ich registriert war und dafür gesorgt hatte, daß ich eine Quittung über alles erhielt, was ich aus New York mitgebracht hatte, gab die Aufseherin das Signal, die Tür am Ende des Ganges zu öffnen. Ein Druck auf einen Knopf; die Metalltür glitt schwerfällig in die Wand. Diese mechanische Vollkommenheit war viel beängstigender als die archaischen Einrichtungen in der Haftanstalt für Frauen.

Mit einer Begleitmannschaft weiblicher Bewachung ging ich den Gang entlang, der von eisernen Türen gesäumt war und außer kleinen quadratischen Gucklöchern keine Fenster aufwies. Am Ende des Ganges bogen wir rechts ein und standen zwei Einzelzellen gegenüber, die durch eine zum Gang geöffnete Duschkabine getrennt waren. Eine an die Decke montierte Fernsehkamera war auf die Zellen gerichtet.

Die leitende Aufseherin schloß die hintere der beiden Zellen auf. Ich trat mit zwiespältigen Gefühlen ein: Ich war wütend, weil ich wiederum dem Willen rassistischer Kerkermeister unterworfen wurde, fühlte aber eine gewisse Erleichterung, weil ich endlich allein war und Zeit hatte zu denken.

Nachdem sich die Türen hinter mir geschlossen und die Aufseherinnen mich allein gelassen hatten (obwohl sie mich wahrscheinlich am Fernsehschirm beobachteten), untersuchte ich mein Quartier. Es war größer als meine Zelle in der Haftanstalt, etwa zweieinviertel Meter im Quadrat. Aus einer der Wände ragte eine Metallplatte mit einer acht Zentimeter hohen Matratze in den Raum. An der gegenüberliegenden Wand war eine kombinierte Toiletten- und Wachbecken-Anlage; das Wasser aus dem Becken floß in die Toilette ab. Wenn man sich die Zähne putzen oder das Gesicht waschen wollte, mußte man über der offenen

Toilettenschüssel stehen. Die einzigen sonstigen Einrichtungsgegenstände waren ein etwa dreißig Zentimeter breites Regal, darunter zwei Kleiderhaken und ein kleiner Metalltisch, der an einem runden Holzstuhl befestigt war.

Ich streckte mich auf der kleinen Matratze aus und versuchte mir vorzustellen, was außerhalb der Mauern vor sich ging. Ich hatte keine Möglichkeit gehabt, mit Margaret oder John zu sprechen, nachdem das Bundesgericht entschieden hatte, daß ich nach Kalifornien überführt werden sollte. Ich war sicher, daß sie beide sofort nachkommen würden, aber bisher hatte ich darüber noch nichts gehört. Kein Wort von ihnen oder sonst jemandem.

Ich lag noch da, starrte an die Decke und versuchte, meine Gedanken zu ordnen, als eine Aufseherin kam und sagte, ein Anwalt warte auf mich. Ich erwartete, Margaret oder John zu sehen, und folgte der Aufseherin zur Besuchskabine für Anwälte. Auf der anderen Seite der metallenen Trennwand waren Terrence Kayo Hallinan, ein Anwalt aus der Umgebung von San Francisco, der im Verteidigungsausschuß mitgearbeitet hatte, und Carolyn Craven, die ich aus Los Angeles kannte und die damals Korrespondentin für das örtliche Bildungsprogramm im Rundfunk war. Es war Carolyn gelungen, als Kayos Rechtsgehilfin eingelassen zu werden. Als die Schergen später erfuhren, daß sie auch Nachrichtenkorrespondentin war, verkündeten sie, daß nur »amtlich bestätigte Anwälte« im Gefängnis zugelassen würden. Das bedeutete, daß ich buchstäblich unter Verschluß gehalten werden sollte, bis Margaret und John aus New York kamen.

Da ich mich mit nichts anderem beschäftigen konnte als den Gedanken, die mir durch den Kopf jagten, fielen mir meine Brüder in San Quentin ein. Ich wußte, daß nicht weit von diesem Gefängnis die mittelalterliche, von Wasser umgebene Festung lag, in der man George gefangen hielt. Wußte er, daß ich jetzt in Kalifornien war? Vielleicht erhielt ich bald eine Nachricht von ihm und den Brüdern, die mit ihm im Adjustment Center (eine Art »Besserungsabteilung«) eingesperrt waren, der schlimmsten Abteilung im Gefängnis. Wenn ich an sie dachte und über unser gemeinsames Unglück reflektierte, konnte ich mich über die niederdrückende und bedrohliche Einsamkeit hinwegsetzen.

Ich habe in dieser Nacht nicht geschlafen – ich habe nicht einmal versucht, die Grübeleien über mein, Georges, Johns, Fleetas und Ruchells Zukunft zu verbannen. Ich wußte, daß uns alle die Gaskammer erwartete. Dann, wie ein Omen aus der Hölle geschickt, um meine wildesten Ängste zu bestätigen, zerrissen die Schreie einer Frau die Stille. Mein Herz flatterte wie ein verängstigter Vogel im Käfig. Zwischen den Schreien, die einem das Blut stocken ließen, schien sie zu flehen: »Laßt mich hier raus! Laßt mich hier raus!« Ihr Kreischen war um so entsetzlicher und verwirrender, weil ich meine Umgebung nicht kannte. Mit Ausnahme meiner Zelle, der benachbarten Zelle und der Besuchskabine am Ende des Ganges war mir alles völlig fremd. Die Schreie hielten an. Sie waren so nahe, und ich fühlte mich so machtlos. Die Dunkelheit lag auf mir wie ein Sargdeckel, der meinen ersten Tag im Gefängnis von Marin County schloß.

Früh am nächsten Morgen kamen Margaret und John mich besuchen. Kurz danach wurde ich durch das Gewirr von unterirdischen Gängen geführt, durch das die Gefangenen von ihren Zellen zum Gericht gebracht wurden. Die Anklage wegen Mord, Entführung und Verschwörung sollte an diesem Morgen erhoben werden. Margaret und John beantragten einen Aufschub der Anklageerhebung, mit der Begründung, daß die Zusammenstellung des Verteidigungsteams noch nicht abgeschlossen sei. Nachdem der oberste Richter von Marin County unserem Antrag stattgegeben hatte, gab er offiziell bekannt, daß sowohl er wie alle anderen Richter dieses Bezirks sich für diesen Prozeß disqualifiziert hätten, weil seine Beziehungen zum Richter Haley ihn wahrscheinlich hindern würden, diesen Fall unvoreingenommen zu beurteilen. Dann verhängte er eine Schweigepflicht, die mir, den Anwälten und allen, die unmittelbar oder mittelbar mit dem Fall verknüpft waren, untersagte, öffentliche Angaben über das Beweismaterial zu machen, das sich im Laufe des Prozesses ergeben könnte.

Im Gerichtssaal war alles modern und makellos. Die Lichter, die viel heller brannten als Tageslicht, betonten die Neuheit. In diesem sauberen, hübschen Saal, dachte ich, werden Männer und Frauen in schmutzige Zellen geschickt, einige davon in die Todeskammer von San Quentin ganz in unserer Nähe. Wie ich aus Zeitungsberichten erfahren hatte, waren die Gerichtssäle – und der ganze Regierungskomplex von Marin County – von Frank Lloyd Wright entworfen worden. Der Saal, in dem ich zum ersten Mal vor Gericht stand, hatte in der Decke ein großes rundes Paneel, das von Lichtern umrahmt war. Die Einrichtung des Raumes war so angelegt, daß sie dem Kreis an der Decke entsprach – der Richtertisch, die Geschworenenbänke und die Tische für Anklage und Verteidigung – alle waren strategisch so angebracht, daß sie einen Kreis bildeten.

Später merkte ich, daß Wright beim Entwurf der Gerichtssäle etwas ganz Bestimmtes im Sinn gehabt hatte. Er wollte das Wesen der Gerechtigkeit in den Vereinigten Staaten darstellen. Die Parteien in einem Prozeß, meinte er, sollten nicht als gegeneinander Kämpfende gesehen werden. Im Gegenteil, Richter, Geschworene, Staatsanwälte und Angeklagter halten sich im Kreis bei den Händen in gemeinsamer Verfolgung des Rechts.

Als ich Wrights Botschaft des Händchen-Haltens begriff, mußte ich an ein Spiel denken, das wir als Kinder spielten – »Ringel Ringel Reihen« usw., bei dem dann schließlich gewisse Kinder »aus« waren. Es gab absolut gar nichts, was mich mit den Männern, die im Kreis des Gerichtssaales saßen, verband. Meine Genossen, meine Freunde und ich – wir alle betrachteten diese Männer als Drahtzieher eines juristischen Spiels, das gegen uns gezinkt war. Wir mußten daher ständig die Volksbewegung verstärken, die uns die einzige Hoffnung gab, dieses Spiel zu schlagen. Tatsächlich hielt zwei Tage später der Nationale Vereinigte Ausschuß für die Freiheit von Angela Davis (NUCFAD), der von meiner Schwester Fania und meinem Genossen Franklin geleitet wurde, eine Weihnachtstagswache vor den Regierungsgebäuden. Die Mauern meiner fensterlosen Zelle waren viel zu dick, als daß ihre Sprechchöre hätten hindurchdringen können. Aber ich konnte sie fühlen, und fühlte mich durch sie glücklich und stark.

Da ich mich nun in Marin County befand, mußte ich meinen Anklägern auf ihrem Boden begegnen. Wir mußten ein juristisches Team zusammenstellen. John hatte vor, zur Ostküste zurückzukehren, wenn die Frage der Verteidiger unter Dach war, aber Margaret wollte bleiben. Ich mußte völliges und totales Vertrauen zu meinen Anwälten haben; ich legte buchstäblich mein Leben in ihre Hände. Margaret und ich hatten dieses tiefe Vertrauen zueinander längst gefaßt, denn wir liebten uns wie Schwestern.

Es gab viele Kriterien, die die anderen Mitglieder meines juristischen Teams hoffentlich auch erfüllten. Natürlich wollte ich Anwälte, die sich mit mir und miteinander vertragen konnten. Wir würden viele arbeitsreiche Monate miteinander verbringen. Ein Kriterium allerdings gab es, das alle anderen überwog. Ich mußte Anwälte haben, die mit mir der Meinung waren, daß dies ein politischer Fall war. Sie mußten sich darauf einstellen, daß der Prozeß in jeder Hinsicht politisch sein würde. Außerdem würde der Kampf im Gerichtssaal Hand in Hand mit einem Kampf gehen, der von einer Massenbewegung geführt wurde. Die Anwälte würden von Anfang an begreifen müssen, daß die Ereignisse im Gerichtssaal notwendigerweise mit der Kampagne auf den Straßen in Beziehung gesetzt und koordiniert werden mußten.

Hayward Burns, der Präsident der Nationalen Konferenz Schwarzer Rechtsanwälte, hatte mich mit Howard Moore zusammengebracht. Am Tag, an dem ich von New York ausgeliefert wurde, hatte ich mit Howard gesprochen, der auf meine Bitte von Atlanta angeflogen kam. Schon während unseres ersten Gesprächs im Gefängnis von New York war es klar, daß er bei Bürgerrechtsprozessen im Süden seine Anwaltsrolle als Teil der größeren Aufgabe betrachtete: unterjochte Menschen zu verteidigen, die um ihre Freiheit kämpften. Wenn Howard von dem Kampf sprach, dann geschah das mit einer Eindringlichkeit, die mich überzeugte, daß die Befreiung der Schwarzen Menschen die wichtigste Aufgabe in seinem Leben war. Er verstand sofort, warum ich es für wichtig hielt, daß ich selbst direkt an der Verteidigung teilnahm. Die Beweise, die gegen mich aufgehäuft wurden, waren politische Beweise: meine Reden bei Kundgebungen, meine Führung in der Massenbewegung zur Befreiung der Soledad-Brüder, meine Mitgliedschaft in der kommunistischen Partei. Meine Politik stand auf dem Spiel, und es war meine Aufgabe, sie zu verteidigen. Howard war einverstanden, daß einer unserer ersten Anträge meine Teilnahme am Verteidigerteam zum Inhalt haben sollte.

Abgesehen von seinem starken politischen Engagement und seinem Können als Anwalt war er auch ein warmherziger Mensch. Ich mochte ihn gut leiden. Die Entscheidung war gefallen. Margaret rief in seinem Büro an und fragte, ob er bereit sei, als mein Hauptverteidiger aufzutreten. Er war sofort einverstanden, und Franklin fuhr nach Atlanta, um die Vereinbarung festzulegen. Die erste Hürde war genommen. Ich fühlte mich ungeheuer erleichtert.

Obwohl sich Howard bereit erklärt hatte, die Hauptlast des Prozesses zu tragen, hinderten ihn ältere Verpflichtungen in seiner Anwaltspraxis, vor Anfang April seine Wohnung von Atlanta nach Kalifornien zu verlegen. In den drei dazwischenliegenden Monaten brauchten wir Anwälte, die die Anträge zur Prozeßvorbereitung bearbeiteten. Und für das Team, das schließlich den Prozeß führen sollte, brauchten wir ein oder zwei Anwälte, die vor kalifornischen Gerichten als Verteidiger amtlich zugelassen waren.

Wir baten drei Anwälte ins Team, die die Anträge zur Prozeßvorbereitung einreichen und verhandeln sollten: Al Brotsky, der ein Partner in Charles Garrys Anwaltsfirma war und der auch den anderen Anwälten dessen Büro zur Verfügung stellte; Michael Tigar, den ich kannte, als er in der UCLA Jura dozierte, und Dennis Robert, einen Freund und Kollegen von Michael. Später ist auch Sheldon Otis, ein bekannter Prozeßanwalt aus Detroit, dem Team beigetreten.

Das Gefängnis schien darauf angelegt, für alles so wenig Raum wie nur möglich zuzugestehen. Die kleine Anwaltskabine im Frauengefängnis konnte einen Anwalt nur knapp beherbergen, zwei konnten sich reinquetschen, wenn sie nicht gar zu groß waren, und einer saß, während der andere hinter dem Stuhl stand. Meine Seite der Metallwand war ebenso klein – wenn ich länger in der Kabine sitzen mußte, dann dauerte es immer einige Zeit, bis ich die Platzangst überwinden konnte, die sich im Gefängnis bei mir entwickelt hatte.

Zunächst war ich von dem juristischen Jargon, mit dem die Anwälte den Fall besprachen, völlig verwirrt. Wenn ich in meiner kleinen Kabuse eingeschlossen saß, wirbelten mir diese geheimnisvollen Ausdrücke um den Kopf. »Einer unserer ersten Anträge muß der ›Neun fünfundneunzig‹ sein«, sagte einer. Was hatte ›Neun fünfundneunzig‹ mit meinem Leben und dem Versuch zu tun, es vor der Todeskammer zu retten? Ich hatte nicht die leiseste Ahnung, was es bedeutete.

Der Platzmangel für die Anwaltskonferenzen war der Anlaß zu unserem ersten größeren Gefecht mit den Kerkermeistern. Die Frage war so klar wie die Rechtmäßigkeit unserer Beschwerde. Wenn sie uns nicht die Möglichkeit schafften, als Gruppe zusammenzukommen, versagten sie mir ein grundlegendes verfassungsmäßiges Recht – das Recht, Verteidiger meiner Wahl zu haben. Aber die Aufseher im Gefängnis machten es klar, daß sie sich nicht verpflichtet fühlten, meine Rechte zu respektieren, und ohne heftigen Kampf keinen Zoll weichen würden.

Gefängnisse sind gedankenlose Orte. Gedankenlos in dem Sinne, daß Denken in der Verwaltung nicht stattfindet; kein Lösen von Problemen, keine vernünftige Abschätzung einer Situation, die auch nur im geringsten von der Norm abweicht. Das Vakuum, das durch dieses Gedankenmanko entsteht, wird von Regeln ausgefüllt und von der Angst, einen Präzedenzfall zu schaffen (soll heißen, eine Regel, die sie noch nicht verdaut hatten). Bevor wir uns der großen Schlacht um mein Leben – dem Schmieden von Waffen, um das Ungeheuer zu erschlagen – auch nur annähernd widmen konnten, mußten wir endlose Energien vergeuden, um gegen Sticheleien zu kämpfen. Die Regeln, durch die Gefängnisse bestehen, erlauben als einzigen Quell der Leidenschaft, der den Verwaltern noch übrig bleibt, die Nähe von Schmerz und Tod. Die mit dem Töten am schnellsten bei der Hand waren, waren auch immer die, die sich über die Verletzung einer Regel am meisten empörten.

Nachdem sie sich bereitgefunden hatten, uns Platz für eine Anwaltskonferenz zu schaffen, arrangierten sie eine schwer »gesicherte« Sitzung in dem – wie es sich herausstellte – Stabszimmer des Sheriffs. Es war der Captain, der mich holen kam, umgeben von uniformierten und bewaffneten Wachen. Wachen mit grimmiger Miene waren auf dem Weg postiert. Es kam mir so vor, als hätten sie die halbe Polizeimacht mobilisiert. Wer konnte schon glauben, daß sie mich wirklich als eine so riesige Bedrohung betrachteten? Es war viel wahrscheinlicher, daß sie mir die Gefährlichkeit nur andichteten, damit Dutzende von Wachen benötigt wurden, um mich zu bändigen. Es war Teil einer Verschwörung, mich schuldig zu sprechen, bevor ich noch die Chance hatte, vor Gericht zu stehen. Je näher ich dem Stabszimmer kam, wo es Fenster und Türen zur Außenwelt gab, desto größer wurde die Zahl der Wachen und desto kleiner der Abstand zwischen ihnen. Und kurz bevor ich den Sitzungsraum betrat, mußte ich durch eine enge Gasse gehen, die von zwei Reihen Schulter an Schulter stehender Hilfssheriffs gebildet wurde. Glaubten sie, ich wollte davonrennen? Es war ein täuschendes Abbild des Flughafens in New Jersey. Aber dann fiel mir ein, daß diese Männer wahrscheinlich noch gefährlicher waren als die auf dem Flugfeld von New Jersey: es waren dieselben Männer, die von Jonathan entwaffnet und in Schach gehalten worden waren – von einem siebzehnjährigen Jüngling. Sie dachten ohne Zweifel an den Aufstand vom 7. August. Und ohne Zweifel wurde ihr Benehmen sowohl von Scham und Verlegenheit als auch von brennendem Rachedurst motiviert.

5. Januar 1971

Auf einen Knopfdruck öffnete sich gleitend die Eisentür, die die Frauenabteilung absperrte. Ich war auf dem Weg zum Gericht, wo ich vom Staat Kalifornien formell wegen Mord, Entführung und Verschwörung unter Anklage gestellt werden sollte. Nachdem ich die lange Strecke durch die unterirdischen Gänge für Gefangene hinter mich gebracht hatte, wurde ich in eine Aufenthaltszelle unmittelbar neben dem Gerichtssaal gewiesen. Einige Minuten später zog Captain Teague, der die Wachmannschaft befehligte, seine Schlüssel aus dem Pistolengürtel, öffnete die Tür mit gebieterischer Geste und sagte: »Miß Davis, Sie können jetzt eintreten.«

Als ich den Gerichtssaal betrat, erhob sich donnernder Beifall, und meine Augen wurden sekundenlang von Blitzlicht und hellen Lampen geblendet. Ich sah geradewegs hinüber zu den Zuschauerbänken, bemühte mich, bekannte Gesichter zu entdekken und hob die Faust, um mich für den Empfang erkenntlich zu zeigen.

Als ich ein paar Tage später das Bild dieser Szene betrachtete, sprang mir ihre krasse Ungereimtheit in die Augen. Da war ich mit einem strahlenden Lächeln auf den Lippen, den ungefesselten Arm erhoben. Am Tisch nur wenig zu meiner Rechten saß Ruchell Magee, den ich noch nicht gesehen hatte. Er stak in einem Gewirr von Ketten, sein Gesicht zeigte die Spur einer Grimasse, als wolle er probieren, bequemer mit seinen Ketten fertigzuwerden. Hätte ich Ruchell eher gesehen, dann wäre meine erste Geste gewesen, ihm die Hand zu reichen und meinen Bund mit ihm zu bekräftigen. Erst als ich auf dem Platz saß, der zu der Tür gerichtet war, durch die ich eingetreten war, sah ich den in Ketten gefesselten Schwarzen Mann, der mein Mitangeklagter war. Als ich ihn entdeckte, schenkte ich ihm mein herzlichstes Lächeln und versuchte ihm zu sagen, daß ich ihn liebte und daß wir zusammen seien. Ruchell lächelte zurück.

Die Sitzordnung schien ganz falsch. Wir waren so weit voneinander entfernt. Der Richterstuhl war mir näher als Ruchells Stuhl. Das gleiche galt für den Staatsanwalt. Ruchell war ganz auf der anderen Seite des Gerichtssaales. Diese »Gerechtigkeit im Ringelreih'n« schien darauf aus zu sein, das natürliche Bündnis zwischen meinem Bruder und mir zu zerreißen. Ich war wütend und traurig. Es hatte sogar den Anschein, als säße ich da auf meiner Seite des Kreises mit fünf guten Anwälten der Bewegung, während Ruchell allein mit seinem Pflichtverteidiger Leonard Bjorkland dasaß.

Als ich am nächsten Tag die ›Chronicle‹ von San Francisco las, spürte ich schon die Anfänge einer Kampagne, die mich öffentlich gegen Ruchell ausspielte. Der Artikel über die Anklageerhebung begann: »Angela Davis, angeklagt wegen Mord und Entführung trat voller Zuversicht in den Gerichtssaal von Marin County, hob die geballte Faust und erklärte später dem Richter ›Ich bin in allen Punkten nicht schuldig‹.« Etwa fünfzehn Absätze weiter unten kam der Satz: »Man hörte ein Seufzen im Publikum des Saales, als Ruchell Magee, ein Häftling in San Quentin und Mitangeklagter von Miß Davis, aus einer benachbarten Aufenthaltszelle in den kreisrunden Saal gebracht wurde.«

Das war am 6. Januar. Am 18. Januar schrieb derselbe Reporter einen Artikel, der mit den Worten begann: »Man nennt Ruchell Magee ›den anderen Angeklagten‹ im Prozeß gegen Angela Davis ... überschattet von der neu bejubelten Heldin der Schwarzen Revolution.« Und dann: »Wenn Magee ein Revolutionär ist, dann ist es die Gefängnisluft – nicht ein Leben geistiger Bemühung –, die ihn dazu gemacht hat.«

Auf diese Art versuchte die Presse, Ruchell und mich in den Augen der Öffentlichkeit soweit wie möglich voneinander zu entfernen. Selbst in Ruchells biographischer Skizze wurde ich zum Vergleich herangezogen: »Magees Leben im Gefängnis begann, als er sechzehn Jahre war; etwa in dem gleichen Alter erwarb sich Miß Davis, die Tochter einer Familie der Mittelklasse, ein Stipendium in der Brandeis Universität ... In den Jahren, in denen Miß Davis eine akademische Laufbahn verfolgte, die sie durch Europa und schließlich zur Universität von Kalifornien in San Diego führte, wo sie sich unter Herbert Marcuse auf ihr Doktorexamen vorbereitete, studierte Magee in seiner Zelle Gesetzesbücher.«

Der Artikel schien darauf angelegt, jeden Anschein der Solidarität zwischen uns wegzubrennen – meine Parteigänger gegen Ruchell und Ruchells Parteigänger gegen mich aufzuhetzen. Sie wollten Uneinigkeit und Teilung, denn geteilt wären wir beide höchst verletzlich. Einigkeit war das einzige sichere Mittel, uns beide zum Sieg zu führen.

Wenn man die Äußerlichkeiten unserer Lebensläufe außer acht ließ, dann wurden die Gemeinsamkeiten leicht sichtbar. Es lief alles darauf hinaus, daß wir Schwarz waren und jeder auf seine Weise versucht hatte, die Kräfte zu bekämpfen, die unser Volk erwürgten.

Ich hatte mich immer glücklich geschätzt, daß ich zu denen gehörte, denen das Schlimmste erspart blieb. Ein kleiner Schlenker des Schicksals und auch ich hätte in dem Schlamm von Armut, Krankheit und Analphabetentum versinken können.

Deshalb fühlte ich mich nie berechtigt, einen Unterschied zwischen mir und meinen Schwestern und Brüdern herzustellen, die *alles* Leid für uns *alle* auf sich nahmen. Als ich später erfuhr, wie Ruchell seine zweiunddreißig Jahre zugebracht hatte, wurde es ganz klar, daß er zu ihnen gehörte.

Er war in Louisiana geboren. Als dreizehnjähriger Junge wurde er wegen »versuchter Notzucht« eines weißen Mädchens verurteilt und im Zuchthaus von Angola eingesperrt. Hinter jenen Mauern, wo schon das Überstehen eines jeden Tages ein ständiger Kampf war, wurde er zum Mann. Acht Jahre später wurde ihm von Staats wegen erklärt, er dürfe das Gefängnis verlassen – vorausgesetzt, daß seine Eltern einverstanden waren, mit ihm in einen anderen Staat zu ziehen. Sie zogen nach Kalifornien. Ruchell war kaum länger als ein Jahr auf den Straßen, als die Polizei von Los Angeles ihn verhaftete, weil er in einen ganz trivialen Kampf mit einem Bruder verwickelt war. Bei dieser schweren Vorstrafe gab man sich nicht einmal den Anschein eines gerechten Prozesses. Das System stand gegen ihn in einem Maße, daß der Pflichtverteidiger – gegen seinen Einspruch – auf »nicht schuldig wegen Unzurechnungsfähigkeit« plädierte. Als der Prozeß beendet war, war Ruchell zu lebenslänglichem Gefängnis verurteilt, weil man ihn der Entführung bezichtigte. (Was man ihm vorwarf, war nichts weiter, als daß er den betroffenen Bruder zwangsweise ein paar Straßenblocks im Auto mitgenommen hatte.)

Ruchell, das waren wir alle, nicht nur, weil man ihn zum Sündenbock des Rassismus machte, sondern auch in seiner Spannkraft, in seiner Weigerung, sich unterkriegen zu lassen. Die Schulen in Louisiana hatten ihm das Lesen und Schreiben nicht beigebracht. Hinter Mauern in Kalifornien benutzte er die Verfassung der Vereinigten Staaten als Fibel und bekämpfte sein Analphabetentum. Er las Gesetzesbücher und erwarb sich soviel Rechtsgelehrsamkeit, daß er zu seinem eigenen Fall Schriftsätze verfaßte, die er bei den zuständigen Gerichten hinterlegte. Nur auf Grund seiner eisernen Entschlußkraft wurde er ein so gewandter Anwalt, daß ein Berufungsgericht seine Verurteilung auf Grund seines Plädoyers aufhob.

Aber auch in der zweiten Runde führte sein Prozeß zur Verurteilung, weil das Gericht ihm das Recht verweigerte, seine eigene Verteidigung zu führen. Wieder wurde er von einem Pflichtverteidiger verramscht. Aber selbst angesichts dieser zweiten Verurteilung hat Ruchell nicht aufgegeben. Er verfaßte weiter Schriftsätze an die Gerichte – und nicht nur in eigener Sache, sondern auch für andere Brüder. Zu gleicher Zeit schrieb er an alle Menschen in Freiheit, von denen er glaubte, daß sie ihm behilflich sein könnten, das ihm angetane Unrecht anzuprangern.

Ironischerweise erfuhr ich, daß auch ich einen Brief von Ruchell erhalten hatte, erst als dieser dem Gericht vorgelegt wurde. Die FBI hatte ihn in meiner Wohnung beschlagnahmt. Es war einer von vielen hundert Briefen, die ich während meines Konflikts in der Universität wöchentlich erhalten hatte. Weil ich niemanden hatte, der mir bei der Erledigung der Post behilflich war, blieb er unter den unbeantworteten Briefen begraben. Hätte ich damals nur gewußt ...

Als die Frauenabteilung im Gefängnis von Marin County geplant wurde, hatte man offenbar angenommen, daß in diesem Bezirk, der zu den reichsten des Landes gehört, nur wenige Frauen in Haft genommen würden. Der sehr kleine Prozentsatz an Schwarzen, Chicano und armen Menschen stand in direktem Verhältnis zu dem, was die Regierung für diese Abteilung für ausreichend hielt. Einschließlich des Lazaretts, der Einzelzellen und des Komplexes für Jugendliche gab es nicht mehr als siebzehn Betten für die Frauen.

Man hätte glauben können, daß in einem Gefängnis von so kleinem Maßstab Aufseherinnen gedeihen würden, die weniger unpersönlich, weniger brutal reagierten. Tatsächlich war auch mein erster Eindruck von diesen weiblichen Kerkermeistern, daß sie Amateure waren und erst die Rolle probten, die eine Aufseherin nach ihrer Ansicht spielen sollte. Aber gerade weil sie sich mühten, gute Kerkermeister zu sein, gingen sie manchmal in ihrer Haltung bis zum Äußersten.

Kurz nach meiner Ankunft hatte ich einen Zusammenstoß mit einer dieser Aufseherinnen – den ersten in einer unendlichen Reihe von derartigen Konflikten. Es war an einem Sonntag im Januar. Ich hatte einen Teil des Morgens damit verbracht, im San Francisco ›Examiner‹ die Artikel zu lesen, die mich am wenigsten langweilten. Spät am Morgen wurde ich herausgerufen, weil ich Besuch hatte, aber ich hatte kaum die Formalitäten der Vorstellung hinter mir, als eine schäumende Aufseherin in die Besucherkabine gestürzt kam.

»Wo ist die Rasierklinge? Geben Sie sie her! Wenn Sie die Rasierklinge nicht aushändigen, werden wir's Ihnen schon zeigen ...«

Ich wußte nicht, wovon sie redete. Das letztemal, daß ich eine

Rasierklinge auch nur gesehen hatte, war vor meiner Verhaftung. Ich antwortete nicht.

Sie beharrte bei ihrer unverständlichen Aufforderung. »Wenn Sie die Rasierklinge nicht sofort abgeben, muß dieser Besuch abgebrochen werden.«

Ich sah sie ein paar Sekunden scharf an und fragte sie schließlich, wovon sie eigentlich rede.

»Was ist mit der Rasierklinge in Ihrer Zeitung passiert?« fragte sie wild.

»Welche Rasierklinge? Welche Zeitung?« fragte ich.

Endlich schloß ich aus ihren zuweilen unzusammenhängenden Bemerkungen, daß sich in der Sonntagszeitung eine Reklame für Rasierklingen einer besonderen Marke mit einer beigelegten Warenprobe befunden habe.

»Ich lese keine Reklamen«, sagte ich. »Wenn eine Rasierklinge in der Zeitung war, muß sie noch drin sein.«

Ich sagte ihr, wenn sie aufhören wollte, sich so hysterisch zu gebärden, könnte sie die lächerliche Rasierklinge haben. Und ich ging durch den Gang zu meiner Zelle. Die umfangreiche Zeitung war auf dem Bett gestapelt. Da ich keine Lust hatte, ihr bei der Suche zu helfen, sagte ich ihr, sie solle die Klinge selbst holen. Immer noch nervös, blätterte sie in der Zeitung, bis sie die Reklame fand. Als sie sie ausriß und mir mit einem finsteren Gesicht zeigte, daß die Rasierklinge nicht mehr da war, war ich sicher, von jemand in eine Falle gelockt worden zu sein.

»Offensichtlich«, sagte ich, »hat jemand die Rasierklinge rausgenommen. Aber das ist Ihr Problem, nicht meins. Ich habe nicht die geringste Ahnung, was damit passiert ist ...«

Wie erwartet, spie sie laute, harte Drohungen gegen mich aus. »Sie kriegen nie wieder Besuch, bis Sie die Rasierklinge rausgegeben haben. Wir nehmen Ihnen das Privileg, im Laden zu kaufen. Und wenn Sie glauben, daß Sie Ihren Rechtsanwalt anrufen oder mit ihm sprechen können, bevor Sie die Rasierklinge rausrücken, dann irren Sie sich. Sie irren sich.«

Ich versuchte, nicht zu explodieren. Ich mußte ihnen zeigen, daß sie mich mit solchem Kleinkram nicht provozieren konnten. »Ich habe alles gesagt, was ich zu sagen habe«, antwortete ich. »Es ist klar, daß man mit Ihnen keine vernünftige Unterhaltung führen kann, auch wenn man es wollte. Aber eins. Ich weiß, was für Rechte ich habe. Ich weiß sehr genau, daß Sie mich nicht hindern können, meinen Anwalt zu sehen. Versuchen Sie's – und dann geht's wirklich um die Wurst.«

Ich drehte mich abrupt um und setzte mich aufs Bett. »Sie können jetzt gehen«, sagte ich. Sie war immer noch rot im Gesicht, schnellte herum und rannte raus, wobei sie beinahe vergaß, die Tür hinter sich zuzuschließen.

Allein in meiner Zelle dachte ich über meine Lage nach. Wenn sie es wagten, konnten sie mich unbegrenzt von jedem Verkehr abschneiden. Aber ich beruhigte mich bei dem Gedanken, daß meine Anwälte schon zu mir gelangen würden, wenn man wirklich versuchen sollte, ihnen den Besuch bei mir zu verwehren.

Am späten Nachmittag, kurz bevor die Schicht dieser Aufseherin zu Ende ging, kam sie mit verlegenem Gesicht zurück. »Ich muß mich, glaube ich, bei Ihnen entschuldigen, Miß Davis«, sagte sie zögernd. »Eine Gehilfin am Empfangstisch hat die Rasierklingen aus allen Zeitungen entfernt, bevor sie ins Gefängnis gelassen wurden.«

»So leichten Kaufs sollst du nicht davonkommen«, dachte ich bei mir.

Am nächsten Tag ging ich ins Büro der Aufseherin, um das tägliche Telefongespräch zu führen, das allen Gefangenen zustand. Mit lauter und verächtlicher Stimme erzählte ich Brotsky den Vorfall mit der Rasierklinge in allen Einzelheiten. Ich wollte den Aufseherinnen klar machen, daß ich zum Kampf bereit war, wenn sie mich herausfordern wollten.

Die Proteste der Anwälte, die an die verschiedenen Stufen der Gefängnishierarchie gerichtet waren, versetzte diese in die Defensive. Der Nationale Vereinigte Ausschuß für die Freiheit von Angela Davis machte mit. Ich konnte sehen, daß sie die schnell wachsende Massenbewegung zu fürchten begann. Sie wußte, daß ein ungerechtfertigter Angriff auf mich an die große Glocke gehängt werden würde.

Im Gefängnis von Marin County lernte ich schon ganz früh die rassistischen Voruteile meiner Schergen kennen. Dieselbe Aufseherin, die in die Sache mit der Rasierklinge verwickelt war, schloß eines Tages meine Zelle auf und befahl mir barsch, mit ihr zu kommen. In voller Uniform und mit Schultertasche war sie anscheinend im Begriff, das Gefängnis zu verlassen.

»Ich gehe nirgendwohin, wenn man mir nicht sagt, was geschehen ist«, sagte ich.

»Nun kommen Sie schon.«

Als ich mich weigerte, gab sie zu, daß es im Gebäude Alarm gegeben hatte. Ich war immer noch nicht befriedigt und verlangte nähere Angaben, worauf sie endlich zugab, daß eine telefonische

Bombendrohung eingetroffen sei und der ganze Komplex evakuiert werde. Die weiblichen Gefangenen würden nach unten in einen Bombenkeller gebracht.

Ich war gewöhnt, mit den Armen auf dem Rücken gefesselt zu werden – das war Teil der Routine. Als die anderen drei weiblichen Häftlinge auf den Korridor herausgebracht wurden (und das war seit Monaten der einzige direkte Kontakt, den ich mit den Häftlingen hatte), offenbarte die Art ihrer Fesselung den krassen Rassismus der Aufseherinnen. Eine Schwarze Frau war dabei und eine Chicano-Frau. Sie waren aneinander geschlossen, der rechte Arm der einen an den linken Arm der anderen. Die einzige sonstige Gefangene war eine Weiße. Die Aufseherinnen hatten nichts getan, um sie in ihrer Bewegung zu hindern. Da waren wir denn also, ich mit beiden Händen auf dem Rücken gefesselt, die Schwarze Frau an die Chicano-Frau gekettet und die weiße Frau mit beiden Händen frei.

Die Schergen von Marin County waren entschlossen, mich in Einzelhaft zu halten, deshalb begannen wir die Gerichte mit Hafterleichterungsanträgen zu bedrängen. Der Vorwand war derselbe wie in New York. Das heißt, es geschah nicht, weil ich so gefährlich war. Im Gegenteil, es sei mein Leben, daß sie zu schützen suchten. Sie fürchteten, sagten sie, daß ein fanatischer Anti-Kommunist oder jemand, der vom Tode des Richters Haley übermäßig betroffen war, mir Schaden zufügen könnte. Und wie leicht war es, in Marin County verhaftet zu werden, sagten sie. Da könnte einer tatsächlich irgendein Kleinstverbrechen begehen, um ins Gefängnis zu gelangen – und mich umlegen. Die Verwaltung müsse so etwas in Erwägung ziehen, sagten sie.

Daher lehnte der Richter eine Verfügung ab, mich mit dem Gros der Insassen zusammenkommen zu lassen – er wollte von uns einen eingehenden, dokumentierten Antrag, in dem genau die Bedingungen meiner Gefangenhaltung spezifiziert und nach Maßgabe des Gesetzes begründet werden sollte, warum ich nicht in Einzelhaft zu halten sei. Das war ein typischer Versuch, das Rad der Justiz zurückzudrehen. Immer wenn meine Rechte verletzt wurden – dann verlangte man von uns die Begründung, warum sie nicht verletzt werden sollten.

Unzweifelhaft wußte der Richter, was er tat, weil er sich schließlich zu einer Kompromißlösung bequemte. Er erlaubte mir nicht, mich unter die anderen Frauen zu »mischen«; statt dessen wies er die Gefängnisverwaltung an, eine dauernde Möglichkeit zu schaffen, mich mit meinem Anwaltsteam beraten zu können – eine Forderung, die wir in demselben Antrag erhoben hatten.

Diese dauernden Einrichtungen zur Beratung wurden »innerhalb des Sicherheitsbereichs« geschaffen, das heißt hinter einer Reihe elektrisch gesteuerter schwerer Eisentüren, und innerhalb des internen TV-Systems. In einem dieser Räume, hinter einer Eisentür mit dem kleinen Guckloch, befand sich die sogenannte Zelle für Jugendliche. Sie lag direkt neben dem Büro der Aufseherin. Sie brauchte nichts weiter tun, als auf ihrer Seite eine Metallklappe herunterzuziehen, um mich durch ein bullaugenartiges Fenster beobachten zu können. Die Zelle war etwas größer als meine. Die Wände waren mit dem gleichen öden Grau gestrichen, der Zementfußboden hatte die gleiche anstalthafte Rostfarbe. Darin waren kojenartige Betten – das heißt Metallplatten, die an der Wand befestigt waren, mit je einer dünnen Matratze wie der, auf der ich jede Nacht schlief. Auch sonst gab es noch ein paar kleine Unterschiede zwischen dieser und meiner Zelle – die Toilette war nicht mit dem Waschbecken verbunden und die Dusche befand sich innerhalb der Zelle. Aber der einzige Unterschied, der mir wichtig war, war das Oberlicht. Um diese Zeit sehnte ich mich so nach ein bißchen natürlichem Licht, daß ich jauchzte, weil ich nun gelegentlich erkennen konnte, ob es draußen hell oder dunkel war. Das Oberlicht war eher durchscheinend als durchsichtig, so daß ich den Himmel nicht wirklich sehen konnte, aber ich konnte Flugzeuge über mir vorbeifliegen hören, und an Regentagen wurde die Eintönigkeit meiner Umgebung durch das Geräusch von Regentropfen unterbrochen. In den Traumphantasien meiner Nächte stieg ich durch dieses Oberlicht in die Freiheit.

In der ersten Zeit wurde ich, wenn die Anwälte kamen, von meiner Zelle zum Beratungsraum und wieder zurück eskortiert. Später konnten wir jedoch den Richter überzeugen, wenn er schon nicht in absehbarer Zeit die Einzelhaftbedingungen mildern wollte, dann sollte ich jedenfalls zu jeder Zeit Zutritt zum Beratungszimmer haben, selbst wenn die Anwälte nicht anwesend waren. Um ihm die Entscheidung zu erleichtern, wiesen wir darauf hin, daß ich bereits einen Antrag angekündigt hätte, in meinem Fall als einer meiner eigenen Anwälte aufzutreten, und daher sei es die Pflicht der Gefängnisverwaltung, mir sowohl gebührenden Zugang zu juristischem Schrifttum als auch Räumlichkeiten zu schaffen, wo ich es studieren konnte. Er willigte dann ein, daß ich das Konferenzzimmer – die Zelle für Jugendliche – zwischen acht Uhr morgens und zehn Uhr abends als meinen Arbeitsbereich benutzen durfte.

Wir waren in einem kleinen Scharmützel Sieger geblieben, was die Schergen zur Vergeltung reizte. Da sie wußten, daß sie die Anordnung des Richters nicht verletzen durften, die mir den Zugang zu dem Arbeitszimmer gewährte, erfanden sie so viele lästige und kleinliche Regeln, wie ihre kleinen Hirne nur ausbrüten konnten. Erst erklärten sie, es sei gegen die Regeln, daß ich meine Mahlzeiten in der Arbeitszelle einnahm. Der zwei Sekunden währende Gang um die Ecke und ein paar Meter den Korridor entlang durfte erst angetreten werden, nachdem sie mir das Frühstück in mein Schlafquartier gebracht hatten. Wenn es Mittagessenszeit war, öffneten sie die Tür der Arbeitszelle und führten mich zurück zu meiner Schlafzelle. Nach dem Mittagessen – der Gang zurück; zum Abendessen dasselbe. Diese Routine konnte nur dann durchbrochen werden, wenn einer der Anwälte mich gerade in meiner Arbeitszelle besuchte – dann konnte ich dort meine Mahlzeiten einnehmen.

Die Tatsache, daß diese Zelle der Bereich sein sollte, in dem ich an meinem Fall arbeitete, nutzten sie bis zum Unsinn: weil ich dort arbeiten sollte, konnte ich dort nicht auch essen; ich durfte dort nicht meine täglichen Freiübungen machen. Aber sie konnten nichts dagegen tun, daß ich Gymnastik, Katas oder Kopfstand machte, wenn mir in der Arbeitszelle danach zumute war. Oft tat ich das genau in dem Augenblick, in dem ich wußte, daß sie mich beobachteten.

Die Arbeit, die ich im Gefängnis zustandebrachte, erforderte weit mehr als die normale Konzentration. In diesem Zustand fast dauernder Einsamkeit war die totale Versenkung in meine Arbeit die grundlegende Bedingung für mein Überleben und meine geistige Gesundheit. Das wußten die Schergen und waren daher gewillt, zu den kleinlichsten Maßnahmen zu greifen, weil sie hofften, mich mit Kleinigkeiten zu lähmen. Die Oberaufseherin hat sich darin besonders bewährt.

Ich kann nicht sagen, daß mich alles, was sie taten, kalt ließ. Es gab Sachen, die ich nur lästig fand, und es gab andere, die mich wirklich ärgerten und zu ohnmächtiger Wut reizten. Oft war ich zur mittäglichen oder abendlichen Essenstunde tief in meine Arbeit versunken – ich las oder verfaßte einen Schriftsatz oder Brief oder wollte einfach nur für mich etwas niederschreiben. Dann öffnete eine Aufseherin die Tür, damit ich in meine Schlaf/

Essenszelle zurückkehrte, um meine Mahlzeit einzunehmen. Während meiner unappetitlichen, einsamen Mahlzeit – es dauerte fast niemals mehr als zehn Minuten, sie entweder zu vertilgen oder mich zu entscheiden, daß ich sie nicht mochte – dachte ich weiter über die Arbeit nach, die ich gerade vor mir hatte. Natürlich wollte ich nach Beendigung der Mahlzeit so schnell wie möglich an meine Arbeit zurück. Eine halbe Stunde verging, ohne daß meine Zellentür geöffnet wurde. Fünfundvierzig Minuten, eine Stunde. Zu der Zeit konnte ich meine ohnmächtige Ungeduld nicht mehr bezähmen und schrie, so laut ich konnte, daß jemand kommen und meine Zelle aufschließen solle. Aber je mehr ich schrie, desto länger warteten sie selbstverständlich, bis jemand mit dem Schlüssel kam. Manchmal versuchten sie, die Verzögerung zu rechtfertigen, indem sie zum Beispiel angaben, daß im Gang eine Gefangene registriert und Fingerabdrücke gemacht würden – kein Häftling durfte mich in dieser Zeit zu Gesicht kriegen. Bei anderer Gelegenheit sagten sie schnöde, es täte ihnen leid, daß sie nicht so schnell essen könnten wie ich – und sie wollten sich von mir nicht bei ihrer gemütlichen Mahlzeit stören lassen. Diese Situation wurde so unerträglich, daß ich lieber die Mahlzeiten überging, wenn sie meine Arbeiten unterbrachen, als daß ich mich damit abfand.

Monatelang war diese Arbeitszelle im Mittelpunkt einer ständig tobenden Schlacht zwischen der Oberaufseherin und mir. Sie sah zum Beispiel durch ihr Guckfenster, daß ich mich manchmal auf die untere Bettstelle in der Arbeitszelle ausstreckte und in dieser Position las. Nach kurzer Zeit wurden die Matratzen aus der Zelle entfernt. Danach legte ich mich auf die nackte Metallplatte, um ihr zu zeigen, daß sie mich in meiner Gewohnheit nicht gestört hatte – die dünne Matratze hatte ohnehin das Bett nicht bequemer gemacht. Diese Aufseherin und die anderen waren besonders erzürnt, als sie erfuhren, daß David Poindexter vor dem Bundesgericht von der Anklage der Begünstigung (Beherbergung eines Strafverfolgten) freigesprochen worden war. (Man konnte nicht beweisen, daß David wußte, daß ich nicht nur von der kalifornischen Polizei, sondern auch von der FBI gesucht wurde.)

Ich habe mich zuweilen gefragt, wie sehr ich mich von diesen sinnlosen Mätzchen ablenken ließ. Ich wußte zwar, wie leicht man die Perspektive verliert, wenn man eingesperrt ist – besonders, wenn man nicht mit anderen verkehren kann, die unter den gleichen Bedingungen leben –, aber ich fragte mich, ob ich auf diese trivialen Vorfälle so reagierte, als hinge das Leben davon ab. Ich fürchtete, daß diese Kleinigkeiten bei mir zur Besessenheit werden könnten, denn wenn das geschah, dann könnte eben dies meine Kerkermeister in den Stand setzen, mich geistig unter ihre Kontrolle zu bringen. Da war zum Beispiel ein Ritual des Pillenschluckens, das für eine der Aufseherinnen von besonderer Wichtigkeit zu sein schien. Die Anrüchigkeit ihrer Person wurde nur von ihrer Dummheit übertroffen. Sie glaubte tatsächlich, wenn sie mir ein Aspirin gegen Kopfschmerzen oder gegen Krämpfe gab, daß ich mich ihrer Anweisung fügen und meine Zunge heben würde, damit sie sehen konnte, ob ich es geschluckt oder versteckt hatte, bis sie die Zelle verließ. Es war übrigens dieselbe Aufseherin, die Margaret einmal verbieten wollte, mir Bücher zu bringen. Eines Samstags hatte Margaret mir einige gebundene Bücher und eine Taschenbuch-Anthologie des Faschismus gebracht. Die Aufseherin glaubte, alle Taschenbücher seien Romane. Sie erlaubte Margaret, mir die gebundenen Bücher zu bringen, nicht aber das »Geschichtenbuch«, wie sie das Werk über den Faschismus nannte. Nach dem Verständnis dieser stumpfsinnigen Frau durfte ich keine »Geschichtenbücher«, das heißt Belletristik, in meiner Arbeitszelle haben – und ›Das Wesen des Faschismus‹ sei ein solches Buch.

Der Gefängnisarzt von Marin County gab eine falsche Diagnose über einen Ausschlag, der sich bei mir gebildet hatte, und während er mich gegen eine vermeintliche Allergie mit Antihistamin behandelte, verbreitete sich der Ausschlag über meinen ganzen Körper. Das gab uns die gewünschte Handhabe, einen Arzt von außerhalb zu verlangen, der mich untersuchen sollte. Bert Small, ein Arzt der Schwarzen Bewegung, der die Freie Gesundheitsstation der Panther leitete, erkannte meinen Ausschlag sogleich als eine für Gefängnisse typische Pilzerkrankung, die so weit fortgeschritten war, daß die Heilung schwierig wurde. Bert kam deshalb mindestens einmal die Woche, um mich zu untersuchen. Während seiner Besuche stand immer eine Aufseherin vor der Zelle, die uns durch das Gitter beobachtete. Einmal entdeckten wir, daß eine zweite Matrone mit einem Notizblock in der der Zelle benachbarten Dusche versteckt war und offenbar alles niederschrieb, was wir sagten.

Nach einigen Wochen wurde Bert verboten, mich an sich zu drücken (er begrüßte mich immer mit einer festen Umarmung). Bald darauf erklärte man ihm, daß jegliche nicht-medizinische

Unterhaltung verboten sei. Da die Aufseherinnen nicht sehr gescheit waren, entwickelten wir ohne große Schwierigkeiten eine Code-Sprache, in der wir fast alles besprechen konnten, ohne daß sie es verstanden.

Von allen Aufseherinnen gab es nur eine, die sich besonders bemühte, nett zu sein. Sie war schüchtern, sprach mit leiser Stimme, war eine junge Frau und offenbar in Polizeiarbeit unerfahren. Ich nehme an, sie war eine der Frauen, die angestellt wurden, als man meine Anwesenheit im Gefängnis als Ausrede benutzte, um die Zahl ihrer Gehilfinnen zu vergrößern. Eines Nachts, als diese Gehilfin alleine Dienst hatte, schrie eine Schwester in der Hauptabteilung, kurz bevor das Licht ausging, »Gute Nacht, Angela«. So laut ich konnte, schrie ich zurück »Gute Nacht«. (Zur Hauptabteilung ging man etwa siebzig Meter den Gang hinunter, dann um die Ecke und bis zum Ende des nächsten Ganges.)

Mehrere Monate lang schwieg diese Gehilfin dazu, daß ich mit gefangenen Frauen, die ich nie gesehen hatte und auch nie hoffen konnte zu sehen, Gespräche führte und Freundschaften schloß. An dem Tag, an dem Ericka Huggins und Bobby Seale in New Haven von der Anklage des Mordes freigesprochen wurden, veranstalteten wir eine regelrechte Feier. Einmal überreichte mir diese Aufseherin zwei Schokoladentafeln, die mir die Schwestern im Hauptstamm als Geschenk geschickt hatten. Als ich sie öffnete, entdeckte ich lange Briefe – Kassiber –, die unter der Hülle versteckt waren.

Donnerstags und sonntags waren die Besuchstage für die Frauen in Marin County. In den ersten Monaten durfte mein Besuch erst kommen, wenn alle anderen Frauen mit ihren Besuchern fertig waren, weil kein Kontakt zwischen uns erlaubt war. Solange er sich ausweisen konnte, durfte mich jeder besuchen. NUCFAD arrangierte in den meisten Fällen Besuche von Menschen, die ich noch nicht kannte. Oft waren diese Besuche durch das Glas und das Telefon, die mich von den Besuchern trennten, anstrengend und die Vorstellung schwierig. Und meistens war es schon Zeit, den Besuch zu beenden, wenn wir gerade ins Gespräch gekommen waren.

Nach umfangreichen und gut dokumentierten Anträgen erließ der Richter schließlich eine Verfügung, daß juristische Forschungshelfer unserer Wahl an gewissen Stunden des Tages zum Gefängnis zugelassen werden sollten. Ich konnte sie in der Anwaltskabine besuchen, wenn sie allein kamen; wenn ein zugelassener Anwalt dabei war, wurden sie in die Arbeitszelle eingelassen. Juristische Forschungsgehilfen waren im Laufe der Zeit Franklin und Kendra, Fania, Charlene, Cassandra Davis und Bettina Aptheker.

Ich hatte Bettina in New York kennengelernt, als wir beide die höhere Schule besuchten. Sie gehörte zu den Freunden, die mir von Claudia und Margaret Burnham vorgestellt wurden. Zu jener Zeit gehörte Bettina zur Führung von *Advance,* der Jugendorganisation, der ich mich angeschlossen hatte und die der komunistischen Partei brüderlich verbunden war. Was mir danach von Bettina noch am lebhaftesten in Erinnerung geblieben war, war die Beschreibung einer Reise in die Sowjetunion. Ich war von der Gleichheit, die sie dort beobachtet haben wollte, ungeheuer beeindruckt. Sie hatte die Wohnung eines Arbeiters und die eines Arztes besucht; die des Arztes, sagte sie, sei nicht luxuriöser gewesen als die des Arbeiters. Bettinas Vater, Herbert Aptheker, war der Direktor des Instituts für marxistische Studien, und ich fühlte mich von den Vorlesungen, die ich bei ihm hörte, gepackt und aufgeklärt.

Einige Jahre später, 1964, tat sich Bettina in der Berkeley-Universität als maßgebende Führerin der Bewegung für die Freie Rede hervor, die der Universitätsrebellion der sechziger Jahre den Weg ebnete. Als sie mich zur Zeit des Kampfes um meine Anstellung in Los Angeles besuchte, hatte ich sie seit etwa zehn Jahren nicht mehr gesehen. Sie schrieb damals für das ›World Magazine‹ (das Magazin der Tageszeitung unserer Partei) und interviewte mich über den Kampf, den ich um meine Stellung bei der UCLA führte. Wenn wir uns danach begegneten, dann immer nur für kurze Zeit und mitten in politisch dringenden Geschäften. Es war enttäuschend für mich, daß wir uns nicht hinsetzen und in entspannter Atmosphäre miteinander sprechen konnten.

Als ich nach Kalifornien, ausgeliefert wurde, lebte sie mit ihrem Mann, Jack Kurzweil, einem Professor an der Staatsuniversität von Kalifornien, in San José. Ihr Kind, Joshua, war etwa vier Jahre alt. Bettina war gerade dabei, das Manuskript ihres Buches ›Die akademische Rebellion: Eine marxistische Kritik‹ abzuschließen. Sie hatte sich entschlossen, einen großen Teil ihrer Arbeitszeit dem Nationalen Vereinigten Ausschuß zu widmen. Ich war glücklich, daß sie auch noch Zeit erübrigen konnte, um als juristische Forschungsgehilfin in meinem Fall aufzutreten, denn das bedeutete, daß sie mich für längere Dauer und außerhalb der amtlichen Besuchsstunden besuchen konnte.

Bei einem ihrer ersten Besuche erwähnte Bettina, daß der Verteidigungsausschuß in England ein Buch mit Schriften von mir, über mich und über die Bewegung für meine Freiheit veröffentlichen wolle. Wir seien gebeten, Material zusammenzustellen, aus dem sich der Ausschuß die Literatur für das Buch aussuchen könnte.

Bettina und ich fanden nach kurzer Debatte, daß die Bewegung genauer und vollständiger von dem hiesigen Ausschuß in dem Buch dargestellt werden könnte. Zudem könnte es, wenn es hier zusammengestellt würde, zugleich als Organisationsmittel für die Kampagne in unserem Land benutzt werden. Gleich nach dieser Besprechung begannen Bettina und ich, an diesem Projekt zu arbeiten.

Von Anfang an betrachteten wir das Buch als ein Mittel, um den Menschen ein tieferes Wissen von Unterdrückung beizubringen, sie mit Fällen politischer Häftlinge bekanntzumachen und ihnen klarzumachen, was im allgemeinen wirklich hinter den Mauern vor sich ging. Ich bestand darauf, daß der Inhalt des Buches sich nicht nur mit meinem Fall beschäftigen, sondern auch andere politische Gefangene einbeziehen solle – George, John, Fleeta, Ruchell und die vielen eingesperrten Schwestern und Brüder im ganzen Land. Es wäre dann eine der Hauptthesen des Buches, daß man die traditionelle Definition des »politischen Gefangenen« neu überdenken müsse, da der Rassismus an Intensität zugenommen habe. Abgesehen von den Dutzenden von Männern und Frauen, die wegen ihrer politischen Überzeugungen oder Aktivitäten im Gefängnis saßen, gab es noch Tausende, die auf Grund falscher Bezichtigungen verurteilt, oder nur weil sie Schwarz oder Braun waren, unverhältnismäßig lange Strafen erhalten hätten. Das Buch hätte nicht nur für die politischen Gefangenen im eigentlichen Sinne des Wortes die Stimme zu erheben, sondern auch für jene, die in irgendeiner Weise zum Opfer des Rassismus oder des Syndroms Polizei-Gericht-Gefängnis wurden.

Bettina und ich, wir verfaßten beide Artikel über Gefängnisse und politische Gefangene. Während langer Gespräche in der Haftanstalt, die durch das Glas, die Telefone und das Metallnetz zwischen uns erschwert wurden, faßten wir unsere Entschlüsse über das andere Material, das außerdem noch aufgenommen werden sollte. Auf Anordnung der Gefängnisverwaltung durften die Forschungsgehilfen nur einen unbeschriebenen Papierblock und einen Bleistift in die Anstalt bringen. Daher mußte mir das gesamte Material von den Anwälten gebracht werden. Und Bettina mußte die Dinge, die sie mit mir besprechen wollte, ihrem Gedächtnis einprägen, bevor sie zu mir kam.

Schließlich war das Buch nach mehreren Monaten intensiver Arbeit praktisch fertig. George, John, Fleeta und Ruchell, sowie auch Bobby und Ericka hatten dafür Beiträge geschrieben. Howard und Margaret hatten sich zu den wesentlichen juristischen Aspekten des Falles geäußert, und Fania, Franklin und Kendra hatten über die Massenbewegung geschrieben. Von den unzähligen Aufrufen, die für meine Sache erlassen worden waren, wählten wir einen repräsentativen Querschnitt aus den Vereinigten Staaten und aus dem Ausland. An den Anfang des Buches stellten wir James Baldwins herzbewegenden Brief an mich. »Einige von uns, weiß und schwarz«, schrieb er, »wissen, ein wie hoher Preis bereits gezahlt worden ist, um ein neues Bewußtsein, ein neues Volk, eine noch nicht dagewesene Nation ins Leben zu rufen. Wenn wir es wissen und nichts tun, sind wir schlimmer als die Mörder, die in unserem Namen gedungen werden. Wenn wir es wissen, dann müssen wir um dein Leben kämpfen, als wäre es unser eigenes – was es ist – und mit unseren Leibern den Gang zur Gaskammer unpassierbar machen. Denn wenn sie dich am Morgen holen, dann kommen sie für uns noch in derselben Nacht.« Dabei kam uns der Gedanke, der Anthologie den Titel ›Wenn sie am Morgen kommen‹ zu geben.

Es war ursprünglich unsere Absicht gewesen, das Buch in einem Verlag der Bewegung veröffentlichen zu lassen. Schließlich hatten wir nicht im Sinn, es in einer kommerziellen Massenauflage zu vertreiben – es sollte als Waffe zur Organisation dienen. Aber es mußte gleich erscheinen, wenn es irgendeinen Einfluß auf die Kampagne für meine Freiheit und die Freiheit anderer politischer Gefangener haben sollte. Zu jener Zeit hatte kein Verlagsunternehmen der Bewegung die Mittel, es so schnell herzustellen. Infolgedessen gaben wir das Buch einer Schwarzen Firma, The Third Press. Leider wußten wir nicht, daß diese Firma vor allem daran interessiert war, mit dem Buch kommerziellen Gewinn zu erzielen – so daß sie es sogar fälschlich als ein Buch ausgab, das von mir verfaßt (statt herausgegeben) war.

Aber trotz dieser Probleme war das Buch ein wichtiges Ereignis für uns alle hinter Mauern. Ich war besonders gerührt, als Ruchell mir sagte, ›Wenn sie am Morgen kommen‹, das eine lange Abhandlung über sein Leben und seinen Fall enthielt, hätte die Verfolgung, die er durch den Staat erlitten hatte, am härtesten angeprangert.

Zu gleicher Zeit, als das Gericht mir den Besuch juristischer Forschungsgehilfen erlaubte, hatte es auch das Gefängnis angewiesen, potentiellen Zeugen für die Verteidigung in Anwesenheit eines zugelassenen Anwalts den Zugang zur Arbeitszelle zu erlauben. Meine Eltern und Benny und Reggie konnten mich auf diese Weise besuchen.

Als meine Mutter und mein Vater am 16. März zur ersten Verhandlung über die zur Prozeßvorbereitung eingereichten Anträge und zur großen Kundgebung vor dem Regierungskomplex gekommen waren, hatten wir noch in der Kabine durch Glas und übers Telefon miteinander gesprochen. Es war schön, sie nun endlich wieder umarmen zu können. Herbert Marcuse und seine Frau kamen mehrere Male. Und unsere Parteivorsitzenden Henry Winston, Jim Jackson und William Paterson kamen zusammen aus New York.

Ich erwartete immer voller Spannung die Besuche von Georges Anwalt John Thorne, weil ich dadurch über das Schicksal von George und den anderen Brüdern in San Quentin auf dem laufenden gehalten wurde. Margaret, Howard und Sheldon besuchten George, John, Fleeta und Ruchell, so oft sie es möglich machen konnten.

Im Juni stellte Howard einen Antrag auf Haftentlassung gegen Kaution vor dem neuen Richter, Richard Arnason von Sonoma County, dem der Fall übertragen worden war. Alle hatten hochgespannte Hoffnungen – das heißt alle außer mir –, daß Arnason zu unseren Gunsten entscheiden würde. Die Fragestellung war einfach: Menschen, die unter der Anklage eines todeswürdigen Verbrechens standen, wurden nicht gegen Kaution freigelassen, »wenn der Schuldbeweis auf der Hand liegt und der Schuldverdacht groß ist«. Der logische Schluß war, daß bei einem Mangel an ausreichendem Beweismaterial der Angeschuldigte bis zum Prozeß freigelassen werden sollte. Howard und Kendra waren meiner Entlassung so sicher wie ihres eigenen Lebens und versuchten beide, mich aufzuheitern, indem sie mir für morgen die Freiheit versprachen.

Während der Verhandlung über den Kautionsantrag war Albert Harris so fest überzeugt, daß Arnason den Antrag ablehnen würde, daß er ins Protokoll aufnehmen ließ: »Wenn sie gegen Kaution das Gefängnis von Marin County verläßt, dann kann man ihr ebensogut mit ihren Habseligkeiten auch eine Kreditkarte für ein Flugticket geben, denn man wird sie niemals wiedersehen.«

Als Arnason den Antrag ablehnte, fühlte ich, wie sich die Zange abermals schloß, aber ich war nicht besonders erschüttert, weil ich ohnehin erwartet hatte, daß er den einfachsten Ausweg wählen würde. Kendra weinte, und Howard war so niedergeschlagen, wie ich ihn noch nicht erlebt hatte.

Anscheinend sollten die Anträge, die der Richter genehmigte, einen Ausgleich für den furchtbaren Schlag schaffen, den er uns durch die Ablehnung der Haftentlassung versetzt hatte. Arnason bejahte unsere Eingabe, daß ich als Mitverteidiger in eigener Sache zugelassen wurde. Und weil die Haftentlassung abgelehnt worden war, fand er sich zu der Anordnung bereit, ab sofort in meiner Gefängniszelle günstigere Bedinungen (besonders für die Vorbereitung meines Falles) zu schaffen.

Er verfügte, daß mir die Benutzung einer Schreibmaschine gestattet würde und daß ich, wie die anderen Frauen, einen Radioapparat haben dürfe. Er wies sogar die Aufseherin an, mich kurze Zeitspannen mit den Frauen der Hauptabteilung verbringen zu lassen. Ich entdeckte, daß sich die Verhältnisse beim Hauptstamm im Gang um die Ecke von dem, was ich in der Haftanstalt für Frauen gesehen hatte, nicht wesentlich unterschieden. Ich merkte von neuem, wie lebenswichtig es ist, sich jeder vernichtenden Strömung des Gefängnislebens zu widersetzen ...

Denn Haftanstalten und Gefängnisse sind tödlich. Da gab es den hypnotisierenden Stumpfsinn des Fernsehens: ein paar langweilige Schulbuchtexte, einige Detektivgeschichten und eine Menge unglaublich schlechter Romane. Die Frauen durften schreiben, wenn sie wollten, aber das kleinformatige Schreibpapier, das nur selten vorhanden war, erschwerte ernsthaftes Schreiben und begünstigte statt dessen nur kurze, belanglose Mitteilungen, die außerdem noch zensiert wurden, bevor sie zur Post gingen. Selbst eines Bleistifts habhaft zu werden, konnte ein ausgedehntes und kompliziertes Unternehmen sein. Dann gab es die abgegriffenen Karten und Gesellschaftsspiele, unerläßliches Inventar in jedem Gefängnis – Dinge, die die Tatsache der Gefangenschaft mit gezuckerter Harmlosigkeit übertünchen und eine unmerkliche Rückwandlung zur Kindheit fördern. Wie ich schon beim Jargon in der Haftanstalt für Frauen gemerkt hatte, sind wir alle in den Augen der Kerkermeister, ob wir nun sechzehn- oder siebzigjährig sind, »Mädchen«. Sie sahen so gern ihren kindlichen Gefangenen zu, die so selig in harmlose Spielchen vertieft waren. Jeder Zeitvertreib, der intellektuelle Ansprüche stellte, schien verdächtig. Die Schergen in Marin County wehrten sich besonders hartnäckig dagegen, ein Schachspiel im Gefängnis zuzulassen, und erlaubten es nur, wenn es dumme Voraussetzungen erfüllte. Das Spiel, das schließlich im Tagesraum zugelassen wurde, war eine kindische Abart vom Schach.

Das andere Gefängnisventil war überwältigend sexistisch. Es war die hartnäckige Anwesenheit der Waschmaschine mit Trokkenschleuder und Bügelvorrichtungen, die abgesehen von den Metalltischen und Stühlen ohne Rückenlehne die einzigen Einrichtungsgegenstände des Tagesraumes waren. Die »Idee«, die dem zugrundelag, war wahrscheinlich, daß Frauen, weil sie Frauen sind, einen wesentlichen Teil ihres Daseins vermissen, wenn sie von ihrer Hausarbeit getrennt sind. Die Wäsche und Anstaltskleidung der Männer wurde zum Waschen anderswohin geschickt; von den Frauen erwartete man, daß sie ihre selbst besorgten. Wenn sie sich nicht freiwillig zum Waschen und Bügeln meldeten, wurde ein Arbeitsplan verfügt. Dieses Arbeitssystem stellte sich dann auch als rassistisch heraus. Wenn sich viele Frauen aus reiner Langeweile freiwillig zum Waschen meldeten, wurden die Schwarzen Frauen unweigerlich zurückgestellt. Aber wenn sich niemand freiwillig meldete, wurden die Schwarzen Frauen dazu befohlen.

Inmitten all dieser Dinge wird der Schlaf zu einer Art Luxus. Gerade weil er Bewußtlosigkeit mit sich bringt, die völlige Negation einer ohnehin leeren Existenz, wird er der am wenigsten monotone Zeitvertreib. Die Aufseherinnen ermunterten uns, den Schlaf als ein Privileg zu betrachten, indem sie den Gebrauch eines Bettes während der Tageszeit als Lohn für »gutes Betragen« gestatteten. Falls zum Beispiel eine Frau um halb sieben, wenn das Frühstück gebracht wurde, nicht aufgestanden und vollständig gekleidet war und ihre Decken nicht säuberlich unter die Matratze gesteckt hatte, dann büßten alle Frauen in dieser Zelle die »Bettprivilegien« für den ganzen Tag ein. Sie wurden dann sämtlich in dem anliegenden Tagesraum eingesperrt, wo man sich nur auf Schemeln ausruhen konnte.

Diese Gefängniswärter sind ernsthafte Leute, die in dem Glanz ihrer Dienstabzeichen völlig aufgehen. Wenn diese Ernsthaftigkeit herausgefordert wird, zeigt sie ihr wahres Gesicht. Einer jungen Schwarzen Gefangenen, die gelegentlich zu einem Arbeitsurlaub das Gefängnis verlassen durfte, wurde mitgeteilt, daß sie deswegen nicht zusammen mit den anderen Frauen in den Tagesraum mit dem Fernsehapparat gehen dürfe. Das Fernsehen war ihr nicht sehr wichtig, aber diese Art der Vergeltung machte sie wütend. Sie sagte der Aufseherin, ihr Abzeichen berechtige sie nicht, sie derartig zu bestrafen. Zur Erwiderung rief die Aufseherin eine Macht zu Hilfe, die größer war als ihr Dienstabzeichen – ihren Rassismus. Sie erklärte der Schwarzen Frau, daß sie sich »für ihre Farbe zuviel herausgenommen« habe. Dieser Vorfall entfachte eine fürchterliche Schlacht unter den Frauen, aber interessanterweise entsprach die Schlachtlinie nicht der Rassenlinie: zwar nahmen alle Schwarzen Frauen für die Schwester Partei, aber auch einige weiße.

Dieses Rangbewußtsein, dieses Insignien-Privileg, erstreckt sich bis in Bereiche, die wahrhaft tödlich sind. Oftmals, wenn ich mit bewaffneten Wachen auf dem Weg zum Gericht im Fahrstuhl fuhr, öffneten die Männer ihre Pistolentaschen – einfach zur Schau, nur für meine Augen bestimmt.

8. Juli 1971

Howard, John Thorne und ich folgten den Wärtern durch die hell erleuchteten Gänge für Häftlinge in eine Aufenthaltszelle im Gerichtsbereich. Eine Toilette ohne Sitzring stand in der Ecke, und zwei hölzerne Bänke standen sich an den Wänden der engen Zelle gegenüber. Die obere Hälfte der einen Wand bestand aus durchsichtigem Plexiglas. Sie war nur etwas kleiner als die, in der Ruchell und ich warteten, wenn wir vor Gericht erscheinen mußten.

Obwohl ich hätte wissen müssen, was mir bevorstand, wurde ich durch das schwere metallische Klirren, das jäh unsere Stille zerriß, aufgeschreckt. Die Ketten, Schlösser, Bein- und Handschellen, deren Rumpeln ich zum erstenmal im Gerichtssaal von Salinas gehört hatte, klangen jetzt sehr bekannt. Auf der anderen Seite der Glaswand stieg George zu einer ganztägigen Konferenz zwischen ihm und seinen Anwälten und mir und meinen Anwälten die Treppe herunter.

Da ich jetzt offiziell als Mitverteidiger in eigener Sache anerkannt war, hatte sich der Richter bereit erklärt, durch eine Verfügung ein Treffen zwischen mir, allen Soledad-Brüdern und meinem Mitangeklagten Ruchell zu gestatten. Ein paar Tage später schrieb ich George von meinen Eindrücken in diesem ersten Augenblick:

»Eine Szene ist mir in den Sinn gehämmert: Ich stehe in der kleinen Glaskabine unten, stehe, warte, liebe, begehre, und dann heiße kalte Wut, als die Ketten anfangen zu rasseln und Du langsam die Treppe heruntersteigst ... Ich bin's, die Dir die Ketten runterreißen sollte. Ich bin's, die Deine Feinde mit ihrem Leib bekämpfen sollte, aber ich bin hilflos, machtlos. Ich staue meine Wut im Innern, ich tue nichts. Ich stehe und sehe zu, gezwungen, die Haltung des unbeteiligten Zuschauers einzunehmen, die ganze Szene durch Glas wahrgenommen, wie im Labor, wütend auf sie, daß sie mir das auferlegen, wütend auf mich, daß ich nichts tue. Wütend auf mich, weil ich mitansehen mußte, wieviel Gegenkraft Du Dir selbst aufzwingen mußtest, jedem Schritt, lang, hart, nicht willens, von Ketten und Schweinen gezügelt zu werden, Deinem ganzen Körper mit jeder Fußbewegung in hartem Schwanken ...«

Sobald er die Zelle betrat und sah, daß wir da waren, löste sich die Verachtung auf seinem Gesicht sofort in das Lächeln auf, dessen ich mich von Salinas noch so gut erinnerte. Seine erste instinktive Geste war der Versuch, die Arme auszustrecken. Eine Umarmung. Er hatte vergessen, daß seine Handgelenke an seine Hüften gekettet waren und daß er sie nur ein paar Zoll bewegen konnte. Mit meinen freien Händen – sie hatten mich diesmal nicht gefesselt – versuchte ich, die Ketten irgendwie gutzumachen.

Acht Stunden waren nicht lange genug. Wir sprachen von allem, aber die Zeit reichte nicht. Wir besprachen unsere Strategie für die Verteidigung und sprachen davon, daß George möglicherweise in meinem Prozeß aussagen sollte. Er war sicher, daß wir den Prozeß gewinnen würden. Ich sagte ihm, daß unser Sieg ein gemeinsamer Sieg sein müsse. Für uns alle.

Danach fand ein ganztägiges Treffen mit Ruchell statt. Es kam zu einer kritischen Zeit. Obwohl wir beide in unserer politischen Einstellung zu dem Fall fest vereint waren, konnten wir uns über die Mittel, mit denen er vom juristischen Standpunkt angegangen werden sollte, nicht ganz einigen. Ruchell wollte, daß der Prozeß aus der Zuständigkeit des kalifornischen Staates in die der Bundesgerichtsbarkeit übertragen werde. Er war auf Grund seiner jahrelangen Erfahrungen mit kalifornischen Gerichten überzeugt, daß sie ihm ans Leben wollten. Er meinte, wir hätten bessere Chancen, die Unterdrückung und rassistische Behandlung, denen wir beide unterworfen waren, auf ein Minimum zu bringen, wenn wir uns auf diese Strategie des Zuständigkeitswechsels einigten. Ich hatte diese Strategie studiert und darüber nachgedacht und lange Diskussionen mit Margaret und Howard über die Tauglichkeit von Ruchells Standpunkt geführt. Schließlich hatte ich mich entschieden, daß es für uns am besten wäre, es auf der Staatsebene auszutragen.

Unter den vielen Gründen für meine Entscheidung bezog sich einer in sehr praktischer Weise auf die Frage, wo wir die bessere Geschworenengruppe bekommen würden. Im Bundesgericht war es der Richter, der die in Frage kommenden Geschworenen befragte und die Entscheidungen, ob sie Vorurteile hegten oder nicht, alle selber traf. In einem Staatsgericht konnten dagegen wir, die Verteidiger, das Recht beanspruchen, die möglichen Geschworenen eingehend zu befragen, um sie auf ihre Einstellung zum Rassismus und zum Kommunismus zu testen. Huey Newtons Fall hatte bereits den Präzedenzfall gesetzt, nachdem Charles Garry die Auswahl der Geschworenen zu seiner eigenen Sache gemacht hatte. Es wäre nicht möglich, in dieser Art die Lebensumstände eines Geschworenen im Gerichtssaal zu durchleuchten, wenn wir den Fall vor ein Bundesgericht brächten.

In den vielen Monaten vor der Prozeßeröffnung führten Ruchell und ich kurze Diskussionen über diese Frage in der Aufenthaltszelle, wo wir morgens auf das Zusammentreffen des Gerichts warteten, und während der Prozeßpausen. Wir korrespondierten auch über unsere Meinungsverschiedenheiten. Margaret, Sheldon und Howard besuchten Ruchell in San Quentin und debattierten mit ihm über das ganze Für und Wider einer Prozeßverlegung. Es lag mir viel daran, daß wir eine Übereinkunft erzielten, weil ich von vornherein entschlossen gewesen war, daß er und ich zusammen vor Gericht stehen sollten. Von vielen Seiten, auch von dem Richter selbst, war starker Druck ausgeübt worden, die Fälle getrennt zu verhandeln. Aber unser Verteidigungsteam hatte stets die Einstellung vertreten, daß man sich solchen Trennungsbemühungen widersetzen solle.

Solange die Frage der Gerichtszuständigkeit noch in der Schwebe war, hatten wir mit vielen unserer Anträge zur Prozeßvorbereitung nicht vorankommen können. Denn wenn wir auf Staatsebene Verhandlungen führten, konnte das Ruchells Kampf um die veränderte Zuständigkeit vereiteln. Es war eine schwierige Zwickmühle. Als die Zeit nahte, alle Unentschlossenheit beiseite zu tun, um die ernsthafte Prozeßführung zu beginnen, waren Ruchell und ich uns noch über unsere juristische Einstellung uneins.

So stand es, als wir unser achtstündiges Treffen im Gefängnis begannen. Anwälte – meine und Ruchells – waren anwesend, daneben auch Mitglieder unserer Ausschüsse. Die Auseinandersetzung wurde zuweilen recht hitzig. Aber trotz allem gab es keinen Bruch in der Solidarität, die uns verband. Ruchell betonte, daß dies eine technische Meinungsverschiedenheit wegen der juristischen Strategie, aber kein grundlegender Bruch zwischen uns sei.

Als es offenbar wurde, daß die Kluft zwischen unseren juristischen Positionen sich vor dem Ende unserer Konferenz nicht schließen würde, sah ich mich gezwungen, um der Einigkeit willen, folgendes Zugeständnis zu machen: Ich schlug vor, daß ich mich Ruchells Bemühungen anschließen und die Verlegung des Prozesses beantragen würde, aber nur mit der Maßgabe, daß Ruchell, wenn der Antrag vom Bundesgericht abgelehnt wurde, mit mir gemeinsam den Prozeß vor dem Staatsgerichtshof führen solle. Diesem Vorschlag stimmte er zu.

Später sah ich ein, daß dieses Einverständnis von vornherein an Mängeln litt und mehr ein Resultat unserer Verzweiflung gewesen war als ein wirklicher Versuch, unsere Meinungsverschiedenheit aus der Welt zu schaffen. Denn Ruchell war so felsenfest überzeugt, daß der Richter dem Verlegungsantrag zustimmen würde, daß er die Möglichkeit der Ablehnung nicht ernsthaft in Erwägung zog. Ich war ebenfalls sicher – felsenfest –, daß der Antrag abgelehnt würde, so daß ich die Möglichkeit, den Prozeß vor einem Bundesgerichtshof zu führen, nie ernsthaft in Erwägung zog.

Der Antrag wurde abgelehnt. Aber statt nun den Prozeß vor dem Staatsgericht beginnen zu lassen, versuchte Ruchell, die Verlegungsstrategie weiter zu verfolgen. Ich wußte, mit welcher Leidenschaft er seiner Überzeugung anhing, deshalb konnte ich ihm wegen seiner Handlungsweise eigentlich keinen Vorwurf machen. Aber jetzt machte sich die Ausweglosigkeit, der wir zu entgehen gehofft hatten, erst in aller Hartnäckigkeit geltend. Wenn wir unsere Verteidigung vorantreiben wollten, dann gab es nur einen Weg, dieser Ausweglosigkeit zu begegnen – und das verstanden wir beide. Trennung war jetzt der einzige Ausweg. Trennung war das Wort, das ich nicht hatte hören wollen, aber da wir beide mit gleicher Überzeugungskraft unserer eigenen Strategie anhingen, mußten wir die Trennung der Prozesse beantragen. Unmittelbar danach gab unser Ausschuß eine Presseerklärung ab:

»Am Montag, dem 19. Juli, gab Richter Richard Arnason seine Zustimmung zu dem Antrag, die Prozesse des Staates Kalifornien gegen Angela Davis und Ruchell Magee getrennt zu verhandeln ...

Seit Beginn der Hetzkampagne haben die allgemeinen Massenmedien, unterstützt von zweifelhaften ›linken Freunden‹ versucht, einen Keil zwischen Angela und Ruchell zu treiben. Die Mittel, deren sie sich bedienten, reichten von falschen und rassistischen Vergleichen zwischen Angela und Ruchell bis zur Aufstellung einer Hierarchie politischer Gefangener.

Angela und Ruchell haben sich viele Stunden bemüht, ihre juristische Strategie zu koordinieren. In den ersten sieben Monaten der Verhandlungen zur Prozeßvorbereitung haben sie unablässig versucht, ihre juristischen Strategien aufeinander abzustimmen. Da sie jedoch ihre Strategien nicht koordinieren konnten, war das Endergebnis der Antrag auf Trennung der Prozesse, auf die sich beide Angeklagte geeinigt hatten.

... Es sollte klar sein, daß der Trennungsbeschluß nicht der Ausdruck politischer Meinungsverschiedenheiten war. Auch betraf er keine substantiellen Fragen der juristischen Verteidigung. Die Meinungsverschiedenheiten betrafen ausschließlich Fragen der Prozeßführung. ...

Ruchell will versuchen, den Kampf vor einem Bundesgericht auszutragen, und Angela will versuchen, denselben Kampf vor einem staatlichen Gericht auszufechten. Aber beide glauben, daß ohne eine von Schwarzen geleitete Massenbewegung, die den Gerichtssaal nur als ein Forum ihres Kampfes benutzt, die Schlacht nicht gewonnen werden kann. Und wir *werden* gewinnen.

Für diejenigen im ganzen Lande, die tatsächlich darum kämpfen, eine Massenbewegung aufzubauen, die alle politischen Gefangenen befreien kann, sind wir nun doppelt verantwortlich. Die Fälle von Ruchell Magee und Angela Davis müssen mit der Absicht vors Volk getragen werden, den Massen einen tiefen Einblick in die Unterdrückung durch unseren Strafvollzug zu gewähren ...

Der Tag des Aufstandes, der dazu dienen mußte, um Angela und Ruchell fälschlich zu beschuldigen, wird sich bald zum erstenmal jähren. Ausschüsse in Kalifornien und im ganzen Lande gedenken des 7. August durch verschiedene Aktivitäten, die von Kundgebungen und Teach-ins bis zu Gedenkfeiern reichen werden. In Pasadena, Kalifornien, wird ein Park dem Gedenken Jonathan Jacksons geweiht. Durch derlei Aktivitäten werden die Menschen die Zustände kennenlernen, gegen die Ruchell und die erschlagenen Brüder am 7. August gekämpft haben.«

21. August 1971

In der kleinen Anwaltskabine des Besuchsraumes gaben sich Bettina und ich alle Mühe, das Manuskript von ›Wenn sie am Morgen kommen‹ fertigzustellen. Als Howard eintraf und Barbara Ratliff mitbrachte, die die Vorbereitungsarbeiten für einen unserer Anträge übernommen hatte, durften wir alle drei in die Arbeitszelle zurückkehren. Wir hatten uns gerade zurechtgesetzt, als sich der große Schlüssel im Schloß drehte, die Tür aufging und die Frau Hilfssheriff, zu Howard gewandt, sagte: »Mr. Moore, Sie müssen gehen. Wir haben Alarm im Gebäude.«

Seit der letzten Bombendrohung waren Monate vergangen. Trotzdem war uns die Prozedur nicht unbekannt.

»Wir kommen zurück, wenn's vorbei ist«, sagte Howard. Und die drei verließen die Zelle. Ich nahm an, daß die Frau binnen kurzem zurückkehren würde, um mich und die anderen Gefangenen, wie beim letztenmal, in den Bombenkeller zu bringen, aber eine halbe, dann eine ganze Stunde verging, ohne daß jemand an der Tür erschien. Schließlich kam sie zur Zelle zurück und sagte mir, sie hätte den Auftrag, mich zu meiner Schlafzelle zu bringen. Als ich sie fragte, was los sei, wollte sie nur sagen, daß sie lediglich einen Befehl ausführe, den sie erhalten habe.

Ich weiß nicht, wie viele Stunden ich auf meiner Bettstelle gelegen und an die Decke gestarrt habe und meine Phantasie schweifen ließ. Ich wartete auf Nachricht von irgendwem, von Howard, Margaret, wem auch immer. Es war sehr spät, als die Wärterin in meine Zelle zurückkam und sagte: »Mr. Moore erwartet Sie.« Sie schloß das Tor auf, und ich ging ein paar Schritte hinter ihr her. Als ich um die Ecke im Gang bog, sah ich Margaret und Howard vor der Tür der Arbeitszelle stehen.

Margarets Augen waren rot und geschwollen, und das einzige Mal, daß ich diesen Ausdruck völliger Verzweiflung schon auf ihrem Gesicht gesehen hatte, war an dem Morgen vor etwa zehn Jahren, als ihre Mutter in das Zimmer kam, in dem wir schliefen, um ihr und den anderen Kindern zu sagen, daß ihr Vater in der Nacht am Herzschlag gestorben war. Howard schwitzte stark, seine Stirn war tief gefurcht, seine Augen zugekniffen, und er atmete schwer, als sei er erschöpft.

Ich sah sie an und hatte das Gefühl, als ob etwas in meinem Innern zusammenstürze. Wir waren allein in der Zelle, die Tür war verschlossen, aber noch niemand hatte das Schweigen gebrochen. In den letzten endlosen Stunden des Wartens hatte ich wirre Bilder einer Explosion in San Quentin, die sich meinen Gedanken aufdrängten, von mir gewiesen. Wie oft hatte George gesagt, daß der Krieg, der ihm von seinen Schergen erklärt war, beim geringsten Anlaß in einen offenen Kampf ausbrechen könnte? Ich schrie in meinem Innern. »Es darf nicht sein, daß George etwas zugestoßen ist.« Aber je lauter ich schrie, desto deutlicher sagten mir ihre Gesichter, daß etwas geschehen war – daß das Schlimmste eingetroffen war.

»George?« fragte ich und ließ seinen Namen in der Luft hängen. Ich wollte meine Frage nicht konkreter machen.

Howard nickte.

»Er ist nicht ...?«

Howard beugte den Kopf, und die schmerzhafte Hoffnung erfüllte mich, daß ich dieses kleine, fast unhörbare »Ja« nicht vernommen hätte.

Ich streckte den Arm nach Margaret aus, die in furchtbares Schluchzen ausbrach, und wir standen da und hielten uns umschlungen. Ich fühlte mich erfroren, unfähig, mich zu bewegen, unfähig, Wörter aus meinem Mund zu bringen, unfähig, Tränen aus meinen Augen fließen zu lassen. Als hätte mich jemand in Eis eingeschlossen.

»Die Schweine haben ihn getötet, Angela.« Howards Stimme drang aus der Ferne in mein Bewußtsein. »Sie haben ihn ermordet. In den Rücken geschossen.«

Schon drehte sich der Schlüssel, und die Wärterin sagte ihnen, sie müßten gehen.

Wieder in der Zelle, erwachte ich von dem erstarrten Alptraum, um der Wirklichkeit von Georges Tod ins Gesicht zu sehen. Und dann, allein im Dunkeln, begann ich zu weinen.

Ich dachte an Georgia, Robert, Penny, Frances, Delora und Georges Neffen und Nichten. So mußten sie also den ersten Jahrestag von Jonathans Tod begehen.

George war ein Symbol des Willens von uns allen hinter Gittern und jener Kraft, die unterdrückte Menschen anscheinend immer wieder aufbringen können. Selbst wenn wir glauben, daß uns der Feind von allem entblößt und uns selbst unserer Seelen beraubt hat. Die Kraft, die fast eine biologische Notwendigkeit ist, zu glauben, daß wir die Richtung unseres Lebens zu bestimmen haben. Diese Notwendigkeit hatte an George genagt, der die ganzen Mannesjahre hinter Gitter zugebracht hat – und was äußerst wichtig war, er hatte es verstanden, dieser Notwendigkeit den klarsten, umfassendsten Ausdruck zu geben, und seine Schriften hatten die Menschen in der ganzen Welt aufgerüttelt.

Die Schwestern in der New Yorker Haftanstalt für Frauen hatten etwas Wichtiges über sich selbst gelernt, als sie ›Soledad Bruder‹ lasen. Als George in San Quentin meine Nachricht erhielt, daß die Frauen von seinem Buch entzückt, aber über seine früheren, wenig schmeichelhaften Äußerungen über Schwarze Frauen verstört seien, entschuldigte er sich und wollte, daß sie alle sein Fehlurteil verstanden.

Heute abend lagen wahrscheinlich Männer und Frauen in jedem Gefängnis des Landes wach wie ich und trauerten und versuchten, ihren Zorn in konstruktive Bahnen zu lenken. Menschen in der ganzen Welt mußten von Rache reden – von einer konstruktiven, organisierten Massenvergeltung.

Am nächsten Tag schien es, als sei die ganze Welt in meiner Zelle. Jeder Platz um den Arbeitstisch war besetzt. Zuerst war es schwer, die Wörter zu einem Gespräch in Bewegung zu setzen, niemand wußte recht, wo er beginnen sollte. Als ich Charlene, Kendra, Franklin, Margaret, Howard ansah ... ich konnte die Tränen nicht zurückhalten. Dann brach Franklin in Schluchzen aus.

Charlene oder Kendra sagte, daß der Ausschuß begonnen habe, eine Wache außerhalb von San Quentin einzurichten – das Leben anderer Brüder mußte gesichert werden, und die Umstände, die zum Mord an George geführt hatten, mußten unverzüglich untersucht werden. Sie sagten, Berichte von brutalen Prügelszenen und greulichen Folterorgien sickerten aus dem Gefängnis. Schon hatte unser Ausschuß Verbindungen mit dem Abgeordneten Ron Dellums, den kalifornischen Volksvertretern Willie Brown, Dr. Carleton Goodlett und vielen anderen damit befaßten Männern des öffentlichen Lebens aufgenommen und sie um die Erlaubnis gebeten, San Quentin zu besichtigen und die Gefangenen über die Ereignisse zu befragen, die zu Georges Tod geführt hatten. Auch wollten sie die Wunden untersuchen, die den Brüdern von den Wachen zugefügt worden waren.

Nachdem sie gegangen waren, um so schnell wie möglich den

Gegenangriff zu organisieren, versuchte ich eine Erklärung zu verfassen, die der Presse übergeben werden sollte.

»George wußte«, schrieb ich, »daß der Preis für sein intensives revolutionäres Engagement darin bestand, an jedem Tag seines Lebens gegen einen möglichen Todesstoß gewappnet sein zu müssen.

Georges beispielhafter Mut angesichts des Schreckgespenstes einer schnellen Hinrichtung, seine Erkenntnis, die durch die Qual von sieben Jahren Einzelhaft geschärft war, seine Standhaftigkeit angesichts der überwältigenden Macht, die gegen ihn stand, wird stets eine Quelle der Begeisterung für alle unsere Schwestern und Brüder innerhalb und außerhalb von Gefängnissen sein.«

Ich schrieb über die Familie Jackson: »Ihre Trauer ist tief. In etwas mehr als einem Jahr wurden zwei ihrer Söhne, George und Jonathan, von faschistischen Kugeln gefällt. Ich spreche Georgia und Robert Jackson, Penny und Frances und Delora meine Liebe aus.

Für mich bedeutet Georges Tod den Verlust eines Genossen und revolutionären Führers, aber auch den Verlust einer unersetzlichen Liebe ... Ich kann nur sagen, daß ich diese Liebe fortsetzen werde, indem ich versuche, ihr jenen Ausdruck zu geben, den er sich gewünscht hätte – indem ich meinen Entschluß bekräftige, für die Sache zu kämpfen, bei deren Verteidigung George gestorben ist. Mit seinem Beispiel vor Augen sind meine Tränen und meine Trauer die Wut auf das System, das an seiner Ermordung schuldig ist. Er schrieb seine Grabschrift, als er sagte:

›Schleudert mich in das nächste Dasein, der Abstieg zur Hölle wird mich nicht schrecken. Ich krieche zurück, um auf ewig seiner Spur zu folgen. Sie werden über meine Rache nicht siegen, nie, niemals. Ich bin Teil eines rechtschaffenen Volkes, das langsam ist im Zorn, aber ungezügelt in der Wut. Wir sammeln uns an seiner Tür, in solcher Zahl, daß das Poltern unserer Füße die Erde erschüttert.‹«

Dann war ich allein mit meinem Radio.

Den ganzen Tag sendete eine Station Leseproben aus Georges Buch, und die Station, die nur Nachrichten brachte, begann die unsinnige Geschichte zu verbreiten, daß George unter einer Perücke eine sperrige Pistole aus der Besuchszone in das Adjustment Center, die am stärksten bewachte Abteilung von San Quentin, geschmuggelt habe. Ich hörte mir die Talk Shows im

Radio an. Die Mehrheit der Leute, die in die Talk Shows hineintelefonierten, argwöhnten, daß in San Quentin so manches nicht stimmte, und daß das, was da faul war, nicht den Gefangenen anzulasten sei, sondern der Gefängnishierarchie. Immer wieder kam in den Anfragen die Überzeugung zum Ausdruck, daß die Gefängnisverwaltung sie zum Narren gehalten hätte, und immer wieder sprachen die Menschen über den Hochmut, den die Verwaltung zeigte, indem sie nicht einmal eine glaubhafte Geschichte erfunden hätte. Wer in aller Welt würde glauben, daß das Märchen von der Perücke all die Gewalttätigkeit rechtfertigte, die gegen die Gefangenen losgelassen wurde.

George war tot, und der tiefe persönliche Schmerz, den ich fühlte, hätte mich erstickt, wenn ich ihn nicht in eine richtige, und richtig eingesetzte, Wut verwandelt hätte. Ich konnte nicht in meinem eigenen Verlust schwelgen. Jedes individuelle Zähneknirschen würde mich auf die Knie zwingen. Persönliche Trauer in dieser stillen, grauen Zelle unter den haßerfüllten Augen meiner Schergen konnte die Willensstränge zerreißen, die mich zusammenhielten. Georges Tod würde wie ein Magnet sein, wie eine Stahlscheibe tief in meinem Innern, die magnetisch die Elemente an sich zog, die ich brauchte, um stark zu bleiben und um so härter zu kämpfen. Ich wollte den Haß gegen meine Schergen schärfen, meine Verachtung für das Strafvollzugsystem in die richtige Stellung bringen und meine Bande zu den anderen Gefangenen festigen. Das würde mir den Mut und die Energie verleihen, die ich für einen langdauernden Krieg gegen den böswilligen Rassismus, der ihn getötet hatte, brauchte. Er war dahin, aber ich war hier. Seine Träume waren nun die meinen.

3. August 1971

Richter Keating nimmt im Zeugenstuhl Platz. Er sieht erbärmlich dünn aus, und die tiefen Furchen in seinem Geicht lassen ihn älter erscheinen, als er ist. Etwas an ihm erinnert mich an die Rassisten, die meine Kindheit bevölkert haben. Ich fühlte mich zuversichtlich und voller Tatendrang, als ich ihn über seine Beurteilung bei der Auswahl der Geschworenen von Marin County befragte. Dieses Mal führe ich den Angriff.

Unsere Stellung war, daß die Anklage gegen mich von einem großen Schwurgericht beschlossen worden sei (dazu brauchte man nur acht Minuten ohne eine Diskussion über die Anklageerhebung), das rassistisch und nicht repräsentativ war. Man hatte uns ein Verhör zugestanden, um festzustellen, ob die Richter bei der Auswahl dieses Großen Schwurgerichts durch ihre eigene Rasse und durch Klassenvorurteile beeinflußt worden waren. Wir waren überzeugt, daß die Richter von der Schwarzen Gemeinschaft, der Arbeitergemeinschaft und der Jugendgemeinschaft nichts wußten und daher nicht imstande waren, eine repräsentative Geschworenenbank auszuwählen.

Wir waren schon ziemlich weit im Verhör, als ich eine Fotografie hervorzog, die mir Margaret gegeben hatte. Ich näherte mich dem Zeugenstand, gab ihm das Bild und fragte ihn, ob das eine treffende Darstellung seines Hauses (gemeint war auch: seines Reichtums) sei. Überrascht und verärgert darüber, daß wir sein Heim fotografiert hatten, murmelte er immerhin so laut, daß ihn die Gerichtsreporter hören konnten, vor sich hin: »Richter haben wohl keine Bürgerrechte oder Privatsphäre, wie? Die Menschen, die die Bürgerrechte durchsetzen, haben keine. Ja, das ist mein Haus. Ich möchte sagen, es könnte gefährlich sein, so etwas noch einmal zu versuchen ... Wir können Einbrecher dort nicht gut brauchen.«

Als ich Keating fragte, ob er ein Mitglied der Schwarze-Panther-Partei als Geschworenen empfehlen würde, sagte er: »Das sind nach Adolf Hitler die übelsten Rassisten.« Und er behauptete ferner: »Sie sind Befürworter von Haß, Gewalt und Mord ... Überall verspritzen sie Haß und Gewalt und Mord.« Er fügte hinzu, daß für die kommunistische Partei das gleiche gelte.

Ich war sprachlos, nicht so sehr schockiert, daß dies seine Empfindungen waren, sondern daß ein Richter eines Appellationsgerichts solche Behauptungen in das Protokoll einer Gerichtsverhandlung hineingeschrien hatte.

Eine Meinungsumfrage, die wir durchführten, bestätigte, daß die rassistischen und anti-kommunistischen Vorurteile tief in den Herzen der Durchschnittsbürger von Marin County wurzelten. Der Richter Keating war ein typischer Bürger von Marin County. Wie konnte mein Prozeß im Regierungsviertel dieses County, direkt neben dem Gerichtssaal von Richter Haley stattfinden? Wir schickten uns an, unseren Antrag auf Verlegung des Gerichtsortes zu begründen. Denn ein Prozeß an dieser Stelle wäre ein Schlachtfest, ein sicheres Vorspiel für die Gaskammer in San Quentin. Alle höheren Richter des Bezirks hatten bekannt, daß sie meinen Prozeß nicht vorurteilsfrei führen könnten. Die große Geste, mit der sie sich lossagten, hieß für mich nichts anderes, als daß sie von meiner Schuld hoffnungslos überzeugt waren.

Die Meinungsforschung bewies, daß die Mehrheit der Bevölkerung von Marin County, die sowohl weiß wie wohlhabend war, mich der Entführung, des Mordes und der Verschwörung für schuldig hielt. Aufschlußreicher war aber, daß sie mich einer noch schlimmeren Sache für schuldig hielten – daß ich Kommunistin war, daß ich eine Schwarze war. Viele von ihnen waren empört, daß man mir erlaubt hatte, die Kinder von anständigen weißen Kaliforniern zu unterrichten. Wenn sie darüber abstimmen könnten, würden sie mich für immer von der Universität von Kalifornien verbannen.

Seit diese Meinungsumfrage durchgeführt worden war, war George von den Wachen in San Quentin ermordet worden. Die Hysterie, die von diesen Ereignissen hochgepeitscht wurde – und dazu dienen sollte, die Opfer zu Verbrechern zu stempeln –, war allgegenwärtig. Die öffentliche Meinung in diesem wohlhabenden weißen Bezirk hielt jeden, der sich für die Gefangenen von San Quentin einsetzte, für ebenso schuldig, wie es die Gefangenen nach ihrer Meinung waren.

Unser Antrag, den Gerichtsort zu verlegen, war wohl begründet und gut dokumentiert. Richter Arnason, der Prozeßvorsitzende, den man aus einem anderen Bezirk herbeigeholt hatte, konnte nicht anders, als ihm stattzugeben. Aber wir wollten nicht nur den Prozeß von Marin County fortverlegen. Jeder Schwarze Mensch weiß, daß es im Staat Kalifornien nur wenig Plätze gibt, wo ein auch nur dem Anschein nach vorurteilsfreier Prozeß durchgeführt werden kann. Wenn ein Prozeß stattfinden sollte, dann wollten wir ihn in San Francisco stattfinden lassen, wo wir hoffen konnten, ein paar Schwarze Menschen unter den Geschworenen zu haben. Aber die, denen die Entscheidung über den Prozeßort zustand, wollten nicht nach San Francisco, das sich jenseits der Brücke mit seiner vielfarbigen Bevölkerung mit vielfältigen sozialen Meinungen und politischen Überzeugungen breitmachte. San Francisco war zu unzuverlässig; die Möglichkeit, daß sich eine große örtliche Bewegung bildete, um den Prozeß zu überwachen, war viel zu groß. Man wollte einen ruhigeren Ort, einen Ort, wo Meinungsverschiedenheiten durch leise Höflichkeitsfloskeln gedämpft wurden. Einen Ort, wo Schwarze Menschen nicht in großer Zahl lebten, aber genug führende Schwarze Gestalten in der Gemeinschaft tätig waren, um den vorhandenen Rassismus zu verschleiern. Man wollte einen Ort mit geographischen Vorzügen, aber ohne politische Färbung, und vor allem ohne eine Tradition fortschrittlicher politischer Auseinandersetzungen.

Dieser Ort sollte, wie wir feststellten, San José sein. Die Kerkermeister und Sheriffs von Marin County betrachteten diese Änderung des Gerichtsortes als persönliche Niederlage. Ihre Gesichter zeigten den Ausdruck tiefen Bedauerns – Bedauerns, daß sie über die Schlächterei nicht selbst die Aufsicht führen durften. Mit unverhohlenem Vergnügen weigerten sie sich, uns das Datum oder die Stunde unseres Umzugs zu verraten. Howard und Margaret warnten mich, ich solle mich jederzeit zum schnellen Auszug bereithalten. Sie hatten mir Kartons mitgebracht, in die ich meine Sachen packen konnte: Bücher, Papiere, Briefe, die sich in diesem Gefängnis im Laufe des letzen Jahres bei mir angesammelt hatten.

Die Warnungen kamen mir sehr zupaß. Eines Morgens weckte mich die Oberaufseherin um drei oder vier Uhr und kreischte, ich hätte in wenigen Minuten bereit zu sein. Ich war bereit. Ich hatte nichts weiter zu tun, als mich zu waschen und die Zähne zu putzen.

2. Dezember 1971

Die Fahrt nach San José war viel länger, als ich erwartet hatte. Obwohl ich mich in der Geographie von Nordkalifornien nicht sehr gut auskannte, merkte ich doch, daß man aus sogenannten »Sicherheitsgründen« einen Umweg machte. Ich hatte gehofft, San Francisco oder Berkeley zu sehen, oder irgendeinen Ort mit normalen (aber für mich außergewöhnlichen) Szenen menschlicher Aktivität. Aber als ich im Gefängnis von Palo Alto eintraf, brachte ich keine angenehmen Erinnerungen mit. Die Fahrt war die ganze Zeit über die Autobahn gegangen, und die Autokolonne war viel schneller gefahren, als das Gesetz es erlaubte. Und als wir uns Palo Alto näherten, war es pechfinster geworden.

Ein schmächtiger, blasser Mann fuhr mit mir im Auto. Damals wußte ich nicht, daß er der Untersheriff von Santa Clara County war. Er hatte nicht das gewöhnliche Gebaren eines gesetzhütenden Beamten. Er schien seiner selbst nicht sicher. Er versuchte mich zu trösten, mir zu versichern, daß die Zeit, die ich im dortigen Gefängnis absitzen müßte, viel erträglicher sein würde, als das Jahr des Grauens, das ich gerade in Marin County hinter mir hatte. Aber Gefängnis war Gefängnis. Wenn man sich mit der Tatsache, eingesperrt zu sein, nicht abgefunden hatte, gab es keine Unterschiede von besser oder schlimmer.

Wie bei der FBI, wie in der Haftanstalt für Frauen in New York, wie im Gefängnis von Marin County, so jetzt im Gefängnis von Santa Clara das gleiche Ritual: Name ... Adresse ... Alter ... Geburtsort ... Frühere Verhaftungen ... usw., usw., usw. Foto ... Fingerabdrücke ... Würde jemals eine Zeit kommen, da ich endgültig entlassen war?

Ich hatte gelernt, daß ein Häftling, der neu registriert ist, jedesmal zwei Telefonanrufe machen darf. Ich rief zuerst meine Anwälte an, damit sie wußten, daß ich angekommen war, und dann meine Eltern. Ich hatte fast nie die Möglichkeit gehabt, mit ihnen telefonisch zu sprechen, außer wenn ich in ein neues Gefängnis gebracht wurde. Sie waren überglücklich, meine Stimme zu hören, aber zugleich auch frustriert und gespannt, was diese neue Lage bringen würde. Mutter sagte, daß sie noch vor Weihnachten zu mir kommen werde. Mein jüngerer Bruder Reggie, der einen Arbeitsurlaub vom College hatte, wollte auch an die Westküste reisen. Meine Mutter wollte sich auf Dinge konzentrieren, durch die sie der Wirklichkeit meines Unglücks entfliehen konnte. Obwohl sie bis zum Ende stark blieb, glaube ich, daß sie dieses ganze Unheil härter traf als alle anderen. Ich fragte sie, ob sie wieder angefangen hätte, regelmäßig zu essen, und ob es ihr gelungen sei, wieder etwas von dem zuzunehmen, was sie abgenommen hatte. Immer wenn wir uns sahen oder miteinander sprachen, ermahnten wir uns am Ende wegen der gleichen Dinge. Diesmal ermahnte sie mich, mehr zu essen und wieder etwas zuzunehmen. Ich bat sie, sich nicht so viele Sorgen zu machen, und sagte ihr widerstrebend auf Wiedersehn.

Sobald ich den Hörer aufgelegt hatte, wurde eine verdeckte Tür links vom Empfangspult aufgeschlossen. Wir gelangten in einen kurzen und engen Gang, und als ich nach rechts sah, erblickte ich die furchterregendste Gefängniszelle, die ich bisher gesehen hatte. Der ganze Bereich war von Glaswänden umgeben. Jenseits dieses Glases war ein Gang, vier Meter lang und siebzig Zentimeter breit, und an diesem Gang zwei Zellen. Jede von ihnen war ungefähr zwei Meter mal zweieinhalb. Eine enthielt das Metallplatten-Bett, eine dünne Matratze, Toilette und Waschbecken, die andere war eine wattierte Zelle, die vollständig mit schwerem, buschigem und silbergrau gefärbtem Stoff ausgeschlagen war. Dieser Stoffbeschlag wurde von einem einzigen Loch im Boden durchbrochen, das als Toilette diente.

»Sie müssen Ihre Kleider ablegen«, sagte die Aufseherin.

Sie gab mir ein Kleid, einige Pyjamas, einen Pulli und eine Unterhose, einen Büstenhalter, einige Socken und Pantoffeln mit Gummizug. Ich sagte ihr, ich würde die Kleider anziehen, aber nicht die Unterwäsche. Sie behauptete, ich müsse meine Unterwäsche aushändigen und die Gefängniswäsche anziehen. Es war mir ernst damit, daß ich die Unterwäsche des Gefängnisses nicht tragen wollte. Als ich in New York nicht sterilisierte Unterwäsche getragen hatte, hatte ich mir eine furchtbare Pilzerkrankung zugezogen, die sich über meinen ganzen Körper verbreitet hatte und erst nach Monaten geheilt werden konnte. Ich sagte der Aufseherin, sie könne meine Unterwäsche haben, aber nichts, was sie sagte oder tat, würde mich veranlassen, diese Gefängnishöschen anzuziehen.

Weibliche Gefängnisbeamte müssen wohl etwas von einer Voyeuse an sich haben – auch die nicht homosexuellen stehen unweigerlich dabei und beobachten einen mit tiefem Interesse, wenn man sich nackt auszieht. Diese Aufseherin war sich wahrscheinlich gar nicht bewußt, mit welcher Intensität sie mich ansah, denn als ich sie fragte, was sie so interessant fände, sah sie furchtbar verlegen aus und ging schnell aus der Zelle.

Das verschossene kittelartige Kleid war zu eng und zu kurz. Der langweilige Pulli reichte mir nicht bis zur Hüfte, und seine Ärmel rutschten mir halbwegs die Arme herauf. Ich konnte die weißen Kindersocken nicht über meine Fersen ziehen oder mich in die Gummipantoffeln hineinquälen. Ich warf die Pantoffeln und Socken durch die offene Tür auf den Gang.

Dann bemerkte ich, wie kalt es in dieser Zelle war. Es war nicht nur kalt, sondern die Toilette war auch undicht und Wasser lief über den ganzen Fußboden. Ich trat hinaus auf den Gang, um eine Beschwerde zu schreien, aber niemand war in Sicht, und die Tür zum größeren Gang war verschlossen. Ich sagte mir, daß Margaret und Howard bald da sein mußten und wir dann beginnen konnten, diese unmenschlichen Verhältnisse zu bekämpfen. In dem engen kindischen Kittel ohne Unterwäsche und barfuß fror ich und zog mir deshalb die Pyjamahose unter das Kleid und den winzigen Pulli darüber, dann die Pyjamajacke über den Pulli. Ich muß komisch ausgesehen haben.

Da es keinen Platz zum Sitzen gab, stieg ich auf die Koje, zog die Armeedecke über die Schultern und versuchte, mich auf das Buch zu konzentrieren, das ich mitgebracht hatte. Ich hatte kaum die Seite beendet, als eine Aufseherin mit flammend rotem

Haar durch das Tor in den äußeren Gang trat. Sie schloß meine Tür auf und fragte mit einem, wie mir schien, einigermaßen freundlichen Ton, ob ich Frühstück haben wollte. Ich sagte ja. Fünf Minuten später kam sie zurück und sagte, für ein Frühstück sei ich nicht »qualifiziert«. Sie hätte im Gefängnis von Marin County nachgefragt, und dort hätte man ihr gesagt, daß ich vor meiner Fahrt Tee – Tee! – bekommen hätte. Da dies der Fall sei, stünde mir bis zum Mittagessen nichts zu.

»Ihr Leute wißt wohl auch nicht, was es heißt, sich menschlich zu benehmen?« stieß ich aus.

Schnell und stumm schoß sie aus der Zelle. Ich beschimpfte mich, weil ich überhaupt auf ihr nettes Angebot ja gesagt hatte, und versuchte, mich wieder in mein Buch zu vertiefen.

Als später Margaret kam und mich in meiner Decke hocken sah, frierend über einem wassergetränkten Fußboden, klappte ihr der Unterkiefer runter. »Das muß ein Scherz sein!« sagte sie. »Ich bin in vielen Gefängnissen gewesen, aber das schlägt alles.«

Durch ihre Empörung wurde mir ein bißchen wohler. Eine Zeitlang hatte ich mich gefragt, ob ich mich zu sehr anstellte. Und dann dachte ich an Georges Beschreibungen von den vielen Verliesen, in die man ihn im Laufe der letzen zehn Jahre geworfen hatte. Dieser Ort hier konnte nicht so schlimm sein wie der O-Flügel in Soledad oder das Adjustment (Besserungs)-Center in San Quentin oder Einzelhaft in Folsom oder irgendeine der anderen Zellen, wo man versucht hatte, Willen und Entschlossenheit von George zu zerbrechen.

»Das hier ist nicht mal ein Gefängnis«, sagte ich Margaret. »Es ist ein Platz für Gelegenheitshaft – ein Ort, wo man Häftlinge ein paar Stunden oder vielleicht über Nacht unterbringt. Aber mich wollen sie hier monatelang behalten. Ich kann es nicht glauben«, fuhr ich fort, »hier ist nicht genug Platz für Freiübungen, nicht einmal für solche, bei denen man auf einer Stelle stehenbleibt.«

Wir beschlossen, eine maßstabgerechte Skizze der Zelle anzufertigen und mit einer Beschreibung zu versehen. Wir wollten, daß der Ausschuß sie in seiner Pressemitteilung und seiner Propaganda über meine Haftverhältnisse verwandte.

Margaret ging, um die Zeichnungen dem Ausschuß zu übergeben. »Halte dich tapfer«, sagte sie, »hier wird es bald größere Änderungen geben.«

Ich lächelte ihr zu. »Margaret, du weißt, daß ich's überstehe.«

Ein wenig später führte eine Aufseherin eine junge, sehr trostlos aussehende weiße Frau an meiner Zelle vorbei. Ich hörte, wie eine Tür neben mir aufgeschlossen wurde. Sie muß bei einer Drogenrazzia erwischt worden sein, dachte ich. Da mir nicht nach einem Gespräch mit jemand, den ich nicht sehen konnte, zumute war, sagte ich nichts zu ihr, sondern ging zurück in meine innere Zelle, stieg auf die obere Koje und fuhr fort ›Der weibliche Eunuch‹ zu lesen, bis Margaret und Howard kamen.

Sie brachten die Nachricht, daß der Ausschuß bereits die Räder in Bewegung gesetzt hätte. Im ganzen Land und selbst in anderen Ländern erhielten die Menschen von den Zuständen Kenntnis, unter denen ich gefangengehalten wurde. Innerhalb von Stunden überfluteten Telegramme und Telefonanrufe das Büro des Sheriffs. Sheriff James Geary, der sich für einen Mann mit liberalen Grundsätzen hielt, reagierte auf diese massenhaften Proteste und ordnete einige Änderungen an. In einem Interview, das im ›Mercury‹ von San José erschien, beklagte er, daß die Menschen im ganzen Lande glaubten, er habe mich in das jämmerlichste aller Verliese gesteckt. Eine Frau, sagte er, hätte dagegen protestiert, daß ich in einem »ungeheizten Loch barfuß bis zu den Knöcheln im Wasser waten müsse«.

Nicht nur gab es Änderungen in der Heizung, der Bekleidung und den Schuhen, sondern auch im Betragen der Gefängniswärterinnen. Einige von ihnen waren fast nett geworden: »Miss Davis, haben Sie noch einen Wunsch?« – »Sind Sie sicher, daß alles in Ordnung ist?« – »Wie hat das Essen geschmeckt?« – »Haben Sie irgendwelche Beschwerden?« – »Haben Sie für morgen einen besonderen Wunsch?«

Vor diesem Platzregen von Protesten waren die Mahlzeiten fade Fernsehgerichte gewesen, was von den Kerkermeistern damit gerechtfertigt wurde, daß die Gefangenen selten länger als einen Tag dablieben. Nach den Protesten wurde eine Köchin angestellt, und die Gefängnisverwaltung schlug den Anwälten vor, daß ich in meiner Zelle einen Fernsehapparat haben und das Rundfunkgerät und die elektrische Schreibmaschine behalten könnte, die ich mir in Marin angeschafft hatte.

Durch diese Neuerungen litt die Zelle an Verstopfung. Großmütig öffneten die Kerkermeister die Tür zur Polsterzelle. Dadurch geriet ich in den Besitz einer, wie es in der Propaganda des Staatswanwalts hieß, »Zwei-Zimmer-Suite«. Eine Zwei-Zimmer-Suite bestehend aus einer Zelle von 2 m mal 2.70 m und einer noch kleineren Polsterzelle, deren Klosettloch eines Tages verstopft war und mir Bücher und Fußboden mit flüssigen Exkrementen bedeckte.

Genau wie die »Zwei-Zimmer-Suite« war auch mein »eigener privater Fernsehapparat«, von dem der Staatsanwalt dauernd redete, eine Farce. Mein Fernsehen war nur deshalb »privat«, weil man darauf bestand, mich in Einzelhaft zu halten. Der Staatsanwalt hat nie erwähnt, daß im regulären Frauengefängnis den Gefangenen ein Farbfernsehapparat zur Verfügung stand. Auch hat er nicht gesagt, daß ich, als ich meinen bekam, den Wunsch äußerte, daß auch die Gefangene in der Nachbarzelle einen erhielt, und als die Gefängnisverwaltung das abschlug, der Ausschuß auch für sie einen Apparat anschaffte.

In jenen Tagen, als sich der Zustand meiner Gefangenhaltung verbesserte, fühlte ich eine tiefe Traurigkeit in mir aufsteigen. Was für mich getan worden war, war bisher nur für mich getan worden. Aber ich wurde von den Schemen aller jener Schwestern und Brüder verfolgt, deren Leben in anderen Gefängnissen zerrüttet wurde. Ruchell, Fleeta, John, Luis, Johnnie Spain, David Johnson, Hugo Pinell, Willie Tate, Earl Gibson, Larry Justice, Lee Otis Johnson, Martin Sostre, Marie Hill, die Attica-Brüder ... Die Namen schrillten mir in den Ohren. Mein Kopf zersprang mir von wirren Bildern ihrer Verliese, ihrer Wärter – von schreckensvollen Bildern, die mir die Verbesserung meiner physischen Umstände besonders schmerzhaft erscheinen ließen. Die ungeheure Energie der Bewegung, die die Verhältnisse meiner Gefangenschaft so schnell umgewandelt hatte, war eine Energie, auf die meine Schwestern und Brüder den gleichen Anspruch hatten. Ich versuchte, den Schmerz ein wenig dadurch zu lindern, daß ich mit Schwestern und Brüdern in Gefängnissen des ganzen Landes Kontakt aufnahm. Fast zwanghaft beantwortete ich stundenlang Brief auf Brief von Gefangenen – Briefe, die sich in den Monaten in Marin angesammelt hatten, als mir die Kerkermeister nicht die gesamte Post aushändigen wollten. Mehr als je fühlte ich das Bedürfnis, meine Verbindung zu jedem anderen Gefangenen fester zu gestalten. Es schien, als sei meine Existenz wesentlich von meiner Fähigkeit abhängig, die Hand nach ihnen auszustrecken. Ich beschloß damals, wenn ich jemals freikäme, mein Leben für die Sache meiner Schwestern und Brüder hinter Mauern einzusetzen.

Kurz bevor der Wechsel des Gerichtsortes beschlossen worden war, mußte Sheldon aus persönlichen Gründen seine Arbeit an meinem Fall niederlegen. Nachdem die Anträge zur Prozeßvorbereitung erledigt waren, hatte sich das ursprüngliche Verteidigungsteam aufgelöst. Zu dieser Zeit baten wir Doris Walker, eine Anwältin, die schon in vielen Prozessen für die Sache des Fortschritts eingetreten war, sich dem Team anzuschließen. Wir begrüßten ihre Teilnahme nicht nur wegen ihrer hervorragenden juristischen Qualitäten und ihres fraglosen Engagements für den Kampf, sondern weil wir es auch für politisch wichtig hielten, daß Frauen in der Verteidigung sichtbare Rollen übernahmen.

Nachdem die Umsiedlung in den Bezirk von Santa Clara vollzogen war, mußten wir uns sputen, um die letzte Erweiterung des Teams der Verteidiger durchzuführen. Howard, Margaret und Dobby gehörten dazu. Wir wollten noch einen weiteren Anwalt. Während unseres ersten Gesprächs über Anwälte in der Haftanstalt für Frauen in New York war neben dem Namen von Howard auch der von Leo Branton genannt worden als einem der ersten Anwälte, dem wir den Fall übertragen wollten. Ich interessierte mich besonders für Leo Branton, weil er als einer der wenigen Anwälte den Mut gehabt hatte, bei den Smith-Act-Prozessen Kommunisten zu verteidigen. Erst vor kurzem hatte er, obwohl schon im Ruhestand, den Prozeß der Panther übernommen, der noch auf den Überfall der Polizei von Los Angeles vom Januar 1970 zurückging.

Als wir wegen des Verteidigungsteams mit ihm erste Kontakte aufgenommen hatten, war er ganz mit dem Panther-Prozeß beschäftigt gewesen und hatte deshalb keine größere Verantwortung übernehmen können. Infolge eines Mißverständnisses – wir hatten den Eindruck, daß er außer Landes gegangen sei, nachdem er die Verteidigung der Panther beendet hatte –, waren wir seit dem Herbst 1970 nicht mehr mit ihm in Verbindung getreten. Als Dobby mir sagte, daß er sich dem Gedanken, unserem Team beizutreten, außerordentlich aufgeschlossen gezeigt hätte, war ich regelrecht entzückt. Kurz danach machte er die Reise von Los Angeles nach San José, um seine Teilnahme am Team zu besprechen.

Ich hatte Leo erst einmal gesehen – ganz kurz bei einer vorprozessualen Verhandlung gegen die Panther. Weil alle von diesem tollen Schwarzen Anwalt sprachen, der an der Sache der Panther so starken Anteil nahm, daß er aus dem Ruhestand getreten war, um sie zu verteidigen, hatte ich den Eindruck gewonnen, daß er schon einigermaßen bejahrt sei. An dem Tag, für den sein Besuch angesetzt war, sah ich einen jung aussehenden Mann mit gut entwickeltem Körperbau, der sehr fesch gekleidet war. Es kam mir nicht in den Sinn, daß das Leo Branton sein könnte, der aus dem Ruhestand getreten war, um den Fall der Panther zu übernehmen – aber wer war es?

Ich war so verblüfft, daß ich nach der Vorstellung durch Howard zu allererst fragte, wie alt er sei. Dabei stellte sich heraus, daß er sich im Alter von 45 Jahren zurückgezogen hatte und mit seiner Frau Geri für einige Zeit nach Mexiko gezogen war. Leos Geschichte war faszinierend. Er hatte die Smith-Act-Prozesse geführt, war in den frühen sechziger Jahren in den Süden gegangen, um Arbeiter in Bürgerrechtsfällen zu verteidigen, und war schließlich einer der wenigen Schwarzen Anwälte geworden, die Leute aus der Unterhaltungsbranche verteidigten. Er war zum Beispiel der Anwalt von Nat King Cole gewesen, und als wir ihn baten, unseren Fall mit zu übernehmen, verwaltete er die Hinterlassenschaft von Jimi Hendrix in England für dessen Familie.

Unsere Besprechung ergab, daß Leo unser amtlich anerkannter Verteidiger werden wollte, sobald er den Prozeß in England hinter sich gebracht hatte. Seine Entscheidung machte uns alle froh und stolz. Mit Margaret, Howard, Dobby und Leo war unser juristisches Team jetzt das beste, das wir uns erhoffen konnten. Das war ein unbestreitbarer Schritt zum Sieg!

Kurz nach der Umsiedlung ging ich regelmäßig zu den prozeßvorbereitenden Verhandlungen zum Gericht. Die Kerkermeister bestanden darauf, daß wir die zehnminütige Fahrt in die Innenstadt von San José drei Stunden vor Prozeßbeginn antraten. Die Kolonne bewaffneter Männer fuhr zwischen halb und dreiviertel sechs Uhr morgens los. Einige Autos fuhren dem unbeschrifteten Auto, in dem ich saß, voraus; einige fuhren hinterher, und stets fuhr ein Auto nebenher. Wenn sie beabsichtigten, dadurch Aufsehen zu vermeiden, dann hatten sie damit kaum Erfolg. Jeden Morgen war eine ganze Reihe von Machinationen und Manipulationen notwendig, um diese Formation, die mit über hundert Kilometer Geschwindigkeit nach San José raste, in Ordnung zu halten. Als ich mich einmal früh am Morgen für eine dieser Fahrten vor Tagesanbruch ankleidete, stellte ich mein Radio an, wie stets nach dem Erwachen. Eine Nachricht wurde durchgesagt: »Gestern abend hat der Oberste Gerichtshof des Staates Kalifornien durch Abstimmung beschlossen, die Todesstrafe abzuschaffen, da sie grausam und ungewöhnlich und daher verfassungswidrig ist.« Ich war zuerst überzeugt, daß ich die Nachricht falsch gehört hatte. Ich hatte mich viele Male mit Anthony Amsterdam unterhalten, dem Anwalt, der die Schriftsätze anfertigte und das Problem der Todesstrafe vor dem hohen Gericht erläuterte. Er hatte mich im Gefängnis besucht, als er vor dem Bundesgericht Berufung gegen die Verweigerung der Kautionsstellung einlegte. Zu keiner Zeit schien er das Ergebnis seiner Bemühungen optimistisch zu beurteilen. Aber da war es. Die Todesstrafe abgeschafft.

Meine Gedanken flogen in diesem Augenblick zu den Brüdern in Soledad, denen die Todesstrafe in ihren Prozessen drohte. Nicht länger konnte Ruchell zum Tode in der Gaskammer, die seiner Zelle so nahe lag, verurteilt werden. John Cluchette konnte vom Staat nicht getötet werden. Fleeta, mein Bruder und ebensosehr Blutsbruder wie Benny oder Reggi, mein lieber Fleeta – würde sein Leben nicht durch die Zyanidtabletten verlieren, die in die Säure neben dem Todesstuhl geworfen wurden. Johnny Spain, Luis Talamante, Hugo Pinell, David Johnson, Willie Tate – der Staat konnte nicht mehr von ihrem Leben nehmen, als was das Gefängnis bereits genommen hatte. Earl Gibson und Larry Justice würden dem amtlichen Tod entgehen, der oft denen beschieden ist, die sich ihren Wärtern nicht unterwerfen.

Ich lachte laut auf. Wäre ich an einem anderen Ort gewesen, so hätte ich geschrien, aber dort, in der Einsamkeit des Gefängnisses, bezwang ich meine Freude.

Margaret kam herein. Ich merkte, daß sie die Nachricht bereits vernommen hatte: sie tanzte fast vor Erregung. Wir umarmten einander. Ich sagte ihr, dies sei der eine Tag, an dem ich nicht ungern in der Todeszelle von San Quentin weilen würde. »Die müssen dort regelrecht Karneval feiern«, sagte ich.

Margaret sagte hochgestimmt etwas davon, daß sich Howard bereits an jenem Morgen auf eine Verhandlung über die Kautionsstellung vorbereite.

»Kautionsverhandlung?« fragte ich. »Was für eine Kautionsverhandlung?«

Margaret sah mich an, als hätte ich ein bißchen den Verstand verloren.

»Angela«, sagte sie, »die Todesstrafe ist abgeschafft. Ist dir nicht klar, daß damit Richter Arnasons ganze rechtliche Grundlage für die Kautionsverweigerung wegfällt? Jetzt gibt es für ihn keine Ausflüchte mehr. Er muß dich rauslassen!«

Ja, natürlich! Bei seiner ursprünglichen Entscheidung, mir die Kautionsstellung zu verweigern, hatte Arnason mit Nachdruck versichert, daß er mehr als gewillt sei, mich gegen Kaution freizulassen, wenn ich nicht eines *todeswürdigen* Verbrechens angeklagt wäre. Jetzt gab es keine todeswürdigen Verbrechen mehr. Arnasons Worte standen im Protokoll. Das Argument, das er sich zu eigen gemacht hatte, als er unseren Antrag auf Kautionsstellung ablehnte, war nicht mehr stichhaltig. Nach dem eigenen Argument des Richters war ich jetzt »gesetzlich« zur Kaution zugelassen.

In meiner Freude, daß Fleeta, die anderen Brüder und ich nicht mehr zum Tode verurteilt werden konnten, hatte ich die Kautionsangelegenheit völlig verdrängt. Jetzt jubelten wir. Es war das erste Mal in sechzehn Monaten, daß ich frei und von Herzen lachen konnte.

»Wir haben Arnason heute früh angerufen«, sagte Margaret, »und er hat sich schon bereit erklärt, heute über die Kaution verhandeln zu lassen. Howard und Dobby bemühen sich gerade, eine Abschrift des Gerichtsurteils zu erhalten. Sie müßten in wenigen Minuten hier sein. Und Franklin, Kendra und die übrigen Ausschußmitglieder versuchen verzweifelt, die Kautionssumme zusammenzukriegen.«

Ich war einer Euphorie nahe, als Margaret sagte, daß ich bald gegen Kaution freisein würde. Aber je konkreter sie die Sache darstellte, je mehr sie von Tatsachen und Einzelheiten sprach, desto mehr schrumpfte meine Euphorie zu einem überwältigenden Pessimismus zusammen.

»Dieser Richter wird mich nicht gegen Kaution freilassen«, sagte ich, »nicht nach all diesen Monaten, nicht jetzt, am Vorabend des Prozesses. Warte nur. Irgendwo findet er ein Hintertürchen.«

Ich wollte Margarets Begeisterung keinen Dämpfer aufsetzen, aber ich erinnerte mich nur zu lebhaft an unsere letzte Kautionsverhandlung. Praktisch alle Ausschußmitglieder hatten fest damit gerechnet, daß wir gewinnen würden. Ich glaube, daß ich die einzige war – die Anwälte nicht ausgenommen –, die gegen die Möglichkeit, freigelassen zu werden, schwere Vorbehalte hatte. Als dann Arnason verkündete, daß er mich »gesetzlich« nicht freilassen dürfe, war es eine so fürchterliche Enttäuschung für alle und schuf eine so durchgreifende Niedergeschlagenheit, daß es schwer war, die Scherben aufzusammeln und die Bewegung wieder ins Rollen zu bringen. Ich empfand, daß eine zweite riesige Niederlage für die Bewegung katastrophale Folgen haben könnte. Dazu kam der psychologische Schaden, den eine solche Niederlage mir zufügen würde; ich mußte mit meinen Kräften sparsam umgehen, um zu überstehen. Ich konnte mir nicht gestatten, meine Hoffnung auf die Freilassung, die durch die eigenmächtigen Worte eines weißen Mannes in der schwarzen Robe der Rechtlichkeit nur vernichtet werden würden, zu hoch wachsen zu lassen. Gewiß gab es eine entfernte Chance, daß ich gegen Kaution freigelassen würde, aber in der Meinung, die ich mir jetzt bildete, war es genau das: eine entfernte Chance. Zudem war ich sicher, daß Arnason diese Entscheidung nicht allein fällen würde. Die wahre Entscheidung, meinte ich, würde auf Regierungsebene gefällt werden, und die lag viel höher als die des Appellationsgerichts.

Wir betraten die Kammer für die vorbereitende Kautionsverhandlung. Ich hatte mir die Szene bereits in meinem Kopf zurechtgelegt. Um als möglichst fairer Richter zu erscheinen, würde Arnason sich bereit erklären, seine Entscheidung neu zu überdenken und tatsächlich auch eine neue Kautionsverhandlung anberaumen. Aber zwischen jetzt und dem Termin, zu dem er die entscheidende Verhandlung ansetzte, würde er jedes juristische Handbuch durchforschen, die Entscheidung des Obersten Gerichtshofes tausendmal nach einer Gesetzeslücke untersuchen und am Tag der Verhandlung mitteilen, daß es ihm fürchterlich leid tue, aber das Gesetz verbiete ihm, mich gegen Kaution freizulassen.

Als die drei Anwälte und ich in die Gerichtskammer traten, sahen wir uns einem betreten aussehenden Staatsanwalt gegenüber, Albert Harris. Howard trug unsere äußerst einfache Begründung für die Kautionsstellung vor: 1) die bisherige Verweigerung gründete sich ausschließlich auf die mit Todesstrafe bedrohten Anklagepunkte gegen mich, 2) vor einigen Stunden hatte der Oberste Gerichtshof die Todesstrafe abgeschafft – es gab kein mit dem Tode bedrohtes Verbrechen mehr, 3) demnach müßte mir die Kautionsstellung sofort zugebilligt werden.

So überzeugt waren Howard und Dobby von der Unfehlbarkeit ihrer Begründung, daß sie bereits Kautionssteller an der Hintertür des Gerichts warten ließen. Aber meine pessimistische Einstellung war richtig. Der Richter beraumte einen anderen Verhandlungstermin an. Er sagte, er brauche Zeit, um die Entscheidung des Obersten Gerichtshofes zu prüfen, und der Staatsanwalt brauche Zeit, um die Antwort auf unsere Begründung vorzubereiten.

Die Kautionsverhandlung wurde für Mittwoch angesetzt – in der Kammer. Der Richter gab Howards kräftigem Widerstand gegen eine geschlossene Verhandlung nach und sagte, wenn wir die Verhandlung öffentlich führen wollten, dann sei er nur zu gern bereit, uns entgegenzukommen – aber dann müsse er das Datum der Verhandlung ziemlich weit hinausschieben. Wir verstanden die Bedeutung dieser Entscheidung recht gut. In meiner Geistesverfassung betrachtete ich sie als einen Wink mit dem Zaunpfahl, daß unser Antrag auch diesmal wieder abgelehnt werden würde. Wenn nicht, warum scheute er sich dann, die Verhandlung vor der Öffentlichkeit abzuhalten?

Kendra, Franklin und Margaret versuchten, mich davon zu überzeugen, daß der Richter keine andere Wahl hätte. Margaret erklärte mir wiederholt, daß nach ihrer »professionellen Ansicht« ihm das Gesetz keine Lücke biete. Diesmal nicht. Wir verstanden jedoch alle Howards Zurückhaltung zu diesem Thema. Er war das letzte Mal so sicher gewesen – und hatte meinetwegen so sehr gelitten, als die Ablehnung erfolgte. Fast alle forderten mich auf, alles zu packen, für alles bereit zu sein, so daß ich ohne den kleinsten Aufschub durch die Tore schreiten könnte, nachdem die Entscheidung verkündet war.

Aber ich weigerte mich zu packen, irgendeine Geste zu machen, die jemanden – insbesondere die Kerkermeister – glauben lassen könnte, daß ich wirklich an meine Freilassung dachte. Ich erinnerte mich allzu lebhaft, und mit großer Trauer, an das arrogante Benehmen der Aufseherinnen und Hilfssheriffs von Marin County, als der Richter auf unseren Kautionsantrag vom Juni vorigen Jahres sein »Abgelehnt« gesprochen hatte.

Schließlich mußte ich mir, vor Nervosität zitternd, die Handschellen anlegen und mich durch die Stahltüren zur Gerichtsverhandlung führen lassen. Ich war mir jeder Bewegung, die ich machen mußte, überdeutlich bewußt: wie ich meine gefesselten Hände auswärts halten, meinen Rücken dem Auto zuwenden, mich auf den Rand des Sitzes niederlassen und in die Mitte rutschen mußte. Niemals nahm ich die Hilfe meiner Kerkermeister an, und wenn es mir noch so schwer fiel, das Auto zu besteigen. So oft schon hatte ich mich bemüht, auf dem Weg vom Gefängnis zum Gerichtsgebäude jede kleinste Einzelheit wahrzunehmen. Auf einigen Fahrten hatte ich mich über die Kinder gefreut, die auf der Straße spielten; auf anderen bemerkte ich das Leid auf dem Gesicht Schwarzer Dienstmädchen, die zur Arbeit bei den Reichen Palo Altos gingen. Aber immer lag das brutale, obszöne Moffett-Flugfeld auf unserem Weg, der Ort, von dem aus Flugzeuge ausgeschickt wurden, um Laotianer, Vietnamesen und Kambodschaner zu töten.

Vielleicht sah ich jetzt diese Szenen zum letztenmal durch die Fenster eines Polizeiautos – und doch konnte ich mir nicht einreden, daß dafür auch nur die geringste Wahrscheinlichkeit bestand. Ich fühlte mich wie ein Seiltänzer. Wenn ich weiterhin die Möglichkeit ausschloß, gegen Kaution freigelassen zu werden, dann konnte mich mein Pessimismus in einen Abgrund der Depression stürzen. Wenn ich mich jedoch davon überzeugen ließ, daß heute der Tag sei, dann riskierte ich, von meiner Euphorie in einen noch tieferen Abgrund gestürzt zu werden. In den nächsten paar Minuten versuchte ich verzweifelt, mein Gleichgewicht zu bewahren. Ich suchte nach jenem Mittelweg zwischen totalem Pessimismus und ungezügeltem Optimismus. Ich mußte noch etwas länger auf dem Seil tanzen.

Da waren wir denn und arrangierten uns in der Richterkammer für die Verkündung der Entscheidung: Margaret, Howard, Dobby und ich auf der einen Seite des Zimmers; Albert Harris und Clifford Thompson auf der anderen und der Richter in seinem großen thronartigen Sessel in der Mitte.

Arnasons Nonchalance muß beabsichtigt gewesen sein. Er verkündete seine Entscheidung so beiläufig, daß wir keine Gelegenheit fanden, unser Triumphgeschrei loszulassen. Sechzehn Monate Gefangenschaft waren zu Ende. Ohne Aufhebens.

Die Anwälte besprachen mit dem Richter die Kautionsbedingungen. Ohne mir noch der bevorstehenden Freiheit recht bewußt zu sein, überlegte ich mir, warum er sich endlich entschlossen hatte, mich freizulassen. Bestimmt nicht, weil er persönlich den Wunsch hatte, mich vor dem Prozeß freizulassen. Wäre das der Fall gewesen, dann hätte er mich vor Monaten freigelassen. Er hätte nicht auf die Abschaffung der Todesstrafe zu warten brauchen. Auch hatte Arnason nicht nur der neuen Gerichtsentscheidung wegen unserem Antrag stattgegeben. Er hätte ohne weiteres den Ausführungen des Staatsanwalts folgen können, daß die Entscheidung des Obersten Gerichtshofes erst nach neunzig Tagen voll rechtsgültig sei; er solle daher diese drei Monate warten, und mich erst dann freilassen – vorausgesetzt, daß die Entscheidung nicht geändert würde. (Später entdeckte ich, daß jeder Richter im Staat Kalifornien bei einem Kautionsantrag auf der Basis der Abschaffung der Todesstrafe sich dem

Argument des Staatsanwalts angeschlossen und die neunzig Tage abgewartet hatte.)

Es war nicht der Richter.

Es war nicht das Gesetz.

Da blieb nur noch eine Erklärung. An eben jenem Morgen hatte der Richter selbst einen Einblick in seine Motive gestattet, die zur Gewährung der Kautionsstellung geführt hatten.

Er sprach von ». . . der Post, die ich in den letzten zwei Tagen erhalten habe und den Telefonanrufen, die ich nicht selbst entgegengenommen habe, sondern die mein Stab entgegengenommen hat, aus . . . einer sehr großen Anzahl von Staaten und von Telegrammen aus fremden Ländern. Es ist ein Fall von erstaunlichem Interesse«.

Der wahre Grund, weshalb er sich gezwungen sah, eine Entscheidung zu unseren Gunsten zu fällen, hatte mit unserer riesenhaft wachsenden Verteidigungskampagne zu tun. Arnason wollte damit nicht sagen, daß er sich »dem öffentlichen Druck beuge«. Und doch war es klar, daß die riesige Mobilisation von Millionen Menschen ihn beeindruckt hatte.

Diese Einsicht rief mir die vielen heftigen Diskussionen ins Gedächtnis, die wir wegen der Kautionsstellung geführt hatten – Diskussionen, die mich gewöhnlich allein auf einer Seite und Fania, Kendra, Franklin und die anderen Ausschußmitglieder auf der anderen gefunden hatten. Wir hatten unsere Kautionskampagne schon vor etwa einem Jahr begonnen. Ich hatte kräftige Vorbehalte dagegen gehabt, daß wir soviel Energie auf die eine Frage der Kaution verschwendeten. Erstens war ich sicher, daß wir nicht die geringste Chance hatten zu siegen. Zweitens hielt ich die politische Bedeutung der Kautionsfrage für zu klein. Sie erlaubte es den Menschen nicht, gegen das *System* der Unterdrückung ihren Widerstand zu manifestieren, das nicht nur meiner eigenen Gefangenhaltung, sondern der so vieler anderer, die im Gefängnis schmachteten, zugrundelag.

Erst nach Monaten begann ich meine eigene Fehleinschätzung zu begreifen. Gewiß war die Forderung nach Kaution keine revolutionäre Forderung. Gewiß offenbarte sie nicht in sich selbst den faulen Kern des kapitalistischen Systems. Aber gerade weil der Kautionsantrag etwas war, was jedem rechtlich Denkenden einleuchtete, konnte die Kampagne viele Tausende von Menschen erfassen, die damals nicht bereit gewesen wären, meine unbedingte Freiheit zu verlangen. Sie wollten sich für meine Freiheit nicht festlegen, aber sie würden sich vielleicht auf die Forderung festlegen, daß ich bis zum Beweis meiner Unschuld – oder Schuld – vom Gericht auf freien Fuß gesetzt würde.

Die Anteilnahme so vieler Menschen war schon an sich ungeheuerlich, aber was mich am meisten beeindruckte und mich von der Richtigkeit des Kautionskampfes überzeugte, war die Art, in der die am Kampf beteiligten Menschen sich politisch entwickelten. Viele von ihnen begannen sich auch für andere Gebiete der Kampagne zu interessieren. Nachdem sie in die Wirklichkeit des Strafvollzugs- und Rechtssystems Einblick gewonnen hatten, sahen sie sich gezwungen, auch die politische Unterdrückung, von der wir sprachen, ernstlich zu überdenken. Wenn sie von meinem Fall erfuhren, erfuhren sie auch etwas über die Soledad-Brüder, über die unmenschlichen Zustände in den Gefängnissen, über das Gesetz des unbestimmten Strafmaßes, nach dem George für etwas, wofür er als Weißer und Wohlhabender schlimmstenfalls auf Bewährung verurteilt worden wäre, eine Haftstrafe von einem Jahr bis lebenslänglich erhielt. Sie erfuhren vom Rassismus, und wie er jeden Winkel des Strafvollzugs erfüllte. Und sie erfuhren von der Dynamik, die den Rassismus zum wesentlichen Bestandteil der Verfolgung revolutionärer und fortschrittlich gesinnter Menschen macht. Viele, die sich zögernd für die Kautionsforderung eingesetzt hatten, wurden später starke und wirksame Führer der Kampagne.

Arnason sagte uns, daß die Verteidigung und die Anklage sich über die Bedingung der Kaution einigen müßten, bevor er die Summe formell zusagen könne – sie würde, wie er sagte, 102 500 Dollar betragen, davon müßten 2 500 Dollar dem Gericht unmittelbar und bar bezahlt werden. Natürlich versuchte die Staatsanwaltschaft durchzusetzen, daß ich, sowie ich in Freiheit sei, durch so viele Einschränkungen in meiner Bewegungsfreiheit gehindert würde, daß ich ebensogut hätte im Gefängnis bleiben können.

Die Schlacht tobte weiter. Harris ergriff die Gelegenheit, auf den Ausschuß loszuschlagen (dessen Vorhandensein ihn immer persönlich zu beleidigen schien). Er beantragte, daß ich bei nichts anwesend oder beteiligt sein dürfe, was mit dem Nationalen Vereinigten Ausschuß für die Freiheit von Angela Davis zu tun hätte. Wenn es nach ihm gegangen wäre, hätte ich mich nicht einmal mit meiner eigenen Schwester treffen dürfen, weil sie die Verteidigungskampagne im ganzen Land koordinierte. Harris schien nicht mich als seinen Hauptfeind zu betrachten, sondern diese Massenbewegung, die aufgestanden war, um seinen Verfolgungsapparat zu blockieren.

Viele Stunden schienen vergangen zu sein, bis wir schließlich zu einer Vereinbarung gelangten – oder vielmehr zu einem Waffenstillstand. Draußen hatte sich eine große Menge von Schwestern und Brüdern versammelt, um die Verhandlung abzuwarten und aus erster Hand die Nachricht von der Entscheidung zu erhalten. Sie wußten nicht, was wir seit Eröffnung der Sitzung wußten. Als Howard und Dobby sich aus dem Büro einige Akten holen mußten, wurden sie vom Richter angewiesen, die Entscheidung geheimzuhalten, mit keinem Vertreter der Nachrichtenmedien zu sprechen, geradewegs zum Büro zu gehen und geradewegs zurückzukommen. Margaret und ich gingen in das Geschworenenzimmer, um dort zu warten. Wir hofften, daß Howard die Anweisungen des Richters – ein klein wenig – mißachten würde.

Plötzlich hörte man im Gerichtsgebäude ein lautes Dröhnen. Jubel, Geschrei, Gelächter. Die Nachricht war zum Volk gelangt. Und es war sein eigener Sieg, den es in Anspruch nahm. In diesem Augenblick durchbrachen auch meine eigenen Gefühle, die ich während der langen Sitzung beherrscht hatte, plötzlich alle Dämme. Und das war auch richtig so: daß meine eigenen Glücksgefühle aufwallen und sich mit den Gefühlen derer vereinigen sollten, die sie geschaffen hatten.

Howard und Dobby kehrten bald wieder zurück. Ich sagte Howard, ich hätte gewußt, daß er die Kautionsentscheidung nicht geheimhalten könne, wenn er rausginge.

»Aber ich habe nichts gesagt«, beharrte Howard. »Ich ging mit möglichst unbewegtem Gesichtsausdruck raus. Ich merkte, wie gespannt und erregt Franklin und Kendra und die anderen waren. Und doch ging ich weiter. Dann kam Franklin zu mir gerannt, und ich habe nur gelächelt. Ich habe übers ganze Gesicht gelächelt – ich konnte nichts dafür. Mehr brauchte Franklin nicht. Er hat mich und Kendra an sich gedrückt, und dann brach die Hölle los.«

Nun mußten wir uns konkreten Dingen zuwenden. Woher sollten wir das Geld und die Sicherheit für die Bürgschaft hernehmen? Der Bürge mache Schwierigkeiten, sagte Howard. Derjenige, den er ins Auge gefaßt hatte (einen sogenannten »Bewegungs«-Bürgen) hatte es im letzten Augenblick mit der Angst gekriegt und davon gesprochen, wie Eldridge Cleaver das Land in zwei Lager gespalten hätte. Dieser Bürge hatte sich so sehr als

Rassist entlarvt, sagte Howard, daß wir ihn grundsätzlich selbst dann nicht gebrauchen könnten, wenn er seine Meinung änderte.

Wenn es sich um schlechte Nachrichten handelte, setzte Howard immer eine väterliche Miene auf. Schon im Geschworenenzimmer hatte er mir sehr schonend mitgeteilt, daß ich wahrscheinlich noch ein paar Tage im Loch bleiben müsse, bis die Bürgschaft aufgetrieben und ein Bürge gefunden war.

Zwar gab es ein vor einigen Monaten gegebenes öffentliches Versprechen von Aretha Franklin, daß sie für die Bürgschaft aufkommen werde. Jetzt war sie zwar außer Landes, aber als meine Mutter sie erreichte, sagte sie, daß sie immer noch gewillt sei, mich auszulösen. Das Problem war jedoch, daß sie noch einige Zeit im Ausland bleiben mußte, und das Geld konnte ohne ihre persönliche Unterschrift nicht ausgehändigt werden.

Der Ausschuß suchte weiter. Er brachte schnell 2500 Dollar zusammen, die dem Gericht übergeben werden mußten, und 10000 Dollar, die für die zehn Prozent Bürgschaftsvergütung bereitgehalten werden mußten, wenn die 100000 Dollar in Sachgütern gefunden wurden. Als ich diesmal mit gefesselten Händen in der Kolonne bewaffneter Männer zum Gefängnis zurückfuhr, fühlte ich mich stark. Was sich soeben ereignet hatte, war der unabänderliche Beweis für die Macht des Volkes.

In der Zelle legte ich mich in tiefer Trauer aufs Bett. Warum ich und nicht die anderen? Ich konnte mich eines Schuldgefühls nicht erwehren. Aber ich wußte, daß meine Freiheit nur dann Bedeutung haben würde, wenn ich sie gebrauchte, um die Freiheit jener zu erwirken, mit denen ich das gleiche Schicksal geteilt hatte.

Plötzlich kamen Menschen zu meiner Zelle. Franklin sagte, daß ich gleich entlassen würde. Was sollte das heißen? Stephanie kam mit derselben unverständlichen Ankündigung. Dann erklärte Howard, daß sie jemand gefunden hätten, der gewillt war, sein Besitztum als Bürgschaft einzusetzen. Jemand, der einfach aufgetaucht war, weil er durch den Magnetismus der Bewegung zu uns gefunden hatte. Ein weißer Farmer von Fresno County, der von seinem Vater einen großen Landbesitz geerbt hatte und mit unserer Bewegung sympathisierte. Bald kam die Nachricht von einer anderen Möglichkeit. Der Bürge, der sein Büro im unteren Stock unseres Bürohauses in San José hatte, wollte die ganze Angelegenheit übernehmen. Die Verhandlungen fanden unmittelbar vor dem Gefängnis statt. Schließlich erschien Howard mit der aufrüttelnden Nachricht: die Bürgschaft war endgültig perfekt, jetzt blieb nur noch der Papierkram zu erledigen! Ich wollte vor Freude schreien. Aber die zähe Gefängnisbürokratie hemmte den natürlichen Fluß meiner Gefühle. Jede Sekunde des Wartens war jetzt wie die Monate und Jahreszeiten, die ich hinter Gittern verwartet hatte. Ich konnte die häßliche Gefängniskleidung nicht schnell genug loswerden und die violette Hose anziehen, die Kendra gebracht hatte – eine Hose, die ihr zu klein und mir jedenfalls zu eng war. Meine Hände zitterten so, daß ich mich kaum anziehen konnte. Und doch war ich Sekunden später draußen am Registriertisch und wartete darauf, daß die Kerkermeister (die innerlich vor Wut kochten) auf die Knöpfe drückten, die die Tore öffneten.

Das erste Tor glitt mit seiner verrücktmachenden Langsamkeit auf. Ein Schritt, und diese Schwelle war überwunden. Mein Herz klopfte, als ich wartete, bis sich das Tor hinter mir mit dem grauenhaften Krachen schloß, das meine Nerven schon so viele Male strapaziert hatte. Dies war das letzte Mal. Ich trat durch das nächste Tor, das sich vor mir öffnete, und wurde von einem stürmischen Jubel begrüßt.

Ich warf meine Arme um den ersten Menschen, den ich draußen sah, Refu, einen Bruder, den ich in Los Angeles gekannt hatte. Ich hätte gern alle umarmt, jede Schwester und jeden Bruder in der Menge. Gefängnis, Gefangenschaft, Sheriffs, Ketten – alles das lag weit hinter mir. Aus Sicherheitsgründen mußten wir das Gefängnisgelände schnell räumen. Refu erinnerte mich freundlich daran, daß ich Zeit haben würde, alle diese Leute an einem besser gesicherten Ort wiederzusehen. Margaret und ich stiegen in Victoria Mercados gelben Mustang und pflügten unseren Weg durch die Anhänger und Reporter, die sich um den Wagen gesammelt hatten. Als wir die Autobahn hinabrasten, schrien wir, lachten und küßten einander. Ich war raus; keine Wächter, keine Polizeiautos, keine Handschellen mehr. »Alle treffen sich bei Bettina und Jack«, sagte einer.

Als wir in das Haus kamen, tat mir das Gesicht vom vielen Lächeln und Lachen weh. Margarets sechsjähriger Sohn Hollis und Bettinas und Jacks vierjähriger Sohn Joshua waren beide da. Mit der besonderen Zärtlichkeit, die kleine Kinder zeigen können, fragte mich Joshua: »Angela, bist du wirklich frei?« Und Hollis was so außer sich, daß er mir die Arme um den Hals warf.

Mitglieder des Nationalen Stabes waren anwesend, die Führer und Aktivisten vom San-José-Ausschuß und von Ausschüssen aus der ganzen Bucht, alle unter einem Dach. Ich dachte zurück an alle Schwierigkeiten, die uns entgegengestanden hatten, als wir den Verteidigungsausschuß für die Soledad-Brüder zu organisieren suchten. Meine Bewunderung für die Führer meines Ausschusses kannte keine Grenzen. Ich sah viele von ihnen zum erstenmal, alle diese schönen Schwestern und Brüder, die mein Leben den bleichen Händen rassistischer Verfolgung entrissen hatten.

In einem Hinterzimmer traf ich mich mit den Führern der Chicano-Verteidigungsorganisation. »El Comité Para la Defensa de los Presos Políticos« hatte sich meines Falles besonders angenommen. Ihre Unterstützung war im Santa Clara County, wo die Chicano Bevölkerung zahlenmäßig stärker war als die Schwarze, ausschlaggebend. Victoria Mercado, eine Chicano-Schwester, die dem Nationalen Stab des Ausschusses schon früh beigetreten war, hatte viele Monate in José mit El Comité gearbeitet.

Den ganzen Abend lang kam ein endloser Strom von Menschen zu uns herein. Inmitten dieses Tumults nahm ich das Telefon und wählte Birmingham. Mutter und Daddy. Da ich ihren tiefen Schmerz und ihre völlige Hingabe an den Kampf kannte, fühlte ich mich um ihretwillen glücklicher als um meinetwillen. Unsere Gefühle waren so hochgespannt, daß das Telefon fast mehr zur Schranke wurde als zum Mittel der Verständigung. Dann mußte ich meinen Bruder Benny und seine Frau Sylvia anrufen. Ihr Engagement war zugleich persönlich und politisch, und wir hatten uns dadurch noch mehr lieben gelernt. Dann die Anrufe nach New York. Ich mußte Charlene erreichen, die sich der gewaltigen Aufgabe unterzogen hatte, die nationale Kampagne zu leiten. Danach rief ich Winnie an. Henry Winston, Vorsitzender unserer Partei, und Gus Hall, unser Generalsekretär, hatten gemeinsam die Botschaft der Kampagne in die ganze Welt getragen.

Dann tauchte ein Problem auf. Franklin formulierte es. Hunderte hatten sich im Solidaritätszentrum versammelt – dem Büro des San-José-Ausschusses –, um zu feiern. Sie warteten ungeduldig darauf, daß ich bei ihnen vorbeischaute. Da zu den Kautionsbedingungen auch das Verbot gehörte, bei großen vom Ausschuß organisierten Versammlungen zu sprechen oder anwesend zu sein, schien es ratsam, nicht hinzugehen. Was sollte ich tun? Die erste Verletzung meiner Kautionsbedingungen könnte als Vorwand dienen, um mich wieder ins Gefängnis zu stecken. Sollte ich nichts riskieren und mich genau an das Gebot des

Richters halten? Sollte ich aus egoistischer Sorge für dies bißchen Freiheit die Schwestern und Brüder enttäuschen, die soviel gegeben hatten? Gerichtsverfügung oder nicht, ich war nur denen verantwortlich, die mit mir und für mich gekämpft hatten. Wenn ich meine Freiheit dadurch aufs Spiel setzte, daß ich meine Verpflichtungen ihnen gegenüber erfüllte, dann sollte es sein. Wenn ich beim Volk blieb, würde ich nie allein sein.

Als wir das Solidaritätszentrum betraten, brach die Menge in eine lange, donnernde Ovation aus – eine Ovation, die mich fast entschädigte für die letzten achtzehn Monate in Verborgenheit und Haft.

Wir hatten bereits ausgemacht, daß ich zu Margaret ziehen würde. Bob und Barbara Lindsay, Freunde von uns in San José, hatten ihr ein Haus für die Dauer des Prozesses zur Verfügung gestellt. Sechzehn Monate lang hatte Margaret mich in Gefängnissen besucht – New York, Marin County, Santa Clara; es war jetzt eine seltsame Vorstellung, daß wir unter demselben Dach schlafen gehen und aufwachen konnten. Wie vor vielen Jahren, wenn wir den Sommer zusammen in unserem Haus in Birmingham verbracht oder ich bei ihrer Familie in New York gewohnt hatte.

Selbst der Versuch einzuschlafen, war vergeblich, deshalb verbrachte ich die erste Nacht der Stille und Dunkelheit in Gedanken. Die tiefe Wirkung, die das Gefängnis auf mich gehabt hatte, war erschreckend. Meine Reaktionen waren noch auf die Spärlichkeit des Gefängnismilieus abgestimmt, auf die dichte Feindseligkeit, die einen überall umgab. Da ich daran gewöhnt war, auf einer Pritsche zu schlafen, die nur wenig breiter war als mein Körper, war es ein sonderbares Gefühl, daß ich mich in Margarets großem Bett umdrehen konnte.

Aber noch etwas anderes an diesem Haus machte mich traurig und vertrieb die Feiertagsstimmung. Das Haus hatte Barbara Lindsays Mutter gehört, einer schönen Frau namens Emma Stern. Ich hatte sie als die weißhaarige alte Dame kennengelernt, mit tief ins Gesicht gegrabenen Falten, die das erste Pamphlet über die Soledad-Brüder verfaßt hatte. Obwohl sie mehr als siebzig Jahre alt war, war sie eine der aktivsten Führer im Soledad-Verteidigungsausschuß gewesen. Im Sommer 1971 war sie erkrankt. Eine Zeitlang war sie im Krankenhaus, dann wieder draußen und schien erholt. Als George getötet wurde, müssen die Kräfte, die sie am Leben gehalten hatten, vom Schmerz aufgezehrt worden sein. Kurz nach Georges Beerdigung war Emma Stern gestorben.

24. Februar 1972

Es war nicht genug Zeit, den ersten Morgen, an dem die Sonne auf den üppigen Garten hinter dem Haus schien, richtig auszukosten. Ich wollte mich den primitiven Freuden hingeben: mich auf dem Gras ausstrecken, die Sonnenwärme und -kraft, die ich in meinen verschiedenen Zellen so sehr vermißt hatte, in mich aufsaugen. Aber ich mußte den Drang, Bäume zu berühren, Wolken zu beobachten und dem Klang von Kinderstimmen zu lauschen, unterdrücken. Binnen kurzem mußte ich mich der Presse stellen und den Medien samt den Millionen, die sie erreichen, gegenübertreten.

In diesem Augenblick kündigte die Klingel Fanias Ankunft an. Sie hatte so schwer an der Kampagne gearbeitet und war dafür durch die ganze Weltgeschichte gereist, daß sie nicht da war, als ich entlassen wurde. Sie hatte an jenem Abend in Idaho eine Rede zu halten. Wir umarmten uns, zum Bersten voll von der aufgesparten Freude der letzten achtzehn Monate. Wir Schwestern waren Genossinnen geworden.

Nach der Pressekonferenz machten wir uns auf den Weg zu Bettina und Jack, wo Gus Hall auf meinen Besuch wartete. Gus verstand am besten, wie meine Gefühle beschaffen waren. Er hatte etwa acht Jahre im Bundeszuchthaus von Leavenworth verbracht. Er beschrieb den Augenblick, als seine Genossen erfuhren, daß ihn der Richter gegen Kaution freigelassen hatte. Die Nachricht platzte in eine Sitzung des Parteikongresses. Die Mitglieder, sagte er, waren im Zweifel, ob sie die Neuigkeit gleich verkünden sollten, denn sie wußten genau, daß damit die ganze übrige Sitzung zum Teufel gehen würde. Sie riskierten aber den Teufel und brachten das ganze Tagesprogramm zum Erliegen.

Auf dieser Reise wurde Gus von Luis Figuerosa begleitet, einem Führer der kommunistischen Partei und Senator aus Chile. Er war klein, ein riesiger Schnurrbart fiel ihm über die Lippen, und er wirkte wie ein gutmütiger Onkel. In seiner herzlichen, ungekünstelten Art fragte mich Gus, ob ich mit ein paar Genossen des Bezirks mein Mittagessen einnehmen wollte. Ich nahm es an und wurde daran erinnert, daß wir uns beeilen mußten, um meine Mutter vom Flughafen abzuholen.

Die Gefängnisbesuche meiner Mutter waren für mich so

schmerzlich gewesen. Sie war so empfindsam, besonders wenn ihre Kinder betroffen waren, daß ich die Pein, die meine Gefangenhaltung ihr bereitete, kaum ermessen konnte. Wenn es einen gebieterischen persönlichen Grund gab, weshalb ich frei sein wollte, dann um meiner Mutter willen.

Als sie an jenem Nachmittag aus dem Düsenflugzeug stieg, war ein Leuchten um sie, das ich noch nie gesehen hatte. Eisa, meine kleine Nichte, war in ihren Armen. Im nächsten Augenblick hielten wir uns umschlungen. Keine Kerkermeister waren da, die die Intimität dieser Begegnung besudeln konnten.

Als ich nach dem Essen ein Glas Champagner ausgetrunken hatte – mehr zu trinken wagte ich nicht –, trank ich fast jedem zu, der da war. Spontan begannen wir die »Internationale« zu singen »Steht auf, Verdammte dieser Erde ...« und gleich danach »Die Nationalhymne der Neger«. Meine Mutter sang laut und klar: »Hebt eure Stimme und singt, bis Erd' und Himmel klingt ...« Selbst die Schwarzen Kellner fielen ein.

25. Februar 1972

Der bullige weiße Polizist, der die Aufsicht führte, war offensichtlich über mein Erscheinen ergrimmt. Seine Stimme bebte vor Wut, als er mich aufforderte, dort hinter den weißen Strich zu treten. Wie viele Aufnahmen gab das?

Gleich den anderen Polizisten, die an der Wand standen, trug er eine dunkelblaue Fallschirmjägerkluft mit einer gleichfarbenen Baseballkappe. Man hätte ihn leicht für einen Parkplatzwächter, einen Fernsehmonteur oder einen Automechaniker halten können. Aber da war die schwere Pistole, die ihm am Gürtel baumelte, und der sechzig Zentimeter lange Schlagstock, den seine Hand so fest umklammerte.

Als der Fotograf fertig war, kommandierte mich dieselbe wutgeladene Stimme zu einem anderen weißen Strich – dieser war für Frauen reserviert. Mit vor Zögern schweren Schritten ging ich von dem Strich hinter die spanische Wand. Ich hielt den Atem an, als man meinen Körper abtastete, die Finger in mein Haar drückte und mich aufforderte, meine Unterhose runterzulassen.

Kendra, Victoria, Franklin und Rodney kannten bereits die besondere Routine im Bezirksgericht von San Francisco für die Zuhörer beim Soledad-Prozeß. Aber Mutter, Sylvia und Benny waren ungläubig, empört und entsetzt über dieses entwürdigende Vorspiel zu einer Gerichtsverhandlung.

Der Gedanke, daß die regelmäßigen Prozeßbesucher sich Tag

für Tag diesen demütigenden Durchsuchungen unterziehen mußten, war erschreckend. Die Wiederholung dieser offensichtlich faschistischen Routine verlieh ihr unzweifelhaft den Anschein der Normalität. Unzweifelhaft hatte sie bereits einen gefährlichen Präzedenzfall für die politischen Prozesse der Zukunft geschaffen.

Namen wurden registriert, besondere Sitze angewiesen, Fotos für die Polizei von San Francisco und die FBI angefertigt. Und innen im Saal waren wir im Zuschauerraum durch eine kugelsichere Wand, die sich über die ganze Breite des Gerichtssaales erstreckte, vom Schauplatz des Prozesses getrennt.

Hinter dem Plexiglas erschien alles wie ein Schauspiel. Ritualistisch, so schien es, marschierten die Figuren zu ihren gewohnten Plätzen: Verteidigung, Anklage, die zwölf Geschworenen und vier Ersatzgeschworene; schließlich John und Fleeta, deren Kraft und Schönheit das kugelsichere Glas zu sprengen schien. Wir streckten die Arme nacheinander aus.

Es fiel mir schwer, mich auf den tatsächlichen Ablauf zu konzentrieren, so sehr wurde ich von dem Gedanken gefoltert, daß ich frei war und sie noch in Ketten. Der Kreis hatte sich geschlossen. Vorher, als freie Frau, hatte ich mir gelobt, unermüdlich für ihre Freiheit zu kämpfen. John, Fleeta und George ... Diese neue Freiheit durfte nicht anders sein.

Das hatte ich John während unserer Zusammenkunft sagen wollen, die die Anwälte für die Mittagspause erwirkt hatten. Aber ich hätte mir denken können, daß alles schon zu glatt gegangen war. Oben im Warteraum brachte uns die Chicano-Wache die Nachricht. Leider, sagte er, hätte Richter Vauvaris sich anders entschlossen. Keine Zusammenkunft mit John Cluchette.

Meine maßlose Enttäuschung besänftigte sich ein wenig, als ich merkte, daß Johns Zelle von dem Tisch aus sichtbar war, an dem ich stand. Die Wache erhob keinen Einspruch, als ich ihm zurief, er solle aushalten und stark bleiben, es sei nur eine Frage der Zeit.

Unten hatte sich eine riesige Menschenmenge versammelt, und die Presse war auf meine Anwesenheit vorbereitet worden. Es war denkbar, daß der Richter deswegen meinen Besuch beim Soledad-Prozeß als Verletzung der Kautionsbedingungen auslegen könnte. Aber zu diesem Zeitpunkt war das nicht sehr wichtig. Wichtig war, daß ich mein Engagement im Kampf für die Freiheit aller politischen Gefangenen bekräftigte – zuerst und vor allem für die Freiheit der Soledad-Brüder. Es war wichtig nicht nur, weil es mich dahin brachte, wo ich sein wollte – in den Kampf zurück –, sondern auch weil das allen Schwestern und Brüdern, die für meine Freiheit gekämpft hatten, erst den rechten Sinn für ihren Einsatz gab. Wenn ich nicht nur mit meiner Freiheit zufrieden sein konnte, dann konnten sie es auch nicht sein.

Zur Seite gedrehte Mauern sind Brücken

In meinem ersten Jahr in Brandeis beschlossen meine Freundin Lani und ich, an einem frühen Samstag morgen nach Norden zu trampen, um uns die Fischerboote in Gloucester, Massachusetts, anzusehen. Wir wollten die Nacht über wegbleiben. Da wir jedoch keine »Erwachsenen« in Gloucester kannten, mußten wir den lächerlich puritanischen Regeln, die das Verhalten der Studentinnen bestimmten, ein kleines Schnippchen schlagen. Als wir uns in unserem Wohnheim schriftlich abmeldeten, erklärten wir, daß wir die Erlaubnis unserer Eltern hätten, eine Familie in New York zu besuchen, deren Namen und Adresse wir angaben. (Es waren Leute, die die richtige Antwort geben würden, wenn bei ihnen nachgeforscht wurde.)

Gloucester mit seinen buntgefärbten Herbstbäumen, der wuchtigen Schönheit seiner Meeresklippen, den wimmelnden Schiffen und Fischern war wunderschön. Stundenlang gingen wir an der Küste entlang und durchwanderten dann die Straßen aus dem achtzehnten Jahrhundert. Obwohl wir praktisch kein Geld hatten, gab uns ein netter Mann in einem kleinen Restaurant soviel zu essen, wie wir essen konnten, und wollte nichts davon hören, daß wir unsere Mahlzeit bei ihm abarbeiteten.

Als die Wärme der Sonne nachließ, mußten wir unsere ursprüngliche Absicht, am Strand im Freien zu schlafen, aufgeben. Und da wir kein Geld hatten, konnten wir uns auch kein Motel leisten. Wir verabschiedeten uns also von den Leuten, mit denen wir uns in der Stadt angefreundet hatten, um mit unserem Daumen als einzigem Transportmittel wieder zurückzufahren.

Als wir das Universitätsgelände in Waltham erreichten, war es schon spät; der Zapfenstreich für die Studentinnen des ersten Jahres war bereits vorüber. Wenn wir versuchten, über das Gelände zu unserem Wohnheim zu gehen, würden wir wahrscheinlich von den Sicherheitsbeamten angehalten und wegen Übertretung der Sperrstunden angezeigt werden. Und selbst wenn wir auf dem Gelände nicht angehalten wurden, war es sehr wahrscheinlich, daß wir erwischt würden, wenn wir versuchten, unbemerkt in unser Wohnheim zu schlüpfen.

Ridgewood – die Wohnheime für Männer – lag am Rand des Universitätsgebiets, direkt neben der Fahrstraße, wo wir aus unserem Fahrzeug ausgestiegen waren. Die Sicherheitsmaßnahmen waren dort nicht so streng, deshalb beschlossen wir, einen Freund zu bitten, uns sein Zimmer für die Nacht zu überlassen. Als wir ihn weckten, war er durchaus bereit, sich ein anderes Bett zu suchen und uns die zwei Betten in seinem Zimmer für die Nacht zu überlassen. Am nächsten Morgen standen wir früh auf und gelangten ohne Zwischenfall zurück in unsere Zimmer.

Irgendwie – wir haben nie erfahren wie – kam es der Dekanin für Frauen zu Ohren, daß wir »die Nacht im Wohnheim der Männer« verbracht hatten. Sie rief uns zu sich und sagte, daß wir dafür vor dem Frauentribunal abgeurteilt werden müßten. Lani und ich konnten das nicht glauben. Das Ganze war absurd – von einer Gruppe von Frauen der Oberklasse gerichtet zu werden, die man zur Überzeugung abgerichtet hatte, daß wir unmoralisch gehandelt hätten, weil wir junge Frauen waren! Wir mußten vor diesem Tribunal erscheinen oder die Universität verlassen – bloß weil wir die Schönheit eines Herbsttages genießen wollten und uns davon durch die Regeln nicht hatten abhalten lassen.

In dem kahlen, fensterlosen Zimmer saßen Lani und ich auf der einen Seite eines langen Tisches. Die Mitglieder des Tribunals saßen auf der anderen Seite.

»Wißt ihr nicht, daß ihr den Ruf der Universität geschändet habt, indem ihr euch von fremden Menschen mitnehmen ließt?«

Wir sahen beide die Studentin, die diese Worte ausgesprochen hatte, angewidert an. »Dann muß der Ruf von Brandeis längst geschändet sein«, erwiderte ich, »wo hier soviel getrampt wird.«

»Anständige Studenten trampen auf dem Universitätsgelände und nicht auf fremden Straßen.«

Darauf folgte ein langer Streit, in dem die Frauen dieses Tribunals uns ihre Schimpfwörter an den Kopf warfen und Lani und ich diese mit dem Spott bedachten, den sie verdienten.

Als wir den Raum verließen, wußten wir, daß der Spruch auf schuldig und das Urteil auf Höchststrafe lauten würde. Dreißig Tage lang erhielten wir »Ausgehverbot«, was bedeutete, daß wir allabendlich nach dem Essen in unseren Zimmern sein und dort bleiben, oder aber beweisen mußten, daß wir am Abend in der Bibliothek studiert hatten.

Ich habe die selbstgefällige Verurteilung dieses Tribunals nie vergessen. Die Frauen waren überzeugt, daß sie das Recht hatten, Gott, Herr und Mutter zu spielen. Da wir uns weigerten, ihre Lebensmoral anzuerkennen, waren wir »moralische Verbrecher«, und sie wollten uns bestraft wissen.

28. Februar 1972

Als die ersten potentiellen Geschworenen in den Gerichtssaal geführt wurden, dachte ich an diesen kleinen Scheinprozeß zurück, der sich vor mehr als einem Jahrzehnt abgespielt hatte. Ich hatte das gleiche Gefühl der Unwirklichkeit, das Gefühl, daß ein Spiel gleicher Art abgezogen werden sollte, bei dem die Partei mit den gefährlich veralteten Ideen einen unfairen Vorteil besaß.

Aber dies war ein anderes Spiel – ein tödliches. Und der Einsatz war viel höher als dreißig Tage in meinem Schlafzimmer.

Auf dem Pult unmittelbar vor unserem Tisch wird eine hölzerne braune Lostrommel gedreht. Wenn sie anhält, greift der Sekretär hinein und zieht ein Stück Papier heraus. Er liest sorgfältig den Namen mit deutlicher Aussprache jeder Silbe. Im oberen Stock sehen und hören Menschen an einem Fernsehmonitor zu. Unten im Gerichtssaal sind wir uns der Kameras und Mikrophone scharf bewußt, die unsere Handlungen zu jenen in einem Zimmer versammelten Menschen übertragen, die den Namen und Nummern auf unserer Geschworenenliste entsprechen.

Kurz nachdem ihr Name aufgerufen war, erschien Mrs. Marjorie Morgan und nahm auf dem Zeugenstuhl Platz. Mrs. Marjorie Morgan, die sich selbst als Ehefrau eines im Ruhestand lebenden Inhabers eines Ladens für Traktoren vorstellte. Mrs. Marjorie Morgan ... provinziell und voller Vorurteile ... Mrs. Marjorie Morgan, die Leo bei der Vernehmung ohne Zögern mitteilte, daß sie glaubte, ich sei des Mordes, der Entführung und der Verschwörung »wahrscheinlich schuldig«, und daß man mir nie hätte gestatten dürfen, in UCLA zu unterrichten. Es sei gesetzwidrig und unzulässig, betonte sie, daß Kommunisten an einer Universität unterrichteten. Der einzig anständige Zug an ihr war die Ehrlichkeit, mit der sie zugab, daß sie mich wahrscheinlich nicht unparteiisch beurteilen könne. Daher war der Richter gezwungen, sie als Geschworene abzulehnen.

Die Vernehmung potentieller Geschworener – das voir dire – zerfiel in zwei Teile. Erst wurde der mögliche Geschworene gefragt, inwieweit er oder sie durch die Massenmedien über mich und meinen Fall Bescheid wisse. Wenn der Richter den Eindruck gewann, daß die Meinungsmedien vor Prozeßbeginn kein unverrückbares Vorurteil gegen mich geschaffen hatten, mußte sich die Person vorübergehend auf einen der zwölf Geschworenenstühle setzen. Wenn die Geschworenenbank voll war, begann der zweite Teil des voir dire, bei dem wir die potentiellen Geschworenen über ein ganzes Themenfeld eingehend befragten. Wir versuchten, alle rassistischen, pro-polizeilichen oder andere Vorurteile ans Tageslicht zu ziehen, die sich bei der Beweiserhebung während des Prozesses plötzlich herausstellen könnten.

Am nächsten Tag wurde ein noch dreisterer Anti-Kommunist verhört. Als wir William Waugh nach seiner Einstellung zum Kommunismus fragten, sagte er: »Wenn jemand Kommunist sein will, dann soll er doch dahin zurückgehen, wo er hergekommen ist«. Das bezog sich auch auf mich, gab er zu – wenn ich Kommunistin sein wollte, sollte ich dahin gehen, wo die Kommunisten die Macht hatten. Da er jedoch nicht zugeben wollte, daß seine Einstellung seine Fähigkeit, mich unvoreingenommen zu beurteilen, beeinflussen würde, sofern der Prozeß etwas anderes als den Kommunismus betraf, mußte er seinen Stuhl nicht räumen. Vorläufig zumindest blieb er unter den Zugelassenen.

Dies war jedoch auch der Tag, an dem Mrs. Hemphill gerufen wurde. Mrs. Hemphill war die einzige Schwarze Frau in der ganzen Schar potentieller Geschworener. Eine derbe Frau, Anfang vierzig, die freundlich erklärte, daß sie mich unvoreingenommen beurteilen könne. Aber bevor sie noch ein Wort sagte, waren wir bereits sicher, daß Albert Harris, der Staatsanwalt, sie so bald wie möglich von der Liste streichen würde.

Als sie ein paar Tage später eingehend zum voir dire vernommen wurde, beschrieb sie in ergreifender Weise ihre Lebensumstände. Ich war von ihren Worten gerührt, und vergaß darüber beinahe, daß dies zur Auswahlprozedur der Geschworenen gehörte, die mich wieder hinter Mauern schicken konnten. Als Howard sie nach der Berufsarbeit fragte, die sie getan hatte, versetze sie uns nach Arizona, wo sie zwölfjährig Baumwolle gepflückt und Zwiebeln geschält hatte. »Später«, sagte sie, »war ich Köchin für Schnellgerichte ... Und ich habe auch in einer Sandwichfabrik gearbeitet, für die Lastwagen, die vorbeifahren ... Als ich nach San José kam, habe ich anfänglich Hausarbeit getan und bei Spivey als Tellerwäscherin gearbeitet.«

Beim Sprechen erinnerte sie mich an meine Mutter – ihren Kampf, Good Water in Alabama den Rücken zu kehren und sich mit jeder möglichen Arbeit, die sie finden konnte, durch die höhere Schule und das College zu schlagen. Alles, um schließlich an einer kleinen Schule Lehrerin zu werden.

Mrs. Hemphills Geschichte war die Universalgeschichte der

Schwarzen Frau in einer Welt, die sie am Boden sehen will. Mrs. Hemphill hatte sich durchgesetzt. Meine Mutter hatte sich durchgesetzt. Aber viele andere hatten das nicht. Das System stand ihnen entgegen. Und das war in Mrs. Hemphills Worten so kraftvoll zum Ausdruck gekommen. Meine eigene schwierige Lage war, auf einer anderen Ebene, ein Beweis für dieselbe politisch, wirtschaftlich, gesellschaftlich feindliche Welt, mit der sich fast jede Schwarze Frau an jedem Tag ihres Lebens auseinandersetzen muß.

Am 13. März, fünfzehn Tage nachdem die Auswahl der Geschworenen begonnen hatte, wurde Mrs. Hemphill durch einen gebieterischen Einspruch der Staatsanwaltschaft ausgeschaltet. Sie war die einzige Schwarze Person, die im Zeugenstuhl befragt worden war. Das Gericht vertagte sich.

Am nächsten Tag, dem 14. März, erklärten wir uns mit der bisher festgesetzten Geschworenenbank einverstanden. Nicht deshalb, weil wir mit den Menschen, die auf der Bank saßen, zufrieden waren. Nein, keineswegs – schließlich war die einzige Schwarze Frau von Harris abgelehnt worden. Trotzdem waren wir nach unserer flüchtigen Sondierung der übrigen berufenen Geschworenen überzeugt, daß die Zusammensetzung der Juroren, die wir am 14. März erreicht hatten, wahrscheinlich die beste war, die wir erhoffen konnten. Hätten wir weiterhin gegen diejenigen Einspruch erhoben, die wir für besonders voreingenommen hielten, dann hätte sicher Harris gegen solche Einspruch erhoben, die wir für besonders vorurteilsfrei hielten. Er hätte sie einen nach dem anderen ausgeschaltet, wie er schon Janie Hemphill und ein paar andere ausgeschaltet hatte, die nicht ganz anklagehörig erschienen.

Wir hofften, daß uns unser Instinkt im Fall von Mrs. Mary Timothy nicht trog, deren Sohn aus Gewissensgründen den Dienst im Vietnamkrieg verweigert hatte. Während des voir dire hatte sie sich als leidenschaftlich unabhängige Frau erwiesen, von der wir glaubten, daß sie ihre Stellung behaupten würde. Wenn nur sie und die wenigen anderen, die uns irgendwie gefallen hatten, der Beweiserhebung objektiv und intelligent folgen und sich von den demagogischen Tricks der Staatsanwaltschaft nicht mitreißen ließen, konnten wir zumindest hoffen, daß die Geschworenen zu keinem einstimmigen Schuldspruch gelangen würden (was einen neuen Prozeß nötig machen würde).

Als die Geschworenen am 14. März vereidigt wurden, war auch eine Frau dabei, deren Teilnahme als Jurorin uns von Anbeginn Sorgen machte. Als Howard sie über ihre Einstellung zum Kommunismus befragte, hatte sie gesagt, daß die Kommunisten ihre Ziele »irgendwie gewaltsam« durchsetzen wollten.

»Wenn Sie von ›Gewalt‹ sprechen«, fragte Howard, »worauf bezieht sich das? Was meinen Sie damit?«

»Subversiv«, erwiderte die Frau, » . . . etwas von dieser Art. Ich weiß wirklicht nicht . . .«

»Jetzt sagen Sie etwas von ›subversiver‹ Art. Können Sie uns erklären, was Ihrer Meinung nach etwas ›Subversives‹ ist?«

»Ich könnte es mit einem Ausdruck meines elfjährigen Kindes ›hinterlistig‹ nennen.«

Als Howard sie bat, ›hinterlistig‹ zu erklären, versuchte sie, den Gebrauch dieses Wortes so zu erläutern: »Ich habe es irgendwie zu sehr vereinfacht. Ich bin eben nicht so gebildet. Man liest und hört von ihren Aktivitäten, daß sie Aufstände anzuzetteln suchen. Ich weiß nicht, ob das stimmt. Man liest es jedenfalls in den Zeitungen.«

Howard war überzeugt, daß sie jedesmal, wenn sie naive Unkenntnis vorschützte, um sich dadurch als Geschworene zu qualifizieren, nur Theater spielte. Immerhin war sie die Tochter eines Sheriff-Captains im Ruhestand – eines Mannes, der mehr als fünfundzwanzig Jahre seines Lebens, wie Mrs. Titcomb es nannte, mit »Polizeiarbeit« befaßt gewesen war.

Während des voir dire hatte Howard sie gefragt, ob sie Schwarze Freunde hätte. Sie antwortete: »Oh, wir hatten vor vielen Jahren sehr liebe Schwarze Freunde, die von hier weggezogen sind. Hinter uns lebt eine Familie, mit der wir befreundet sind.«

Gefragt, wann Schwarze zum letztenmal als gesellschaftliche Gäste in ihr Haus gekommen seien, antwortete sie: »Schwarze in meinem Haus als gesellschaftliche Gäste . . . Meine Kinder haben sie fast täglich im Haus«.

Am 14. März wurde sie mit elf anderen Juroren vereidigt. Aber ein paar Tage nach der Vereidigung wurde sie von ihren Pflichten entbunden. Den Zuschauern und der Presse wurde mitgeteilt, sie ginge aus »persönlichen Gründen«. Wenige Menschen haben je die Tatsachen erfahren. Wenn das Protokoll nicht geheimgehalten worden wäre, hätten die Medien vielleicht nicht so bereitwillig das Gerichtssystem der Vereinigten Staaten wegen seiner jedem Menschen garantierten Fairneß gelobt.

Es fing damit an, daß am Tag nach unserer Einwilligung die Liste und eine Beschreibung der Geschworenen in den Zeitungen erschien. Richter Arnasons Sekretär sagte, daß an jenem Tag eine Person in dessen Büro angerufen hätte, die sich als die Tochter der Geschworenen zu erkennen gab. Der Sekretär beschrieb ihre Stimme als hysterisch – sie konnte nichts anderes sagen als: »Wenn meine Mutter Geschworene bleibt, dann helfe Gott Angela Davis.«

Das Verteidigungsteam und die Vertreter der Anklage waren dringend in die Richterkammer gebeten worden, um von diesem Vorfall in Kenntnis gesetzt zu werden. Was schlugen wir vor? Wir bestanden darauf, daß die Tochter geholt würde, damit sie ihre Befürchtung, die Mutter wolle mir an den Kragen, näher erläutern könne.

Sie war blaß, zart gebaut und sah viel jünger aus als ihre achtzehn Jahre. Man merkte gleich, daß sie diese amtliche Atmosphäre nicht gewöhnt war. Sie schien schüchtern und ein bißchen verängstigt. Ich wollte sie fragen, was sie veranlaßt hätte, ein so großes Risiko auf sich zu nehmen. War sie in irgendeiner Weise durch unsere Bewegung für meine Befreiung beeinflußt worden? Es konnte nur die Bewegung gewesen sein, die sie gezwungen hatte, sich der eigenen politischen Verantwortung bewußt zu werden, selbst wenn damit ein Angriff auf ihre Mutter verbunden war.

Ich konnte mir nicht helfen, sie tat mir leid, wie sie besorgt auf alle die fremden Menschen starrte, die an den Wänden der Richterkammer saßen. Selbst der Richter war davon ergriffen, ging mit einer väterlichen Geste zu ihr, legte ihr den Arm um die Schulter und sagte ihr milde, daß sie nichts zu fürchten hätte.

Als ihre furchtbare Spannung etwas nachgelassen hatte, konnten wir zum Thema der Sitzung kommen. Ja, sie war sicher, daß ihre Mutter für meine Verurteilung stimmen würde, ohne Rücksicht auf die Beweiserhebung. Ihre Mutter hatte die Schwarzen Menschen nie leiden können und hatte ihrer Tochter verboten, sich mit Schwarzen Kindern anzufreunden. Eine Schwarze Freundin, die ihre Tochter als Kind hatte, hatte sie nicht im Haus besuchen dürfen – nicht nur, weil ihre Mutter es nicht erlaubte, sondern auch, weil die Eltern des Mädchens dieses nicht unter die Fuchtel einer Frau kommen lassen wollten, die in der Nachbarschaft wegen ihrer negerfeindlichen Gefühle bekannt war. Die Tochter hatte an einem ihrer Geburtstage geweint, weil ihre Freundin nicht kommen durfte.

Als wir durch die Tatsachen dieser Episode hindurchgewatet waren, begann die Tochter mit einiger Verwirrung die Geschichte eines Schwarzen Freundes zu erzählen, auf den ihre Mutter ihren ätzenden Rassismus ausgespien hätte.

Die zweite Szene dieser Konfrontation war ein Gespräch mit der Geschworenen, der wir die Beschuldigungen ihrer Tochter vorhielten. Natürlich behauptete sie, daß die Tochter in allem gelogen hätte. Sie sagte, sie und ihre Tochter seien nie miteinander ausgekommen – von allen ihren Kindern mochte sie sie am wenigsten leiden.

Wie stand es mit der kleinen Schwarzen Freundin, die ihre Tochter als Kind nicht mit nach Hause bringen durfte? Diese Geschichte sei erfunden, erklärte sie. Und der Schwarze Freund? Ihre Tochter hätte ihr erzählt, daß sie vergewaltigt worden sei – so die Frau.

Nein, sie hatte während des voir dire nicht gelogen. Nein, sie wollte nicht freiwillig verzichten. Sie hielt es für ihr Recht, als Geschworene zu amtieren, und sie war entschlossen, ihre Bürgerpflicht zu erfüllen.

Diese Frau schien bereit, fast alles zu riskieren, um zu den Geschworenen zu gehören und mich schuldig zu finden. Wir drohten, ihre Tochter zu holen und sie von Angesicht zu Angesicht mit dem Vorwurf des Rassismus zu konfrontieren. Aber sie war mehr als bereit, sich ihrer Tochter zu stellen. Wir mußten weitergehen. War sie auch bereit zu hören, wie ihre Tochter und alle anderen Zeugen, die wir ausfindig machen konnten, diese Bezichtigungen vom Zeugenstuhl aus vor dem Gericht, den Zuschauern, der Presse und der Welt erhoben? Sie dachte einen Augenblick nach und entschied sich dann, daß sie ganz verzichten wolle. Die Welt war ein wenig mehr, als sie in die Schranken fordern wollte.

27. März 1972

Als sich das Gericht zur Mittagspause vertagte, verließen Kendra und ich als letzte den Saal. Plötzlich kam Leo zurück in den Saal gestürzt und schrie: »Die Soledad-Brüder sind freigesprochen worden!« Wir johlten, wir umarmten uns, wir sprangen in die Luft. »Die Soledad-Brüder sind frei.« Unsere lauten, ungehemmten, freudigen Rufe hallten durch den leeren Gerichtssaal.

Ich lachte und weinte vor Freude, aber dachte auch: Warum nicht George? Wenn sie ihn nur ein bißchen länger am Leben gelassen hätten.

Richter Arnason, der sich in seiner Kammer ausruhte, hatte

unser wildes Gebrüll gehört und kam eilends an die Tür. Etwas ängstlich aussehend und wahrscheinlich auf das Schlimmste gefaßt, fragte er mit leiser Stimme, was geschehen sei. Wir drei konnten nur wiederholen, was wir geschrien hatten: »Die Soledad-Brüder sind freigesprochen worden.«

Dies war der Eröffnungstag unseres Prozesses. Zwei Herbste, zwei Winter, zwei Lenze waren schon im vorbereitenden Geplänkel dahingegangen. Jetzt waren wir endlich in den abschließenden, entscheidenden Streit eingetreten. Und die Schuldloserklärung von John und Fleeta war ein Omen, das auf unseren künftigen Sieg deutete.

Dieser Sieg würde ein grundlegendes Element unserer Verteidigung bestätigen: den politischen Charakter meiner Teilnahme an der Bewegung zur Verteidigung der Soledad-Brüder und die Strategie, Massenproteste und Massenwiderstand gegen die Verfolgung der Brüder zu entwickeln.

Harris hatte versucht, die Geschworenen mit der absurden Theorie in Wallung zu bringen, daß ich zur Begehung von Mord, Entführung und Verschwörung durch meine »grenzenlose und alles verzehrende Leidenschaft für George« getrieben worden sei. Indem er den Fall der ursprünglichen politischen Bezichtigungen entledigte, glaubte der Ankläger, klug zu handeln. In der Anklageschrift war mein erster »offener Akt« der »Verschwörung« die Teilnahme an der Kundgebung vom 19. Juni 1970 für die sofortige Freilassung der Soledad-Brüder. Polizisten hatten vor dem Großen Schwurgericht ausgesagt, daß ich bei dieser Kundgebung wie auch bei anderen Versammlungen und Sitzungen die Freilassung der Soledad-Brüder gefordert hätte. Weil sich jetzt so viele Menschen die Auffassung zu eigen gemacht hatten, daß ich eine politische Gefangene sei, war die Staatsanwaltschaft in die Verteidigung gedrängt. Unzweifelhaft hatte Harris Angst, von dem Kernbeweis, auf den er sich anfänglich gestützt hatte, Gebrauch zu machen. Das war die Wirkung der Massenkampagne, deren zentrales Thema das unterdrückerische, politische Wesen der Strafverfolgung war.

»Die Staatsanwaltschaft wird in den nächsten Wochen keine Beweise darüber vorlegen«, erklärte er vor den Geschworenen, »in welcher Weise die Angeklagte von ihrem Recht auf Redefreiheit und Versammlungsfreiheit gemäß dem Ersten Zusatzartikel zu unserer Verfassung Gebrauch gemacht hat, bis auf gewisse Briefe, die sie geschrieben hat. Sie werden einsehen, daß das Argument der Anklagevertretung in keiner Weise auf den politischen Überzeugungen der Angeklagten aufgebaut ist, welcher Art diese auch gewesen sein mögen.«

»Die Beweiserhebung wird offenbaren, daß die Behauptung politischer Hetze, die Behauptung, daß die Angeklagte eine politische Gefangene ist, die Behauptung, daß die Angeklagte unter Strafverfolgung wegen ihrer politischen Überzeugungen steht – daß alle diese Behauptungen falsch und unbegründet sind.«

Wenn der Staatsanwalt jedoch die »politischen Beweise« ausmerzte, mußte er den Fall in einen anderen Rahmen stellen. Dieser neue Rahmen basierte auf dem Motiv der Leidenschaft. Ich wollte ganz einfach, sagte er, einen Mann befreien, den ich liebte.

Aber obwohl er nach Kräften versuchte, politische Überlegungen für den Fall völlig unwichtig erscheinen zu lassen, schlich sich die Politik doch wieder ein. »Heute morgen«, sagte er, »haben Sie gehört, daß ihre Bücher beweisen, daß diese Dozentin der Philosophie die Gewalt studiert hat. (Er bezog sich dabei auf zwei Bücher, ›Die Politik der Gewalt‹ und ›Gewalt und soziale Änderung‹.) Weiteres Beweismaterial, das wir vorbringen werden, wird zeigen, daß die Angeklagte nicht nur in der Welt der Bücher und Ideen gelebt hat, sondern daß sie sich der Aktion, daß sie sich der Gewalt verschrieben hat.«

Dann versuchte er jedoch einen Rückzieher: »Ihre eigenen Worte werden offenbaren, daß unter der kühlen akademischen Tünche eine Frau lebt, die durchaus imstande ist, aus Leidenschaft zur Gewalt getrieben zu werden. Die Beweiserhebung wird zeigen, daß ihr eigentliches Motiv zum Verbrechen nicht die Befreiung politischer Gefangener war, sondern die Befreiung des einen Gefangenen, den sie liebte. Das grundlegende Motiv für das Verbrechen war das gleiche Motiv, das jeden Tag Hunderten von Verbrechensfällen in den Vereinigten Staaten zugrundeliegt. Das Motiv war nicht abstrakt. Es beruhte im Grunde nicht auf einem wirklichen oder eingebildeten Bedürfnis nach einer Strafvollzugsreform. Es beruhte nicht auf dem Verlangen nach sozialer Gerechtigkeit. Es beruhte einfach auf der Leidenschaft, die sie für George Jackson empfand ...«

Am zweiten Verhandlungstag hatten wir unsere Chance, die Argumente des Staatsanwalts anzugreifen. Da wir uns einige Tage zuvor entschlossen hatten, daß ich die Eröffnungserklärung an die Geschworenen abgeben sollte, hatte ich jeden Augenblick der letzten Tage darüber mit meinen Anwälten diskutiert und mein Konzept vorbereitet. Jetzt fühlte ich mich gewappnet, die Begründung der Staatsanwaltschaft in Fetzen zu reißen.

Unsere Waffen waren gesammelt. Unser Verteidigungsteam war in guter Verfassung – Howard, Margaret, Leo, Dobby und ich. Die Massenbewegung hatte eine noch nicht dagewesene globale Stärke. Fania, Franklin, Charlene, Kendra, Rob, Victoria, Phyllis, Stephanie, Bettina und die anderen vom Stab waren geschulte Organisatoren. Sie bereiteten sich vor, die Bewegung über die Ziellinie zu steuern. Außerdem war durch diese neue Wendung, diese neue Theorie der Leidenschaft, die Harris vorgetragen hatte, die Sache des Staates – falls das möglich war – noch kläglicher geworden, als sie ohnehin schon war. Das war eine Führung des Prozesses aus dem letzten Loch, entwickelt und ausgebaut, als es klar geworden war, daß das politische Argument einfach nicht verfangen würde.

An diesem zweiten Prozeßtag, als mich Victoria und Rodney, die für meine Sicherheit verantwortlich waren, durch die unvertrauten Straßen von San José fuhren, waren meine Gedanken völlig von der Aufgabe erfüllt, die ich meinte, bald ausführen zu sollen.

Als wir uns den Amtsgebäuden von Santa Clara County näherten, bemerkten wir eine ungewöhnlich große Menschenmenge, die um das Gebäude herumquirlte. Bewaffnete Hilfssheriffs rannten im Hof umher. Andere waren auf den Dächern der Amtsgebäude postiert.

Da ich nicht wußte, was dieser ganze Trubel zu bedeuten hatte, meinte ich, was auch immer im Gange sei, es müsse ein Teil der großen Verschwörung sein, mich auf Lebenszeit ins Gefängnis zu schicken. Jeden Tag mußten sich die Leute, die den Gerichtssaal betraten – Zuschauer, Presseleute, wir selbst und sogar die Geschworenen Metalldetektoren, demütigenden Filzungen und – zumindest die Zuschauer und die Presse – Kameras stellen, die ihre Gesichter fotografierten. Jetzt war das gesamte Gelände von Beamten besetzt, die Flinten, Gewehre und Maschinenpistolen trugen.

Als ich mich im Hof umsah, bemerkte ich einige Geschworene auf den Stufen des Gerichtsgebäudes und andere auf der gegenüberliegenden Seite des Hofes. Einer sagte, ein Ausbruchsversuch sei im Gange, und zwar von Gefangenen im Bezirksgefängnis für Männer, das im selben Gebäudekomplex lag wie das Gericht.

Der Hilfssheriff, der den Hintereingang bewachte, wollte mich nicht durchlassen. Das Gebäude stehe unter äußerster Alarmbereitschaft, sagte er, und niemand dürfe eintreten. Wir entdeckten später, daß die Presseleute im Pressezimmer eingeschlossen waren. Die Zuschauer waren im Korridor außerhalb des Gerichtssaales eingeschlossen, und ein paar Geschworene, die schon das Gebäude betreten hatten, waren im Gschworenenzimmer eingesperrt.

Als der Richter die Sicherheitsvorkehrungen für die Prozeßbeteiligten aufhob und wir uns alle im Gerichtssaal versammelten, verkündete er, daß sich das Gericht bis zum nächsten Morgen vertage und entließ die Geschworenen sofort für den ganzen Tag.

Anscheinend hatten drei Männer, die im Bezirksgefängnis bis zur Verlegung in andere Haftanstalten festgehalten wurden, beschlossen, in die Freiheit zu entkommen. Sie hatten Geiseln genommen und versucht, über ihre Freilassung zu verhandeln. Aber wie wenn sie dem Beispiel der Wächter von San Quentin gefolgt wären, hatten die Hilfssheriffs die erste sich bietende Gelegenheit ausgenutzt und sich von allen Verhandlungen freigeschossen. Der Mann, den man für den Rädelsführer gehalten hatte, wurde getötet und die anderen zwei festgenommen.

Die Abendzeitungen hatten Schlagzeilen wie GEFÄNGNIS FLUCHTVERSUCH AN ANGELAS PROZESSORT. Und eine Anzahl Artikel enthielten langatmige Vergleiche zwischen diesem Vorfall und dem Aufstand vom 7. August. Ob es so geplant war oder nicht, jedenfalls setzte sich in den Köpfen vieler Leser dieses Berichts der Verdacht fest, daß wir etwas mit dem Fluchtversuch zu tun hatten.

Diese Episode, die sich ereignete, bevor wir noch Gelegenheit hatten, unsere Sache vor den Geschworenen vorzutragen, warf für uns sehr schwierige Fragen auf. Einerseits war das einzige Mittel, um sicherzustellen, daß ich nicht von Geschworenen beurteilt wurde, deren Vorurteile durch den Eindruck dieses Fluchtversuchs noch gewachsen waren, sofort einen Fehlprozeß zu beantragen. Wenn wir jedoch andererseits einen Fehlprozeß beantragten und auch bewilligt bekamen, dann würde die Auswahl von Geschworenen von neuem beginnen. Da wir glaubten, bereits die beste Geschworenenbank ausgewählt zu haben, die Santa Clara zu bieten hatte, konnte eine neue Jury nur schlechter sein.

Das Verteidigungsteam und die Organisatoren der Kampagne besprachen sich den ganzen Abend lang, bevor wir schließlich zu einer einmütigen Stellungnahme gelangten: ein kurzes voir dire der Geschworenen, um festzustellen, ob sie infolge des Fluchtversuchs, dessen Zeugen sie gewesen waren, mehr gegen mich eingenommen waren.

Nach der Beendigung der einzelnen Befragungen am nächsten Tag entschieden wir, daß der Schaden nicht irreparabel war. Wir wollten den Prozeß fortsetzen.

Das Podium war hinter dem Tisch des Staatsanwalts und ein wenig nach links. Als ich meine Notizen ordnete und anhub, um unsere Darstellung vorzutragen, sah ich Harris auf seinem Stuhl hin und her rutschen.

»Der Staatsanwalt«, sagte ich, »hat Ihnen einen langen und sehr verwickelten Pfad eröffnet, auf dem, wie er hofft, die Beweiserhebung Sie im Lauf dieses Prozesses entlangführen wird. Er sagt, daß dieser Pfad geradewegs in die Richtung meiner Schuld weist. Er sagt, die Beweise seien so schlüssig, daß sie jeden Zweifel über meine Schuld ausräumen und Sie keine Wahl haben werden, als mich dieser sehr schweren Verbrechen, Mord, Entführung und Verschwörung, schuldig zu finden.

Wir aber sagen Ihnen, Mitglieder des Schwurgerichts, daß eben die Beweise des Staatsanwalts Ihnen zeigen werden, daß dieser Fall überhaupt kein Fall ist. Die Beweiserhebung wird offenbaren, daß ich in allen Punkten der Anklage völlig unschuldig bin. Sie wird offenbaren, daß die Sache des Staatsanwalts gegenstandslos ist. Sie wird offenbaren, daß dieser Fall auf Mutmaßung, Unterstellung und Spekulation beruht ...

Der Staatsanwalt hat am Montag damit begonnen, daß dieser Prozeß gegen mich im Grunde ein Prozeß wegen eines Verbrechens aus Leidenschaft sei. Er hat gesagt, daß meine Leidenschaft für George Jackson so groß gewesen sei, daß sie keine Grenzen kannte, daß ich keine Achtung vor dem Menschenleben hätte.

Später hat er in seiner Darstellung behauptet, daß mir nichts am Kampf um die Befreiung politischer Gefangener gelegen war, daß mir nichts an der Bewegung, den Strafvollzug in diesem Lande zu verbessern, gelegen war. Er hat Ihnen gesagt, er wolle beweisen, daß mir nur an der Freiheit eines Mannes, George Jackson, gelegen war und daß dieses Interesse ausschließlich durch Leidenschaft motiviert war.

Geehrte Geschworene ... die Beweiserhebung wird offenbaren, daß bei der Anklageerhebung das Große Schwurgericht von Marin County gegen mich wegen der Verschwörung zur Befreiung nicht nur George Jacksons ermittelte, sondern auch Fleeta Drumgos und John Cluchettes.

Die Beweiserhebung wird offenbaren, daß der erste öffentliche Akt zur Anklage der Verschwörung in einer Kundgebung gesehen wurde, an der ich teilnahm und die die Befreiung der Soledad-Brüder zum Gegenstand hatte. Am 19. Juni 1970 handelte ich in Ausübung verfassungsmäßig garantierter Rechte – Rechte, die mir durch den Ersten Zusatzartikel zur Verfassung gewährleistet sind –, als ich an dieser Kundgebung teilnahm, die die Verfolgung der Soledad-Brüder und anderer politischer Gefangener, sowie die Zustände des Strafvollzugs im allgemeinen zum Gegenstand hatte. Und dennoch wurde das als der erste öffentliche Akt einer Verschwörung gewertet, durch die Ereignisse des 7. August die Soledad-Brüder zu befreien.

Die Beweiserhebung wird offenbaren, geehrte Geschworene, daß diese Anklage in weiten Kreisen, ja in der ganzen Welt die Besorgnis auslöste, daß ich das Opfer politischer Unterdrückung sei. Kann man nicht, so frage ich Sie, mit einigem Grund annehmen, daß auch dem Staatsanwalt bekannt ist, daß kein unparteiisches Schwurgericht mich auf der Basis solcher Beweise verurteilen würde. Daher hat er gesagt, er werde keine Beweise vorlegen, daß ich mich an dem Kampf beteiligt habe, die Soledad-Brüder zu befreien. Dadurch hat er den ganzen Charakter dieses Prozesses verändert.

Und nun sollen Sie ihm glauben, daß ich ein Mensch bin, der die Verbrechen des Mordes, der Entführung und der Verschwörung aus dem Motiv reiner Leidenschaft begangen habe. Sie sollen ihm glauben, daß hinter meiner äußeren Erscheinung finstere und selbstsüchtige Gefühle und Leidenschaften lauern, die, mit seinen Worten, keine Grenzen kennen.

Geehrte Geschworene, das ist äußerst fantastisch. Es ist äußerst absurd. Trotzdem, es ist verständlich, daß Mr. Harris aus der Tatsache, daß ich eine Frau bin, Kapital schlagen will, denn in dieser Gesellschaft handeln Frauen angeblich nur nach dem Gebot ihrer Gefühle und Leidenschaften. Ich möchte sagen, daß dies offensichtlich ein Symptom des männlichen Chauvinismus ist, der in unserer Gesellschaft vorherrscht.«

Ich hatte nicht geahnt, daß diese Ausführungen bei einer Anzahl weiblicher Geschworener ein solches Echo finden würden. Ich versuchte, während meiner Erklärung sorgfältig darauf zu achten, wie die Geschworenen reagierten. Als ich von dem männlichen Überlegenheitswahn in der Darstellung von Harris sprach, nickten Köpfe, und die Mienen einiger weiblicher Gesichter zeigten Zustimmung. Auch sie hatten es erfahren, daß sie beschuldigt wurden, irrational und eher gefühlsmäßig als logisch zu handeln, weil sie Frauen waren.

»Die Beweiserhebung wird offenbaren«, fuhr ich fort, »daß meine Teilnahme an der Bewegung für die Freilassung der Soledad-Brüder begann, lange bevor ich George Jackson persönlich kennengelernt hatte. Sie werden hören, daß ich kurze Zeit, nachdem Fleeta Drumgo, John Cluchette und George Jackson vor einem Großen Schwurgericht in Monterey angeklagt wurden, öffentliche Versammlungen zu besuchen begann, deren Ziel es war, eine Bewegur.g zur öffentlichen Verteidigung der drei gegen die unbegründeten Vorwürfe, sie hätten hinter den Mauern vom Soledad-Gefängnis eine Wache getötet, ins Leben zu rufen ...

Die Beweiserhebung wird offenbaren, daß meine eigenen Bemühungen, George Jackson zu befreien, stets im Rahmen einer Bewegung stattfanden, alle Soledad-Brüder zu befreien und alle Männer und Frauen zu befreien, die rechtswidrig in Haft waren.«

Dann beschrieb ich den Verteidigungsausschuß zur Befreiung der Soledad-Brüder und erklärte den Geschworenen, daß » ... unsere Versammlungen für jeden offen waren, der daran teilnehmen wollte ... Wir organisierten Demonstrationen, Kundgebungen, Flugblattaktionen und verschiedene andere informatorische und erzieherische Aktivitäten ...

Geehrte Geschworene, wenn zu dieser Frage Zeugen vernommen werden, werden Sie erkennen, daß wir solche Aktivitäten aussuchten, die uns erlaubten, Menschen in immer größerer Zahl für die öffentliche Verteidigung der Soledad-Brüder zu gewinnen.«

Und ich legte besonderen Ton auf das, wie wir glaubten, kritische Element unserer Verteidigung, indem ich sagte, daß »die Zeugenaussagen klar beweisen werden, daß unserer Überzeugung nach der Einfluß großer Menschenmengen helfen würde, einen Freispruch für sie durchzusetzen, und daß sie auf diese Weise von einer ungerechten Strafverfolgung befreit würden.

Geehrte Geschworene, in unserer Einschätzung des Soledad-Falles haben wir recht behalten, denn am Montag morgen, als Sie hier die Eröffnungserklärung der Staatsanwaltschaft anhörten, und als Sie hörten, daß mir nichts daran lag, die Bewegung für die Freilassung der Soledad-Brüder zu fördern, wurden die schönsten Früchte unserer Mühen geerntet. Die zwölf Männer und Frauen, die über viele, viele Monate hinweg alle Beweise angehört hatten, die die Staatsanwaltschaft gegen die Soledad-Brüder anführen konnte, haben nunmehr im Gericht von San Francisco die zwei noch lebenden Soledad-Brüder für nicht schuldig erklärt. Und wenn George Jackson nicht im August letzten Jahres von einem Gefängniswächter in San Quentin niedergestreckt worden wäre, dann wäre auch er auf diese Weise von jener ungerechten Strafverfolgung befreit worden.«

Ich fuhr in meiner Erklärung fort, indem ich im einzelnen die Aktivitäten des Soledad-Verteidigungsausschusses beschrieb und sie einbezog in meine Erfahrungen mit dem Kampf für die Befreiung der Schwarzen Menschen und für die Rechte aller arbeitenden Menschen – Chicano, Puertorikaner, Indianer, Asiaten und weiße. Ich sprach von meinen Erlebnissen im Schwarzen Studentenrat der Universität von San Diego, im Schwarzen Studentenverband, im Schwarzen Kongreß, SNCC, in der Kalifornischen Lehrer-Vereinigung, der Schwarzen-Panther-Partei, im Che-Lumumba-Club und in der Anti-Kriegs-Bewegung.

Ich versuchte den Geschworenen zu zeigen, wie meine Tätigkeit für die Verteidigung der Soledad-Brüder Teil der langen Geschichte meines Engagements für die Bewegung zur Verteidigung und Befreiung politischer Gefangener war, darunter auch Huey Newton, die New Yorker Panther 21, Bobby Seale und Ericka Huggins, die Los Angeles Panther 18 und die sieben anderen Brüder im Soledad-Gefängnis, die auch bezichtigt wurden, eine Wache getötet zu haben.

»Die Beweiserhebung wird offenbaren«, sagte ich ihnen, »daß ich mit den Soledad 7 korrespondiert habe, daß ich ihnen meine Liebe und mein Mitgefühl und meine Solidarität in ihrem Kampf ausgesprochen habe ...

Der Staatsanwalt hat behauptet, daß dieser Prozeß nichts mit einer politischen Geheimbündelei zu tun habe, aber geehrte Geschworene, während der ganzen Zeit, in der ich in der Bewegung für die Befreiung der Soledad-Brüder tätig war, war ich der Gegenstand einer ausgedehnten Bespitzelungskampagne. Der Staatsanwalt selbst besitzt zahlreiche Berichte, die über meine Tätigkeit für die Soledad-Brüder an die verschiedenen Polizeibüros ganz Kaliforniens geschickt worden sind. Er hat Polizeiberichte über Kundgebungen, bei denen ich gesprochen habe. Er hat Filme von Demonstrationen, bei denen ich und andere unsere Unterstützung der Soledad-Brüder proklamiert haben.

Der Staatsanwalt behauptet, ich sei an der Einführung einer

Gefängnisreform nicht interessiert gewesen, aber er hat Polizeiberichte in seinem Besitz, die eigens für die Verwaltung des Soledad-Gefängnisses hergestellt worden sind und meine Aktivitäten zum Gegenstand haben.

Der Staatsanwalt behauptet, daß ich während der Zeit vor dem 7. August ausschließlich ein Opfer der Leidenschaft gewesen sei, daß ich mich nicht wirklich für die Abschaffung der Unterdrükkung in den Haftanstalten eingesetzt habe, aber er hat Beweisstücke, die seine eigenen Behauptungen widerlegen werden, Beweisstücke, die von einem ganzen Netz von Polizeispitzeln und Spitzeln der Strafvollzugsbehörde über meinen politischen Einsatz für die Freilassung von George Jackson, Fleeta Drumgo und John Cluchette angefertigt worden sind.

Aber, geehrte Geschworene, er hat Ihnen gesagt, daß Sie diese Beweisstücke nicht sehen werden. Er will keine Beweise dieser Art vorlegen. Er will Beweise dieser Art nicht vorlegen, weil er dadurch die Machenschaften offenbaren würde, durch die ein unschuldiger Mensch herausgegriffen und unerhörter Verbrechen bezichtigt werden kann. Nein, er wird diese Beweise nicht vorlegen. Er wird Ihnen weiterhin vorreden, daß ich nicht die Person bin, die Sie vor sich sehen, sondern eine böse, finstere Kreatur, die durch unbeherrschte Gefühle und Leidenschaften an den Rand der Katastrophe getrieben worden ist.«

Als ich über meine Beziehungen zu Jonathan sprechen mußte, stellte ich diese in den Zusammenhang meiner Beziehungen zu den Familien aller drei Brüder. Hinsichtlich des Verteidigungsausschusses für die Soledad-Brüder erklärte ich den Geschworenen, daß »Jonathan in besonderer Weise zu unserer Gruppe gehörte, denn er trug in sich die zornigen Frustrationen und Probleme eines jungen Mannes, der an seinen älteren Bruder nur durch Gefängnisgitter verdüsterte Erinnerungen hatte. Jonathan war ein Kind von sieben Jahren, als sein Bruder ins Gefängnis geschleppt wurde, und zehn lange Jahre begleitete er verschiedene Mitglieder seiner Familie zu verschiedenen Gefängnissen im ganzen Staat Kalifornien, um seinen Bruder zu besuchen.

Diese Besuche müssen ihm ein unauslöschliches Bild davon vermittelt haben, wie das Leben eines Gefangenen aussah, und obwohl er erst siebzehn Jahre alt war, müssen ihn das Schicksal, die Ohnmacht, die Depressionen und das Gefühl der Unabänderlichkeit bei Männern wie James McClain, Ruchell Magee und William Christmas in tiefster Seele heftig geschmerzt haben. Und ich möchte jetzt rückblickend sagen, daß ich dieses ohnmächtige

Aufbegehren, das sehr tiefe Aufbegehren und die sehr tiefe Verzweiflung verstehe, die Jonathan empfunden haben muß.«

Danach wandte ich mich der Frage der Pistole und der anderen Gegenstände zu, mit denen Harris meine Schuld beweisen wollte. Ich berührte die Tatsachen, die wir nicht in Abrede stellten:

»Dies ist ein übles Spiel, das der Staatsanwalt da treibt. Er hat einen Plan, ein Diagramm, eine Verschwörung erfunden und paßt dann seinen Verschwörer, seinen Verbrecher in dieses Bild hinein. Da gibt es eine Inszenierung, einen Plan des Verbrechens. Und er sucht nach Mitteln, mich so hineinzuziehen, daß es immer noch plausibel erscheint. Da ich aber keine Verbrechen begangen habe und da alle meine Aktivitäten offen und unverfänglich waren, bleibt dem Staatsanwalt nur eine Alternative. Er muß seine Indizien den gewöhnlichen Umständen des alltäglichen Lebens entnehmen. Und er überläßt es Ihnen, geehrte Geschworene, das fehlende Glied ausfindig zu machen, das eine ganz banale Tätigkeit in eine kriminelle Handlung verwandelt.«

Nachdem ich den Geschworenen zwei Stunden lang die Richtlinien unserer Verteidigung auseinandergesetzt hatte, fühlte ich mich zuversichtlich genug, fortzufahren:

» . . . Wir sind zum Schluß unserer Grundsatzerklärung gelangt und bitten Sie, Ihre Gedanken auf den Schluß des Prozesses zu richten, nachdem Sie geduldig und fast bis zur Erschöpfung gesessen und alle Seiten der heftigen Auseinandersetzung gehört haben, die sich in diesem Gerichtssaal abspielen wird, und nachdem Sie in ruhiger Erwägung und Überlegung zusammengesessen haben. Wir haben das größte Vertrauen, daß Ihr Urteil ein gerechtes Urteil sein wird. Wir haben das äußerste Vertrauen, daß Ihr Urteil das einzige Urteil sein wird, das die Beweiserhebung und die Gerechtigkeit in diesem Prozeß erfordern. Wir haben die Zuversicht, daß der Prozeß damit enden wird, daß Sie zwei Wörter aussprechen – *›Nicht schuldig‹.«*

Natürlich waren wir keineswegs so sicher, wie ich mir den Anschein gab, denn wir wußten, daß einige der Geschworenen wahrscheinlich mehr der Anklage zugeneigt als daß sie objektive Richter von Tatsachen waren. Das Verteidigungsteam hatte sie sehr sorgfältig sowohl während der Darstellungen des Staatsanwalts als auch unserer Seite beobachtet. Zwei von ihnen schienen viel mehr von der Geschichte gepackt, die der Staatsanwalt zusammengebraut hatte, als von der Verteidigung, die ich vorgebracht hatte. Dennoch glaubten wir, daß eine Anzahl von ihnen, wie Ralph Delange, der Elektriker, und Mary Timothy der Analyse, die ich vortrug, sehr genau zugehört hatten.

Am Ende meiner Erklärung war ich erschöpft und fragte mich immer wieder, ob ich das Richtige richtig gesagt habe. Der Überblick, den ich gegeben hatte, mußte den Hintergrund bilden, gegen den sie monatelang die Aussagen der Zeugen für die Anklage beurteilen mußten. (Harris hatte gleich zu Anfang gesagt, daß seine Beweisführung sechs Monate in Anspruch nehmen würde.) Hatte ich es eindringlich genug gesagt, so daß sie unsere Analyse der Tatsachen im Gedächtnis behielten – oder würden sie sich nur an das hübsche kleine Hirngespinst erinnern, das der Staatsanwalt vorgetragen hatte. Bis zum Ende des Prozesses würde keine direkte Auseinandersetzung mehr stattfinden, und das Ende war in so weiter Ferne.

Kühl und ruhig übernahm Richter Arnason wieder die Herrschaft im Gerichtssaal. »Danke, Miss Davis. Bevor wir den ersten Zeugen aufrufen, wollen wir jetzt eine Pause einlegen, und das wird hoffentlich unsere regelmäßige Nachmittagspause sein, daher werden wir Ihnen dafür etwas Zeit gönnen. Danke sehr.«

Die Zeugenaussagen begannen. Die Anklage berief mehrere Frauen in den Zeugenstand, die am 7. August 1970 die Zeugenaussagen von Ruchell Magee zugunsten von James McClain angehört hatten, als Jonathan den Gerichtssaal betrat. Harris war sichtbar betroffen, als eine der Frauen McClains Gebaren als »fast gütig« bezeichnete.

Harris legte den Geschworenen grauenerregende, blutige Fotografien in plakathaften Vergrößerungen vor. Und nur Richter Arnasons Gefühl für Schicklichkeit verhinderte, daß der Staatsanwalt auch noch als Beweis die Bilder von Richter Haley vorlegte, dessen Schädel von einer Kugel abgesprengt war.

Ich mußte die Augen schließen und meinen Schmerz und meine Wut für mich behalten, als er die Fotografie von Jonathan hervorholte, der tot im Lieferwagen und auf dem Asphalt lag, über den er mit einem Seil gezerrt worden war.

Während der ersten Phase der Zeugenvernehmung hatte der Staatsanwalt die Strategie verfolgt, jede Erwähnung meines Namens zu vermeiden. Er wollte lediglich feststellen, was sich in jedem Augenblick des Aufstandes zugetragen hatte.

Wir benutzten das Kreuzverhör, um Jonathan, McClain und Christmas zu verteidigen und Harris' Behauptung, daß sie brutale Terroristen waren, zu widerlegen. Schon in diesem frühen

Stadium des Prozesses begannen seine Theorien abzubröckeln, weil sie in sich nicht stimmten und weil wir sie bei unserem Kreuzverhör angriffen.

Er konnte zum Beispiel nicht endgültig beweisen – »unter Ausschluß eines begründeten Zweifels«, wie es in der juristischen Sprache heißt –, daß dabei die Forderung erhoben worden war, »die Soledad-Brüder zu befreien«. Wir gingen dem nach, weil Ruchell in einem veröffentlichten Brief an mich geschrieben hatte, daß man etwas ganz anderes geplant hätte – nicht etwa die Geiseln festzuhalten, bis die Soledad-Brüder oder sonst ein Gefangener befreit waren. Nicht einmal, um die eigene Flucht zu sichern, hätte man dies getan. Sie hatten keine andere Absicht, als eine Rundfunkstation zu erreichen, sagte Ruchell, wo sie der Welt klarmachen wollten, wie man viele von ihnen verschaukelt hatte, statt sie vor ein unparteiisches Gericht zu stellen, welche unglaublich jämmerlichen Zustände hinter Mauern herrschten und insbesondere wie vor kurzem ein Gefangener namens Fred Billingslea von Gefängniswachen ermordet worden war.

Viele der Zeugen, die bei dem Vorfall anwesend waren, hatten ein »Freiheit für die Soledad-Brüder« nicht gehört. Andere hatten überhaupt keine Forderung gehört. Einige hatten gehört »Befreit die Brüder in Folsom«. Captain Teague – derselbe Teague, der alle mich betreffenden Maßnahmen im Marin-Gefängnis beaufsichtigt hatte – war sicher, »Freiheit für alle politischen Gefangenen« gehört zu haben, aber er gab zu, daß das eine bei Kundgebungen und Demonstrationen der Linken viel gebrauchte Losung sei und lediglich ein Ausruf gewesen sein konnte – also keine Forderung zur Auslösung gegen Geiseln. Sheriff Montanas von Marin County hatte nach der Theorie der Staatsanwaltschaft einen Anruf von McClain aus dem Gerichtssaal erhalten. Und während dieses Telefongesprächs soll McClain die Freiheit der Soledad-Brüder gegen die Freilassung der Geiseln gefordert haben. Natürlich erwarteten alle, daß der Sheriff dieses Gespräch den Geschworenen vom Zeugenstand aus wiederholen würde. Aber Montanas sagte niemals für die Anklage aus.

Das soll nicht heißen, daß nicht eine große Anzahl seiner Mitarbeiter aussagten – und nicht nur Hilfssheriffs von Marin County (von denen viele abkommandiert worden waren, um mich zu bewachen), sondern Polizisten aus allen Städten des Bezirks – San Rafael, Novota – ganz zu schweigen von den Wachen in San Quentin.

Harris versuchte mit mathematischer Präzision jeden Augenblick des Vorfalls zu rekonstruieren. Er verfing sich so sehr in Läppischkeiten – wer an welcher Stelle wann und wie viele Sekunden lang stand –, daß er nicht einmal merkte, wie sehr diese endlose Prozession von Zeugen ermüdete und die Geschworenen sichtlich zu langweilen begann.

Als Sergeant Murphy von San Quentin aussagte, nahm ihn Leo wegen der Gefängnismaßnahmen bei Fluchtversuchen ins Kreuzverhör.

»Um sicher zu sein, daß ich die Bedeutung jener Richtlinien verstehe, möchte ich fragen, ob es der Sinn dieser Richtlinien ist, daß, wenn Gefangene einen Fluchtversuch machen und Geiseln haben, und wenn die Wachen diese Flucht verhindern können, sie die Flucht verhindern müssen, selbst wenn das heißt, daß alle Geiseln dabei getötet werden?«

Sergeant Murphys ungerührte Antwort: »Das ist richtig.«

»Und das heißt also, ob sie einen Richter oder fünf Richter, eine Frau oder zwanzig Frauen oder ein Kind oder zwanzig Kinder als Geiseln halten, die Richtlinien für die Wachen von San Quentin sind, daß um jeden Preis die Flucht vereitelt werden muß. Ist das richtig?«

»Das erstreckt sich auch auf die Beamten, die in der Anstalt arbeiten, Sir.«

»Nun gut. Auch wenn sie andere Beamte, die in der Anstalt arbeiten, als Geiseln halten, so sollte das die Strafvollzugsbeamten nicht hindern, um jeden Preise die Flucht zu vereiteln. Ist das richtig?«

»Das ist richtig.«

»Mit anderen Worten, es ist wichtiger, die Flucht zu vereiteln als Menschenleben zu retten. Ist das richtig?«

»Jawohl, Sir.«

Der Gerichtssaal war zum Platzen gespannt, Geschworene, Presse und Zuschauer warteten fieberhaft, ungeduldig, daß der Staatsanwalt die kritische Stelle in meinem Brief an George vorlas. Aber er las weiter und weiter, seine Wörter fielen eintönig und platt auf das sonst ungebrochene Schweigen im Saal.

»Zwischen zwei Möglichkeiten des Weiterlebens zu entscheiden, bedeutet das objektive Vorhandensein von Alternativen. Ich hoffe, Du hältst das nicht für eine Abwehrhaltung. Ich versuche nur die Kräfte zu verstehen, die uns Schwarze Frauen dahin gebracht haben, wo wir jetzt sind. Warum hat Dir Deine Mutter Vorwürfe gegeben statt des flammendenden Schwertes? Die gleiche Frage könnte man jeder anderen Schwarzen Frau stellen – und nicht nur bezüglich ihrer Söhne, sondern auch ihrer Töchter (dies ist wirklich entscheidend). In Kuba habe ich letzten Sommer einige sehr schöne Vietnamkrieger gesehen – alle Frauen. Und wir wissen, daß der nationale Befreiungskrieg Algeriens von Anfang an zum Scheitern verurteilt gewesen wäre, wenn die algerischen Frauen nicht aktiv daran teilgenommen hätten. In Kuba sah ich Frauen, die mit Gewehren auf dem Rücken durch die Straßen patrouillierten – zur Verteidigung der Revolution. Aber auch junge *compañeras*, die ihre Männer und Liebhaber erzogen – und den *machismo* entmythologisierten. Schließlich, wenn Frauen kämpfen, Fabriken leiten können, dann sollten die Männer imstande sein, im Haus und bei den Kindern zu helfen ...

Aber zurück zur Frage: Wir haben von unseren revolutionären Vorfahren gelernt, daß keine vereinzelte Tat oder Reaktion dem Feind das Zepter entreißen kann. Der Sklave stützt sich auf den Herrn, der ihm am nächsten ist, besiegt ihn, flieht, aber er hat nicht mehr getan, als den ersten Schritt auf der langen aufsteigenden Spirale zur Freiheit.«

Ich konnte die Schweißtropfen Harris übers Gesicht rollen sehen, als er sich mühte, den Geschworenen meinen Brief an George vorzulesen. Oft las er fast wie ein Kind, das zwar die Silben aussprechen kann, aber den Sinn des Gelesenen nicht begreift.

»Und oft drückt man sich durch individuelle Flucht vor dem eigentlichen Problem.«

Harris las den letzten Satz, als bemerke er ihn zum erstenmal. Als werde es ihm klar, daß meine Worte nicht den geringsten Beweis für meine Teilnahme am Aufstand vom 7. August lieferten; daß sie mich im Gegenteil eher von den Verbrechen, deren er mich bezichtigte, entlasteten. Obwohl es schien, als wolle er zum Ende kommen und den ganzen Stapel Briefe wegwerfen, konnte er nicht einhalten. Er fuhr fort, eintönig, stockend.

»Nur wenn alle Sklaven aus ihrem Schlaf hochgerüttelt werden, ihre Ziele artikulieren, ihre Führer wählen, sich unverbrüchlich verpflichten, jedes einzelne Hindernis zu zerstören, das ihnen im Weg stehen könnte, wenn sie ihre Visionen einer neuen Welt auf den Boden der Erde, in das Fleisch und Blut der Menschen schreiben ...

Eine Mutter kann nicht anders, als um das Leben von ihrem eigenen Fleisch und Blut zu schreien.«

Harris las das, als sei er ein ausländischer Student des Englischen, der jedes Wort seines Lehrers nachspricht. Ich sah mir die Geschworenen an. Ein paar Frauen, insbesondere Mrs. Timothy, schienen sein Motiv ergründen zu wollen, das ihn diese Briefstellen vorlesen ließ.

»Man hat uns verboten, die Wahrheit des Überlebens zu begreifen – daß es ein kollektives Unterfangen ist und eher offensiv als defensiv sein muß –; uns befiehlt das Prinzip des Überlebens die Vernichtung alles dessen, was uns zwingt, unser Leben um dieses Prinzip zu arrangieren.«

Er sprach »Vernichtung« mit besonderer Betonung, wie jedes andere Wort, von dem er glaubte, daß es etwas mit Gewalt zu tun hätte.

»Ängste, Zwangsvorstellungen, die von dem Fantasiebild eines verhungerten Kindes heraufbeschworen werden, richten unseren Geist und Körper auf die unmittelbaren Bedürfnisse des Lebens. Das Geschwätz von der ›Arbeit‹, das Geschwätz von ›Mach was aus dir‹. Mahnungen, die sich auf Angst gründen, eine Angst, von einem System erfunden und erhalten, das ohne die Armen, ohne das Reserveheer der Arbeitslosen, ohne die Sündenböcke nicht existieren könnte.

Lebensinstinkte, von einem System verbogen und fehlgeleitet, das mich zwingt, meinen arbeitslosen Mann aus dem Haus zu werfen, damit der Sozialarbeiter mir nicht die Wohlfahrtszahlungen sperrt, die ich brauche, um mein hungriges Kind zu ernähren.«

Er eilte durch diesen Satz, um ihn möglichst herunterzuspielen.

»Ein labyrinthisches Netz von mörderischen Einrichtungen, die meinem Mann keine Beweglichkeit, keinen Entfaltungsraum mehr lassen sollen, macht mich zur Empfängerin der Schecks, läßt mich durch die Hintertür ein, um Fußböden zu scheuern (so daß das Arbeiterheer in Reserve bestehen bleibt) und besitzt noch die Frechheit, das für eine Gefälligkeit zu halten, für die ich dem weißen Schänder zu Willen sein und/oder meinen Schwarzen Mann unterjochen muß. Das Prinzip des (un)Gerechten Austauschs ist allmächtig.«

Harris zog sein zerknautschtes weißes Taschentuch hervor und wischte sich den Schweiß von der Stirn. Diese Pause war offenbar beabsichtigt. Er stand im Begriff, die Stelle zu lesen, die er für besonders belastend hielt. Anscheinend hoffte er durch die Pause, mit der er diese Stelle hervorhob, die Geschworenen alle anderen Ideen, die in dem Brief ausgesprochen waren, vergessen zu lassen und ihre Aufmerksamkeit ausschließlich auf das Kommende zu lenken.

»Frustrationen, Aggressionen lassen sich nicht unbegrenzt unterdrücken. Man muß darauf gefaßt sein, daß sie sich irgendwann entladen. Wenn jedoch der Pfad der Revolution unter einer Lawine von Eindämmungsmechanismen begraben ist, dann schießen wir Schwarzen Frauen unsere Kugeln in die falsche Richtung und verstehen nicht einmal unsere Waffe.

Denn für die Schwarze Frau liegt die Lösung nicht darin, daß wir weniger aggressiv werden oder daß wir die Waffe niederlegen, sondern daß wir lernen, richtig zu visieren, genau zu zielen, langsam abzudrücken und nicht zu reißen und nicht das Opfer zu betrauern. Wir müssen jubeln lernen, wenn das Blut der Schweine fließt.«

Harris hatte langsam gesprochen, mit aller Entschiedenheit und Dramatik, die er aufbringen konnte.

Ich hoffte, daß die Geschworenen nicht so unintelligent waren, wie er sich einbildete. Einige von ihnen müssen den bildlichen Vergleich verstanden haben.

Harris kehrte zu seiner früheren Eintönigkeit zurück.

»Aber all das setzt voraus, daß sich der Schwarze Mann von dem Märchen freigemacht hat, seine Mutter, seine Frau müßten gekuscht werden, bevor *er* den Krieg gegen den Feind führen kann. Befreiung ist eine dialektische Bewegung – der Schwarze Mann kann sich als Schwarzer Mann nicht befreien, wenn sich nicht die Schwarze Frau von all diesem Dreck befreien kann – und umgekehrt. Und das ist *lediglich* der Anfang.

Ist es denn ein Zufall, daß Leroi Jones und Ron Karenga und dieser ganze Klüngel feiger Kulturnationalisten die völlige Unterwerfung der Frau fordern als Sühne für die ›jahrhundertelangen Schäden, die sie dem Schwarzen Mann zugefügt hat‹. Wie Du sagst, George, kann man nach gewissen klaren Kriterien ermessen, inwieweit die Konter-Revolution von Leuten gefördert wird, die sich unsere Kampfgenossen nennen. Ihre Einstellung zu den Weißen ist das eine Kriterium. Ihre Einstellung zur Frau das andere.«

Ich dachte, Harris wollte die Aufmerksamkeit der Geschworenen von meiner Kritik an den blindlings anti-weißen Nationalisten in der Bewegung ablenken. Er verließ sich darauf, daß sie mich instinktiv mit dem anti-weißen Flügel der Schwarzen Befreiungsbewegung in einen Topf warfen und sich dadurch in ihrem bereits vorhandenen politischen Vorurteil bestätigt fühlten.

»Die Befreiung der Frau in der Revolution ist untrennbar von der Befreiung des Mannes.«

Er las diesen letzten Satz, als hätte er keinen verständlichen Sinn. »Ich bin ins Schwätzen gekommen. Ich hoffe, ich habe nicht in Tautologien geredet.«

Hier nahm er Zuflucht zu derselben absichtlichen Pause wie zuvor. Den letzten Teil des Briefes wollte er mit höchster Dramatik, höchster Betonung verlesen. Den sollten sie im Gedächtnis behalten.

»Jon und ich haben einen Waffenstillstand geschlossen. Solange ich meine Angewohnheit bekämpfe, ihm seine Jugend vorzuhalten, will er versuchen, seinen männlichen Chauvinismus zu bekämpfen. Sei nicht ungehalten mit mir, bevor Du mich verstehst – ich habe nie gesagt, daß Jon für irgend etwas zu jung ist, ich habe nur erwähnt, wie unglaublich es ist, daß er es trotz der katholischen Schule usw. der Gesellschaft nicht gestattet hat, ihn in die Falle der Pubertät zu locken. Trotzdem hat er es nicht gern, wenn man auf sein Alter anspielt.«

Die Worte hatten seltsam geklungen, als Harris versuchte, seiner Stimme Nachdruck zu verleihen: »Ich habe nie gesagt, daß Jon für *irgend etwas* zu jung ist ...« Dieser Satz, den ich ganz nebenher auf das Papier gekrakelt hatte, dieser Satz, mit dem ich George zeigen wollte, daß ich wußte, wie sehr er seinen Bruder liebte und bewunderte, diesen Satz wollte Harris sich als praktische Bestätigung seiner Verschwörungstheorie zunutze machen. Aber er hatte erst angefangen; es kam noch besser:

»In der Nacht, nachdem ich dich zum erstenmal seit Monaten im Gericht gesehen hatte, träumte ich (oder der Traum war zumindest wichtig genug, um in mein Bewußtsein zu dringen), daß wir zusammen waren, Schweine bekämpften und siegten. Wir lernten einander kennen.«

Es schien, als wolle Harris die Geschworenen glauben machen, ich sei in meine sogenannte Verschwörung so eingesponnen gewesen, daß ich selbst im Traum Verschwörung trieb.

»Ich liebe Dich. Revolutionäre Grüße von Che-Lumumba und dem Ausschuß für die Verteidigung der Soledad-Brüder. Angela.«

Als Harris zum Ende des Briefes gelangte, holte er tief Luft und ließ einen mächtigen Seufzer fahren. Er zeigte nicht die

Zuversicht eines Staatsanwalts, der soeben das Kernstück seiner Beweisführung vorgetragen hat. Sein Benehmen schien viel eher darauf hinzudeuten, daß er sich restlos geschlagen fühlte. Und sein Seufzer war ein Seufzer der Erleichterung – als hätte er geglaubt, er würde nie bis zum Ende dieses Briefes kommen, den er hersagen mußte wie ein Schuljunge.

Der Zwiespalt meiner Gefühle lähmte mich. Da dieser Brief als Beweisstück dienen sollte, fühlte ich mich einerseits gedrängt, noch einmal darzustellen, wie furchtbar der Staat mit meinem Fall Schiffbruch erlitten hatte – mit dieser Art von Beweisen hatte man mich sechzehn Monate im Gefängnis eingesperrt. Aber andererseits fühlte ich mich erniedrigt, weil meine intimsten Gefühle auf diese Weise durch die berechnende und fühllose Darbietung des Staatsanwalts in die Öffentlichkeit gezerrt wurden. Und der unverminderte Schmerz über Jons Tod, über Georges Tod und der brennende Zorn gegen ihre Mörder flammten wieder auf. Ich konnte nicht weinen, ich konnte nicht schreien. Ich mußte hier am Verteidigertisch sitzen und auf das nächste Beweisstück warten, mit dem der Staatsanwalt die Geschworenen von meiner Schuld überzeugen wollte.

Eine der nächsten Zeuginnen, die aussagte, war Mrs. Otelia Young. Eine Schwarze Frau, etwa sechzig Jahre alt, ziemlich klein und mit gebeugtem Rücken, als hätte sie Jahrzehnte lang schwer gearbeitet. Aber sie ging mit festen, entschlossenen Schritten zum Zeugenstand. Obwohl ihr Gesicht nicht direkt gerunzelt war, zeigte es doch einen fast zornigen Ernst. Ich fragte mich, ob die Anwesenden diese Entschlossenheit, diesen Ernst als gegen mich gerichtet auffaßten; die Geschworenen waren sichtlich verblüfft.

Mrs. Young hatte im Haus am 35th Place in der Wohnung unter mir gelebt. Wir hatten uns viele Male gegrüßt, und ich hatte gelegentlich das Telefon in ihrer Wohnung benutzt. Ich hatte sie sehr gern – sie hatte eine Vitalität an sich, die sie offenbar befähigt hatte, durchzuhalten. Das Funkeln ihrer Augen und ihr erfreulich kaustischer Humor hatten mich wünschen lassen, daß ich meine Freundschaft mit ihr vertiefen könnte. Aber dazu war keine Zeit gewesen.

Sie hatte Jonathan ein paarmal im Haus gesehen, und sie hatten sich gut angefreundet, weil sie beide es liebten, sich gegenseitig aufzuziehen. Mit unverkennbarer Zuneigung sagte Jonathan etwa: »Wie geht's denn heute, alte Hexe?« Und bevor er noch Atem holen konnte, vergalt sie's ihm mit: »Was hast du denn schon wieder angerichtet, du verrückter gelbhaariger Bengel?« Und sie gingen ihres Weges.

Jetzt hatte der Staat sie geladen, um gegen mich auszusagen.

Harris versuchte, seine Verschwörungstheorie zu untermauern. Mit seiner gewohnten Methode, alles, was ich vor dem Aufstand in Marin County getan hatte, in verschwörerische Aktivität umzudeuten, wollte er zu beweisen suchen – so sagte er in seiner Eröffnungserklärung –, daß ich die Wohnung am 35th Place ausdrücklich zu dem Zweck genommen hätte, um mit Jonathan zu konspirieren, der, wie er sagte, auch in diese Wohnung gezogen sei. Er rief Mrs. Otelia Young auf, um diese Hypothese zu stützen.

Ja, sagte sie, sie hätte Jonathan Jackson im Haus am 35th Place gesehen. War er oft da gewesen? Nein, nicht oft, nur ein paarmal. Hatte sie gesehen, wie ich in die Wohnung einzog und meine Sachen in einem weißen Kombiwagen mitbrachte? Ja, sagte sie, sie hätte den Kombiwagen gesehen. War Jonathan dabei, als ich einzog – hatte er meine Sachen nach oben gebracht? Nein, der Kombiwagen war voller Bücher, und die hätte ich alle allein nach oben getragen.

Zweifelnde Gesichter im ganzen Gerichtssaal. Man konnte sehen, daß sich die Geschworenen fragten, warum Harris überhaupt Mrs. Young in den Zeugenstand gerufen hatte. Wir hatten uns schon gedacht, daß er alle Schwarzen Menschen rufen würde, deren er habhaft werden konnte – ganz gleich, was sie sagen würden. Eine rassistische List – die darauf baute, daß die Geschworenen meiner Unschuld doppelt mißtrauen würden, wenn Schwarze Menschen als Zeugen der Anklage auftraten. Aber die Aussage von Mrs. Young war offenbar ein Schuß, der nach hinten losging.

Ihre Antwort auf die Frage von Harris, womit sie beschäftigt sei, blieb besonders haften.

»Verbringen Sie viel Zeit bei Ihrer Arbeit?«

»Ja, ich arbeite – ich arbeite von sieben Uhr morgens bis acht, halb neun Uhr abends.« Sie sprach zornig mit einem Grollen in der Kehle, und ihre Worte donnerten durch den Saal. Alle begriffen sofort, daß sie Hausangestellte in einem weißen Haushalt war und sich jeden Tag von der Frühstückszeit bis zur Zeit des Abendessens abplacken mußte. Ich hätte gern gewußt, ob sich einige Geschworene daran erinnerten, was ich George über die Schwarzen Frauen geschrieben hatte. Merkten sie, daß ich über

Otelia Young und alle ihre Schwestern geschrieben hatte, die um ihre Existenz kämpften?

Es war offensichtlich, daß Harris die Vernehmung unterbrochen hatte, ohne sie zu beenden. Er war der Angreifer in diesem Duell gewesen, aber er konnte nicht den Mut aufbringen, es bis zum Ende auszufechten.

Ein Kreuzverhör war nicht nötig, deshalb stieg Mrs. Young so stolz vom Zeugenstand nieder, wie sie hinaufgestiegen war. Ihre Blicke waren dabei geradeaus gerichtet – auf die Tür am hinteren Ende des Gerichtssaales. Wir waren daher alle verblüfft, als sie zum Geländer kam, sich jählings mir zuwandte und mir ein riesiges, fast verschwenderisches Lächeln schenkte. Mit dem alten Funkeln in den Augen grüßte sie mich mit einem liebevollen, ausgedehnten »Hallo!« und winkte mit der Hand, wie man kleinen Kindern winkt.

Der März war schnell unter unseren Bemühungen dahingeschmolzen, eine Geschworenenbank auszuwählen, die die Nebelwand der Dutzende von Zeugen für die Staatsanwaltschaft durchdringen konnte. (Ursprünglich hatten über vierhundert auf der Liste gestanden.) Jetzt war vom April nichts mehr übrig.

Ich hatte seit langem vergessen, wie man sich entspannt; obwohl ich mich niemals dem Lebensstil anpaßte, der uns auferlegt wurde, war es doch sehr beängstigend, wie der Prozeß sein eigenes Leben entwickelte – ein Leben, das unser Leben aufzehrte. Montag bis Donnerstag stürzten Margaret und ich aus dem Haus, um uns mit dem Richter, den Geschworenen und dem Staatsanwalt um neun Uhr fünfzehn zu treffen, als eilten wir zu unserer Berufsarbeit oder zur Vorlesung. Freitags mußte ich mich beim Bewährungsamt von Santa Clara melden, um zu beweisen, daß ich mich nicht abgesetzt hatte.

Samstag und Sonntag waren unsere Beratungstage – Tage, an denen wir die Prozeßlage abschätzten, Tage der Kritik, Selbstkritik, Diskussionen und schließlich der kollektiven Übereinkunft, welchen Stand wir in der kommenden Woche im Gerichtssaal einnehmen würden. Dann kamen die Beratungen mit dem Stab des Verteidigungsausschusses, wo Gedanken für den Massenvertrieb von Prozeßliteratur gefaßt und formuliert wurden, wo Demonstrationen und Kundgebungen geplant wurden, wo die globale Verteidigungsarbeit mit den Ereignissen koordiniert wurde, die sich im Gerichtssaal entwickelten.

Aber es war nicht nur mein Leben, das von diesem Fall mit

Beschlag belegt wurde. Margaret, Howard, Leo, Dobby – sie arbeiteten unablässig. Charlene, Kendra, Franklin, Fania, Bettina, Stephanie, Rob, Victoria, Rodney und alle anderen Führer der Massenkampagne hatten ihr Leben ganz auf den Aufbau der Bewegung ausgerichtet. Selbst an dem Tag, an dem Fanias Baby geboren wurde, hatte sie ein paar Stunden mit mir im Gefängnis die Kampagne besprochen. Einige Monate später bat sie Mutter, Eisa bei sich in Birmingham zu behalten, damit sie ihre ganze Zeit auf die Organisation verwenden könnte. Als Mutter im Land und in Kanada umherreiste und die Menschen beschwor, mir und allen politischen Gefangenen behilflich zu sein, trug sie Eisa auf dem Arm mit sich.

Am 4. Mai erzählte ein Kronzeuge der Anklage die Geschichte, von der der Staatsanwalt hoffte, daß sie die Geschworenen endgültig von meiner Schuld überzeugen würde. Alden Flemming, ein dicker Mann mit rosigem Teint, an dem die Kleider sozusagen schlotterten, war der Besitzer einer Tankstelle, die am Ende eines der Eingänge zum Amtskomplex des Marin County lag. Er sagte aus, daß er mich mit Jonathan am 6. August, dem Tag vor dem Aufstand, in seiner Tankstelle gesehen hätte. Das Kreuzverhör ergab, daß er mich zuerst nach einer Fotografie identifiziert hatte, die so listig ausgesucht war, daß ihm keine andere Wahl blieb. Die Gruppe umfaßte einige Porträtfotografien von Schwarzen Frauen mit glattem Haar, deren Namen über die Fotos geschrieben waren. Es waren Bilder von Fania, Penny Jackson, George Jackson und etwa sechs oder sieben Aufnahmen von mir, die alle während der von den Medien hochgespielten Soledad-Kundgebung am 19. Juni gemacht worden waren, dem Tag, an dem ich auch aus der Universität gefeuert worden war. Auf einigen dieser Aufnahmen sprach ich in ein Mikrophon, und eine zeigte sogar Jonathan, der neben mir ging. Keiner konnte die Absicht verkennen – Flemming wurde gebeten, Angela Davis zu identifizieren.

Vor Gericht identifizierte er nicht nur alle Aufnahmen von mir, sondern deutete auch auf meine Schwester Fania und sagte, er sei nicht ganz sicher, aber er glaube, daß das Bild von Penny Jackson auch ich sein könnte. Als Leo ihn über seine Erfahrung mit Schwarzen Menschen befragte, teilte er uns hastig mit, daß 20 Prozent seiner Kunden Schwarze seien – was in einem Bezirk, dessen Bevölkerung zu knapp drei Prozent Schwarz ist, unglaubhaft erschien.

»Haben Sie Erfahrung im Anblick von Schwarzen Frauen mit Afro-Frisur?« fragte Leo.

»Ja.«

»Haben Sie diese Frisur oft in Ihrem Leben gesehen?«

»Seit sie populär geworden ist.«

»Nun gut, und wie lange würden Sie sagen, ist die Afro-Frisur eine populäre Frisur Schwarzer Frauen?«

»Oh, vielleicht sieben Jahre.«

»Und ich nehme an, Sie haben in dieser Zeit viele Schwarze Frauen mit Afro-Frisuren gesehen? Wäre das eine angemessene Behauptung?«

»Zwanzig Prozent der Leute, die zu meiner Tankstelle kommen.«

»Sie meinen alle Leute, die zu Ihrer Tankstelle kommen, tragen Afro-Frisuren?«

»Ich würde sagen, fünfzehn oder zwanzig Prozent.«

»Dann haben Sie also eine riesige Menge von Schwarzen Frauen mit Afro-Frisur gesehen?«

»Stimmt.«

Dann kam Leo mit einem neuen Thema.

»Wie viele Schwarze Menschen mit heller Haut haben Sie in Ihrem Leben zu Gesicht bekommen?«

»So hell wie diese Dame ist, würde ich sagen, nicht mehr als zehn.«

(Jede Schwarze Person oder jeder, der einige Zeit im Verkehr mit Schwarzen Menschen verbracht hat, wüßte, wenn wirklich 20 Prozent seiner Kunden Schwarz sind, daß er dann eine große Anzahl mit so heller Haut wie meiner gesehen hat, und viele mit viel hellerer Haut.)

»War das eins der Merkmale, das Ihnen bei der Identifizierung geholfen hat?«

»Ja.«

»Sonst etwas?«

»Ihre Gesichtszüge.«

Und als Leo ihn bat, bei der Beschreibung dessen, was an meinen Gesichtszügen auffällig sei, genauere Angaben zu machen, sagte er:

»Also, ich würde sagen, sie hat große Augen. Die Backenknochen sind höher. Ich würde nicht sagen, daß sie ein starkes Gesicht hat, ein so schweres Gesicht wie farbige Menschen es haben.«

Dann stellte Leo die unvermeidliche Frage, wobei er »farbige Menschen« im Tonfall von Flemming aussprach.

»Gibt es eine besondere Art von Gesicht, das ›farbige Menschen‹ Ihrer Meinung nach im allgemeinen haben?«

Flemming stotterte etwas und sagte schließlich: »Also, ich würde sagen, diejenigen, mit denen ich zu tun hatte, deren Gesichter sind platter, und das ist es.«

»Gesichter sind platter.«

»Ja.«

»Und das Gesicht von Miß Davis war nicht platt, und das machte sie ungewöhnlich. Ist das richtig?«

»Also ich – ich finde nicht, daß sie ein plattes Gesicht hat.«

Leo sah Flemming ins Auge, ließ eine deutliche Pause eintreten und fragte dann: »Mr. Flemming, finden Sie nicht, daß alle farbigen Menschen gleich aussehen?«

Und als wolle er seine Wahrheitsliebe endgültig vor den Geschworenen beweisen, antwortete er ohne Zögern: »Nicht im Fall von Miß Davis.«

Es war klar, daß die Einstellung dieses Mannes so von Rassismus durchsetzt war, daß er nicht imstande gewesen wäre, eine Schwarze Person ehrlich zu identifizieren, auch wenn sein Leben daran gehangen hätte. Die Ergebnisse unseres Kreuzverhörs sind in der Presse des Establishments nie veröffentlicht worden – alle Berichte hatten das direkte Verhör von Harris zum Inhalt, dessen Inszenierung, wie wir glaubten, schon vorher arrangiert und eingeübt worden war.

Die Geschworenen schienen von einer kleinen Probe Detektivdramatik beeindruckt zu sein, mit der Howard aufwartete. Ohne daß ich es wußte, hatte er eine Woche vorher Kendra gebeten, ihn nach Marin zu fahren, wo er in der Tankstelle von Flemming vorfuhr. Wie es ihm bei allen Zeugen der Anklage gestattet war, hatte er Flemming über die Aussage befragt, die er dem Staatsanwalt gemacht hatte. Aber bevor sie weiterfuhren, war Kendra ausgestiegen, hatte Flemming gebeten, den Ölstand zu prüfen, und ihn, um sich ihm so auffällig wie möglich zu machen, in eine kleine Unterhaltung verwickelt.

Es überraschte mich, als Leo nun Flemming fragte, ob er je die Schwarze Frau gesehen hätte, die neben mir hinter dem Verteidigertisch saß. Ich nahm an, er wolle den Zeugen nur verwirren. Flemming antwortete, er hätte sie zwar nie persönlich gesehen, aber er glaube, daß er einen Zeitungsartikel gesehen hätte, in dem ihr Bild abgedruckt war. Es stellte sich dann heraus, daß er nicht die geringste Erinnerung hatte, Kendra in der Tankstelle gesehen zu haben, obwohl er behauptet hatte, daß er nicht mehr als zehn

Schwarze Frauen gesehen hätte, die eine so helle Hautfarbe hatten wie ich.

Während die Anwälte auf dieses wichtigste Beweisstück der Anklage loshämmerten, nährten die Schwestern und Brüder des Ausschusses die Flammen in den Straßen, unter den Menschen. Je mehr die Bewegung für meine Freiheit an Zahl, Kraft und Zuversicht zunahm, desto zwingender wurde es, daß alle Beteiligten darin nicht etwas Ungewöhnliches sahen, sondern einen kleinen Teil des großen Kampfes gegen die Ungerechtigkeit, einen Zweig an einem fest verwurzelten Baum des Widerstandes. Es war nicht nur politische Unterdrückung, sondern Rassismus, Armut, Polizeibrutalität, Drogen und alle die hunderttausend Arten, durch die Schwarze, Braune, Rote, Gelbe und weiße Arbeiter an das Elend und die Verzweiflung gekettet sind. Und das nicht nur in den Vereinigten Staaten, sondern in Ländern wie Vietnam, wo die Bomben wie Regen von den B-52 Bombenflugzeugen fielen und unschuldige Kinder verbrannten und verstümmelten.

Es war unsere Absicht, in der Massendemonstration, in der unsere Kampagne ihren Gipfel erreichen sollte, alle diese Kämpfe zu einer einzigen dramatischen Demonstration zusammenzufassen. Unsere verschiedenen Bewegungen – politische Gefangene, Wohlfahrtsrechte, nationale Befreiung, Arbeit, Frauen, Anti-Krieg – konnten hier oder dort Stürme entfachen. Aber nur eine mächtige Vereinigung aller konnte den großen Orkan erzeugen, der das ganze Gebäude der Ungerechtigkeit umstürzte.

Viele andere Organisationen riefen zusammen mit unserem Ausschuß zu einer Kundgebung gegen Rassismus, Unterdrükkung und den Krieg auf. Sie sollte am Schauplatz meines Prozesses stattfinden – San José, Kalifornien – und zwar am 26. Mai. Meine Kautionsvorschriften hinderten mich, an der Kundgebung teilzunehmen. Ich hatte jedoch das Glück, daß die Leute, die dem Park gegenüber wohnten, und zwar unmittelbar hinter der Tribüne, mir ihr Haus ganz zur Verfügung stellten. Ich sah und hörte der Kundgebung von einem Zimmer in ihrem Erdgeschoß zu.

Die Menge beeindruckte nicht nur durch ihre Zahl – Tausende kamen aus dem ganzen Staat –, sondern, was wichtiger war, durch ihre Zusammensetzung, da Schwarze, Chicano und weiße etwa in gleicher Stärke vertreten waren. Es war auch nicht die übliche Ansammlung von Politikos, die zu jeder Demonstration laufen, vor allem, weil so viele aus San José kamen, das keine lange Tradition des radikalen politischen Protestes besaß. Man konnte die pulsende Frische und Begeisterung derer fühlen, die sich zum erstenmal in ihrem Leben gezwungen sahen, in diese vereinte Forderung nach Gerechtigkeit einzustimmen.

Unter den Rednern waren Richard Hatcher, der Schwarze Bürgermeister von Gary, Indiana, Schwester Mary McAllister, eine der Angeklagten im Prozeß der acht von Harrisburg, Phillip de la Cruz von der Gewerkschaft der Landarbeiter, Raul Ruiz, der la Raza Unida vertrat, Pat Sumi, die über die Verbindung zwischen der Frauenbewegung und der Unterdrückung sprach, und Franklin Alexander, der die Rede für den Ausschuß hielt.

Als die Reden zu Ende und die vielfarbige Menge heiser vom Schreien war, konnte niemand leugnen, daß zumindest ein moralischer Sieg errungen war. Jetzt handelte es sich nur noch darum, unsere nächsten Schachzüge sorgfältig zu planen und geschickt auszuführen – sowohl im Gerichtssaal wie draußen auf der Straße.

In den letzten Monaten hatten die Anwälte – insbesondere Dobby und Margaret – eine eindrucksvolle Ansammlung von Zeugen für die Verteidigung zusammengeholt. Wir hatten von Anbeginn gewußt, daß wir uns um die Widerlegung der tatsächlichen Behauptungen nicht so sehr zu sorgen brauchten – da kaum Tatsachenmaterial gegen mich vorhanden war – als um die Politik, die in der Darstellung des Staatsanwalts enthalten war. Da der Staatsanwalt, in einem letzten Grabengefecht, die Theorie der Leidenschaft aufs Tapet gebracht hatte, mußten wir das wahre Bild meines Engagements für den Soledad-Fall und besonders für George zeichnen und den Geschworenen eine umfassende Darstellung meiner vorhergegangenen politischen Aktivitäten, vor allem im Hinblick auf politische Gefangene liefern. Wir waren da in einem Dilemma, weil wir zwar unsere Zeugen aussagen lassen wollten, aber die Nichtigkeit der Anklage so sehr in die Augen sprang, daß man eigentlich keine Verteidigung brauchte, um sie zu widerlegen. Harris hatte meine Schuld nicht über jeden begründeten Zweifel hinaus bewiesen. Wir waren daher nicht verpflichtet zu beweisen, daß ich unschuldig war.

Wir hatten mehrere lange, ziemlich hitzige Auseinandersetzungen, wie wir unsere Verteidigung gestalten sollten. Einige im Verteidigerteam und einige Führer der Kampagne, die sich in dem Rechtssystem auskannten, fanden die Anklage so fadenscheinig, daß man ihr mit einer Verteidigung nur eine Legitimität und Glaubwürdigkeit verleihen würde, die sie aus eigenem Anspruch nicht besaß. Ich meinte zuerst, daß wir das ganze Verteidigungsmaterial so präsentieren sollten, wie wir's geplant hatten, nicht so sehr, weil eine Verteidigung in meinem besonderen Fall juristisch nötig war, sondern weil ich darin ein ungeheuer wirkungsvolles Mittel sah, die Unterdrückermethoden der Regierung anzuprangern, mit denen sie alle Gegner mundtot machte. Vielleicht war die Festigkeit, mit der ich diese Einstellung vertrat, auch teilweise darauf zurückzuführen, daß ich Monate der Vorbereitung nicht einfach zum Fenster hinauswerfen wollte. Margaret, Dobby und ich hatten seit unvordenklichen Zeiten, wie es schien, an meinen Aussagen und an dem politischen Beweismaterial gearbeitet, das durch andere Zeugen vorgelegt werden sollte.

Die Befürworter der »Keine-Verteidigung«-Strategie erinnerten uns daran, daß wir die Methoden der Unterdrückung im ganzen Prozeß angeprangert hatten – und dazu kam dann noch das Schlußplädoyer, in dem alles noch einmal zusammengefaßt würde. Dann richteten sie von neuem unsere Aufmerksamkeit auf den Prozeß selbst und legten dar, daß wir den Geschworenen immer wieder gesagt hätten, der Beweis läge beim Staatsanwalt – nicht bei der Verteidigung. Wenn der Staatsanwalt sein Argument nicht »über jeden begründeten Zweifel hinaus« beweisen konnte, dann brauchten wir kein Wort der Verteidigung vorzubringen. Wenn wir eine Verteidigung boten, die Wochen und Monate dauerte, dann könnten die Geschworenen denken, daß wir uns vor etwas fürchteten, was ihnen selbst entgangen war, als der Staat seine Beweise vorlegte. Wenn andererseits überhaupt keine Verteidigung stattfand, dann konnten die Geschworenen denken, daß wir schwiegen, weil wir keine Gegenargumente hatten.

Nachdem diese Debatten beendet waren und sich die Temperamente abgekühlt hatten, einigten wir uns alle auf eine dritte Methode der Verteidigung – eine kurze Reihe von Zeugen mit Aussagen, die im Tatsächlichen und Politischen bündig waren.

Das Ende war nahe. Nachdem Leo den Antrag auf einen vom Richter angeordneten Urteilsspruch gestellt und begründet hatte, den Arnason, wie vorauszusehen war, ablehnte, begründeten wir unsere Verteidigung in zweieinhalb Tagen. Einige Genossen, ein Freund und ein Rechtsanwalt, den ich in den Tagen vor dem Aufstand in San Francisco gesehen hatte, gaben Zeugnis für die Gründe, weshalb ich mich damals in der Gegend von San Francisco aufgehalten hatte. Wir vernahmen den Freund, in dessen Haus ich zu Besuch war, als ich von dem Aufstand und Jonathans Tod erfuhr. Meine Zimmergenossin Tamu sagte als Zeugin über die Waffen aus. Sie erklärte, daß die Pistolen und die Munition von den Mitgliedern des Che-Lumumba-Clubs für Schießübungen benutzt wurden, und daß der Ort, wo sie aufbewahrt wurden – im Haus in der 45th Street – einer ganzen Anzahl von Schwestern und Brüdern leicht zugänglich war. Und letzter Zeuge war Dr. Robert Buckout, ein Experte für Aussagen von Augenzeugen. Er beschrieb Experimente und zeigte Dias, die bewiesen, daß die Menschen den natürlichen Hang haben, Einzelheiten von Personen und Ereignissen, an die sie sich nur lückenhaft erinnern können, selbst dazuzuerfinden. Ein Experiment, das die Geschworenen zu beeindrucken schien, zeigte einen weißen Studenten, der mit einem schwarzen Beutel auf dem Kopf in der Universität herumging. Es stellte sich heraus, daß eine große Zahl derer, die später nach ihm gefragt wurden, mit Sicherheit einen Schwarzen Mann gesehen haben wollten.

Wir beendeten die Beweisführung der Verteidigung, Harris rief ein paar Zeugen auf, um unsere Argumente zu entkräften, und hielt dann sein abschließendes Plädoyer. Seit der Eröffnung des Prozesses war seine Zuversicht beträchtlich verschlissen, und ich hatte den Eindruck, daß er die ganze Sache nur möglichst schnell hinter sich bringen wollte.

Leo hielt das abschließende Plädoyer für die Verteidigung. Es gab Augenblicke, in denen ich von seiner Darstellung – die beredt war und zu Herzen ging – so gepackt wurde, daß ich völlig vergaß, daß hier *mein* Leben auf dem Spiel stand. Er schloß sein Plädoyer mit dem Blick auf die Verteidiger:

»Wir haben eine große Verantwortung auf unseren Schultern getragen. Wir haben versucht, diese Verantwortung mit Wahrheitsliebe und mit Würde zu tragen. Mit diesen meinen letzten Worten übertragen wir diese Verantwortung nun von unseren auf Ihre Schultern. Und damit verbinden wir die folgende Hoffnung: Wenn Sie, die zwölf Männer und Frauen, bewährt und treu, das letzte Kapitel im Fall des Volkes gegen Angela Davis schreiben, dann werden Sie sagen können, daß Sie erwählt wurden, daß Sie gedient haben, erwogen haben und das einzige Urteil gefällt haben, das sich in diesem Fall mit der Gerechtigkeit verträgt. Und das ist das Urteil *nicht schuldig*. So wird es sein.«

An jenem Freitag morgen, kurz vor Mittag, zogen sich die

Geschworenen in das »verbotene« Zimmer im oberen Stock zurück. Prozeßzuschauer, Aktivisten der Bewegung, Presseleute versammelten sich auf dem Rasen vor dem Gerichtsgebäude, um an der Wache, die der Ausschuß eingesetzt hatte, teilzunehmen oder sie zu beobachten. Der Rasen vor dem Gericht war mit Schildern, Kindern, Nahrungsmitteln, Hunden und Spielen besetzt.

Horst, ein Journalist aus der DDR, der von Anfang an dem Prozeß beigewohnt hatte, hatte uns schon seit Wochen zum Mittagessen eingeladen. Wir mußten immer ablehnen, weil wir während der Mittagspause immer irgend etwas zu beraten hatten. Da jetzt die Geschworenen in Klausur waren, gab es nichts mehr zu beraten, und ich ging mit Horst, Margaret, Stephanie, Kendra, Franklin, Victoria, Rodney, Benny und Sylvia zum Essen. Wir waren noch in der Bar und warteten auf Plätze, als mich einer der Kellner ans Telefon rief, das der Barmixer hinter seinem Tisch hervorholte.

Niemand sprach ein Wort, als ich den Hörer aufnahm. Es war Fania.

»Angela. Warte einen Moment. Der Richter will dich sprechen.«

»Was ist los?« fragte ich. »Was will der Richter von mir?«

»Ich weiß nicht mehr als du. Er hat mich nur gefragt, ob ich wüßte, wo du bist. Ich muß ihm sagen, daß du am Apparat bist.«

»Es ist der Richter«, sagte ich mit lautem Flüstern zu den anderen. Ich hielt dabei die Hand über die Sprechmuschel. Wir alle dachten das Naheliegende: »Schon ein Urteil!« Die dazwischenliegende Stille war lang und ließ mich zweifeln, ob er überhaupt noch kommen würde.

Aber schließlich nahm er den Hörer und fragte: »Miß Davis? Wo sind Sie?«

Fania wußte, wo wir waren. Ich hatte das komische Gefühl, daß sie einen Grund haben mußte, um es Richter Arnason zu verschweigen. Aber warum hätte sie überhaupt angerufen, wenn er nicht wissen sollte, wo wir waren?

»Wir sind im Plateau Seven«, antwortete ich. »Warum?«

Er ließ meine Frage unbeachtet und sagte mit großer Dringlichkeit in der Stimme: »Gehen Sie nicht fort. Bleiben Sie da, bis ich Sie wieder anrufe.« Er beendete das Gespräch so schnell, wie er es begonnen hatte.

Bevor wir Zeit hatten, unsere vielen Vermutungen in Worte zu fassen – ein Urteil? Störung der Juroren? Drohungen? – schlüpften Männer in Zivil, offenbar Polizisten, in die Bar und verteilten sich an verschiedenen Stellen im Raum.

Jemand versuchte, die Spannung zu vermindern, indem er vorschlug, wir sollten unser Essen bestellen. Der Kellner führte uns durch einen Gang – wo wir weitere Polizisten in Zivil bemerkten, die sich möglichst unauffällig benahmen – in ein privates Speisezimmer. Das Zimmer war viel zu groß für unsere kleine Gruppe, und der Tisch schien für ein Bankett gedeckt zu sein – bestimmt nicht für uns. Franklin, Victoria, Rodney und Benny machten sich große Sorgen um unsere Sicherheit. Wenn eine Drohung ausgesprochen worden war – und sie jetzt ausgeführt werden sollte? Franklin wollte zum eigentlichen Restaurant gehen, um festzustellen, ob etwas Ungewöhnliches im Gange sei, aber er wurde von einem Polizisten angehalten, der sich hinter der Tür zu unserem Zimmer postiert hatte.

»Ich *dachte* mir, daß dieses Zimmer seinen Grund hatte«, sagte Franklin, als er an den Tisch zurückkehrte. »Sie haben uns hier tatsächlich eingeschlossen, und Polizisten bewachen die Türen.«

Ein paar Minuten später kam Howard mit Lieutenant Tamm, dem Public-Relations-Mann des Sheriff-Amtes, zur Tür herein. Howard war außer Atem. »Es hat eine Geiselnahme stattgefunden, und man glaubt, daß die Entführer dich mitnehmen wollen.«

Wir waren wie betäubt. Das schien völlig sinnlos.

»Der Richter wünscht eine Konferenz. Dobby und Leo sind schon dort. Du und Margaret sollt mit mir kommen.«

Lieutenant Tamm sagte nichts.

Vor dem Plateau Seven warteten zwei Polizeiautos. Die Konferenz im Gericht war kurz und warf kein weiteres Licht auf die Lage. »Ich nehme Sie nicht in Gewahrsam, Miß Davis«, sagte Arnason in Gegenwart aller Anwälte, »aber um Ihrer eigenen Sicherheit willen möchte ich Sie bitten, hier im Gerichtssaal zu bleiben, bis wir dieses Problem gelöst haben.«

Es war mir bisher noch nicht eingefallen, daß man an meine Mitwirkung bei dieser Geiselnahme glauben könnte. Schließlich hätte es, wenn ich wirklich hätte entkommen wollen, weniger riskante Mittel gegeben, und ich hätte nicht zu warten brauchen, bis die Beratungen begannen.

Leo und Dobby hatten einige weitere Einzelheiten in Erfahrung gebracht. Nach der Aussage eines FBI-Agenten, der sich im Gerichtsgebäude postiert hatte, war ein Flugzeug von vier Schwarzen Männern gewaltsam in Besitz genommen worden, nachdem es von Seattle gestartet war. Forderungen waren über das Radiogerät des Flugzeugs übermittelt worden. Der Agent sagte, wenn sie auf dem Flughafen von San Francisco landeten, wollten sie, daß ich mit 500000 Dollar und *fünf* Fallschirmen am Ende der Landebahn stünde. (Es sollten aber nur *vier* Männer sein.) Ich sollte ein weißes Kleid tragen.

Glücklicherweise war ich rot gekleidet. Hätte ich zufällig an jenem Morgen ein weißes Kleid angezogen, dann wären einige Leute unzweifelhaft überzeugt gewesen, daß ich an dieser Entführung beteiligt war.

Da nicht vorauszusehen war, wie lange wir im Gerichtssaal abgekapselt sein würden, veranlaßte Howard, daß die Familie zu uns kommen durfte.

Lieutenant Tamm kam und erzählte, daß die Entführer Plastikbomben an Bord hätten und drohten, das Flugzeug mit seinen fast hundert Passagieren in die Luft zu sprengen, wenn ihre Forderungen nicht erfüllt würden.

Während wir im Gerichtssaal rumsaßen, versuchten Leo und Dobby in der Richterkammer die neuesten Entwicklungen in dieser Luftpiraterie zu hören. Leo kam heraus und sagte, Arnason werde unter keinen Umständen zulassen, daß ich zum Flughafen gebracht würde. Später kam Dobby und schüttelte mit bitterem Lächeln den Kopf. »Ihr werdet nicht glauben, was gerade passiert ist. Anscheinend ist die Maschine auf dem Flughafen von Oakland gelandet. Der Agent der FBI war am Telefon und hat voller Panik jemandem gesagt, er solle das Flugzeug gleich wieder starten lassen – alle ihre Agenten sind, als Flughafenangestellte verkleidet, in San Francisco, und nur ein einziger Agent ist in Oakland.«

Es war etwa sieben Uhr, als die wahre Geschichte dieser Entführung endlich ans Licht kam. Und sie hatte absolut nichts mit mir, einem weißen Kleid und Fallschirmen zu tun. Ja, mein Name war von den Entführern nicht einmal erwähnt worden. Es gab auch keine vier Entführer. Alle diese Ausschmückungen waren der Geschichte hinzugefügt worden, während sie vom Radiokontrollturm über die FBI zu uns gelangte. Wir mußten argwöhnen, daß die FBI versucht hatte, mich in diese Entführung hineinzuzerren, um die Beratungen der Geschworenen zu stören.

Die ›News‹ von San José wurde an allen Ecken der Stadt verkauft. Ihre Schlagzeile lautete ENTFÜHRER VERLANGEN ANGELA, was sich auf die früheren irrtümlichen Berichte der FBI stützte. Obwohl der Richter angeordnet hatte, daß alle Fernsehgeräte aus den Hotelzimmern der Geschworenen entfernt wurden, gab es doch keine Garantie, daß nicht einer irgendwo zwischen dem Gericht und seinem Hotelzimmer die Schlagzeile zu Gesicht bekam. Wenn einer der Geschworenen die Zeitung sah und davon beeinflußt wurde, dann konnte man den Prozeß für ungültig erklären. Wir konnten nur hoffen, daß sie nichts wußten.

Aus dem ganzen Chaos dieses ersten Beratungstages ergab sich ein unbestreitbarer Anlaß zum Feiern. Miß Mary Timothy war zur Vorsitzenden der Geschworenen gewählt worden. Von Anfang an hatten wir sie für die ehrlichste und objektivste der Geschworenen gehalten. Während des voir dire waren wir zuversichtlich geworden, als wir hörten, daß ihr Sohn den Kriegsdienst verweigert hatte. Als in Vietnam besonders heftige Bombenangriffe stattfanden, hatte sie im Gericht einen Knopf mit dem dreigezackten Friedenssymbol getragen. Im Lauf des ganzen Prozesses hatten wir die Geschworenen darauf aufmerksam gemacht, daß der Staatsanwalt die stereotypen Vorstellungen über Frauen auszunutzen versuchte, indem er mich als ein irrationales, gefühlsgetriebenes weibliches Wesen porträtierte. Daß Mrs. Timothy zur Vorsitzenden der Beratungen gewählt worden war, bewies, daß die Geschworenen über die Frage der gesellschaftlichen Diskriminierung der Frauen nachdachten. Ihre erste aktive Handlung als Geschworene zeigte, daß sie nicht nur Männer als geeignete Führer betrachteten.

Howard hatte hinsichtlich der Beratungen eine Theorie, die er in den letzten Tagen des Prozesses wiederholt vortrug. Wenn die Geschworenen einen Freispruch wollten, dann wäre das Urteil von Anfang an einstimmig, und sie würden nicht länger als ein paar Stunden in Klausur bleiben. Wenn sie länger blieben als einen Tag, dann würden sie wahrscheinlich sehr lange fortbleiben und am Ende zu keiner Entscheidung gelangen. Am Freitag waren wir so sehr von dem Flugzeug auf dem Flug von Seattle nach San Francisco in Anspruch genommen, daß wir kaum Zeit hatten, uns um den Schuldspruch zu kümmern. Samstag morgen sagte Howard, daß sie noch vor dem Mittagessen wiedererscheinen würden. Als daher ein Gerichtssekretär die Moorpark Apartements anrief und sagte, der Richter wolle einen der Anwälte sprechen, glaubten wir, daß die Geschworenen einer Entscheidung nahe seien. Gespannt und schweigend gingen wir alle zum Gericht. Aber ein Urteil lag noch nicht vor, nur eine Bitte der Geschworenen, ihnen einige Beweisstücke auszuliefern. Immerhin faßten wir etwas Mut, als wir sahen, daß die Notiz für den Richter unterschrieben war »Mary Timothy, Vors.«. Wir nahmen diese kleine humoristische Anspielung zum Zeichen, daß wenigstens kein Kampf bis aufs Messer tobte.

Draußen auf dem Rasen wurde eifrig gewacht. Nachdem die Reporter verscheucht worden waren, gingen Victoria, Rodney und ich durch die Menge, aßen Sandwiches aus dem großen Freßkorb, spielten mit den Babies und dankten den Leuten für ihre ermunternden Worte.

Unter den Wächtern befand sich auch Andy Montgomery, einer der führenden Sprecher der Schwarzen Gemeinschaft von San José und ein aktives Mitglied des dortigen Verteidigungsausschusses. Er war es gewesen, der für die Mitglieder des juristischen Stabes ein Büro und Unterkunft gefunden hatte. Er hatte in meiner Sache bei Versammlungen der Schwarzen Konferenz gesprochen und Mitglieder dieser Konferenz für die Kampagne gewonnen. Er hatte erfolgreich Mitglieder seiner Kirche aufgefordert, an der Kampagne teilzunehmen, und war ganz allgemein weitgehend für die örtliche Anteilnahme an dem Fall verantwortlich. Wir hatten versprochen, daß wir am Freitag, falls die Geschworenen noch berieten, bei ihm zu Hause zu Mittag essen würden. Es zeigte sich dann, daß fast alle, die irgend etwas mit dem Fall zu tun hatten, entweder in Andys Haus waren oder draußen auf der Straße – meine Familie, die Anwälte und deren Familien, Bettina, Kendra und Franklin, Rodney, Victoria und Mitglieder des Ausschusses von San José.

Das Essen bei Andy sollte eigentlich eine Atempause im Fegefeuer des Wartens sein. Aber die Spannungen waren für ein erholsames Ausruhen zu quälend. Als ich bei Andy ankam, wurde ein doppeltes Sprungseil mitten auf der Straße gedreht, und Margaret sprang zu anfeuernden Schreien »Schneller! Schneller!« Ich machte mit. Nachdem ich mich mehrere Male im Seil verheddert hatte, kriegte ich es spitz und wollte nicht mehr aufhören. So waren wir als Kinder im Sommer in New York Seil gesprungen. Bettina sprang, Howard, Leo, Charlene – und wir überredeten sogar meinen Vater, mitzumachen. Als er einmal angefangen hatte, wollte er gar nicht mehr aufhören. Etwas weiter die Straße hinunter hatte Benny ein Footballspiel zusammengeholt, und wir beschimpften die Spieler, wenn sie mit schlecht geworfenen Bällen unser Seilspringen störten.

Als das Huhn und die Rippchen, Kartoffelsalat, Kohl und

Maisbrot fertig waren, aßen wir, als wollten wir das Ende einer langen Hungersnot feiern. Niemand sprach viel vom Prozeß, aber es hatte sich in der Nachbarschaft rumgesprochen, daß wir bei Andy waren, und für den Rest des Abends hatten wir einen endlosen Strom von Besuchern.

Am Ende merkten wir, daß wir etwas zu kräftig gespielt hatten – Kendra war das Opfer unserer vorzeitigen Feier. Während des Footballspiels hatte sie sich den Knöchel verstaucht, und Franklin mußte sie ins Krankenhaus fahren, wo sie geröntgt wurde, einen Gipsverband und Krücken erhielt. Vielleicht hatten wir's übertrieben, aber die Enge in unserer Brust war fast geschwunden, und da wir uns um Kendra und ihren verstauchten Knöchel sorgen mußten, machten wir uns nicht so viele Gedanken über den Spruch der Geschworenen.

4. Juni 1972

Es war Sonntag morgen. Wir richteten uns auf einen verwarteten Tag ein und hatten uns nicht einmal untereinander verabredet. Ich hatte die Nacht in der Wohnung von Leo und Geri verbracht. Leo und ich hatten uns in unsere ständige Debatte über den Einfluß der Massenbewegung auf den Verlauf des Prozesses vertieft.

Plötzlich kam Howard ganz außer Atem in die Wohnung gestürzt – er war den ganzen Weg von seiner Wohnung am anderen Ende der Siedlung gerannt. Er sagte uns nur, es sei Zeit zu gehen. Im ersten Augenblick verstand ich nicht einmal, was »Zeit zu gehen« bedeuten sollte. Der Gedanke, daß die Geschworenen am Sonntag morgen zu einer Entscheidung gelangen würden, war so unvorstellbar, daß ich mich noch nicht einmal angekleidet hatte.

Die letzten Sekunden waren die quälendsten. Wir hatten Tage gewartet, während die Geschworenen berieten, drei Monate, während sich der Prozeß anbahnte, zweiundzwanzig Monate seit dem Aufstand von Marin County, und jetzt sagte man uns, wir müßten warten, bis die Presse sich versammelt hätte, eher könnten wir den Spruch nicht hören. In diesem Hinterzimmer, in dem wir so oft auf das Zusammentreten des Gerichts gewartet hatten, sprachen mir – und sich – die Anwälte Mut zu, daß es keinen anderen Spruch geben könne als »Nicht schuldig«. Auch wäre bei der Fadenscheinigkeit der Anklage und der Wucht der Massenbewegung ein Schuldspruch ja nie in Frage gekommen. Wir hatten diesen Spruch tatsächlich nie als Alternative in Betracht gezogen – es war entweder Freispruch oder Uneinigkeit der Geschworenen. Jetzt konnte diese letztere Möglichkeit ausgeschlossen werden: sie hatten bereits angekündigt, daß sie zu einer Entscheidung gelangt seien. Allerdings gab es noch eine Möglichkeit, die wir alle nicht gern in Erwägung gezogen hatten – ein Kompromißspruch, der zwar theoretisch ungesetzlich war, aber immer wieder vorkam, wenn mehrere Anklagen erhoben wurden. Aber niemand hatte gesagt – zumindest nicht in meiner Gegenwart –: »Das einzige, was wir wirklich zu befürchten haben, ist ein Freispruch in der Anklage wegen Mord und Entführung und ein Schuldspruch wegen Verschwörung«.

Leo versuchte, die Spannung etwas zu lindern, indem er sagte, daß wir in dem Augenblick Bescheid wissen würden, in dem die Geschworenen den Gerichtssaal betraten: ihr Mienen – besonders die von Mrs. Timothy und Mr. Delange – würden die Entscheidung preisgeben, die sie gefällt hätten. Aber natürlich half das alles nicht sehr viel. Die Spannung, die Angst – dagegen gab es kein Mittel. Ich konnte nicht länger als eine Minute sitzenbleiben, ohne aufzuspringen und meine Nervosität etwas abzulaufen. Und wenn ich anfing zu laufen, mußte ich mich wieder setzen, denn das Zimmer war viel zu klein, um meiner Energie zu genügen. Ich konnte nur die Zähne zusammenbeißen und mir die Fingernägel tief in die Handflächen eingraben. Margaret sagte mir immer wieder, wir brauchen nur noch ein paar Minuten einen kühlen Kopf zu behalten; bald läge das alles hinter uns. Kendra hatte Mühe, ihre Fassung zu bewahren.

Als wir zum Gerichtssaal gingen, standen die Menschen dichtgedrängt im Korridor, aber anscheinend hatten sich die Vertreter der Presse noch nicht eingefunden, und wir mußten noch länger warten. Auf dem Korridor erklärte Mutter, daß sie draußen warten wolle, während der Spruch verkündet wurde. Als ich versuchte, sie zu beruhigen und zu ermutigen, kehrten meine eigene Kraft und Zuversicht zurück.

Irgendwo in der wartenden Menge begann eine Stimme leise zu summen – ein Neger-Spiritual. Ein anderer nahm die Melodie auf und fügte die Worte hinzu »Erwachte heute morgen, mein Herz wollte Freiheit«. Binnen kurzem waren alle, einschließlich meiner Mutter, eingefallen. Captain Johnson, der der Schrecken der Presse und der Prozeßteilnehmer gewesen war, kam heraus, sah sich um, sagte aber zum erstenmal seit Menschengedenken nichts dagegen.

Endlich nahmen wir im Saal unsere Plätze ein. Howard,

Dobby und Leo saßen am Tisch, und ich saß von Margaret und Kendra flankiert an der Schranke. Der Gerichtsdiener kündigte die Ankunft des Richters an. Wenige Minuten danach begannen die Geschworenen durch die Tür zu kommen. Beim Anblick des ersten Geschworenen ließ Margaret, die von uns allen die ruhigste gewesen war, ein gedämpftes »Oh nein« hören und glitt auf ihren Stuhl nieder. Ich beugte mich zu ihr und sagte ihr dieselben Trostworte, die sie mir gesagt hatte. Sie schluchzte leise.

Ich sah mir die eintretenden Geschworenen an und suchte nach ermutigenden Zeichen in den Gesichtern. Aber sie waren alle ausdruckslos, als hätten sie sich jeder Spur von Gefühl entledigt. Der Schweiß brach mir aus, und ich fühlte eine Schwäche in meinem ganzen Körper. Im Gesicht von Mrs. Timothy lag nicht ein Schatten der gewohnten Wärme; es war kalt und marmorn, und das Leuchten in Delanges Augen war zu einem dumpfen Starren geworden, das auf niemanden gerichtet war. Wie von einer zerbrochenen Schallplatte dröhnten Leos Worte durch mein Hirn: »Wir werden sofort wissen, wie der Spruch lautet, wenn wir uns ihre Gesichter ansehen.«

Während der prozessualen Formalitäten, die dem Verlesen des Urteils vorausgehen, suchte ich nach einer Erklärung, wie diese plötzliche Verwandlung in der Haltung der Geschworenen zustandegekommen war. Ihre Gesichter sagten: »Verurteilt.« »Schuldig.« Aber das war unmöglich, unlogisch, absurd. Wenn das Ganze nicht ein großer Schwindel gewesen war. Wenn sie nicht bewußt versucht hatten, uns in den letzten Monaten etwas vorzugaukeln und diese eisigen Blicke die Wirklichkeit hinter den Masken waren, die sie nun endlich abgelegt hatten. Ich wollte hinauseilen, um meine Mutter vor den Folgen zu bewahren. Diese abgerissenen Gedanken, die aus Verzweiflung und Nichtverstehen geboren waren, schüttelten mich so fürchterlich, daß ich mir Mühe geben mußte, den Gerichtssekretär zu hören, der die von Mrs. Timothy an das Gericht übergebenden Dokumente verlas.

Die erste Anklage war Mord. Darauf folgte ein lautes, klares »Nicht Schuldig«. Lautes Schluchzen fiel in den Augenblick der Stille, die darauf folgte. Es war Franklin. Mir war, als ob alle tief und schwer mit dem Rhythmus eines einzigen Lebewesens atmeten. Die zweite Anklage war Entführung. »Nicht Schuldig« erklang es wieder. Franklin weinte lauter. Ich glaubte nicht, daß ich viel länger an mich halten könnte. Aber ich mußte den letzten

Spruch hören, die Anklage wegen Verschwörung. Meine eine Hand umklammerte Kendras, die andere Margarets.

Als der Sekretär zum dritten Mal »Nicht schuldig« vorlas, schrien, lachten, weinten und umarmten wir uns – ohne den Hammer des Richters zu hören. Er wollte den Prozeß mit derselben Würde beschließen, mit dem er ihn geführt hatte. Er las ein ziemlich langes Zitat aus »Zwölf Männer« von G. K. Chesterton, dankte und beglückwünschte Verteidigung, Anklage und Geschworene, entließ die letzteren aus ihrer Verpflichtung und erklärte den Fall Nummer 52613, Staatsvolk von Kalifornien gegen Angela Davis für beendet.

In ihrer Freude sah meine Mutter so schön aus, daß sie mich an Bilder aus ihrer frühen Jugend erinnerte. Ich fühlte mich für sie glücklicher als für alle anderen, mich eingeschlossen.

Das letzte, wonach mir der Sinn stand, war eine Pressekonferenz – ich wollte jetzt nicht meine Gedanken und Gefühle so strukturieren, daß ich sie vor der Kamera und dem Mikrophon artikulieren konnte – aber das war das einzige Mittel, um mit allen den Menschen zu reden und ihnen zu danken. Als wir das Pressezimmer betraten, beendeten die Geschworenen gerade ihre Konferenz. Da ich noch nie ein Wort mit ihnen gewechselt hatte, war ich nicht sicher, wie ich mich ihnen gegenüber verhalten sollte. Ich stand an der Tür. Die Geschworene, die zuerst vom Podium herunterstieg, war diejenige, von der wir geglaubt hatten, daß sie am ehesten mit der Anklage sympathisierte. Ich war gespannt, wie sie reagieren würde. Als sie sich näherte, streckte ich meine Hand aus, aber sie faßte mit beiden Armen zu, drückte mich an sich und sagte »Ich bin so glücklich für Sie«. Alle Geschworenen folgten ihrem Beispiel.

Vor dem Gerichtsgebäude hatte sich eine Menschenmenge versammelt. Sobald sie von dem Urteilsspruch gehört hatten, waren die Leute zum Regierungskomplex geeilt. Da das Sprechverbot und die Kautionsbedingungen nun hinter mir lagen, konnte ich zum ersten Mal seit zweiundzwanzig Monaten – seit dem Aufstand – wieder vor einer Menge sprechen. Ich dankte ihr für ihr Kommen, für ihre ganze Unterstützung und sagte, jetzt sei es an der Zeit, unsere Kräfte für die Freiheit von Ruchell, die sechs in San Quentin und andere politische Gefangene einzusetzen.

Vom Gericht gingen wir hinüber zu Gloria und David, wo meine Eltern wohnten. Familie, Anwälte, Freunde, Genossen, Mitarbeiter der Ausschüsse und die meisten Geschworenen – wir saßen alle in der Sonne auf dem Rasen des Gartens hinterm Haus. Ich versenkte mich tief in den Augenblick, kostete meine Wonne, speicherte sie. Denn ich wußte, daß sie von kurzer Dauer sein würde. Arbeit. Kampf. Konflikte lagen vor uns wie ein mit Steinen bestreuter Pfad. Wir mußten ihn beschreiten.

Aber erst das Gras, die Sonne ... und die Menschen.

Beim Siegesfest am Abend des Urteils kannte unsere Freude keine Grenzen und unser Feiern keine Zügel. Und doch war in dem Echo unseres Gelächters und dem Taumel unseres Tanzes auch eine Mahnung. Wenn wir diesen Augenblick des Triumphs als einen Abschluß und nicht als einen Aufbruch ansahen, dann vergaßen wir alle anderen, die in Ketten geschlossen waren. Wir wußten, daß wir die Bewegung wahren und stärken mußten, wenn wir ihr Leben retten wollten.

Das war das Anliegen der Stabssitzung des NUCFAD, das Charlene am Montag abend einberief, am Tage nach meinem Freispruch. Wir fürchteten, daß einige örtliche Ausschüsse ihre Arbeit als beendet ansahen, und beschlossen daher, sofort eine Botschaft auszusenden, in der sie zur Fortsetzung aller Tätigkeiten aufgefordert wurden. Um sicherzustellen, daß diese Botschaft auch zu den Massen gelangte, sollte ich auf eine Vortragsreise gehen. Ich wollte den Menschen, die sich der Bewegung angeschlossen und dadurch meine Freiheit errungen hatten, unsere Dankbarkeit aussprechen und sie bitten, so lange mit uns verbunden zu bleiben, wie Rassismus und politische Unterdrückung Ruchell, Fleeta und andere Menschen hinter Gittern hielten.

Meine Freiheit war noch keine Woche alt, als ich mit Kendra, Franklin und Rodney nach Los Angeles fuhr. Von dort gingen wir nach Chicago und weiter nach Detroit, wo annähernd 10000 Menschen zur Kundgebung kamen. In New York sprach ich in Madison Square Garden bei einem Wohltätigkeitskonzert, das schon vor Monaten von unserem Juristischen Verteidigungsfonds organisiert worden war.

Mir war eine überwältigende politische Verantwortung auferlegt worden – und meine Angst war größer als je zuvor, weil ich wußte, daß Menschenleben auf dem Spiel standen. Unsere Fähigkeit, die Bewegung am Leben zu halten, war die einzige Hoffnung für unsere Schwestern und Brüder hinter Mauern. Bei den Massenversammlungen, zu denen vorwiegend Schwarze Menschen kamen, erklärte ich, daß meine Gegenwart vor ihnen nicht mehr und nicht weniger bedeutete als die ungeheure Kraft vereinter und organisierter Menschen, ihren Willen Wirklichkeit werden zu lassen. Viele andere verdienten es ebenso sehr, Nutznießer ihrer Macht zu werden.

Ich fuhr nach Dallas und Atlanta, und nachdem ich einige Zeit bei meiner Familie in Birmingham verbracht hatte, unternahm ich auch eine Reise ins Ausland, die einen Monat dauern sollte. Die internationale Kampagne hatte nicht nur die Regierung unter schweren Druck gesetzt, sondern auch das weitere Wachstum unserer Bewegung in der Heimat gefördert. Im Kern der internationalen Bewegung stand die sozialistische Gemeinschaft der Nationen. Aus diesem Grunde beschlossen wir, die UdSSR, einschließlich Zentralasien, die DDR, Bulgarien, die Tschechoslowakei und Kuba zu besuchen.

Wir sahen diese Reise als die naturgegebene Fortsetzung der Reise durch die Vereinigten Staaten an, deren Hauptzweck gewesen war, den Menschen zu danken, die am Kampf für meine Freiheit teilgenommen hatten, und ihre Aufmerksamkeit auf andere politische Gefangene zu lenken. In jenen Ländern wurden die Kundgebungen von mehr Menschen besucht, als ich je auf einem Platz versammelt gesehen hatte – zum Beispiel Hunderttausende in der DDR, und beinahe eine dreiviertel Million in Kuba. In Havanna erwähnte ich den Fall von Billy Dean Smith, einem Schwarzen Soldaten und Anti-Kriegs-Aktivisten, dem der Mord an zwei weißen US-Offizieren in Vietnam vorgeworfen wurde. Als der Premierminister, Fidel Castro, seine Rede hielt, gelobte er im Namen des kubanischen Volkes, so wie es für meine Freiheit gekämpft hatte, würde es jetzt auch seine Stimmen für die Freiheit von Billy Dean Smith erheben. Und am nächsten Morgen waren wie durch Zauberei die Mauern Havannas von Plakaten bedeckt, die die Freilassung von Billy Dean Smith forderten. Als wir auf der Insel auf und ab fuhren, wollten die Kinder, die Bilder gemalt und Lieder über Billy Dean verfaßt hatten, auch sicher sein, daß wir ihren *hermano* retten würden.

Hier im Land wurde schon daran gearbeitet, die Einheitsfront zu kräftigen, die Billy Dean und schließlich auch alle politischen Gefangenen befreien sollte. Gleich darauf begann ich eine Tour zu Universitäten und Gemeinden, um für die Organisation, die wir aufbauten, Informationen über politische Gefangene einzuholen, zu veröffentlichen und zu finanzieren.

Anderthalb Jahre später, haben wir den Nationalen Bund gegen Rassistische und Politische Unterdrückung konsolidiert, der in zweiundzwanzig Staaten durch Ortsgruppen vertreten ist. Unsere Mitglieder sind Schwarz, Chicano, Puertorikanisch, Asiatisch, Indianisch und weiß. Wir sind stolz, daß wir eine Einheit zwischen Kommunisten, Sozialisten, radikalen Demokraten und Nationalisten zustandegebracht haben; zwischen Geistlichen und nichtkirchlichen Menschen, zwischen Arbeitern und Studenten. Wir alle begreifen, daß die Einheit die mächtigste Waffe gegen Rassismus und politische Verfolgung ist. Während ich diesen Epilog schreibe, sind wir dabei, am 4. Juli Tausende von Menschen zu einer nationalen Demonstration nach North Carolina zu transportieren. Denn wir müssen verhindern, daß der Schwarze Führer, der Pfarrer Ben Chavis, auf Grund einer Anklage, die der Staat gegen ihn erhoben hat, zu 262 Jahren Gefängnis verurteilt wird. Wir müssen Donald Smith befreien, der im Alter von sechzehn Jahren zu vierzig Jahren hinter Gittern verurteilt wurde, weil er in seiner Schule an der Bewegung teilgenommen hatte. Und wir müssen unsere unschuldige Schwester Marie Hill retten, deren Todesurteil, das verhängt wurde, als sie sechzehn Jahre alt war, inzwischen ein Urteil zu lebendem Tod wurde – Leben ohne die Möglichkeit der Begnadigung.

In diesem Land gibt es Hunderte und Tausende wie Pfarrer Chavis, Donald Smith und Marie Hill. Wir – ihr und ich – sind ihre einzige Hoffnung auf Leben und Freiheit.

21. Juni 1974

Danksagung

Leider ist es nicht möglich, hier die Namen all derer anzuführen, die in irgendeiner Weise bei der Anfertigung dieses Buches behilflich waren. Einige Menschen haben jedoch eine besondere Erwähnung verdient.

Das Schreiben dieses Buches hat mir die Mitarbeit und die Bekanntschaft mit einem Menschen ermöglicht, der eine hervorragende Schriftstellerin und eine begeisternde Schwarze Frau ist. Als meine Lektorin hat mir Toni Morrison nicht nur unschätzbare Hilfe geleistet, sondern sie war auch geduldig und verständnisvoll, wenn die Arbeit an dem Buch ständig durch meine Verpflichtungen für die Befreiung politischer Gefangener unterbrochen wurde.

Ich bin der Kommunistischen Partei Kubas und ihrem Ersten Sekretär Fidel Castro zu tiefstem Dank verpflichtet, weil sie mich eingeladen haben, mehrere Monate in Kuba zu verbringen und dort ausschließlich an meinem Manuskript zu arbeiten.

Charlene Mitchell, Franklin Alexander, Victoria Mercado, Bettina Aptheker, Michael Meyerson, Curtis Stewart und mein Anwalt Leo Branton haben das Manuskript in den verschiedenen Stufen der Vollendung gelesen. Sandy Frankel und die Schwestern und Brüder im Stab des Nationalen Bundes gegen Rassistische und Politische Unterdrückung haben immer wirkungsvoll versucht, meine Arbeit an dem Buch mit der dringenden Aufgabe, die ich als Mit-Vorsitzende des Bundes erfüllen mußte, in Einklang zu bringen. Ihnen allen schulde ich Dank.

Das Buch

Sie hatte Bedenken, dieses Buch zu schreiben: in ihrem Alter eine Biographie? Zunächst fürchtete sie, »daß ein solches Buch letzten Endes die wesentlichste Tatsache verwischen könnte: daß die Kräfte, die mein Leben zu dem gemacht haben, was es ist, genau dieselben Kräfte sind, die das Leben von Millionen meiner Rasse gestaltet – oder verunstaltet – haben«. Sie fürchtete, daß »die Konzentration auf meine Person von der Bewegung ablenken könnte, die überhaupt erst meinen Fall vor die Menschen brachte«. Aber sie entschloß sich, das Buch dennoch zu schreiben, »weil ich es als eine *politische* Autobiographie zu sehen begann ... Ein solches Buch könnte einem sehr wichtigen und praktischen Zweck dienen. Es war immerhin denkbar, daß nach seiner Lektüre mehr Menschen verstehen würden, warum so viele von uns keine andere Wahl haben, als unser Leben – unsere Leiber, unser Wissen, unseren Willen – der Sache der unterdrückten Völker zu opfern.« – Angela Davis war für die einen eine gefährliche Verbrecherin, vom FBI wegen »Mord, Entführung und Verschwörung« gesucht, für die anderen ein Fall von internationalem Interesse, ein Mythos, ein Symbol. Diese außergewöhnliche, schöne, intelligente schwarze Frau war ihnen ein Symbol »des großen Kampfes gegen die Ungerechtigkeit, Unterdrückung, Rassismus, Armut, Polizeibrutalität, Drogen und alle die hunderttausend Dinge, die schwarze, braune, rote, gelbe und weiße Arbeiter an Elend und Verzweiflung ketten«.

Die Autorin

Angela Davis, am 26. 1. 1944 in Birmingham (Alabama) geboren, studierte von 1961 bis 1967 Philosophie, unter anderem bei Adorno und Horkheimer in Frankfurt. Promotion bei Herbert Marcuse an der University of California. Nachdem sie sich zur kommunistischen Partei bekannt hatte, wurde sie 1969 aus ihrer Lehrtätigkeit entlassen und setzte sich stark für die Rechte der schwarzen Gefangenen ein. In einem Fall von Geiselnahme und Mord während einer Gerichtsverhandlung der Mittäterschaft verdächtigt, ging sie in den Untergrund. Im Oktober 1970 wurde sie verhaftet und im Juni 1972 in allen Punkten der Anklage freigesprochen. Heute lebt sie als Dozentin in Kalifornien.